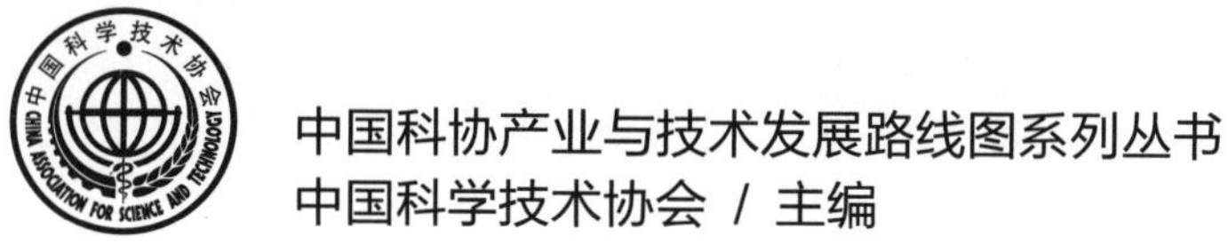

中国科协产业与技术发展路线图系列丛书
中国科学技术协会 / 主编

智能航运产业与技术发展路线图

中国航海学会　编著

中国科学技术出版社
·北　京·

图书在版编目（CIP）数据

智能航运产业与技术发展路线图 / 中国科学技术协会主编；中国航海学会编著 . -- 北京：中国科学技术出版社，2023.9

（中国科协产业与技术发展路线图系列丛书）

ISBN 978-7-5046-9955-8

Ⅰ. ①智… Ⅱ. ①中… ②中… Ⅲ. ①智能技术 – 应用 – 航运 – 产业发展 – 研究 – 中国 Ⅳ. ① F552.3

中国国家版本馆 CIP 数据核字（2023）第 103096 号

策　　划	秦德继
责任编辑	赵　佳
封面设计	中科星河
正文设计	中文天地
责任校对	焦　宁
责任印制	李晓霖

出　　版	中国科学技术出版社
发　　行	中国科学技术出版社有限公司发行部
地　　址	北京市海淀区中关村南大街 16 号
邮　　编	100081
发行电话	010-62173865
传　　真	010-62173081
网　　址	http://www.cspbooks.com.cn

开　　本	787mm × 1092mm　1/16
字　　数	450 千字
印　　张	25
版　　次	2023 年 9 月第 1 版
印　　次	2023 年 9 月第 1 次印刷
印　　刷	河北鑫兆源印刷有限公司
书　　号	ISBN 978-7-5046-9955-8 / F · 1153
定　　价	128.00 元

《智能航运产业与技术发展路线图》编委会

潘　伟　秦　勇　邱伯华　沙正荣　邵哲平　盛晨兴　史宏达
宋　溱　孙　峰　孙立成　孙培廷　孙　武　孙玉清　汤　敏
唐文勇　汪水银　王福斋　王国峰　王鹤荀　王金付　王胜正
王先进　吴登林　吴家明　吴兆麟　夏桂华　谢春林　谢　辉
徐国毅　徐加庆　杨杰敏　杨　琨　杨新宅　尹　勇　于胜英
元海文　张安民　张均东　张卫东　张英俊　张云飞　赵洪波
赵吉东　赵江滨　赵卫东　周伟新　朱齐丹

参研机构　交通运输部水运科学研究院
中国交通运输协会
中国船舶工业行业协会
中国船东协会
山东省港口集团有限公司
交通运输部北海航海保障中心
上海船舶运输科学研究所
中远海运科技股份有限公司
山东海事局
山东省交通运输厅
上海船舶研究设计院
青岛远洋船员职业学院
北京海兰信数据科技股份有限公司
智慧航海（青岛）科技有限公司
青岛航运发展研究院

序

当今世界正经历百年未有之大变局，新一轮科技革命和产业变革重塑全球经济结构，全球范围内的产业转型调整不断加快，产业竞争已成为大国竞争的主战场。我国产业体系虽然规模庞大、门类众多，但仍然存在不少“断点”和“堵点”，关键核心技术受制于人等问题突出。科技是产业竞争力的关键。解决制约产业发展的关键核心技术，建设现代化产业体系，需要强大的科技支撑。

党的二十大开启了全面建成社会主义现代化强国、实现第二个百年奋斗目标，做出加快构建新发展格局、着力推动高质量发展的重大战略部署。习近平总书记在党的二十大报告中强调，必须坚持科技是第一生产力、人才是第一资源、创新是第一动力，深入实施科教兴国战略、人才强国战略、创新驱动发展战略，开辟发展新领域新赛道，不断塑造发展新动能新优势。这些重要部署为我国依靠科技创新引领和支撑经济社会高质量发展进一步指明了方向和路径。

中国科协作为国家推动科技创新的重要力量，积极探索新形势下促进科技与产业深度融合的工作新品牌和开放合作新机制，推动提升关键核心技术创新能力，助力打赢关键核心技术攻坚战。2020 年，中国科协首次启动产业与技术发展路线图研究，发挥跨学科、跨领域、跨部门和联系广泛的组织和人才优势，依托全国学会组织动员领军企业、科研机构、高等院校等相关力量，汇聚产学研各领域高水平专家，围绕车联网、智能航运、北斗应用、航天、电源、石墨烯等重点产业，前瞻预见产业技术发展态势，提出全产业链和未来产业发展的关键技术路线，探索构建破解关键技术瓶颈的协同创新机制和开放创新网络，引导国内外科技工作者协同攻关，推动实现产业关键核心技术自主可控。

综观此次出版的这些产业与技术发展路线图，既有关于产业技术发展前沿与趋势的概观介绍，也有关于产业技术瓶颈问题的分析论述，兼顾了科研工作者和决策制定者的需要。从国家层面来说，可作为计划投入和资源配置的决策依据，能够在政府部门之间有效传达科技政策信息，识别现有的科技能力和瓶颈，为计划管理部门在公共项目选择中明确政府支持的投入导向。从产业层面来说，有助于产业认清所处的经济、社会、环境的变化，识别市场驱动因素，确定产业技术发展的优先顺序，突破产业共性技术的瓶颈，提高行业研究和应用新产业技术的能力。从企业层面来说，通过路线图可与企业战略和业务发展框架匹配，确定产业技术目标，识别达到市场需求所必需的产业技术，找到企业创新升级的发展方向。

在此次系列丛书付梓之际，衷心地感谢参与本期产业与技术发展路线图编写的全国学会以及有关科研、教学单位，感谢所有参与研究与编写出版的专家学者。同时，也真诚地希望有更多的科技工作者关注产业与技术发展研究，为路线图持续开展、不断提升质量和充分利用成果建言献策。

中国科协党组书记、分管日常工作副主席、书记处第一书记
中国科协学科发展引领工程学术指导委员会主任委员
张玉卓

前 言

本书为中国科学技术协会（以下简称中国科协）产业与技术发展路线图丛书之一。本书旨在抓住航运和相关行业面临多重挑战、我国和西方先进国家同处智能航运技术发展初级阶段的重要历史机遇，及时提出中国智能航运产业与技术发展目标，明确中国智能航运产业与技术发展路线，明晰中国智能航运产业与技术发展的重点领域和时序，提出中国智能航运产业与技术发展的方式与政策建议，以引导我国智能航运技术产业化发展政策制定、技术研发、资源配置和资本投入，加速我国智能航运技术产业化发展，助力交通强国、航运强国和海洋强国建设。

为了高质量完成研究任务，中国航海学会建立了以交通运输部水运科学研究院为总体技术支持单位，中国船舶工业行业协会、山东省港口集团有限公司、交通运输部北海航海保障中心、上海船舶运输科学研究所、山东海事局等 20 多家单位参加的研究团队，成立了由何建中理事长、严新平院士等权威专家组成的顾问组，确定了总体组和船舶智能化、港口智能化、航行保障智能化、航运服务智能化、航运监管智能化 5 个子领域的课题组，邀请百余位权威专家作为项目和课题的专家组成员。

总体组制定了详细的研究方案，多次组织专家研讨并根据大纲指南不断完善，确定了资料查询、专家咨询、头脑风暴、德尔菲调查等研究方法。研究团队根据研究目的和主要内容，收集、整理和分析了涉及智能航运产业与技术发展的文献、专利、研究报告等资料；采用专家咨询和头脑风暴等方式，深入探讨和分析了智能航运产业与技术发展现状、趋势和发展需求；在各子领域梳理关键技术的基础上，梳理、提炼出我国智能航运技术产业发展的 22 项关键技术或重要问题；采用德尔菲调查方法，向包括院士、教授、研究员、企业高级技术管理人员在内的 108 位专家发放了调查问卷，收回有效问卷 102 份，经过分析处理，为路线图的制定和子领域路线图的修正提供了重要支撑。

根据前述调查结果，结合国内外智能航运发展历程、现状和趋势分析，邀请各领域专家开展闭门研讨，充分考虑不同来源信息、各子领域专业特点和条件、产业上下游不同点位利益诉求、不同领域专家观点差异等因素，在综合分析、评价理论研究和调查分析结果、各子领域课题研究成果和专家意见的基础上，形成本书。

本书共 10 章，第 1 章为国内外智能航运产业与技术发展背景与现状分析，第 2 章为智能航运产业与技术发展态势与需求分析，第 3 章介绍了本路线图的制定方法，第 4 章全面阐述我国智能航运产业与技术发展的总路线图，第 5 章提出促进智能航运产业与技术发展的政策建议，第 6~10 章分别从 5 个子领域的角度来详细阐述船舶、港口、航行保障、航运服务和航运监管的产业与技术发展路线图。

虽然本书的研究内容主要围绕航运业展开，但智能航运的核心技术不仅适用于航运业，也适用于与船舶及其活动相关的领域。例如，智能船舶技术不仅适用运输船舶，也适用包括渔船、工程船、公务船、军船等在内的所有船舶。

目录

第 1 章

国内外智能航运产业与技术发展背景与现状分析

1.1 智能航运概述

1.1.1 智能航运概念

智能航运是现代信息、通信、感知、大数据和人工智能等高新技术与传统航运要素深度融合而形成的航运新系统。智能航运是航运业未来发展的必然趋势：航运系统在传统航运要素信息化、数字化和智能化的过程中逐步实现转型升级，并演变为新的业态。

1. 智能航运系统构成

传统航运系统包括船舶运输、港口运营、通航资源、支持保障和航运治理等多个子系统，每个子系统又包含多个要素。船舶运输子系统包括船舶、船员、运输服务销售、经营管理等要素；港口运营子系统包括码头、锚地和进出港航道、装卸设施装备与操作人员、旅客上下船设施装备与操作人员、港口服务销售、港口经营管理等要素；通航资源子系统包括航道及其他通航水域、船闸等通航设施、导助航设施与维护、通航资源开发维护与管理等；支持保障子系统包括航海保障、应急救助、科技研发、教育培训救助打捞等要素；航运治理子系统包括法律法规、标准规范、监督管理机构、监督管理设施手段、监督管理程序方法等要素（图 1–1）。

与传统航运相比，智能航运系统的功能没有变化，依然是通过船舶运载工具等实现旅客和货物从甲地到乙地的位移。由于功能不变，其构成也基本一致。但是，由于智能航运是传统航运要素与现代高新技术的深度融合，其数据化、智能化等特征十分明显，甚至不需要有人从事现场操作，从而呈现许多与传统航运明显不同的形态，因此智能航运也是一个崭新的系统。

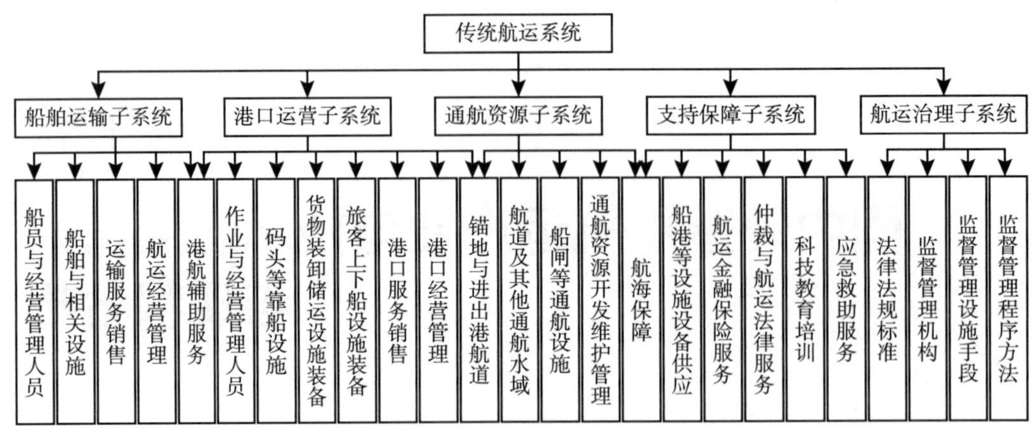

图 1-1 传统航运系统构成

从传统航运系统构成图可见，五个子系统有多个要素，这些要素基本可以分为几大类，如遍布五大子系统的人力资源，无处不在的运载工具、装备设施和技术系统，自然和人工资源，销售和服务，生产作业和监管的流程控制，各子系统的内部管理等。

人力资源与人工智能等高新技术的融合，实际是教育培训问题；自然和人工资源与人工智能等高新技术融合的结果，是通航水域环境、通航设施和港口等陆域的电子化数据化问题；运载工具与人工智能等高新技术融合的结果，是智能船舶、港口作业和智能车辆；装备设施和技术系统以及生产作业和监管的流程控制与人工智能等高新技术融合的结果，是智能化的作业与监管系统；港航销售和服务与人工智能等高新技术融合的结果，是智能化的港口、航运服务系统和平台；各子系统的内部管理与人工智能等高新技术融合的结果，是港口、航运公司、船舶、航道、航保、监管等机构内部管理的信息化。

把上述融合的内容带入图 1–2，我们可以抽象出智能船舶、智能港口、智能航保、智能航运服务和智能航运监管五大关键要素。

2. 智能航运系统关键要素

智能航运系统五大关键要素紧密相关，其中智能船舶在技术上扮演最为关键的角色，是核心要素。

1）智能船舶

智能船舶是指利用传感器、通信、物联网、互联网等技术手段，自动感知和获得船舶自身、航行环境、物流、港口等方面的信息和数据，并基于计算机技术、自动控

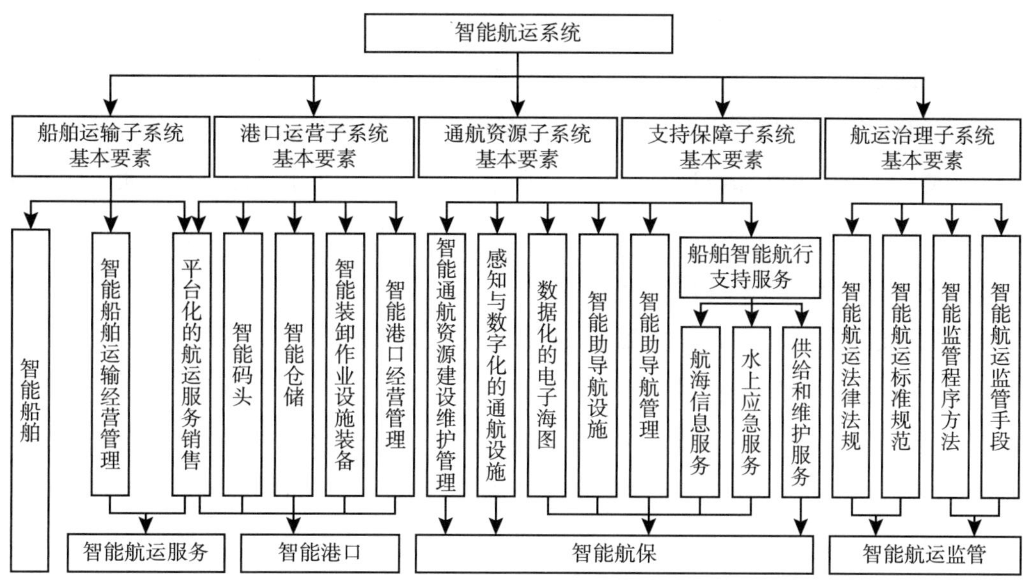

图 1-2　智能航运系统要素构成

制技术和大数据处理与分析技术，在船舶航行、管理、维护保养、货物运输等方面实现自动决策、运行和自主安全航行的技术系统。智能船舶包括智能航行、智能机舱、智能货载、智能能效管理等多个方面的技术，其中智能航行技术是智能船舶的核心技术。

2）智能港口

港口的智能化发端于自动化和信息化，代表性案例是全自动化集装箱码头。智能港口的发展重点是港口管理高度信息化和大宗货物作业等方面的全自动化与智能化。

3）智能航保

智能航保的基本功能与传统的航道和海上航海保障是一致的，但航道和导航服务必须数字化，信息服务必须更加及时、准确和全面，通信服务必须满足更高的带宽、速率和网络安全要求。

4）智能航运服务

智能航运服务最显著的特征，是航运交易平台化和航运经营管理智能化。航运交易平台化可以避免航运服务选择与交易的多环节、高成本以及航运服务信息提供的不充分、不及时和高度分散，主要包括航运服务和航运辅助服务提供者自办的乙方平台，以及服务提供者、需求者以外的丙方平台这两种形式。智能航运服务的另一个方面，是航运企业内部经营管理智能化，其实质是把日常由人来做的分析决策和流程控制等交给机器，从而提高流程的科学性与规范性、操作的标准化与合规性，避免人为的差异化与随意性，最大限度地提高效率。

5）智能航运监管

智能航运监管是指利用现代信息、移动通信和人工智能等高新技术手段，使航运监管模式、手段、方法和取证、应急决策等适应监管对象变化并促进其健康有序发展的航运监管形式。

3. 智能航运关键要素之间的关系

智能航运五大关键要素，相互间关联影响、促进或依赖。

1）智能船舶与智能港口的关系

为及时更新旅客上下、货物装卸以及客、货进出港信息，两个子系统需要有大量的信息交换。这不仅是作业协同的需要，也是便利旅客、货主和监管的需要。在传统船舶及其公司与港口之间嵌入智能，必定是围绕提高货物交接效率和强化信息交换畅通。智能船舶研发应充分为智能港口提升作业效率创造更加便利的条件；智能港口建设应为智能船舶进出港、靠离泊、多装快跑提供更加优越的设施条件和信息环境。

2）智能船舶与智能航保的关系

智能船舶、智能航保是业务对接、技术关联、信息共享的互为对象、互有依存的两个子系统。受地球和大气条件影响以及船载设备能力限制，船舶航行仅靠自身条件是远远不够的，航保系统向船舶提供广域、实时、精准的安全导航与信息服务是必然的选择。如果这两个子系统不互相关联，航运就会面临安全风险。通常来说，这两个子系统需要在充分关注对方发展的基础上，实现自身的发展。

3）智能港口与智能航保的关系

港口、航保之间是总体相对游离、局部相对紧密的两个子系统。进入智能航运时代，双方最大的交集是港口和进出港航道。港口和航道、航保机构共同搭建的港区和进出港航道分布式感知系统，是保障航行安全和提高港口码头、航道利用率的重要手段。

4）智能港口与智能航运服务的关系

港口首先是为船舶和航运公司服务的，或是直接提供大量的辅助性航运服务，或是聚集这些服务。航运服务交易平台化之后，有条件的航运企业依托自己的船队，可以搭建乙方平台并与所挂靠港口衔接融合。有条件的港口也可以依托所拥有的港口资源，建立乙方平台并与挂靠本港船舶的航运公司衔接和融合。相互之间都有延伸业务链的可能。

5）智能航运监管与其他关键要素的关系

智能航运监管包括安全环保监管、市场秩序和服务质量监管等。智能航运监管与其他各关键要素之间，首先是监管与被监管的关系。监管机构必须有条件及时掌握监管所需要的各种信息，保证必要的信息与数据的互联互通。智能航运监管与智能港口之间，要确保船舶作业计划与船舶交通控制的协同性，也要保证危险货物储运、装卸船的高度协同。以港口船舶交通管理系统（Vessel Traffic Services，简称 VTS）为例，既是智能监管的组成部分，也是智能港口不可或缺的重要内容。由于各有不同技术指向，却在港口有交集，两个子系统应注重功能对接、技术协同、信息共享，从而既满足海事交通指挥和监管的需要，也满足港口调度和引航服务的需要。智能航运监管，特别是海事监管与智能航保，在信息集中、整合以及监管设施与航保设施一体化等方面面临着新的需求。

1.1.2　发展智能航运的内在需求及动因

1. 航运业近期经历的历史性困局

一百多年来，国际航运一直呈现明显的周期性，景气与不景气的比例是1∶1.71，平均周期大约是 5 年。国际金融危机发生之后至新冠疫情发生之前，航运业在这十多年处于低迷状态，这是历史罕见的。国内外航运业面对极大的市场压力，做了大量降本增效和转型升级工作，其中有些措施是空前绝后的，但航运业的经营压力依然巨大，不少著名航运企业倒闭、重组，许多企业惨淡度日，就连马士基这样的“航运巨人”也在变革中几近亏损。与此同时，国内外政府和航运企业在航运转型升级中也采取了一系列的技术措施，尽管态度积极，也有些产生局部效果，但几乎所有的措施实施起来都障碍重重，落地缓慢。

与此同时，全球性的海员短缺矛盾越来越突出，高素质海员供给不足一直是航运安全问题不断发生的主要原因。

2. 困局的长期性及走不出困局的主要原因

航运业长期走不出困局的原因很多，其中最主要的是产业发展没有跟上时代的步伐。造成这样的原因，一是航运业没有走出对人力资源的传统依赖，导致整体人力资源成本过高；二是在物流链、供应链快速变革的过程中，航运的传统业态和行业架构模式严重制约管理、销售、服务和网络体系转型升级。

3. 智能航运技术是传统航运业走出困局的金钥匙

出路在哪里？出路在于依靠现代信息、网络、通信、感知和人工智能等高新技术，实现航运业转型升级和业态再造。

智能航运是传统航运业走出困局的金钥匙。智能航运技术不仅可以使航运业摆脱对人力资源的过度依赖，也可以提高港航安全环保水平，还可以在提高效率的同时降低行业成本。随着转型升级的不断发展，航运业态再造将持续进行并不断深化。可以预见，在不远的将来，海员和码头现场从业人员的个人职业特征将得到明显优化，从业人员规模将明显下降；航运企业或成为物流平台运营商，或成为物流平台运营商的听命者，传统的货物运输代理公司和揽货员职业可能消亡；传统的船舶管理企业可能在货运领域失去价值，未来必将被新的形式取代；航运监管必须采用与智能航运相适应的理念、思路和模式。

航运业将在业态再造中实现转型升级，在转型升级中重新赢得优势。

1.1.3 智能航运发展趋势与影响

1. 智能航运技术将加速船舶货运少人化和无人化时代的到来

货物运输船的少人化和无人化已经受到全球广泛高度重视，并且已成为国内外学术界、产业界、投资界以及政府的关心热点，已进入一个多重要素集聚的关键时期。智能航运在技术上已经没有重大障碍，接下来的十多年，资本会看中无人船货物运输的市场前景，服务于无人船货物运输的关键技术将会飞速进步，行业分工也将快速形成，市场将会筛选出具备竞争力的技术和商业化解决方案。随着智能航运技术的不断成熟和商业化应用的不断深入，船舶货运和港口生产都将实现少人化，货物运输船舶有可能逐步实现无人化，航海保障将实现高度数据化，航运交易服务将实现平台化，航运监管将实现感知化，航运业将从根本上改变对人力资源过度依赖的局面，航运效率、环保水平、安全性能都将得到大幅度提升。

2. 智能航运技术将导致航运业深刻变革

航运就业需求与结构将发生重大变化。海员、航运揽货员和港口作业人员等就业需求将逐步减少，航运业将逐渐摆脱过度依赖人力资源的现实困境。

国际航运治理、国家航运监管和航运企业内部管理将发生重大变化。如果船上没有船员，船舶结构格局将发生重大改变，《1974 年国际海上人命安全公约》《防止船舶污染国际公约》《国际载重线公约》等公约标准对货船而言都将发生重大调整，《海员培训、发证和值班标准国际公约》对于无人货船将失去意义，从事货运的航运公司管理模式、船舶安全管理体系和船舶管理公司都会被新的形式所取代。

航运法律关系需要部分重构。如无人船舶的碰撞民事责任归属与划分，以及承运人、托运人、港口服务人员和第三方航运服务平台运营商之间的民事责任关系界定等。

3. 智能航运将成为未来航运新业态

2017 年 6 月，国际海事组织海上安全委员会第 98 届会议讨论海面智能航行船舶问题后，我国也系统性地开展了关于智能航运的顶层讨论。2017 年 7 月 18 日，由交通运输部海事局主办，浙江海事局承办的智能航运研讨会在杭州举行。来自交通运输部、工业和信息化部、交通运输部水运科学研究院、中远海运集团公司、招商局集团公司、中国船舶工业集团公司、中国船舶重工集团公司、中国船级社、大连海事大学、上海海事大学、武汉理工大学等 20 多家单位的 90 多位专家代表展开了深入研讨，围绕国内外智能航运技术研究现状、智能航运技术的应用、智能航运时代的海上安全、智能航运发展前景展望四个核心议题，从国际公约、规则的修订，国内政策的推进，智能航运相关技术的研发和应用，船舶制造和营运等角度展开了深入的讨论，并着重与国际海事组织相关工作紧密对接。自此，智能航运将成为未来航运新业态成为业界共识。

此后，业界不断围绕智能航运的发展方向进行实践和研讨，希望进一步推动形成未来智能航运发展的国内实施方案和工作计划。

2019 年 5 月，交通运输部、中共中央网络安全和信息化委员会办公室、国家发展和改革委员会、教育部、科学技术部、工业和信息化部、财政部联合印发《智能航运发展指导意见》（以下简称《意见》）。《意见》以习近平新时代中国特色社会主义思想为指导，深入贯彻党的十九大精神，按照党中央、国务院部署要求，准确把握当今世界航运与高新技术融合发展的方向，以改革创新为动力，以培育航运新业态为主线，全面深化航运供给侧结构性改革，积极推动产业协同创新与发展，努力提高我国航运和相关产业竞争力，加快推动交通强国、创新型国家和现代化经济体系建设，为实现社会主义现代化强国目标作出贡献。《意见》提出了 2020 年、2025 年、2035 年和 2050 年的发展目标，形成了我国特色的智能航运发展思路。智能航运产业发展正式成为国家级行动。

4. 无人船和有人船将长期共存

从有人货船走向无人货船，是一个在船船员逐渐减少最后至无人的过程。整个智能航运的发展也是一个由低到高、不断提升的过程。

智能航运发展在任何阶段都会存在差异化，不可能千篇一律。导致差异化的核心影响因素是客观需求和对于投入产出比的衡量。

有人船和无人船共存是未来水上交通的一般形态。任何船舶都可以实现无船员在船，但这并不意味着所有船舶都要无人化。国际邮轮可以在技术上实现无人操船，但还会有游客和服务人员。从这个角度来讲，我们可以预见：未来的水上交通格局，终极状态是有人船和无人船并存；未来的船舶工业要满足有人船和无人船两种造船需求；未来的航运监管要同时面对有人船与无人船并存的治理与服务需求。

1.2 发展历程

1.2.1 航运的信息化、数字化、自动化发展为航运智能化发展奠定了重要基础

推动数字化、信息化、自动化，进而智能化是各行业普遍采用的发展路径和举措，也是工业化进程的自然过程。过去，航运业给人一种劳动密集型的印象。但与此同时，航运业也一直可算作工业界的“先行者”：20 世纪初，航运业即成为全球最早获得无线电频率分配的行业；航运是全球最早启用卫星导航系统的民用领域之一；防撞雷达和自动识别应答器分别于 1974 年和 2002 年成为船舶的必备设备……随着航运业和船舶工业的发展，应用先进技术和智能化设备的目的也从最初的助航和增加船舶安全性逐渐衍生出对环保、经济性和可靠性等方面的更高需求，包括降低船舶控制和管理难度、减少人为误操作、提高设备及船舶营运的安全、优化船舶航行、控制燃油消耗、降低成本、提高收益等目的。

随着现代科技的迅猛发展，越来越多的信息技术、电子技术等被运用于提高海上船舶的航行安全性能。2005 年，英国交通部基于对自身航标基础设施的考量和海上导航领域缺乏协调的现状，最早提出了 E- 航海（E-Navigation）的概念，旨在通过电子手段协调船舶、岸上海事信息的采集、整合、交换、展示和分析，用于增强船舶泊位到泊位的导航和相关服务。2006 年 5 月召开的国际海事组织（International Maritime Organization，简称 IMO）海上安全委员会（Maritime Safety Committee，简称 MSC）第 81 届会议上，日本、马绍尔群岛、荷兰、挪威、新加坡、英国和美国联名向委员会提案，最终委员会通过了有关 E- 航海的工作项目，从此它便成为国际海事组织海上安

全委员会航行安全分委会通信工作组的一项课题。因为信息传输依赖于无线电通信，所以 E- 航海同时也被纳入国际海事组织海上安全委员会无线电通信搜救分委会的工作范围。国际海事组织希望通过不懈的推荐和完善，使其成为一种新的技术手段和航海环境。

提升航运数字化、信息化、自动化过程中的另一个典型例子是综合船桥系统（Integrated Bridge System，简称 IBS）的发展。综合船桥系统是在组合导航系统（Integrated Navigation System，简称 INS）基础上发展起来的功能更强的海上自动航行系统。综合船桥系统将船上的各种导航设备、船舶操作控制设备和雷达避碰设备通过网络有机结合起来，利用计算机、现代控制、信息融合等技术实现船舶的自动、安全和经济航行。经过近 40 年的发展，综合船桥系统解决了各个子系统的标准问题，使船舶逐步具有日趋成熟完善的导航、辅助驾驶、自动驾驶、自动避碰、通信和航行管理控制等多种功能。

1.2.2　海面智能航行船舶概念的提出与智能航运发展实践

现在，业界普遍认为，"智能航运"的概念主要起源于欧洲对"海上无人导航系统"（MUNIN）的探索。该项目属于欧盟"第七科研框架计划（2007—2013 年）"的支持项目，由德国 Marinesoft 公司牵头，挪威科技工业研究所、瑞典查尔姆斯理工学院、挪威 Aptomar AS 公司等单位和高校参与，总经费 380 万欧元，目标是建立有关商业无人船舶的技术概念，同时对其在技术、经济和法律法规上的可行性进行有效评估。该项目以一艘国际水域航行的大型干散货船作为案例，建立高级传感器模块、自主航行系统、自主机器和检测控制系统以及岸上控制中心等几个系统。试验结果显示，在不改变船舶原有结构情况下，通过加装自主航行等系统，经济性会显著增加，测算为船舶在 25 年的生命周期内可以增加约 700 万美元收益。但项目也分析认为，由于国际海事法规限制，以及经济性、安全性要求导致的系统冗余等原因，适用于长途运输的大型干散货船（在当时）并非发展自主船舶的最佳船型；与之对应，欧洲水域内的小型短途运输船舶由于其灵活性强，更有希望率先应用自主船舶相关技术。该项目对欧洲以及全球的智能航运发展有着深刻的意义，走出了智能航行船舶从技术向产业化转换的第一步。

此后，欧洲一直在开展海面智能航行船舶（Maritime Autonomous Surface Ship，简称 MASS，国内原译为"海面自主船舶"）方面的研究和应用策划，并在 2017 年向国际海事组织海上安全委员会提交了开展关于海面智能航行船舶营运准备性研究的提案，形成了“海事公约对海面智能航行船舶适用性研究”议题，开启了国际航运界对智能航运问题的热议。也是从此时开始，业界开始更多地在航运“大系统”框架中讨论海面智能航行船舶相关问题。

2019年，欧盟又启动了隶属于“地平线2020计划”（Horizon 2020）的“自主船舶”（AUTOSHIP）项目。2019年6月—2022年11月，在不同环境下运营的两艘船舶上安装和测试自主航行设备，以加速新一代海面智能航行船舶的发展，并为欧盟在未来五年实现船舶智能航行制定商业化路线图。

随着海面智能航行船舶在世界受到广泛关注，产业化也成了智能航运相关问题中的一条主线。

在欧洲，罗尔斯·罗伊斯船舶公司、瓦锡兰公司、康斯伯格公司等多家大小公司或独立，或与众多大学和研究机构合作，分别启动多个项目。

芬兰建立了旨在创建海面智能航行船舶研发生态系统的“ONE SEA”联盟。2016年，芬兰汇集学术界、制造商和技术开发等技术专家，建立了旨在为2025年前实现自主航行铺平道路的ONE SEA合作联盟，使北欧国家成为航运自主化的领先者。联盟在波罗的海建立了芬兰自主船实验测试区。国际海事卫星组织（International Maritime Satellite Organization，简称INMARSAT）2019年二季度加入ONE SEA联盟，提供船岸通信。同年6月，欧洲航天局代表22个欧洲国家与ONE SEA合作开发了空间站应用程序，以便利用卫星实现海上数字化和自主船舶运营。日本邮船株式会社的研究子公司莫诺哈科比技术研究所正式加入ONE SEA。英国皇家造船协会已成为ONE SEA的准会员。

挪威康士伯海事公司与雅拉国际和威尔姆森海事集团合作，启动了以取代化肥原材料和产品公路运输为目标的Yara Birkeland号智能航行集装箱船和其航线的开发。据报道，该船具有遥控驾驶、自主航行和自动靠离泊功能，2021年11月开始商业运行，计划经过2年的有人在船智能航行后，转为完全自主航行。

为了推动海面智能航行船舶技术开发和应用，俄罗斯建立了由技术开发机构、卫星通信公司、海事管理机构和大学海事法律院系等方面专家组成的具有广泛代表性合作团队。俄罗斯总理2020年12月批准了在全国范围支持开展海面智能航行船舶试验的法令。2021年5月开始，安装智能航行系统的示范船Robochaya号挖泥船、Pola Anfisa号杂货船、Mikhail Ulyanov号破冰油轮成功进行了海上自主航行试验测试。

与此同时，亚洲对于智能航运的探索也同样进展迅速，详见下节。

1.3　发展现状

1.3.1　国际组织行动

1. 国际海事组织

继国际海事组织第 98 届海上安全委员会会议决定将海面智能航行船舶主题纳入国际海事组织业务范围后，海上安全委员会第 99、100 届会议（2018 年）启动与海面智能航行船舶相关的现有监管框架审查；第 101 届会议（2019 年）通过了《自主船舶试航暂行导则》（MSC.1/Circ 1604）。该导则的目的是规范主管机关和利益相关方确保安全、可靠地进行自主船系统和基础设施的试验并注意环境保护。在国际海事组织文书完成更新之前，该导则将发挥重要的规范作用，具体体现在风险管理、对强制性文书的遵守、参与自主船试验人员的配备和资格、人为因素、实施安全试验的基础设施、试验的意识、沟通和数据交换、对报告的要求和信息分享、对每次试验范围和目标的规范以及网络风险管理等；国际海事组织海上安全委员会第 103 届会议（2021 年 5 月）完成了对与海面智能航行船相关的现有监管框架的审查；第 104 届会议（2021 年 10 月）确定在梳理海面智能航行船舶的国际海事组织法规适用性工作基础上，启动基于目标的海面智能航行船舶规则制定工作，并明确了其第一步是制定工作路线图。

2022 年 4 月的国际海事组织海上安全委员会第 105 届会议同意先制定拟于 2024 年通过非强制性的《海面智能航行船舶规则》（*MASS Code*）。该规则将在积累实施经验后 2028 年 1 月 1 日转为强制性文件。会议通过了基于目标的自主船舶规则制定路线图，明确该路线图将作为动态文件定期调整；同意建立会间通信工作组研究该规则的框架、范围和目标等。会议决定组建国际海事组织海上安全委员会、法律委员会、便利运输委员会联合工作组以处理三个委员会共同面对的问题。会议还讨论了一些基本观点，但没有形成结论，例如该规则先适用于货船，但也要适用于客船；内容上要同时考虑《1974 年国际海上人命安全公约》《海员培训、发证和值班标准国际公约》和《国际海上避碰规则》等国际海事组织公约；只考虑功能和系统，不将船舶的整体自主性作为考虑对象，等等。

2. 国际标准化组织

国际标准化组织下设的船舶与海洋技术委员会（ISO/TC8）在2017年6月设立智能航运工作组（WG 10），并同时开始编制《智能航运标准化路线图》，旨在明确智能航运发展过程中各方关切的关键问题，寻找标准缺失，以满足船舶智能化带来的市场、技术和国际海事组织国际海事法规变化的需求。其中，日本基于其“日本智能船舶应用平台”项目已成功形成围绕“船舶数据中心”概念的系列国际标准；韩国积极参与智能船舶国际标准化工作，在多个领域提交提案，但尚无工业实践案例支撑，仍处于探索阶段；欧美目前提案数量有限，但对于WG 10工作的关注程度已逐渐提升；我国依托ISO/TC8平台优势，在智能航运国际标准化领域积极布局，成功获得两项网络安全相关国际标准立项，取得重要突破。

3. 国际海事委员会

2015年，国际海事委员会成立了首个智能船舶国际工作组。工作组的目的是查明涉及海上自动船舶的法律风险，并对有关风险防范提供法律观点。2017年3月，智能船舶国际工作组发布了一份立场文件《智能船舶与国际监管框架》，指出了《联合国海洋法公约》和其他国际海事公约的特定部分需要修改。工作组还向国际海事委员会的协会成员分发了一份调查问卷，就各国法律和《联合国海洋法公约》提出了若干问题，包括在国内法体系中海上自动船舶是否构成船舶、船舶登记、民事责任以及《海员培训、发证和值班标准国际公约》和《国际海上避碰规则》等法律是否适用等。

1.3.2 船舶智能化发展现状

1. 国外发展现状

近年来，船舶的智能化是国际海事和船舶工业界炙手可热的主题之一。正是因为看到智能航运未来的应用前景，当前各国都在陆续开展研究项目，对船舶智能化进行持续投入。各国采取的技术路线和探索方向不尽相同，例如：日本、韩国着眼于船舶和航运整体数字化的提升，研制的智能系统已安装在很多大型远洋船舶上；瓦锡兰、罗尔斯·罗伊斯、康士伯等欧洲企业将研发技术和系统首先应用于小型船舶上。但总的来说，船舶智能化技术的发展大体遵循从部分设备智能到整体智能、从单船智能航行到协同智能编队航行、从人机共融到远程自主的逐步发展规律。近年来，随着自主避碰、自动靠离泊、船舶能效管理系统等典型船舶智能设备系统日趋成熟，零排放自主航行集装箱船 Yara Birkeland 号、自主航行渡轮 FALCO 号等陆续开展系统测试，日本多次成功实施自主航行测试，国际船舶智能化技术发展迈上了一个崭新高度。

1）挪威

2017 年，挪威农业公司雅拉国际和挪威康士伯海事公司开发了全球首艘零排放无人驾驶船舶 Yara Birkeland 号，于 2021 年交付。Yara Birkeland 号为纯电动驱动，并使用无人驾驶技术，可装载 120 个集装箱，每次航行平均可节省 90% 的运营成本。该船可实现自动靠港和货物装船，装船完成后，Yara Birkeland 号可按照自行设计好的航行路线，运用自动系泊系统离开港口。2017 年 6 月，罗尔斯・罗伊斯船舶公司展示了全球首艘遥控拖船 Svitzer Hermod 号，安装了以罗尔斯・罗伊斯船舶动力定位系统为关键设备的遥控系统，可实现停靠、解锁、360 度旋转等智能操控。该船同时装配多种传感器，可采集详细的船舶设备及周边环境数据，经高级软件分析后传送至岸基遥控操作中心，为船长提供准确的数据参考。

2018 年，挪威船级社发布《自主船舶和遥控船舶》，全方位、多角度对智能船舶技术进行了分析，涵盖的内容最为广泛，主要章节有主要原则、认证流程、航行功能、船舶工程功能、远程控制中心、通信功能。挪威船级社用一个单独章节分析了远程控制中心，足见其重视程度。另外，挪威船级社还提出虚拟测试的概念，通过仿真模拟对自主系统和遥控系统进行测试，以提高实船测试的效率、降低实船测试的成本。2021 年 9 月，挪威船级社发布《自主与远程控制船舶入级指南》的最新修订版，旨在为自主船舶和远程控制船舶实施新技术提供指导。

2）芬兰

2018 年，采用瓦锡兰自动靠泊系统的渡船 Folgefonn 号首次港口靠泊试验成功。这艘长 85 米的渡船采用混合动力推进，并配备无线充电系统，在自动靠泊系统激活后可实现自动减速操作、全自动对排和靠泊操作，直至安全停入泊位。该船的“航行操作”完全授权给自治控制器，由该控制器控制船舶的航速、航迹与航向，实现全程无人干预。

2022 年 3 月，芬兰自主海上生态系统联盟发布了《自主船舶：规则制定参考术语》的白皮书，该白皮书通过阐述可应用于各种船舶操作或整艘船舶的六个“等级”，旨在为开发和实施自主船舶的国际监管框架提供路线，提出了确定航运自动化程度的行业建议。

3）俄罗斯

俄罗斯船舶智能化发展一直比较“低调”。从各类国际会议和技术产业研讨活动来看，俄罗斯似乎并不活跃，但其自身对于自主船舶和航运智能化的发展一直在进行。2021 年，俄罗斯工业贸易部和交通部启动了自主和远程导航船舶试验项目，旨在绘制国家海事高新技术海事网发展路线图。由 A-Navigation 联盟承担的远程驾驶子项目已建立岸基驾控中心并开展真实环境试验，可实现 360 度全角度视景实时监测。据为数不多的公开报道，俄罗斯开发人员已经启动一个独特的技术平台项目，将允许在虚拟环境中对无人水面艇进行航行测试。该项目将由国家技术倡议的 MariNet 工作组提交。据报道，俄罗斯已对自动驾驶船舶进行了首次测试，并正在制订监管框架以规范整个运输领域。据报道，俄罗斯自主研发的首批 4 艘全自动港口拖船将在 2027 年面世，相关负责人表示，“第一阶段到 2024 年，计划沿圣彼得堡和加里宁格勒航线组织 2 艘部分自动铁路轮渡航行；第二阶段到 2027 年，我们必须做出更具革命性的事情，那就是启动全自动港口船队，船上无须有人员登船”。这一测试将在新罗西斯克商业海港的四艘自动拖船上进行，这些拖船将大型船只拉入港口并确保其停泊。船只将按照新设计建造，该设计不要求有人长期在船。

2020 年 6 月，俄罗斯船级社发布《海上自主和远程控制水面船舶入级规范》，并于 2022 年 1 月修订。该规范明确了自主船舶设计和建造过程中的技术监管要求，同时，对自主船舶进行了分类，并引入自主等级符号。

4）日本

2014 年开始，日本启动了“日本智能船舶应用平台”项目，旨在建立船舶及岸上获取船舶设备数据的标准化方法，不断提高船舶的安全性与环保性。该项目由日本船舶机械与设备协会牵头，三菱重工、川崎重工、大发柴油机株式会社、东京计器株式会社、日本邮船、商船三井和日本船级社等 27 家造船、配套、航运和检验单位共同参与。目前，该平台已经在日本的一艘渡船和一艘原油运输船上实现安装应用。同时，项目团队也在推动智能船舶应用平台成为国际海事组织电子导航（E-Navigation）的测试版，并在国际海事组织、国际标准化组织、国际电工委员会等机构积极推动关于系统模型、系统安全、数据结构等内容的标准化工作。2015 年 8 月，日本在 ISO/TC 8 主导提出的《船载海上工况数据服务器》和《船载机械和设备标准数据》2 项国际标准正式立项，依托承担的单位有国际标准化组织船舶与海洋技术委员会导航与船舶营运分委会（ISO/TC8/SC6）秘书处。日本先后主导提出并推动了 10 多项国际标准研制，覆盖了船舶通导、航向控制、航行记录、信息传输等船舶智能化领域。日本已经将“智能船舶”（Smart Ship）上升为该国国际海事立法发展战略的核心目标之一（国际标准化），作为其振兴造船工业的重要举措之一。

2020 年 6 月，日本财团启动了 MEGURI 2040 项目，计划 2020—2022 年完成技术研发和储备。2022 年 1 月起，开展 6 型船舶的智能航行示范试验，预计 2025 年实现无人船商业化运行，2040 年 50% 的国内航线船舶实现无人驾驶。项目汇集了航运、造船、船舶设备制造商等 40 余家日本企业参与“智能渡船开发”“无人航行船 @ 横须贺市猿岛”“以内航集装箱船和渡船为基础的无人化技术示范试验”“无人航行船舶的未来创造”以及“水陆两用无人驾驶技术开发”5 个联盟，分别针对大型渡船、集装箱船、客船等开展联合开发。按照计划，日本财团 2021 财年（2021 年 4 月—2022 年 3 月）将提供 34 亿日元资金支持。作为上述计划的组成部分，日本财团 2021 年 9 月 2 日宣布位于千叶市美滨区的岸基支持中心完成了开发。该中心的综合信息管理系统由日本无线设计。计划配备全自主船舶的未来设计无人船操作系统的 204 标准箱的国内集装箱船 SUZAKU 号，2022 年 2 月在东京湾和伊势湾之间进行 390 千米的往返示范测试航行，以证明该系统在拥挤水域的实用性。

2013—2015 年，日本牵头并发布的国际标准共计 15 项，牵头的在研标准共计 10 项。较为有代表性的是其依托“智能船舶应用平台”（SSAP）项目成果，主导制定了《船载设备和系统通信网络布设指南》《用于现场数据共享的船舶数据服务器》和《船载机械设备的标准数据》3 项国际标准，获得了较强的国际影响力。2017 年，日本船级社发布《自动操作船舶概念设计指南》，涉及智能船舶安全设计要素、风险评估、自主等级分组以及远程遥控等多个方面。2018 年，日本政府发布《海洋基本计划》，其中重点强调应加强对“i-Shipping”等智能船舶项目的支持，以进一步提升日本智能船舶技术水平。2020 年，日本船级社发布《数字智能船舶指南》，为“数字智能船”船级符号制定了相应标准，以更好地响应业界未来需求与技术进步。

5）韩国

2010 年起，韩国实施了“智能船舶 1.0”计划，韩国现代重工集团及韩国电子通信研究院共同开发了船舶通信技术“有 / 无线船舶综合管理网通信技术”（Ship Area Network，简称 SAN），利用互联网技术，在船上对各类部件进行综合管理，使得对船上航行相关装置的操作变得更容易；还可以利用卫星等远程技术，在岸上实时管理、监控船舶的运行状态，对一般性问题和故障进行远程维护修理等。2013 年，现代重工开启了以“经济、安全、高效航行服务”为主旨的“智能船舶 2.0”计划。基于“智能船舶 2.0”，现代重工还提出了“联通船舶”（Connected Ship）的新概念，把船舶、港口、陆上物流信息一并提供给船舶运营。2014 年 5 月，韩国大宇造船和海洋工程公司与韩国最大的移动运营商 SK 电信公司联手研发以信息与通信技术为基础的新型智能船舶。该智能船舶配备了全球电信网络导航和监控系统，将船上所有服务融合到多链接的单一网络，进行自动化和无人化控制，实现船舶高效、安全运营。2016 年 8 月，现代重工与埃森哲等企业合作，通过运用数字技术，帮助船舶运营商更好地管理船队，充分挖掘潜能，节约运营成本。2017 年，现代重工与英特尔、SK 航运、微软、大田创意经济与创新中心以及蔚山创意经济与创新中心合作签订协议，联合韩国国内的信息与计算机技术公司共同开发软件，提高船员的安全系数，改善他们的健康状况，满足船东的需求以及安全航运标准。

为了在未来的船舶与航运市场份额和国际标准方面处于领先地位，韩国海洋与渔业部和贸易工业与能源部 2020 年决定投资 1.333 亿美元，计划通过实施韩国自主水面船研究项目（Korean Autonomous Surface Ship Project，简称 KASS），用 5 年时间（2020—2025 年）突破智能航行、机械自动化、测试验证、规范标准等自主船舶核心技术，实现近海和远洋有船员在船和无船员在船的远程遥控驾驶（表 1–1）。

表 1–1 韩国自主水面船研究项目大纲

项目名称	自主船舶技术研发
资助部门	海洋与渔业部、贸易工业与能源部
项目周期	2020—2025 年（2020—2023 年：系统研发与集成；2024—2025 年：示范）
项目预算	1603 亿韩元（1.333 亿美元）
项目目标	自主船舶核心技术研发，通过阶段性示范奠定商业化基础
核心技术	（1）智能航行系统 （2）机械自动化系统 （3）测试演示中心和示范技术 （4）操作技术和标准化
商业化目标	海面智能航行船舶致力于国际航行船舶（中尺度商船） （远洋：国际海事组织等级 3/ 沿海：国际海事组织等级 2）

该项目共设置了自主航行系统研发、自主运控系统研发、海上测试场及验证方法3项操控技术与标准化子项目，以及10项细分关键技术子项目，包括4项核心技术，一是智能航行系统，包括集成平台数字船桥、态势感知系统和自主航行系统；二是机械自动化系统，包括机械故障预测与诊断系统和综合能源控制系统；三是测试场与测试演示技术，包括智能系统与性能测试演示以及测试场建设；四是操控技术与标准，包括可靠性评估和事故响应技术、远程控制与安全操控技术以及国际标准化技术。

韩国政府与企业深入联动，制定多份智能船舶发展指导性文件。2018年，韩国政府在明确的100个国家课题中提出，要挖掘培育高附加值未来型新产业（智能船舶），协同海运和造船行业共同建设海运强国。2019年，韩国政府发布《智能自航船舶及航运港口应用服务开发》，其中包括一系列重要的研发项目规划，表明韩国希望依靠高新技术来推动高附加值智能船舶研发，抢占国际造船市场新的制高点。2022年，韩国现代重工集团发布《2030年愿景》，提出到2030年建成“智能型自主航行造船厂”、成为未来全球智能船舶领域领军企业的发展愿景。

6）新加坡

2019年前后，为了开发和现场测试智能船舶的能力、可行性和实现途径，使新加坡港为海面智能航行船舶的到来做好准备，新加坡海事及港务管理局与技术提供商瓦锡兰、海上服务提供商PSA海事公司、劳氏船级社、新加坡海洋和海洋技术中心合作，启动了“智能拖轮”（IntelliTug）项目。“智能拖轮”首期海上试验于2020年3月13日成功完成。该项目平台是27米长的PSA海事公司的港作拖轮PSA北极星号，配备的设备系统包括瓦锡兰的RS24近距离高分辨率雷达和动力定位（Dynamic Positioning，简称DP）系统。项目开发了避碰算法，收集了大量数据。海试之前，使用瓦锡兰的自主船舶模拟器进行了系统模拟和数模测试。基于物理的数字孪生模型验证了从感知系统中收集到的各种数据，以及拖轮的实际性能，该模型体现了海试所面临的物理环境的影响。相关实验结果验证了项目平台避让各种障碍物的能力，包括避让虚拟和现实中的移动船舶。此外，新加坡作为主要发起国的“海面智能航行船舶港口”（MASS Ready Ports）网络组织2020年8月成立，来自中国、日本、韩国、丹麦、芬兰、荷兰、挪威的船旗国、沿海国和港口当局的代表发出了旨在实现港区海面智能航行船舶试航和运行标准一致性的倡议。

2020年，在两国政府的支持下，挪威和新加坡的海上研究机构共同发布了《智能和自主海上运输系统路线图》，该路线图介绍了智能航运和自主船舶的关键领域和要素。该路线图涉及的主要领域包括：规则和法规、自动化信息交换、智能船舶、自主船舶、船舶实体等。

2. 我国发展情况

1）我国的条件与优势

（1）我国具备加快发展智能航运的产业和技术基础。我国是航运大国和造船大国，完整的航运产业体系和船舶工业体系可以全面支撑智能航运发展。近年来，智能航运创新能力和应用水平不断提升，发展智能航运的生态圈正在积极孕育。高铁、大飞机、深海探测工程、北斗等重大系统和装备项目的成功经验将会为智能航运，特别是无人船的发展提供宝贵的经验和体制优势支持。从机会角度而言，目前全球的船舶运输无人化技术研究应用都处在初期阶段，我国在智能航运技术发展上具有从跟跑到并跑，乃至领跑的历史机遇。

（2）我国具有发展智能航运的市场动力和良好的自然条件。我国是内河航运和沿海航运大国。但是，内河航运技术起点不高，经济效益不佳，环境生态保护压力大；沿海航运也面临效益、环保和安全压力，需要通过转型升级实现高质量发展。在内河航运和沿海航运领域，结合绿色技术、智能技术应用推行运输模式创新和再造具有良好的市场前景。

受到现行国际公约制约，在全球推广应用智能航运的核心技术——船舶智能航行技术尚需要一个过程，但通过国内立法就可以实现智能船舶在我国沿海和内河水域合法航行，这也是我国可以率先发展船舶智能航行技术的先天优势。

（3）我国已经形成发展智能航运的政策环境。国务院于 2017 年印发了《新一代人工智能发展规划》，明确将汽车、船舶和轨道交通自动驾驶等智能技术列为重点。中共中央、国务院于 2019 年发布的《交通强国建设纲要》和 2021 年发布的《国家综合立体交通网规划纲要》都把智能航运纳入建设内容。

2018 年 12 月 27 日，工业和信息化部、交通运输部、国家国防科技工业局以工业和信息化部联装〔2018〕288 号文联合发布了《智能船舶发展行动计划（2019—2021 年）》。该计划的宗旨是通过行业引导，突出智能船舶发展重点领域和关键环节，充分利用相关行业的基础和科研成果，促进协同创新，形成发展合力。明确了指导思想、基本原则、行动目标、重点任务和保障措施。该计划的指导思想是以习近平新时代中国特色社会主义思想为指导，全面贯彻党的十九大和十九届二中、三中全会精神，坚持新发展理念，牢牢把握高质量发展要求，紧密围绕加快建设制造强国、海洋强国和交通强国的战略目标，以现代信息技术和新一代人工智能技术与船舶技术跨界融合为主线，以提升船舶安全性、经济性、环保性和高效性为核心，以加快船舶智能技术工程化应用为重点，大力推动协同创新，积极探索产业新业态和新模式，支撑我国智能航运建设，促进我国船舶工业高质量发展。基本原则是四点：一是系统布局，谋划长远；二是创新驱动，重点突破；三是分类实施，梯次推进；四是协同发展，跨界融合。保障措施是五点：一是加强组织实施；二是完善激励政策；三是推进跨界融合；四是加快人才培养；五是加强合作。行动目标是：经过三年努力，形成我国智能船舶发展顶层规划，初步建立智能船舶规范标准体系，突破航行态势智能感知、自动靠离泊等核心技术，完成相关重点智能设备系统研制，实现远程遥控、自主航行等功能的典型场景试点示范，扩大典型智能船舶"1 个平台 + N 个智能应用"的示范推广，初步形成智能船舶虚实结合、岸海一体的综合测试与验证能力，保持我国智能船舶发展与世界先进水平同步。重点任务是九项：一是全面强化顶层设计；二是突破关键智能技术；三是推动船用设备智能化升级；四是提升网络和信息安全防护能力；五是加强测试与验证能力建设；六是构建规范标准体系；七是推动工程应用试点示范；八是打造协同发展生态体系；九是促进军民深度融合。对于重点任务，通过 6 个专栏进行了分解。

2019 年 5 月 9 日，交通运输部等七部门联合发布了《智能航运发展指导意见》，标志着我国在中央政府层面已就发展智能航运做出了战略选择。该意见包括总体要求、主要任务和保障措施三个部分。指导意见明确了发展智能航运的宗旨：加快现代信息、人工智能等高新技术与航运要素的深度融合，培育和发展智能航运新业态。明确了指导思想：准确把握当今世界航运与高新技术融合发展的方向，以改革创新为动力，以培育航运新业态为主线，全面深化航运供给侧结构性改革，积极推动产业协同创新与发展，努力提高我国航运和相关产业竞争力，加快推动交通强国、创新型国家和现代化经济体系建设，为实现社会主义现代化强国目标作出贡献。提出了智能航运发展工作应当遵循的四项原则，强调政府引导和市场主导，科技引领和创新驱动，开放合作和共建共享，系统布局和示范带动。确立了战略目标：总目标是 2050 年形成高质量的智能航运体系，为建设交通强国发挥关键作用；明确到 2020 年年底左右，基本完成我国智能航运发展顶层设计，理清发展思路与模式，组织开展基础共性技术攻关和公益性保障工程建设，建立智能船舶、智能航保、智能监管等智能航运试验、试点和示范环境条件；到 2025 年，突破一批制约智能航运发展的关键技术，成为全球智能航运发展创新中心，具备国际领先的成套技术集成能力，智能航运法规框架与技术标准体系初步构建，智能航运发展的基础环境基本形成，构建以高度自动化和部分智能化为特征的航运新业态，航运服务、安全、环保水平与经济性明显改善；到2035年，较为全面地掌握智能航运核心技术，智能航运技术标准体系比较完善，形成以充分智能化为特征的航运新业态，航运服务、安全、环保水平与经济性水平进一步提升。该意见围绕智能航运整体和五大要素，从研发、设计、建设、运营、管理等多环节入手，针对不同阶段发展重点提出了十项主要任务：加强顶层设计和系统谋划，提升港口码头和航运基础设施的信息化智能化水平，推进智能船舶技术应用，加强智能航运技术创新，加快船舶智能航行保障体系建设，提升港口及其重大装备和智能航运仪器、设备、系统的设计与建（制）造能力，培育智能航运服务新业务新模式，防范智能航运安全风险，加强智能航运法规标准与监管机制建设，加强智能航运人才培养。着眼于目标和任务落地，从加强组织协调、营造发展环境、支持试点示范和促进开放合作这四个方面提出了保障措施。

2）我国的早期行动

我国在智能航运产业与技术发展方面，比较早地开始了一系列探索，也取得较好的成效。

（1）在技术与规范方面，进行了卓有成效的探索，包括以下几个方面。

中国船级社发布《智能船舶规范》（2015），将智能航行定义为“利用计算机技术、控制技术等对感知和获得的信息进行分析和处理，对船舶航路和航速进行设计和优化；可行时，借助岸基支持中心，船舶能在开阔水域、狭窄水道、复杂环境条件下自动避碰，实现自主航行”。

2016年，启动“智能船舶1.0”专项，将辅助决策作为重要研究内容，通过应用智能技术来弥补船员在监控、经验、决策等方面的客观不足。

2017年，武汉理工大学启动船舶安全辅助驾驶系统项目，针对长江下游汽渡船航行及环境等特点，研发安全辅助驾驶系统，并于次年应用于南京长江板桥汽渡。

交通运输部水运科学研究所2017年开展无人化运输船发展模式及对水运业影响研究，预判了到21世纪中叶，智能航行船舶对水运行业的影响。

2017—2018年，智慧航海（青岛）科技有限公司联合中国船舶集团公司第七〇四研究所和交通运输部水运科学研究院，珠海云州智能科技有限公司联合武汉理工大学和中国船级社，分别完成了智腾号、筋斗云0号小型海面智能航行船舶实验测试平台研发，探索了遥控驾驶、循迹航行、航线自主规划和初步的自主避碰方法，开展了实验验证，形成了对智能航运技术验证和产业化发展研究的有效探索。

（2）组建创新联盟，包括无人货物运输船开发联盟和中国智能船舶创新联盟。

无人货物运输船开发联盟。联盟于 2017 年 6 月 28 日在上海成立，盟员包括海航科技集团、美国船级社（中国）有限公司、中国船级社、中国舰船研究设计中心、沪东中华造船（集团）有限公司、中国船舶及海洋工程设计研究院、罗尔斯·罗伊斯船舶公司、中国船舶重工集团公司第七一一研究所、瓦锡兰（中国）有限公司、ABB（中国）有限公司、北京中美隆英风险管理咨询有限公司、南京中船绿洲机器有限公司、上海航天测控通信研究所、施耐德电气（中国）有限公司、上海德瑞斯华海船用设备有限公司、交通运输部水运科学研究院、中国船舶工业集团公司第七〇八研究所（MARIC）、中国船舶集团公司第七〇一研究所（CSDDC）等机构，汇聚了航空、航天、航海、船舶行业的领军单位。联盟于 2017 年 11 月 15—16 日召开无人货物运输船开发联盟专家委员会和总设计师办公室成立大会及无人货物运输船可行性评审会，会议对无人货物运输船自主航行系统方案进行了专家评审。联盟专家委员会由来自中国工程院、国家海事管理机构、中远海运集团、中远海运散货运输有限公司、中国船级社、美国船级社（中国）有限公司、武汉理工大学、大连海事大学、西北工业大学电子信息学院、哈尔滨工业大学机器人研究所、中国航空工业集团、交通部水运科学研究院、中国船舶工业集团系统工程研究院、中国船舶及海洋工程设计研究院、中国舰船研究设计中心、中国船舶重工集团公司第七一一研究所、上海船舶运输科学研究所、中海电信有限公司、罗尔斯·罗伊斯船舶、瓦锡兰（中国）有限公司、北京启明星辰信息安全技术有限公司、珠海云州智能科技有限公司、沪东中华造船（集团）有限公司和海航科技集团等国内外各个相关领域的专家组成。由于战略调整，该联盟后来没有继续运行。

中国智能船舶创新联盟。在工业和信息化部的支持和指导下，中国智能船舶创新联盟 2017 年年底正式成立。联盟由中国船舶上海船舶研究设计院牵头，联合船舶和智能系统业界的龙头企业，吸纳国内智能船舶主要用户、骨干科研院所、关键智能系统配套企业、高等院校、总装制造企业、国内外权威认证机构共同成立。联盟宗旨是以市场为导向，联合船舶和智能系统业界的龙头企业，促进产学研用全产业链融合，提升智能船舶产业技术创新力和竞争力，抢占国际智能船舶领域制高点。联盟将在工业和信息化部、中国船舶集团的支持指导下，凝聚联盟成员的智慧和力量，力求在智能船舶发展的赛道上实现高质量前进，打造智能船舶的中国品牌。

3）我国的国家级智能船舶科研项目

（1）"智能船舶 1.0"研发专项。该专项是工业和信息化部 2016 年推出的高技术船舶专项。专项将智能化程度定义在辅助决策的层面，即通过智能应用为船员分析船舶运行情况，提供优化建议，从而弥补船员在监控、经验、决策等方面的客观不足。项目有四条示范船，有关情况见表 1–2。

表 1–2　四条示范船对比

船名	船种	建造厂家	交付时间
明远	超大型矿砂船（VLOC）	外高桥造船	2018 年 11 月 28 日
明卓	超大型矿砂船（VLOC）	外高桥造船	2019 年 3 月 15 日
凯征	超大型原油船（VLCC）	大船集团	2019 年 6 月 22 日
新海辽	超大型原油船（VLCC）	大船集团	2019 年 8 月 28 日

（2）"基于船岸协同的船舶智能航行与控制关键技术"项目。国家重点研发计划"综合交通与智能交通专项"的"基于船岸协同的船舶智能航行与控制关键技术"项目实施周期是 2019—2021 年。项目的主要任务是针对基于船岸协同的船舶智能航行与控制重大需求，重点解决船舶智能航行与控制协同理论和船舶航行智能感知、船舶自主避碰等关键技术问题，建立内河和沿海条件下船岸协同技术测试体系，为我国率先构建基于船岸协同的船舶智能航行与控制系统奠定基础。

经过三年研发，该项目已于 2021 年年底完成。项目突破船舶智能航行通航环境全息动态重构、航线智能优化、船舶远程驾驶、船岸多模态交互控制、智能船舶航行安全风险辨识、虚拟与实船实景智能航行测试等关键技术；开发完成船舶航行环境智能感知、船舶远程驾驶、船舶自主航行、船舶智能航行网络安全风险实时监测、船舶智能航行安全风险辨识评估等 11 个系统和沿海船舶远程驾驶与监控、沿海船舶智能航行信息集成、船舶智能航行系统虚拟测试、内河船舶综合信息集成控制等 5 个平台；研制了船载融合通信、岸基融合通信 2 套设备；建立了约 240 平方海里面积的沿海智能船舶测试场；在长江干线和长湖申航线典型航段开展内河汽渡船、集装箱船智能航行系统示范应用，在青岛沿海典型海域开展 300 标准箱集装箱船智能航行系统示范应用；形成相关标准规范多项。项目的代表性集成成果——我国首艘沿海智能航行集装箱商船智飞号，总长约 117 米，宽 17 米，总排水量约 8000 吨，装箱量 316 标准箱，

2021 年 6 月在青岛造船厂出坞，9 月出厂试航，随后进行了智能航行系统调试和海面智能航行船舶功能实验测试。智飞号集成安装了智慧航海（青岛）科技有限公司和中国船舶重工集团公司第七〇四研究所、交通运输部水运科学研究院、大连海事大学等机构联合研发的全套智能航行系统。经中国航海学会 2022 年 2 月组织专家评价，该轮的遥控驾驶系统达到了高级水平，自主驾驶系统达到了中级水平。

（3）“绿色智能内河船舶”专项。该专项是工业和信息化部 2020 年推出的高技术船舶专项，项目周期是 2020—2022 年，任务是开展“一个顶层、四项关键共性技术和两个示范应用（1+4+2）”。专项的示范船 2 艘：长江 7500 吨散货船，于 2021 年 10 月 31 日下水；长江 3300 立方米液化石油气运输船，于 2021 年 10 月 1 日下水。两艘船都达到内河绿色船舶最高等级“绿色船舶 -3”要求，取得了 3 项智能船舶入级符号“i-Ship（M，Es，I）”。

4）智能船舶技术标准

（1）智能船舶标准体系建设指南。2021 年 2 月 25 日，工业和信息化部装备工业二司和国家市场监督管理总局标准技术司联合发文，再次公开征求对《智能船舶标准体系建设指南（二次征求意见稿）》的意见。二次征求意见稿紧密围绕制造强国、海洋强国、交通强国建设战略目标，落实《智能船舶发展行动计划（2019—2021 年）》《智能航运发展指导意见》《船舶技术法规体系框架（2020）》总体要求，以推动智能船舶科研开发和工程应用为重点，建立健全适应智能船舶发展需求的标准体系，充分发挥标准的支撑和引领作用，提升产业核心竞争力和国际影响力，促进我国船舶工业高质量发展。

二次征求意见稿提出的基本原则：①对标先进，国际接轨，全面满足国际造船新公约新规范要求，广泛采纳先进适用的国际标准和国外标准，加强国际交流合作，鼓励联合开展国际标准研制；②体系完整，急用先行，覆盖智能船舶研发设计、测试验证、产业配套、检验认证、运营管理等领域，结构合理，界面清晰，突出重点，急用先行；③创新引领，跨界融合，充分体现信息化、网络化、智能化新技术应用需求，推动技术融合与产业融合，适应智能船舶、智能航运、智能港口和智慧物流一体化发展需要；④开放包容，动态更新，保持体系的开放性，鼓励大胆探索和协同创新，及时纳入国内外智能船舶发展最新技术成果，保持标准体系的动态更新。

二次征求意见稿提出的建设目标：到 2022 年，初步建立智能船舶标准体系，制定 30 项以上智能船舶国家标准和行业标准，研究提交国际标准立项草案 5 项，基础共性标准形成支撑，关键技术应用标准取得突破，智能船舶设计、智能船载系统及设备、智能船舶测试与验证标准初步满足智能船舶辅助决策、安全防护等发展要求。到2025 年，建成较为完善的智能船舶标准体系，基础共性、关键技术应用、智能船舶设计、智能船载系统及设备、智能船舶测试与验证、岸基服务、运营管理等标准协调配套，满足智能船舶设备智能化升级、测试与验证能力提升以及实现远程控制等要求，达到国际先进造船国家同等水平。

二次征求意见稿提出了标准体系结构和框架，包括基础共性（A）、关键技术应用（B）、智能船舶设计（C）、智能船载系统及设备（D）、智能船舶测试与验证（E）、岸基服务（F）、运营管理（G）七部分和细分的 38 个专业及领域组成。同时，本指南根据实际发展需求，区分了第一阶段（2021—2022 年）和第二阶段（2023—2025 年）标准建设重点（图 1–3）。

（2）中国船级社出台的智能船舶检验规范与指南。为了引领行业发展，中国船级社及早启动了智能船舶规范的研究和编制工作。2015 年制定并发布了《智能船舶规范》（2015），该规范由智能航行、智能船体、智能机舱、智能能效管理、智能货物管理和智能集成平台六大功能组成。该规范为全球首部智能船舶规范，采用了“基于目标的船舶建造标准”（即 GBS）的编写方式，逐次对智能船舶提出目标、功能要求、检验要求等。规范规定了智能船舶的附加标志及功能标志，为未来智能船舶的入级提供充分的支持与依据。在智能化程度上，规范分别从船舶数据感知、分析、评估、诊断、预测、决策支持、自主响应实施等方面，对应不同的智能功能提出了相应要求。值得注意的是，中国船级社发布的《智能船舶规范》（2015）是一本开放式的规范，不对具体的船舶智能化实现方式做要求，也不对船舶的智能功能加以限制，鼓励新技术的应用和新的智能功能的开发。2018 年，结合《智能船舶规范》（2015）应用经验、国内业界智能船舶发展现状以及国际智能 / 自主船舶发展趋势，研究制定并发布《自主货物运输船舶指南》（2018）。指南以不低于《1974 年国际海上人命安全公约》《防止船舶污染国际公约》《国际海上避碰规则》和《海员培训、发证和值班标准国际公约》等国际公约的总体安全和环保水平为原则，以风险分析为基础，以涵盖实现船上无人的远程控制和完全自主运行的技术要求为目的，采用《基于目标的船舶建造标准》方法，提出自主货物运输船舶各系统的目标、功能要求、规定要求以及检验与试验要求，主要包括：场景感知、航行控制、轮机装置、系泊与锚泊、电气装置、通信与信号设备、船体构造与安全、消防、环境保护、船舶保安、远程控制中心、网络安全等。

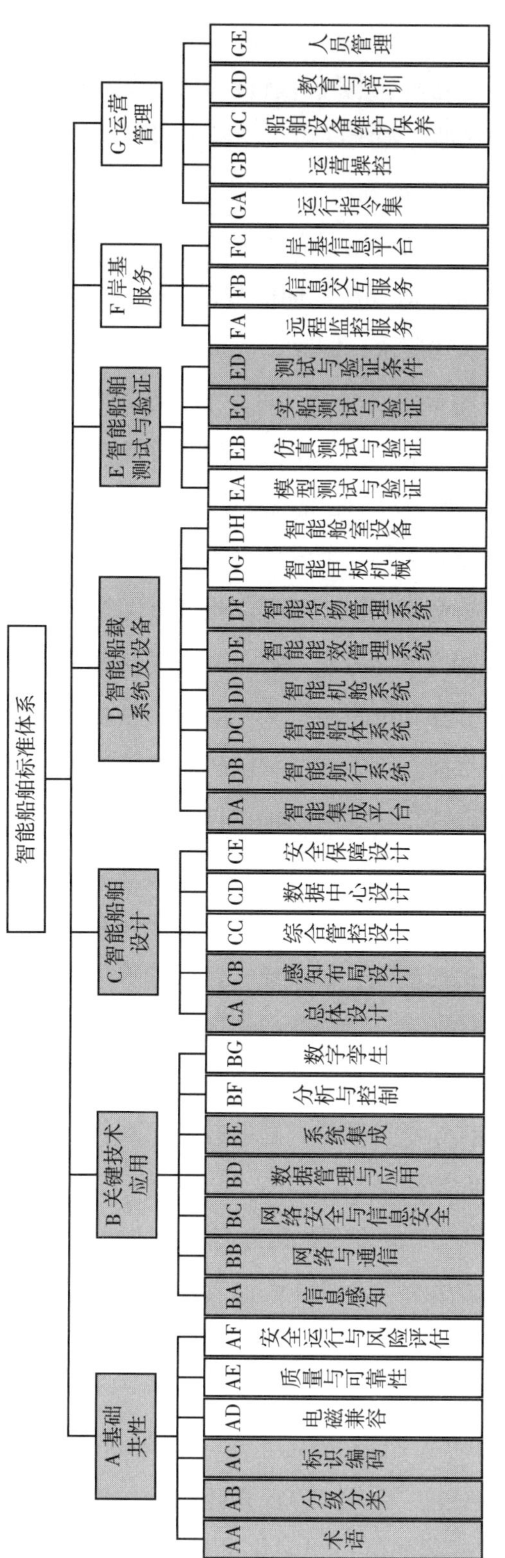

图 1-3 智能船舶标准体系框图

2018年编制发布《无人水面艇检验指南》，对入级检验、总体目标及功能要求、通信系统、操控系统、艇体、轮机、电气、航行和信号设备提出了要求，针对不同的航行模式（自主航行、远程遥控）和距岸距离，授予不同的附加标志。

2019年，中国船级社根据规范发布四年来的使用情况及业界反馈、取得的研究成果、国际海事组织对智能船舶的讨论及立法进展，进一步结合中国船级社业已发布的规范指南文件，开展并完成了对《智能船舶规范》(2015)的升级改版。新版规范补充细化了现有的六大智能功能要求；同时，进一步增加了船舶远程控制和自主操作功能，并且根据遥控和自主的范围及程度，进行了分级的细化，使其更具有操作性。升级后的规范实现了智能船舶从辅助决策功能，到遥控及自主功能的全覆盖，其技术要求适用于各种类型和各个智能等级的智能船舶的申请。

目前，中国船级社在智能船舶规范要求的基础上，形成了智能船舶系列指南，指南有基础性指南和特定功能指南两大类。基础性指南有《船用软件安全及可靠性评估指南》和《船舶网络系统要求及安全评估指南》，这两本指导性文件为智能船舶及其智能化设备的软件安全及可靠性和网络系统安全要求，是基础性的通用要求。特定功能指南面向不同智能功能，目前发布的有《智能机舱检验指南》《智能能效检验指南》《智能货物管理检验指南》和《智能平台检验指南》。

5）小结

我国船舶工业和航运业在智能船舶领域进行了有益探索，相关科研攻关取得积极进展，智能技术工程化应用初显成效，已形成一定的技术积累和产业基础，基本与国际先进水平保持同步。但总体而言，全球智能船舶仍处于探索和发展的初级阶段，智能船舶的定义、技术角度的分级分类尚未统一，智能感知等核心技术尚未突破，智能船舶标准体系、测试与验证体系亟待建立，智能技术工程化应用仍然十分有限，相关国际海事公约法规研究刚刚起步。

（1）科研方面。2016年，工业和信息化部启动由上海船舶研究设计院具体组织实施的“智能船舶1.0”研发专项。该项目是我国首次成体系、规模化地对智能船舶研发的探索，解决了船舶智能航行初级阶段的一批技术问题，为航行自主化程度的提升打下了基础。

2019年，科学技术部启动由交通运输部水运科学研究所牵头实施的国家重点研究计划“综合交通运输与智能交通”专项“基于船岸协同的船舶智能航行与控制关键技术”项目。该项目以提升我国船舶航行智能化水平、服务航运安全高效发展为宗旨，瞄准世界前沿水平，重点解决船舶智能航行与控制协同理论和船舶航行智能感知、船舶自主避碰等关键技术问题，而且将研究成果应用于三艘示范船和沿海智能船舶测试场，为我国率先构建基于船岸协同的船舶智能航行与控制系统奠定了基础。

2020年，工业和信息化部又启动了“绿色智能内河船舶”专项，由武汉理工大学牵头组织实施。该专项面向长江生态保护和航运绿色发展的迫切需求，开展“一个顶层、四项关键共性技术和两个示范应用（1+4+2）”研究；针对长江主要类型船舶的特点，研究绿色智能技术并开发绿色智能系统和样机，选择两型长江标志性船型开展示范应用，为内河船舶提供自主的经济型、高效率的船岸一体化解决方案。这也是国内首次面向内河船舶的大型绿色和智能化科研项目。

（2）应用方面。2014年开始，中国船舶工业集团公司以绿色海豚（Green Dolphin）38800吨散货船为平台，开展了i-海豚（i-Dolphin）智能船舶设计建造研究。2017年12月，我国首艘自主研发建造的智能船舶大智号成为全球首艘通过船级社认证的智能船舶，同时获得了中国船级社和英国劳氏船级社授予的智能船符号。大智号实现了船舶智能集成信息平台、智能运行与维护系统、智能航行系统等关键核心系统的自主研制和集成应用，技术性能达到世界领先水平。该船还安装了全球首台满足智能船舶规范的智能应用低速主机以及我国自主研制的首套主机遥控系统。与基础船型相比，该船的推进效率可提高约3%，相同航速日均油耗可降低约4%。

2015年12月，面向智能船舶技术研究和验证需求，中国船级社发布《智能船舶规范》（2015），该规范将智能船舶分为六大功能模块：智能航行、智能船体、智能机舱、智能能效管理、智能货物管理和智能集成平台。当船舶的各项功能均符合《智能船舶规范》（2015）要求时，可授予智能船舶附加标志。《智能船舶规范》（2015）已于2016年3月1日正式生效，目前已更新至2020年版本。

2018年11月，全球首艘40万吨智能超大型矿砂船明远号正式交付（“智能船舶1.0”成果）。明远号获得了中国船级社i-ship（N，M，E，I）符号和挪威船级社Smart Ship（智能船）（OE，PE，CME）符号，是全球首艘获得挪威船级社认证的智能船舶。该船具有辅助自动驾驶、能效管理、设备运维、船岸一体通信、矿物液化检测五大智能板块，可以利用统一的网络平台和数据平台完成全船数据信息的采集、处理和分析，能够为船舶航行、运营、维修提供决策支持，为船舶设计建造持续改进提供信息反馈。随后的明卓号、凯征号和新海辽号也采用了相同的智能航行解决方案。

（3）产业链方面。船舶智能化产业链目前尚未成型。船舶工业是典型的长链产业。我国在船舶总装制造环节拥有数量众多的具备竞争力的制造企业，但是产业链上游的核心技术、关键材料、配套设备却掌握在外国企业手中，核心环节自主化程度仍有差距。配套产业链是船舶智能化发展核心环节，实际也是我国船舶工业发展最为薄弱的环节。只有大力发展船舶配套产业，把发展的立足点转移到主要依靠国内配套的基点上来，提升市场占有率，才能真正从根本上增强我国船舶工业的整体竞争实力。对我国船舶配套产业发展而言，船舶配套装备的全面智能化升级以及船舶系统整体的网络化和信息化程度提升，挑战与机遇并存。

3. 国内外发展前景与对比

从目前的情况来看，国外智能船舶未来发展重点要看挪威、芬兰、俄罗斯、日本和韩国的进展。目前，我国的船舶智能航行技术与这些国家基本处于同一发展阶段，欧洲国家在具体技术方面基础略有优势。

1.3.3 港口智能化发展现状

在港口智能化方面，国家重点研发计划已经开展了两个项目研究：“基于大数据驱动的超大型集装箱码头智能化作业管控技术”项目和“基于信息物理系统的超大型综合港口泛在感知与预测技术”项目。

“基于大数据驱动的超大型集装箱码头智能化作业管控技术”项目属于国家重点研发计划的“网络协同制造和智能工厂”专项，由上海国际港务（集团）股份有限公司牵头，上海交通大学、同济大学、青岛港国际股份有限公司、哪吒港航智慧科技（上海）有限公司等参研，实施周期是 2019 年 12 月—2022 年 11 月。主要任务是围绕超大型自动化集装箱码头创新发展与转型升级的需求，重点研究基于大数据与云端服务的智能化管控技术、云 – 端融合的超大型集装箱码头作业大数据应用技术、面向智能化作业的超大型集装箱码头数字孪生与虚实融合、基于多维度全流程仿真的超大型集装箱码头仿真系统高保真、超大型集装箱码头设备运行状态数据优化、复杂场景下的设备异常识别与健康诊断、基于全域融合架构的自动化集装箱码头智能操作等关键技术；研发全域融合架构的信息调度平台系统、基于全域融合架构的超大型自动化集装箱码头智能操作系统（ITOS）；研发基于码头业务规划及作业控制的仿真系统，构建集装箱码头的数字孪生系统；研发基于新一代通信技术的远程可视化实时在线运维管理系统，实现对码头装备及控制系统的实时远程监测、异常识别及全生命周期的健康诊断。项目成果将在上海港、青岛港实现示范应用，将进一步提升超大型自动化集装箱码头运营效率并降低人工成本，突破现有技术在交互响应速度、应变能力、智能程度和运营规模等方面的局限，打破国外码头智能操作系统垄断，有力支撑我国传统集装箱码头的自动化改造和海外投资港口建设。

“基于信息物理系统的超大型综合港口泛在感知与预测技术”项目属于“网络协同制造和智能工厂”专项。青岛港国际股份有限公司牵头，交通运输部水运科学研究所、上海交通大学、上海国际港务（集团）股份有限公司等单位参研，实施周期是2020年11月—2023年10月。主要任务是围绕超大型综合港口泛在感知、协同运营与精准预测的重大需求，重点研究基于5G网络的超大型综合港口泛在感知网络构建方法、远程实时在线物料移动控制技术、生产要素的数字孪生快速构造与融合技术、港口信息网络系统协同运营技术；研发港口智能运营决策平台，构建数据智能、分析智能、决策智能的港口“智慧大脑”；研发港口“数字孪生”协同运营系统，构建数字化生态综合公共服务云平台。项目成果在青岛港、上海港示范应用，将节省物流和人工成本、提高港口吞吐能力和装卸效率，促进港口产业链生态互联互通，引领港口行业高质量发展。

全自动化集装箱码头早期出现在国外。目前，全球已建成的全自动化集装箱码头有32个。据往年数据显示，2019年，全球自动化集装箱码头市场规模达到了512亿元（人民币），预计2026年将达到593亿元（人民币），年复合增长率为2.1%。

自动化集装箱码头作为未来港口重点的发展方向之一，必将引起港口建设新的变革。国内外全自动化集装箱码头几乎都是整体新建。新建自动化码头的建设周期长、投资金额大，一般以大港为主。2017年投产的青岛港前湾四期和上海港洋山四期自动化码头的岸线长达2000米，泊位数量6~7个，设计吞吐量超过500万标准箱。而近一批新建全自动化码头——天津港北疆港区C段、广州港南沙四期和北部湾港钦州港大榄坪南的码头岸线也超过了1000米，泊位数量3~4个，设计吞吐量在300万标准箱左右。而改造的全自动化码头一般为中小型码头，岸线长度不超过500米，建设周期更短，投资金额更少。自动化码头相对传统码头，不仅体现在装卸效率的提高，也在于对人力成本的降低和对绿色环保的追求。

随着自动化码头技术的成熟，建设成本持续走低，不仅是沿海港口实现自动化、智能化，沿江港口也逐步开始了自动化之路，太仓四期就是一个明证。随着人工智能、5G、区块链、大数据、数字孪生、无人驾驶等技术在港口落地，智能理货、智慧闸口、智能安防、大数据分析等应用不断涌现，智慧港口、绿色港口才是未来港口建设的趋势所在。

对于我国港口而言，借助“一带一路”契机，通过结合物联网、大数据、云计算等高新科技手段，优化提升港口的基础设施和管理模式，实现港口的功能创新、技术创新和服务创新，使其真正具备“智慧”能力，已经成为各港口提高自身竞争力、抓住发展机遇的重要途径，也是提升我国港口国际竞争力、满足未来国际经济交流与合作的必然要求。

近年来，上海港、宁波舟山港、天津港等中国的一些重要港口正积极推进企业转型升级，以智能港口为发展方向，通过实施“互联网 +”港口业务战略，加快打造港口主营业务与互联网的高度融合，形成智能港口产业链。

我国港口机械发展的一大特点是，港口机械从零部件制造、整机制造，到整机运输、安装调试，形成了完整的产业链条。除个别新机型，其他机型都有若干家甚至 10 家以上制造企业聚焦于基础设施设备市场及自动化控制产品，形成了良好的质量保证体系和有序的市场竞争格局。

中国港口机械设备的崛起，离不开三一重工、徐工集团等工程机械企业巨头的努力。以上海振华重工（集团）股份有限公司为代表的中国港口装备制造企业，可以制造各种港口装备，以满足国内自用和出口。其中，上海振华重工（集团）股份有限公司在港机领域的表现格外引人注目，连续多年成为世界最大的港口机械装备制造商。振华重工的港口集装箱机械产品已覆盖全球 104 个国家和地区约 300 个码头，全球港机市场占比超 80%，在港机市场连续 20 年世界第一。已为荷兰鹿特丹港、美国长滩岛港、英国利物浦港等全球重要港口的自动化码头提供几乎所有单机设备。上海洋山港四期码头的三大装卸机种——桥吊、轨道吊、自动引导车均由其制造。其建造的厦门港、青岛港自动化码头创下多项世界领先纪录。

三一重工的港口机械业务领域在国内市场占有率已超 50%。2021 年一季度，在港口机械产品国内市场需求下降超过 30% 的情况下，三一重工的港口机械却凭借实力，销量大幅上升，比 2020 年同期增长 56%，特别是堆高机销量较 2020 年同期增长达 140%。三一重工的港口机械国内市场占有率已超 50%，预计今年港口机械销售额将过 7 亿元。

徐工港机公司营销服务网络覆盖全球，产品远销亚太、中东、欧美等国家和地区，港机产品国内外市场占有率连年攀升。青岛海西重机是中船集团重点支持发展的应用产业，销售范围遍布上海港、宁波舟山港、天津港、日照港等国内各大港口，并远销欧洲、亚洲、非洲，出口到意大利、黎巴嫩、几内亚、韩国、毛里求斯、卡塔尔等国家。

基腾公司提供各类起重设备成套电气控制系统和电控产品，设备出口至巴西、智利、阿曼、阿联酋、土耳其、澳大利亚、赤道几内亚、韩国、新加坡、马来西亚、印度尼西亚、巴基斯坦、泰国、越南、缅甸等国家。

华东公司在智慧港口、智能航运 IT 服务市场处于龙头地位，形成了以智慧港口为指导思想的信息化框架。目前，服务了 100 多家港口，拥有 10 多个绿地码头信息化交钥匙工程案例。

港口机械的大型化主要指码头前沿设备，就基础设施层的港机设备产品而言，我国都是重要的制造国和使用国。港口装卸用散货作业设备部分产自振华的产品销量居本行业前列。基腾生产的特种作业设备、船厂作业设备等都有很大的海外市场空间。2016 年，全球首台纯电动集装箱正面吊运起重机由徐工港机全面推出，引领行业发展。青岛海西重机公司研制的岸边集装箱起重机等也远销海外。

随着集装箱船舶的大型化发展，超大型“3E+”岸桥应运而生，各项参数均创世界之最。目前，双 40 英尺（1 英尺 = 0.3048 米）吊具 3E 岸桥已成为新建大型集装箱码头的首选。未来，关于岸桥的结构形式与码头布置方式也将与现在完全不同，装卸效率将大大提升。目前，国内外有很多集装箱码头采用回转型的集装箱门座起重机和高塔柱起重机进行集装箱船舶装卸作业，轮胎式高塔柱起重可以实现与 3E 特大型岸桥相同或相近的工作幅度，满足特大型集装箱船舶的装卸作业要求，在非洲、南美洲和“一带一路”沿线国家获得了很好的市场份额，值得国内港机制造企业关注。提升这类臂架起重机的作业效率、自动化水平是其重点和难点，双吊具水平自平衡技术、定向回转自动跟踪高效装卸技术和集装箱挂车扫描技术等，均可有效提高集装箱装卸船舶的作业安全性和作业效率。

对于传统集装箱堆场来说，优先选用轨道式集装箱龙门起重机代替轮胎式集装箱龙门起重机，提高场桥大的标准化程度，适当提高其运行速度，采用双 20 英尺集装箱吊具可有利于场桥作业效率的提升。港口集装箱码头的远程控制包括岸桥的远程控制和堆场轮胎式集装箱龙门起重机、轨道式集装箱龙门起重机的远程控制。由港迪电气公司实施改造的集装箱龙门起重机远控系统可实现远程装卸作业；由上海振华重工（集团）股份有限公司智慧集团完成的天津五洲国际集装箱码头堆场的自动化升级改造，是国内最早进行大规模轨道式集装箱龙门起重机堆场自动化升级改造的专业化集装箱码头。目前，我国很多港口实现了传统集装箱码头的堆场轮胎式集装箱龙门起重机、轨道式集装箱龙门起重机远程控制技术的示范改造与推广应用，如深圳妈湾港口、天津港、青岛港、宁波港、厦门港、重庆果园港、日照港等，这也是未来传统集装箱码头升级改造的一个重要方向。

码头操作系统（Terminal Operating System，简称 TOS）是码头的“大脑”，设备控制系统（Equipment Control System，简称 ECS）是码头的“心脏”。码头操作系统也要随着全自动化码头进行迭代升级。洋山四期自主研发的码头操作系统和青岛前湾四期引进的 NAVIS-N4 系统，可大幅降低码头作业人员和管理人员的劳动强度和人员数量。港口自动化系统由相关的智能解决方案组成，这些系统将大量的实时数据传输到港口的控制中心，从而使操作人员能够快速、主动定位并解决实时发生的问题。代表性的码头操作系统有华东公司的集装箱码头智能操作系统（CiTOS 7）、散杂货码头操作系统（GCTOS ADVANCED）、散货专用码头操作系统（BCTOS）等。“中国智造”不仅局限于“壳”，也正在进入“芯”时代。上港集团自主研发的码头智能生产管理控制系统和上海振华重工（集团）股份有限公司自主研发的智能控制系统，分别组成了洋山四期码头的“大脑”与“心脏”。这两套系统是自动化码头得以安全、可靠运行的核心，其研制与应用让“无人港”成功用上中国“芯”。洋山四期采用上港集团自主研发的超大型自动化集装箱码头智能操作系统，是我国唯一拥有“中国芯”的自动化码头。通过衔接上海港业务受理平台、集卡预约平台、数据分析平台、统一调度平台等数据信息平台，实现智能调配生产计划模块、实时调度码头作业过程。

我国作为全球最大的集装箱运输国，集装箱码头的专业化在 20 年前已基本实现，目前只有极少量以装卸集装箱、散货和杂货的内河多用途码头。我国乃至全球港口集装箱码头的专业化、大型化、高效化发展趋势非常明显。

1.3.4 航行保障智能化发展现状

在航海保障智能化方面，国家重点研发计划支持了“内河航道设施智能化监测预警与信息服务”项目研究。该项目属于“综合交通与智能交通”专项，交通运输部天津水运工程科学研究所牵头，水利部交通运输部国家能源局南京水利科学研究院、重庆交通大学、武汉理工大学、长江航道局等单位参研，实施周期是 2019 年 3 月—2021 年 12 月。主要任务是围绕内河航道设施动态监管、精准预测与信息服务的重大需求，研究基于航道设施灾变过程多元因素时序性、从属性和耦合性的服役状态评价理论方法；研制无人机、无人船、水下机器人全面无人感知装备，无人机遥感相机实现厘米级图像高分辨力精度，新型双体无人船基于动力动态分配算法等实现 6 节强抗流能力，革新流线型遥控潜水器本体基于首创推进器薄壁磁耦合密封等新技术实现 4 节强抗流能力；研发航道设施在线智能监测、预警技术及功能恢复决策模型；攻克围绕云网交互的航道设施监测海量信息与数据融合技术，建立新一代内河航道多元信息综合智能服务系统。项目成果在长江上游宜宾至泸州段、京杭运河镇江段示范应用，将节省航道设施信息采集成本和维护费用、提升内河航道运行效率和应急能力，促进全国水系联网和电子航道一张图，引领内河航运信息化建设和高质量发展。

伴随着智能航保新技术的不断发展，一方面，航海保障领域加大技术创新投入，加快智能化技术研究应用，呈现传统目视和数字化导助航服务、实时电子海图与信息化测绘服务、常规无线通信和现代多模多网通信兼容并存的特点，为船舶航行安全提供较为丰富的保障服务；另一方面，从 2006 年起，经过 15 年持续跟踪研究和转化应用，在积极参与国际 E- 航海有关技术、标准研究事务基础上，通过加大投入和试点建设，在中国沿海陆续开展了天津港航道、洋山港和长江口、珠江口等 E- 航海试点工程，为全面提升智能航保服务水平奠定了坚实的技术基础。

基本构建了设施完备、技术先进的现代化导助航体系，建成由传统灯塔、灯桩、立标、导标、浮标等视觉航标系统与现代雷达应答器、高精度无线电导航定位系统、船舶自动识别系统（Automatic Identification System，简称 AIS）等近、远程无线电导航设施相结合的导助航保障体系，特别是沿海无线电指向标差分北斗系统（RBN-DBDS）和北斗连续运行参考站网（BDCORS）的建成，为用户提供多层级、高精度、信息化的综合助航服务，基本适应目前快速发展的航运需要。随着全球导航卫星系统、船舶自动识别系统、地理信息系统、电子海图、雷达、船舶远程识别和跟踪等一系列现代化导助航技术以及 AIS-R、e 劳兰系统等导航、定位备份系统的发展应用，正推动导助航服务向立体化和智能化发展。

现代海道测绘领域随着高精度卫星定位、单波束 / 多波束等测深、侧扫声呐、磁力仪、海洋重力仪等多种探测装备应用，特别是机载激光测深、航空摄影测量以及卫星遥感技术的应用，进一步完善了星载、机载、船载、车载和水下机器人五位一体的立体测绘体系，极大地丰富了海洋地理空间信息获取手段。同时，数字化测绘服务不断完善，测绘服务数字化、信息化能力也极大提高，基本形成以海道测量生产数据库为核心的海图生产、航海图书资料发布等数字化产品服务体系，海洋地理信息产品已实现多类型、多形态、系列化、全球化，主要包含港口航道图目录、纸海图、电子海图、专题海图、潮汐表、改正通告、港口航行图集等，并按国际、国家标准形成系列化产品，特别是随着“中国海事航海图书在线服务”等系统的建设应用、沿海具有一定规模的水文气象观测站网架构的形成，为数字航海资料生产与发布、船舶电子航行等提供了必要的实时信息服务，较好地满足了航运经济发展和海上交通安全管理需要。

近年来，伴随着全球海上遇险与安全系统现代化，我国沿海建成中高频海岸电台，重点覆盖沿海离岸 100 海里水域，以及第七搜救区西北太平洋海域；高频 HF 业务电路覆盖范围可达沿海、近洋水域；甚高频 VHF 通信系统基本形成沿海离岸 25 海里左右范围内连续覆盖。随着宽带通信技术的研究应用，甚高频数据交换系统（VHF data exchange system，简称 VDES）地面系统研究取得了长足发展，VDES 芯片研发、产品研制、岸基服务与运维系统建设均取得系列具有完全自主知识产权成果。同时，海上数字广播（Navigational Data，简称 NAVDAT）系统新技术研究应用取得成效，完成试验系统研究和试点应用，行业标准业已制定。建成了海事卫星 B/M/Mini-M 标准岸站和第四代海事卫星关口站，以及第五代海事卫星陆地接续系统，可及时接收海事卫星船站的遇险告警并提供后续通信。甚小天线地球站（Very Small Aperture Terminal，简称 VSAT）卫星通信应用步伐加快，方便组成不同规模、不同速率、不同用途的网络系统，成为当前远洋船舶进行数据传输的主要形式。2022 年 11 月，国际海事组织海上安全委员会第 106 届会议正式通过决议，认可北斗报文服务系统（BDMSS）加入全球海上遇险与安全系统。国际上，铱星已通过国际海事组织的认可加入全球海上遇险与安全系统，为船舶提供全球海上遇险与安全系统框架下的遇险安全通信服务。

得益于“新基建”政策实施，卫星互联网首次作为信息基础设施被纳入国家“新基建”重点支持方向。全国陆地 5G 电信基站建设全面提速，通信基站市场规模将迎来新一轮的高增长期。未来，随着低轨道卫星建设的统筹进行，中国卫星通信将逐步实现合力，智能化水上卫星通信的需求将进一步激增。

相对于智能航保，国际相关组织大力发展以 E- 航海为核心的电子航海技术，目的是建立面向海上交通的数字海事服务，通过标准化、统一协调的方式为航海用户提供全航程的服务。本质上，是利用信息化手段保障海上航行安全、提高海上业务处理效率，促进船与船、船与岸、岸与岸间海上航行相关业务的互联互通。其中核心要素包括：定位导航授时技术，是 E- 航海战略实施的基石；通信技术，则是 E- 航海战略的经脉；覆盖全球的数字海图；统一协调的技术框架和服务产品规范；标准化的信息交换协议、模型和接口等。

以欧盟相关国家为代表积极实施 EfficienSea、ACCSEAS、MONALISA 等 E- 航海示范工程。

（1）EfficienSea 工程。由欧盟波罗的海区域开发项目提供资金支持，丹麦、瑞典、挪威、芬兰、波兰和爱沙尼亚 6 个国家的 16 个合作伙伴共同参与开发，由丹麦海事局总体负责。工程建设周期是 2009—2012 年，现已投入运营，应用效果良好，取得了一系列课题成果。

（2）ACCSEAS 工程。由丹麦、德国等 11 个国家共同研发，2012 年启动，历时 3 年，总投资 500 万欧元。工程利用船舶自动识别系统技术、船舶交通管理、全球定位系统、综合定位导航授时体系和雷达技术，在北海区域内实现船舶实时航线信息交换服务、海事云服务、多源定位服务，弹性综合定位导航授时体系服务、海事安全信息服务 / 海事公告服务、禁航区服务、增强现实显示器服务、自动化报告服务、船舶操作协作工具服务、动态船舶运动预测服务、船舶交通管理交换系统 11 项服务，从而为北海海区打造一个高效、安全和可持续的海上交通。

（3）MONALISA 工程。欧盟针对波罗的海区域实施的一项 E- 航海实践工程，于 2010 年 9 月启动，总投资 2240 万欧元，是一个通过智能航海打造波罗的海地区海上电子高速公路的项目，由欧盟委员会主管，瑞典海事局牵头，丹麦海事局、芬兰运输局、SAAB 公司等多家单位广泛参与。此工程是一项综合性的海事工程，立足于 E- 航海技术架构，重点利用海事云技术和信息通信技术实现更加安全、高效、环保的海上交通管理系统。

2015 年以来，中国海事局积极开展 E- 航海技术应用研究，在沿海分别开展了以下 E- 航海测试系统工程：①北海航海保障中心天津港复式航道 E- 航海试点工程；②东海航海保障中心长江口 E- 航海建设工程；③南海航海保障中心 E- 航海试点工程。为积极实施智能航保建设、促进智能航运服务和国际合作等奠定了坚实的技术基础。

在南海海区实施 E- 航海绿色航线系统建设，基于国际 E- 航海架构和标准，构建了八类数字海事服务，并结合中国实际进行了扩展和优化，制定了适用于中国实际的 E- 航海标准规范体系；建立 E- 航海岸基系统和数据中心，研发了多种场景的 E- 航海应用，实现了船舶航线推荐、智能导助航、船舶身份识别、船舶行为监测、船舶报告、通航环境感知、海上空间信息服务和交通组织服务的落地应用；创新提出并实现即时助航信息服务概念、基于异构网络之间的无缝信息交换技术，以及多种不同形式应用之间数据和业务协同等技术，具有标准、开放、协同、高效的特点；建立了国际通用的E-航海技术及海事服务体系，提供标准化、多场景的E-航海技术及全要素“大航保”服务；构建了统一标准、国际通用、敏捷服务、开放协同的航保服务新模式，在政府部门、港航单位、沿海和内河船舶广泛应用，经济社会效益显著，应用前景广阔，具有非常高的示范作用和推广价值。

1.3.5 航运服务智能化发展现状

伴随智能航运时代快步到来，“工业4.0”“中国智造”“互联网+”等一个个新名词以及大数据、物联网、区块链、全云化、数字孪生等新技术都在为传统航运服务产业注入“智能”的基因。

智能化催生了航运服务模式创新。在发达海运国家，智能航运服务特别是智能航运供应链已经成为国民经济发展的重要支柱。我国智能航运服务发展与国外存在差距，为了提高竞争力、降低运营成本，航运服务企业对智能化的重视程度也越来越高。目前，许多海运服务公司的智能化、信息化应用已经迈出了一大步，企业在船舶服务、物流服务等环节正不断寻求变革与创新，智能化和信息化技术在生产与航运服务中快速普及应用，所有核心环节都将变得更加“智能”，这也大大促进了航运服务的商业模式创新。航运公司积极拓展物流服务特别是端到端服务能力，并通过数字化接口或区块链联盟等方式，将信息服务能力覆盖全程运输。如中远海运集运旗下外贸电商平台全新升级，提供全流程在线综合物流解决方案和端到端物流服务；通过端到端信息系统，大大提高了信息透明度，提高了线路规划、运力匹配、动态定价的优化能力，进而提高了运营效率和经营绩效。

智能化大力助推航运服务经营能力。大数据、人工智能等数字化技术正在大力助推船舶运营管理。与此同时，北斗导航也在不断应用到船舶航行管理中。如船舶管理公司Signal Maritime与大型油船公司Heidmar合作，通过数据分析方法为旗下经营的一支联营池油轮船队提供服务；现代重工推出的人工智能船舶运营系统，通过对船舶发动机大数据和实时信息进行实时采集和分析，调整船舶动力控制管理，优化燃效；海聊科技携手浮城船舶打造的“船舶卫士”北斗管理系统实现了船舶位置实时追踪、船舶位移报警、航行轨迹回放、航行数据统计等功能；港航大数据实验室研发的

"基于船舶自动识别系统大数据分析的 BCI 走势预测"提供未来 21 天前后一周的 BCI 走势和价格预测，走势涨跌预测准确率达到 70% 以上；航运大数据公司 Vessels Value 联合咨询公司 ViaMar AS 发布的收益预测模块可以针对特定散货船型提供租金预测功能。与此同时，利用新技术，中远海运集运的无纸化海关文件处理极大程度地减少了船舶在港口的装卸时间，数字化新材料的应用使船舶能够通过北极航线，港口、机场和仓库运输启用了自动驾驶汽车，机器人、自动驾驶等技术将降低人力成本，提高准确性和可靠性。

智能化推动了跨境电商业务的发展。跨境电商成为航运贸易新的增长点。据统计，2015 年，中国出口跨境电商交易规模达 4.5 万亿元，其中 B2C 零售 7200 亿元，同比增长 33.3%。以物流成本占货值 15% 计算，跨境电商 B2C 零售物流交易额超 1000 亿。到 2020 年，中国跨境电商交易规模达 12 万亿元，占中国进出口总额的 37.6%；电商零售交易额将超过 3.6 万亿元，年均增幅约 37%，占比超过 30%，跨境电商零售物流交易额超过 5000 亿元。从这些数字可以看出，跨境电商正逐步形成新的增长点。不过，就目前情况看，对于跨境航运电商而言，其业务发展受制于两个重要因素：一是政策的稳定性，跨境电商政策的变化给跨境电商市场带来一定的不确定性，是外部不可控因素；二是跨境航运供应链的质量和效率，成为跨境航运电商进一步发展遇到的主要瓶颈问题。特别是自 2020 年新冠疫情暴发以来，跨境航运电商更面临诸多严峻挑战。在航运供应链企业跨境电商业务全流程中，海上运输干线虽处较为核心的地位，但从总体供应链角度来看，承担的物流职责仍然相对较少，且距离终端用户较远，难以占据核心位置。未来需要在此基础上，向两端不断拓展，不断提升航运供应链企业在跨境航运电商业务形态中的重要性。

智能化激发了航运物流供应链的快速增长。2011—2020 年，中国智能物流整体保持较快的发展速度，年均复合增长率达到 20% 以上。2020 年，涉及 186.66 亿元总融资金额的 58 起融资项目中，有 24 起投资项目发生在物流技术领域，涉及金额达 30 亿元，融资项目数量和涉及金额占比分别为 41.4% 和 16.1%。由此可以看出，无论在投资频次上，还是在投资金额上，物流技术领域均成为绝对的热门赛道。在细分物流技术领域中，投资分布集中于仓储智能化、软件即服务（SaaS）系统、自动驾驶、物流信息化、分拣技术、无人叉车、自动称重技术等领域，反映出国内物流技术赛道的投资主要集中于无人化、软件即服务、提升资源利用效率等方面。在航运物流供应链方面，数字化、智能化的不断提升，激发了海铁联运、海公联运模式和综合供应链服务的快速发展。新的物流运作模式正在形成，与之相适应的智慧物流也呈现了快速的增长。受益于联盟合作、数字化平台、自动化以及大数据带来的收益管理提升，集装箱班轮公司的经营效率将持续增长，更多的中小船舶将投入区域化市场运营。目前，线上增值服务已成为班轮公司标配，航运公司积极拓展线上订舱，并实现流程优化、实时报价、覆盖业务、保险服务、可视化查询等增值服务。行业领先班轮公司通过大数据、物联网等技术应用，以达到降本增效、客户服务升级和生态体系构建的三大目标。马士基推出在线订舱产品 Maersk Spot，提供数字化订舱，客户以固定价格支付运费，并在订舱的同时获得舱位保证。

当前，航运公司正借助大数据、物联网、区块链、全云化、数字孪生等新技术，不断拓展航运方式，优化航运服务质量，提升航运服务效率。中远海运集团牵头组建全球航运商业网络（Global Shipping Business Network，简称 GSBN），签发全球第一张区块链提单，推行无纸化放货，进口货物单证办理时间从 24~48 小时，缩短到 4 小时内；构建大数据集成平台，提升全球资源配置能力。2021 年 3 月 17 日，在获得全球相关监管机构的审查批准后，全球航运商业网络在香港成功组建并开始正式运营。全球航运商业网络定位为非营利性，旨在支持和促进全球贸易各参与方之间的可信交易、无缝合作和数字化转型。全球航运商业网络的股东包括知名班轮公司和港口运营方：中远海运集运、中远海运港口、赫伯罗特、和记港口集团、东方海外、山东港口青岛港、PSA 国际港务集团和上海国际港务集团。2020 年以来，疫情凸显了全世界的相互关联性和全球贸易的重要性。遍布多国的生产停摆给众多领域的供应链带来了难以预估的影响。疫情防控带来的封锁、随后而来的电商消费快速增长把整个产业链推到了极限。在此情况下，全球航运商业网络通过建立安全的数据交换平台促进航运业的数字化转型，从而改善航运业弹性能力，即助力各利益相关方之间的数字化连接和协作，提高数据可视化，提升运营的可持续性和可靠性，打造数据基础设施平台，协助所有参与方解锁数字化转型的价值。借助于区块链技术，全球航运商业网络为参与者提供一个可进行一手、实时、可信数据交换的平台。平台致力于打造最佳用户体验，助力行业参与者交互数据和重新定义流程。平台建立有效的数据治理架构，确保只有被授权方才能查看和使用相应的数据。所有递交到全球航运商业网络平台的数据都通过私钥加密，数据访问权限可被控制到数据字段级别。加强的数据安全措施可以确保商业敏感信息免于非授权或不恰当的泄露或使用。

此外，中远海运集团还积极拓展集装箱物联网业务。以中远海运集运和东方海外为主体，将海联智通定位为面向市场提供集智能终端设备、软件应用平台和流程咨询服务于一体的航运物联网解决方案供应商，由东方海外IT研发中心提供后台服务支持，向市场输出符合标准的、安全的、涵盖多种箱型的集装箱物联网产品，并利用人工智能技术，提供高科技的商业应用平台。继续扩大物联网系统在集装箱设备上的安装比例，计划“十四五”末，物联网系统设备在集团所属的冷藏集装箱设备上的覆盖面超过50%，在普通集装箱上形成一定规模的应用。加大对物联网系统产品的研发力度。实现产品在应用功能、适配性、节能性等各方面的提升，满足客户对远程控制、状态监控和数据分析的各类要求。提升集团外客户比例，积极面向国内的小型船公司、租箱公司、货主箱等客户开展营销。

1.3.6　航运监管智能化发展现状

1. 相关国际组织在智能航运监管方面做的工作

在推进智能船应用、清除国际海事法规障碍方面，相关国际组织做了大量工作。2018年4月，国际海事组织海上安全委员会第99届会议明确了发展水面自主航行船舶，并启动国际航运法规的梳理和修订工作；2019年6月，国际海事组织海上安全委员会会议通过了一套关于自主航行船舶试航的暂行导则，要求在试航时至少应具备相关法律所规定的安全和环保等级；国际海事组织法律委员会第106届会议启动了立法范围界定工作，对其主管的23个国际海事组织文书进行立法范围界定。目前，此项工作已经完成，其成果在2021年7月召开的法律委员会第108届会议上审议。

2015年，国际海事委员会成立了首个智能船舶国际工作组，目的是查明涉及海上自动船舶的法律风险，并对有关风险防范提供法律观点。2017年3月，智能船舶国际工作组发布了一份立场文件《智能船舶与国际监管框架》，指出了《联合国海洋法公约》和其他国际海事公约的特定部分需要修改。

2. 中国智能航运监管现状

2019年5月，交通运输部、中共中央网络安全和信息化委员会办公室、国家发展和改革委员会、教育部、科学技术部、工业和信息化部、财政部联合发布《智能航运发展指导意见》。

2021年，交通运输部的“十四五”发展规划中提出要推动智能航运发展，推进船舶自主航行技术应用，开展智能船舶测试阶段海事管理、智能船舶发展路线图及法规标准体系研究，逐步建立传统和智能航运兼容并存发展的安全监管机制。

2021 年，交通运输部海事局提出建设全要素“水上大交管”，通过创新管理体制机制、重构业务流程、提升装备水平，实现“大融合、大协同、大中枢、大服务”，全力构建“多维感知、高效协同、智能处置”的现代化的水上交通动态管控新格局，实现“船舶航行到哪里，海事服务就到哪里”的远景目标。

此外，从 2015 年各直属海事局围绕“全面感知、广泛互联、深度融合、智能应用”的智慧海事目标，在船舶的智能监管方面进行了深入的实践和探索。

3. 其他国家航运监管现状

2019 年 11 月，英国海上自主系统监管工作组编写了《英国海上自主水面船舶行业行为准则和实践规范（第三版）》，目的是为小于 24 米的自主船和半自主船的设计、建造和安全操作提供实用指导，同时根据英国《1995 年商船运输法》制定了更详细的自主船监管架构。

2019 年，俄罗斯联邦工业和贸易部起草了一份联邦法律草案，启动因自主船的应用而对《俄罗斯联邦航运法典》的修改以及其他立法措施，并起草了一份《关于提供悬挂俄罗斯联邦国旗的海上自主水面舰艇的原型测试》的政府法令草案；另外，俄罗斯联邦政府起草了一项法案，为自主船设立了一个完全符合国际海事组织海上安全委员会通过的《自主船试航暂行导则》（MSC.1/Circ.1604）的临时法律框架。该框架尤其规定了对《国际海上避碰规则》的完全遵守。

在整个智能航运发展的谋划上，我国走在世界前列。由于智能航运已成为我国水运领域交通强国建设的重要抓手，而且智能航运的多个方面会越来越多地纳入新基建，全国各地已有多个智慧港口、智慧航道、智慧物流和智慧海事示范项目纳入省部级规划或示范工程，我国的智能航运会在“十四五”期间打好重要基础，在“十五五”期间发生重要质变。

1.4 关键技术和共性关键技术

在智能航运的五大要素中，每个要素即子领域都包含各自的多项关键技术，如智能船舶包括：智能船舶工程总体技术、智能航行技术、测试评价体系及环境建设技术、数字化营运支持技术等；智能港口包括：码头生产作业技术、多式联运协同技术、运营服务技术、管控技术等；智能航保包括：高精度导助航及其增强技术体系、基于时空位置服务的实时地理信息服务技术、面向智能航行的海事服务及技术等。

在对各子领域关键技术进行梳理的基础上，总结出与船舶智能航行相关的核心关键技术，作为支持智能航运发展的核心关键技术和共性关键技术，见表1–3。

表1–3　智能航运关键技术

序号	技术问题	核心关键技术	共性关键技术
1	船舶航行安全辅助决策技术	√	
2	船舶航行态势与环境智能感知技术	√	√
3	船舶遥控驾驶技术	√	√
4	船舶自主驾驶技术（航线规划、避碰、靠离泊）	√	√
5	自主靠离泊船岸协同技术	√	√
6	港口货物作业系统智能管控技术	√	
7	船舶智能航行网络信息安全技术	√	√
8	自主航行导助航与服务体系技术	√	√
9	自主船舶能源供给、维修保养和应急检修关键技术	√	
10	基于平台的航运交易智能服务技术	√	√
11	船舶机电设备运行监测与健康管理技术（含甲板）	√	
12	智能航行船舶高可靠机电控制技术	√	
13	混合船舶交通模式下的智能管控技术	√	√
14	智能船舶通信保障技术		√
15	智能航行公共信息服务与体系构建技术		√
16	智能航行重大突发事件应对策略		√

1.5　发展环境分析

采用SWOT分析法对我国航运智能化技术和产业化发展环境描述，如表1–4所示。

表1–4　SWOT分析表

优势（S）	（1）对航运智能化认识趋于统一，行业内已有顶层规划； （2）航运产业规模发展迅速； （3）在船舶、港口等关键环节有了一定的技术研发成果积累，并形成了较为典型的示范应用案例

续表

劣势（W）	（1）远洋、沿海和内河航运智能化基础不一，发展不均衡； （2）部分关键产业环节，特别是船舶核心通信导航装备自主化程度较低； （3）航运产业生态建设前期缺乏统筹
机遇（O）	（1）航运市场有回暖迹象，对信息化、智能化出现了明确需求； （2）通信、信息技术、人工智能加速与航运业融合； （3）部分技术领域探索处于世界领先水平
威胁（T）	（1）各主要航运国家都在争夺航运智能化技术和产业发展“高地”； （2）部分领域存在“卡脖子”现象； （3）各国竞争在国际海事法规和标准方面的主动权

1.5.1 优势分析

1. 对航运智能化认识趋于统一

经过几年的讨论和探索，目前，业界对航运智能化问题的认识已达成了初步的一致，形成了一系列顶层规划文件：2018 年 12 月，工业和信息化部联合交通运输部、国家国防科技工业局共同发布了《智能船舶三年行动计划》，明确要求“扩大典型智能船舶‘一个平台 + N 个智能应用’的示范推广”和“推动船用设备智能化升级”；2019 年 5 月，交通运输部、中共中央网络安全和信息化委员会办公室、国家发展和改革委员会、教育部、科学技术部、工业和信息化部、财政部联合发布《智能航运发展指导意见》，要求“推进智能船舶技术应用，加强智能航运技术创新，加快船舶智能航行保障体系建设”；2019 年 7 月，交通运输部印发《数字交通发展规划纲要》，提出“加强新型载运工具研发，强化智能船舶自主设计建造能力；强化前沿关键科技研发，加强基于船岸协同的内河航运安全管控与应急搜救技术研发；强化节能减排和污染防治，严格执行国家和地方污染物控制标准及船舶排放区要求，推进船舶污染防治”。这些都说明发展航运智能化正当其时，有重要的现实意义、巨大的社会和经济价值。

2. 航运产业规模发展迅速

航运作为综合交通运输体系的重要组成部分，承担了中国 95% 以上的国际贸易运输。近年来，我国航运业取得了举世瞩目的成就。港口规模稳居世界第一，2020 年，全球港口货物吞吐量和集装箱吞吐量排名前 10 名的港口中，中国港口分别占 8 席和 7 席。目前，我国船队、港口规模位居世界前列。2020 年年底，我国海运船队控制运力规模达到 3.1 亿载重吨，居世界第二位。我国已成全球海运连接度最高的国家，海运服务网络联通 100 多个国家和地区主要港口。航运竞争力明显增强。上海国际航运中心基本建成，航运交易、航运金融保险、海事仲裁、航运和法律信息服务等现代航运服务体系不断健全，航运“软实力”不断增强。2020 年，在波罗的海国际航运中心发展指数报告中，上海国际航运中心首次跻身世界排名前三，全球航运资源配置能力显著提升。大连、天津、厦门等区域性航运中心呈现加速发展的态势。

3. 关键环节具有一定技术研发成果积累

近几年，围绕航运各环节智能化的发展，各部委纷纷批复了多个科研专项以支持智能船舶工业发展，包括:“智能船舶 1.0”研发专项“船舶态势智能感知系统研制”“船舶自动靠泊和甲板装卸系统智能技术研究”“集装箱船智能货物管控系统开发”“智能船舶相关标准研究”“智能技术试验船开发关键技术研究”“智能船舶综合测试与验证研究”等。

除了国家层面的顶层规划，不少地方政府也出台了相应的政策，为相关智能船舶科研单位提供场地、资金等支持：上海市张江集团与上海船舶研究设计院签署了《人工智能 + 海洋科创中心战略合作框架协议》，协调张江科学城内的政府支持和企业资源，助力智能船舶发展；青岛市在蓝谷为智能航运技术创新与综合实验基地建设提供了土地、资金等支持，促进智慧航海技术装备的研发、试验以及产业化，青岛海上船舶智能航行测试场已承担国家重点研发计划项目的海上测试任务；湛江市在湛江湾也开辟了智能船舶海上测试场，该测试场以智能船舶、水面无人船、水下无人航行器、深远海装备为对象，进行智能技术、智能系统、智能功能等的监测、考评和评估，有利于提升我国智能船舶技术核心领域的竞争力。

由交通运输部水运科学研究院牵头、21 个具有国内优势的机构参加的科学技术部国家综合交通和智能交通重点科技研发计划项目——“基于船岸协同的船舶智能航行与控制关键技术”已经完成。目前，我国在智能机舱、智能能效管理等方面的技术已获得实船验证，智能航行技术一旦攻克，则意味着我国在智能航运时代将与其他航运强国并驾齐驱。有不少国外专家认为，凭借中国航运企业的体制和体量优势，智能航运很有可能在中国实现率先突破。

1.5.2 劣势分析

1. 远洋、沿海和内河航运智能化发展不均衡

与远洋智能航行（“智能船舶 1.0”项目支持）和沿海航运智能化（智能港口、自动化码头快速建设）近几年的快速发展相比，我国有内河船舶的技术状态和装备水平

仍有较大的差距。内河船舶价值相比海船差距巨大，船东选购设备对价格高度敏感，通信导航设备配备情况参差不齐。相应地，“低配”的内河船舶无法及时获得航行信息服务，信息化、自动化和智能化水平提升受到较大制约。数据显示，我国有内河运输船舶 12 万余艘，信息化设备不全，几乎都没有配置带有自动标绘功能的导航、助航仪器装备，更谈不上智能航行。同时，因为船员收入竞争力下降、船员上船意愿快速下降，内河航运企业面临严重缺岗和行业风险形势日益严峻的突出问题，发展不够均衡。

2. 部分关键产业环节自主化程度较低

当前，我国已成为具备一定国际竞争力的航运大国，但离强国还有一定的差距，主要原因在于还没有完全掌握产业链的核心环节和核心技术。这在船舶产业中体现得尤为明显。以船舶总装制造产业为中心，船舶制造产业链的上游产业包括原材料、船舶设计、船舶配套设备等，下游产业包括维修保障等生产性服务行业。尽管我国在船舶总装制造环节拥有数量众多的具备竞争力的制造企业，但是产业链上游的核心技术、关键材料、配套设备却掌握在外国企业手中。

由于上下游市场发展能力的不对等，一旦外方中断合作，我国规模巨大的船舶总装制造产业势必将受到严重冲击。即使我国能够凭借强大的总装制造市场，确保产业链上下游企业的持续合作，但也不能完全避免具有技术垄断实力的外国企业进行垄断定价。因此，构建安全可控且持续的供应链体系，对我国企业尤为紧迫。

3. 航运产业生态建设前期缺乏统筹

智能航运是传统航运要素与现代信息、通信、传感和人工智能等高新技术深度融合形成的现代航运系统与新的航运业态。由于智能船舶和智能港口比较具象，这两年研制成果也比较多，所以大众了解得比较多。监管、保障和服务很多都是无形的，因此对于这三个要素的发展感触不深。实际上，智能船舶、智能港口、智能航保、智能航运服务和智能航运监管这五个方面应当是同步推进且多轮迭代的。通过五个要素的相互紧密联系，构建一个合理、健康的智能航运生态，除了需要突破感知、认知、决策、交互等诸多关键技术，还需要大量的工程实践、试点示范和测试验证。

1.5.3 机遇分析

1. 航运市场对信息化、智能化提出明确需求

2022 年以来，海运市场强势复苏，也带动了国际造船市场整体走强，预计全年的成交量有望达到 2013 年之后的新高。同时，大数据、信息化、智能化技术的发展

和在船舶行业中的落地应用，为船舶行业的发展提供了一个新的可能性。由此，各国纷纷将智能船舶的设计、建造和应用提上日程。在船舶和航运业新一轮复苏中，智能化与船舶设计和产业链的融合无疑将成为主旋律。根据造船和全球市场研究公司敏锐市场报告（Acute Market Reports）在2020年9月发布的报告，自主船舶及相关设备和材料市场预计将以每年12.8%的速度快速增长，到2025年这一市场有望达1550亿美元规模。相应地，港口、监管的智能化也在持续推进中。

2. 通信、信息技术、人工智能加速与航运业融合

疫情给航运业带来冲击和影响，同时，也加快了航运与物流业的数字化进程，减少了企业与监管部门的物理流程。非接触性服务成为作业新常态，如远程移动办公、可视化营运调度、云登轮安全检查、在线船员培训、网上订舱、线上全天候服务、无接触卸货放货等。数字化促进航运上下游各方主体相互融合，信息开放互联共享，港、航、货各方线上线下协同，有效提升整体运输链效率，也给贸易和供应链的各方参与者带来新的增长机会，进一步推动全球贸易便利化进程。

随着人工智能等高新技术应用推广，传统航运要素不断优化升级。目前，我国沿海主要港口基本实现了作业单证电子化，建成一批智慧港口示范工程，新一代自动化码头堆场建设改造正加快推进。5G时代开启从“见字如面”到“万物互联”，各行各业都能找到与5G技术的结合点，产业互联网将成为经济增长新的蓝海。航运业应抓住机遇，重视后疫情时代企业全链路数智化转型和技术革命带来的劳动力迭代影响。

3. 部分技术处于世界领先水平

目前，北斗系统正式纳入全球无线电导航系统，成为继美国全球定位系统和俄罗斯格洛纳斯系统后第三个被国际海事组织认可的海上卫星导航系统；我国建成了全球规模最大、设备最先进的洋山深水港四期全自动化集装箱码头，实现自主集成创新的重大突破。港口机械、海上大深度饱和潜水等具有自主知识产权的高性能交通装备技术达到世界领先水平。至2020年，我国累计建成自动化集装箱码头9个，在建7个，引领了世界智慧港口新潮流。

1.5.4　威胁分析

1. 各主要航运国家争夺航运智能化技术和产业发展“高地”

近年来，由于智能船舶概念的兴起以及智能船舶技术的日益发展，船舶智能化已经成为全球航运的大势所趋。出于通过船舶智能化降低船舶控制和管理难度，减少人

为误操作，提高设备及船舶营运的安全，优化船舶航行，控制燃油消耗、降低成本，提高收益等目的，目前，智能船舶的研究已在全球范围内开展。罗尔斯·罗伊斯、康士伯、日本邮船、韩国现代、挪威船级社等国外设备厂商、船厂、船级社、研究机构等都在进行智能船、无人船方面的研究和实践，并取得了显著进展。2021 年，酝酿多年的 Yara Birkeland 号无人货船已交付并开始商业化运行，计划两年内实现船上无人化。这些都表明，各主要航运国家都在积极探索智能船舶的商用场景，并以此作为航运智能化的核心抓手之一。

2. 部分领域存在“卡脖子”现象

21 世纪以来，随着我国加入 WTO，外资进入中国更为便利。船东（包括国内船东）可直接进行全球采购，国外船舶配套企业更愿意直接在中国投资建厂或合资生产，原先的引进国外技术、国内生产的模式终结。这期间由于航运市场的一度繁荣，我国航运和船舶产业得到了较快的发展，但更多地体现在生产规模扩大和经营状况好转上，自主品牌产品始终没有打开局面。如今，碰上国际船舶市场长期不景气，国内企业也只能在国际大品牌的“夹缝”中生存，在市场上更是缺少话语权。船舶配套产业更是成为我国船舶工业发展薄弱环节之一，也成了智能航运自主化发展的瓶颈。特别地，在当前我国面临“贸易战”和复杂国际关系的背景下，审视产业问题时不能仅考虑经济性，还要考虑产业是否有能力承受外界种种冲击，在当前或未来可预见的国际竞争中（特别是非市场因素）使产业具备规避或承受竞争带来的风险的能力。

3. 各国竞争在国际海事法规和标准方面的主动权

国际海事组织、国际标准化组织等国际组织已经将航运智能化问题列为重要议题，国际主要船级社先后发布了有关规范或指导性文件。但总体而言，全球行业智能化仍处于探索和发展的初级阶段，智能化关键技术研究和产业化仍需继续突破，相关国际海事公约、规范和标准的研究处于早期布局阶段。目前，全球船舶和航运大国都开始通过标准研究固化和推广在船舶和航运智能化方面的技术成果，抢占市场和法规制定的先机。例如欧洲国家率先在国际海事组织提出了对海面智能航行船舶法规的梳理；日本在国际标准化组织围绕航运的信息化提出了一系列技术标准，形成了技术和标准生态；韩国和美国合作在国际电工委员会牵头研制了船舶数据通信相关的国际标准。各方对法规标准主动权的争夺日趋激烈。

第2章

智能航运产业与技术发展态势与需求分析

2017年以来，全球航运界普遍看好智能航运的发展趋势，大量的资源和人才涌入智能航运领域，具有代表性的智能航运成果层出不穷，其中智能船舶和智能港口的成果尤为丰富。

航运界对于智能船舶中的核心技术——智能航行技术的应用尤其充满期待。智能航行技术一旦商用，与之相对应的智能监管和智能航行保障技术也将快速发展。

2.1 发展态势

2.1.1 发展方向

《智能航运发展指导意见》明确了智能航运的五大要素，以往智能航运的重点主要在智能船舶和自动化港口，《智能航运发展指导意见》发布后，智能航运的五个方面都得到了关注，五要素同步推进是智能航运发展最重要的趋势。此外，船岸协同系统是智能船舶的发展路径已在业界形成共识，为此智能监管和智能航行保障都在朝着服务智能船舶的角度快速发展。

1. 智能船舶发展方向

智能船舶的发展主要有三个方向，分别是航行与操纵智能化、机舱和能效管理智能化、船舶运输协同化。

1）航行与操纵智能化

辅助驾驶是船舶航行智能化的初级形态，也是现有存量船舶进行智能化升级的主要方式，随着数据的积累和技术的发展，辅助驾驶将向更高水平的船舶航行智能化阶段发展。

遥控驾驶船舶可将在船船员数量降低，从而降低船舶运输的成本，由于遥控驾驶的本质仍旧是船员在驾驶，现有法规和制度的适用性较强，为该方向的普遍应用奠定了重要的环境基础。

完全自主航行的智能船舶势必将走向少人化甚至无人化，该类型的船舶大多为全新设计的船型，传统船舶的布局结构和航行方式发生了重大变化，船员居住和生活的空间进一步压缩，生活保障设施也将相应减少。

2）机舱和能效管理智能化

视情维护是确保船舶无故障航行的重要基础，随着机舱设备运行感知能力的提升和工业互联网的发展，视情维护将会成为普遍应用，为降低机舱配员提供了条件。

电力驱动具有诸多控制领域的研发便利性，随着船舶对于控制系统要求的不断提升，以及航运界应对双碳战略的迫切需求，新造智能船舶优先选用电力驱动等方式，也是未来的主要方向。

3）船舶运输协同化

全程调度是智能航运业态下运输协同化的宏观特征，随着船舶普遍实现遥控驾驶甚至是自主航行，船舶航行的特征也将由船长驾驶的自主性转变为机器驾驶的规则性，成为可调度、可控制的智能体，水上交通运输组织方式将会发生重大改变。

编队航行是智能航运业态下运输协同化的微观特征，比较适合在内河、运河等水域应用。船队采用跟随模式，由一条传统驾驶船舶带领数条自主航行船舶或者遥控驾驶船舶组队完成运输任务，其技术实现成本相对较低，通过群体感知，使得运行的安全性有了较大幅度的提升，将会是内河智能船舶运输的一种重要形式。

2. 智能港口发展方向

智能港口主要有三个发展方向，分别是码头作业智能化、港口运行管理与服务智能化、船港协同智能化。

1）码头作业智能化

（1）集装箱码头全自动化作业与智能管控。随着全自动化集装箱码头的不断投入应用，其发展主要呈现三个特征：一是传统装备系统的技术迭代，稳定性、可靠性不断提升，其研发和建造成本不断下降；二是诸如智能空轨等新型的装备将会不断涌现；三是绿色智能相结合的方向。

（2）大型干散货码头智能提升。相较于集装箱码头，干散货码头智能化发展速度较慢，相关技术装备和系统的市场供应有限。随着集装箱码头的不断发展，相关技术的溢出效应将会显现，干散货码头的智能化进程将因此受益，加快发展速度。

2）港口运行管理与服务智能化

大量智能化装备的应用，使得港口经营方越来越需要建设港口智慧大脑，用于统筹管理智能装备和与此相关的海量数据。此外，港口的智慧大脑还将为港口经营效率的提升，以及港口与城市协同发展提供决策支持。

3）船港协同智能化

随着智能船舶和智能港口的各自发展，两个要素势必要走向协同。一方面，港口的基础设施要升级改造，形成适应智能船舶尤其是自主航行船舶的港口；另一方面，港口的智能化装卸装备、集疏运装备需要和智能船舶协同作业，从而推动港口作业效率的提升和成本的降低。此外，智能船舶的加油加水、靠离码头均需要智能化的协同操作。

3. 航行保障智能化方向

航行保障智能化主要是五个重点方向：导助航数字化，水上通信多网多模自适应，航行地理信息高分化，航行安全信息数字化、标准化、即时化，应急处置立体化和自动化。

1）导助航数字化

传统面向驾驶员服务的主导航设施，例如视觉航标、助航标志等需要逐步提升为数字化导助航设施，在满足传统驾驶员理解的基础上，还需要满足机器驾驶的认知要求。

2）水上通信多网多模自适应

智能航行船舶，尤其是遥控驾驶船舶对于通信提出了高带宽、广覆盖和低延迟的要求，水上通信网络需要多网多模自适应，来满足智能航行船舶的需求。其中卫星通信需要解决船舶全时在线的需求，近岸4G/5G通信需要解决低成本大带宽的需求，北斗短报文和VDES等通信形式主要解决特定场景下的小规模数据交互的需求。

3）航行地理信息高分化

地理信息是船舶智能航行系统进行航线制定和船舶操纵的重要基础，随着智能航行的深入营业，依靠船岸协同的感知系统和船舶之间的分布式群体感知体系，航行的地理信息将会精度更高、更新更快，整体体现出高时间分辨率和高空间分辨率的特点。

4）航行安全信息数字化、标准化、即时化

智能航行船舶是基于丰富的数据底座而做出准确的航行行为判断，航行安全信息是智能航行船舶最为重要的安全保障数据，面向智能航行的航行安全信息不仅需要数字化便于机器感知和认知，还需要标准化和即时化，便于智能航行系统快速准确的依据数据完成航行决策。

5）应急处置立体化和自动化

智能航运的发展使得水上装备的智能化程度不断提升，大量无人自主装备将会在应急处置领域发挥主导作用，例如无人机、水下机器人、机器狗等装备可以广泛用在救助、打捞和船舶遇险应急场景之中。

4. 航运服务智能化方向

1）物流组织协同化

船货撮合交易平台将通过整合数据资源和运力资源进一步提升整个物流链的整合能力，通过调度船舶、港口、货主乃至陆路运输工具，实现更高效和更廉价的全程物流服务。

2）船舶管理中心化

随着遥控驾驶船舶的逐步商用，部分船舶经营人面临着船舶远程控制服务外包的迫切需要，商用的船舶远程控制中心将具有更好的成本和经验优势，更容易获得船舶经营人的青睐，成为船舶远程控制的服务提供商。

3）维修与供应模块化

随着智能船舶机舱智能化的发展，以及视情维护的广泛应用，船舶的维修与供应方式将会发生重大变化，岸基的航运服务提供商将会依据智能机舱反馈的数据，为船舶定制化地提供维修服务，采用模块化的备件或服务，替换故障单元，从而降低成本并提升维护效率。

4）航运交易平台化

智能航运服务将从面向传统船舶逐渐转向智能船舶，其网联程度将大幅提升，智能航运服务的主要功能也将从传统的船货撮合交易走向高度平台化的航运全流程交易服务，未来头部的平台企业将会引领整个航运交易的发展方向。

5. 航运监管智能化方向

航运监管智能化发展主要是三个方向：监管手段立体化、数字化，交通监控与违规判别自动化，风险辨识与防控智能化。

1）监管手段立体化、数字化

我国正在发展“陆海空天”一体化水上交通运输安全保障体系，对标国际一流海事发展水平，构建形成多维感知、全域抵达、高效协同、智能处置的一体化水上交通运输安全保障体系，实现“到得了、看得见、传得回、管得住”，全面保障国家海洋权益和战略利益。主要任务包括建设业务协同、运行高效的“陆”基设施和平台，打造技术领先、智能完备的“海”基装备系列，形成立体机动、调配灵活的“空”基处置平台，打造多维感知、多元融合的“天”基资源体系。

2）交通监控与违规判别自动化

我国正在建设全要素水上“大交管”，通过优化业务流程，实现集船舶交通管理、海事远程监控、综合执法与应急事件处置于一体的水上“大交管”运行机制，提升大数据应用和智能化水平。建设以船舶、船员、港口等行业要素为主的数据中心，建立与涉海协作单位的数据共享机制，统一搭建基础地理信息基础和应用平台，加快推进全国统一的监管指挥平台建设，为各级水上“大交管”智能化运行提供智能化支撑。并将在多维感知技术和装备、海上专用通信网络技术与核心设备、水上交通大数据与智能管控一体化平台等方面深化科技创新。

3）风险辨识与防控智能化

随着智能航运的快速发展，在航船舶的安全风险辨识与防控迎来了新的挑战：一方面，船舶正在向智能化、大型化、高速化、电动化方向发展，安全风险防控的难度进一步提升；另一方面，大量智能化系统的推广应用，使得在航船舶安全风险的一致性增强，风险防控的重要性进一步加大。在充分考虑未来船舶大型化和智能化发展趋势的基础上，需要采用系统工程的方法研究提出覆盖“人－船－管理－环境”的船舶安全风险辨识与防控技术体系，并针对人的因素、船的因素、管理的因素和环境的因素，分别突破关键技术，研制智能化的辨识与防控系统。

2.1.2　发展模式

智能航运的五个要素发展模式各不相同。总体来看，我国智能航运的发展是政策引导下的协同创新发展模式。具体来看，智能船舶的发展模式主要是政产学研用联合推进，通过形成生态系统来破解发展难题；智能港口的发展模式主要是市场主导，港口经营人从提升自身竞争力和降本增效角度自发开展科技创新和应用实践；智能监管和智能航行保障的发展模式是政府主导，通过政府的规划和相关工程建设项目来逐步推进；智能航运服务是市场主导，包括有着较大的兴趣的金融资本，平台化趋势逐渐明确。

1. 总体发展模式是政策引导下的协同创新发展

《智能航运发展指导意见》发布以来，我国连续出台了多个利好智能航运发展的政策文件。这些政策性文件既宏观又具体，明确了数十个重点任务（工程），指导国内开展了形式和内容丰富的智能航运技术创新和应用试点工作。

2019 年，交通运输部联合国家发展和改革委员会、财政部、自然资源部、生态环境部、应急管理部、海关总署、市场监管总局和国家铁路集团印发了《关于建设世界一流港口的指导意见》，提出了建设智能化港口系统、加快智慧物流建设等重点任务。到 2025 年，部分沿海集装箱枢纽港初步形成全面感知、泛在互联、港车协同的智能化系统。到 2035 年，集装箱枢纽港基本建成智能化系统。

2020 年，交通运输部发布《关于推动交通运输领域新型基础设施建设的指导意见》，明确提出了智慧航道、智慧港口等发展方向。之后发布的《交通运输领域新型基础设施建设行动方案（2021—2025 年）》进一步明确智慧航道领域，立足全国高等级航道网“四纵四横两网”，依托长江干线、西江航运干线、京杭运河、乌江、涪江、杭申线等高等级航道开展智慧航道建设，实现重点通航建筑物的运行状况实时监测，推动高等级航道电子航道图应用，推进梯级枢纽船闸联合智能调度，有效提升航道通过能力，确保船舶通行安全。推进西部陆海新通道（平陆）运河等智能化应用，提升运河工程全过程的一体化管控能力。智慧港口领域，推进厦门港、宁波舟山港、大连港等既有集装箱码头的智能升级，建设天津港、苏州港、北部湾港等新一代自动化码头，加快港站智能调度、设备远程操控等应用，实现平面运输拖车无人化。建设港口智慧物流服务平台，加强港口危险品智能监测预警。推进武汉港阳逻铁水联运码头建设，应用智能闸口、智能理货、智能堆场、智能调度系统，探索内河传统集装箱码头自动化改造经验。

2020 年，交通运输部发布《内河航运发展纲要》，提出逐步推动新一代自动化码头研究与建设。开展端 – 网 – 云架构下自动驾驶集卡、轨道平台、大型无人机等港口货物集疏运设备研究与应用。开展以船舶自动驾驶、智能组织和协同调度为目标的智能航运核心技术研究。开发急流、浊水、深水条件下船舶救捞技术与装备。推动基于云网交互的电子航道图、船舶过闸调度、港航基础设施运养等综合信息服务平台建设。运用大数据、区块链等信息技术，构建多资源要素融合的港口经济生态圈。在重点水域、通航建筑物及港口加快新一代移动通信、卫星通信（北斗）等部署。

2021 年，交通运输部印发《数字交通“十四五”发展规划》，提出到 2025 年，车路协同、智能航运等新技术、新模式取得新突破。“十四五”期间，将建设高等级航道智能运行网，全面推进水网地区高等级航道网数字航道建设，完善航道测量、水位监测、船舶导助航等设施设备，推动形成全国内河高等级航道网电子航道“一张图”；加强梯级枢纽船闸联合智能调度系统建设。推动码头、堆场自动化改造，加快港站智能调度、设备远程操控等综合应用；建设港口集疏运和物流大数据中心，推进全程物流业务在线办理；推动港区内部、港口集疏运通道等自动驾驶应用。完善船岸、船舶通信系统、智能导助航设施，增强船舶航行全过程船岸协同能力，支撑全天候复杂环境下的船舶智能辅助航行。推进新型自动化集装箱码头建设和大宗干散货码头无人化系统建设，加快港站智能调度、设备远程操控等综合应用；建设港口智慧物流服务平台，推动物流作业在线协同。

2021 年，交通运输部组织开展“智能航运先导应用试点”，在沿海航行领域，鼓励综合应用远程操控、自主航行等船舶智能航行技术，在特定航线开展货物运输船舶智能航行应用示范。鼓励在沿海交通复杂水域，开展传统导助航设施数字化智能化改造等，向航行船舶提供全方位动态信息服务。推动货物信息标准化和服务接口统一化，提升客货管理智能化水平。在内河（含运河）航行领域，鼓励开展辅助驾驶、遥控驾驶及一定条件下的自主驾驶应用示范。支持开展船舶编队智能航行试点示范。支持成熟智能化技术在景区客运船舶中应用，探索开通自主航行观光游览水上巴士，提供交旅融合的智能航运科技体验服务。在港区作业领域，支持新一代自动化码头、堆场建设改造，加强水运基础设施运行状态监测。鼓励开展船港协同应用示范，实现进出港、靠离泊、装卸等作业环节船港信息交互。支持开展港口拖轮智能辅助航行、港区消防和应急处置等船舶远程遥控航行及作业应用示范，提升港口作业船舶综合服务能力。鼓励开展智能引航应用示范。鼓励推进港航作业单证电子化，强化基于区块链的全球航运服务网络建设。

2. 各要素具体发展模式不尽相同

1）智能船舶

智能船舶的技术创新主要采用的是政府主导的模式，政府通过设立重大科研项目，引领行业进行创新发展。智能船舶的产业应用主要采用“产学研用管”联合的发展模式，智能船舶的应用牵扯多个管理部门且技术难度较大、研发投入高，多方共创实验测试环境，降低研发投资压力，破解法规政策困局，加速商业应用步伐。其中，船岸协同由于涉及公共利益，其技术创新和产业应用均是采用“政府主导”的模式进行发展。

2）智能港口

智能港口的技术创新主要采用的是“政府鼓励、市场主导”的发展模式；智能港口的产业应用则更主要采用“市场主导”的发展模式，随着港口自动化码头建设的深入，自动化码头的装备和系统的供给模式也发生了变化，多个港口经营单位自行组织研发力量开发了码头操作系统等核心关键系统，既降低了成本，又避免了核心关键技术受制于人的风险。

3）智能监管

智能监管是政府行为，因此主要采用“政府负责”的发展模式，无论是监管技术，还是监管设施，乃至于监管装备和系统，均由政府来主导研究、主导建设以及设置准入条件并实施质量监督。

4）智能航行保障

智能航行保障的技术创新和产业发展均采用的是“政府主导、市场补充”的发展模式，专用的通信、测绘以及航标导航大多由政府主导发展，公共通信、众包测量等社会力量提供的航行服务则是重要的补充条件，有力支撑了智能航行保障的发展。

5）智能航运服务

智能航运服务的技术创新主要采用“政府监督、市场主导”的发展模式，既要保障其发展速度和发展质量，也要规范其发展的合规性；智能航运的产业发展主要采用“市场主导”的发展模式，除了市场需求主导智能航运服务发展，金融资本从产业互联网的角度开始介入智能航运服务，未来智能航运服务的平台化将日渐突出，大型平台将形成头部企业，垄断智能航运服务的大部分市场。

2.1.3 发展速度

我国智能航运发展速度具有以下特点：一是整体起步较晚，但发展速度较快；二是智能船舶和智能港口发展迅速，其他要素发展较慢；三是科学研究比较活跃，实验应用严重不足。

1. 起步晚、速度快

相较于欧洲，我国智能航运的发展起步较晚，整体来看是 2017 年之后，人才和资源才开始大规模地涌入。但是我国智能航运领域的发展速度较快，我国在起步晚的前提下，实现了智能航运标志性成果领先于欧洲的重大突破。例如智飞号相较于 Yara

Birkeland 号更早完成了研发和测试。

中国知网收录的学术文献以"智能船舶"为主题的文献自 1986 年以来共有 828 篇，其中 2017 年以后发表的有 700 多篇；以"智能航运"为主题的文献自 2006 年以来共有 262 篇，其中 2017 年以后发表的有 210 多篇；以"智能（智慧）港口"为主题的文献自 2008 年以来共有 769 篇，其中 2017 年以后发表的有近 700 篇；可见，近五年来智能航运领域的科学研究成果呈现爆发式的增长速度。

2. 船舶和港口发展迅速，其他要素不足

与此同时，相较于自动驾驶汽车，智能航运的监管和保障发展速度明显要低，例如我国 2020 年 3 月 1 日就已正式施行《自动驾驶商用汽车测试场建设及自动测试规范》，但是智能航运领域的测试场建设迄今仍旧是刚刚起步阶段。再如 2021 年 11 月《北京市智能网联汽车政策先行区自动驾驶出行服务商业化试点管理实施细则（试行）》正式发布，北京正式开放国内首个自动驾驶出行服务商业化试点，在北京经开区 60 平方千米范围将有不超过 100 辆自动驾驶车辆开展商业化试点服务，而智能船舶领域，目前全国尚无商业航行的案例，也没有建立商业航行的相关管理规制。

3. 科学研究活跃、实验应用不足

虽然大量的科研院所开展了不同程度的智能航运领域的科学研究，但是具有实际意义的实验应用大多处于空白阶段，究其原因，我国智能航运发展速度较慢的主要原因是：创新链条不完整、智能航运的生态环境建设不足，学界和科研单位的研究成果难以寻找落地应用示范船舶和场景。

2.2 市场需求分析

依据《2020 年交通运输行业发展统计公报》，到 2020 年年末全国内河航道通航里程 12.77 万千米，等级航道里程 6.73 万千米，三级及以上航道里程 1.44 万千米；全国港口生产用码头泊位 22142 个，沿海港口生产用码头泊位 5461 个，内河港口生产用码头泊位 16681 个，港口万吨级及以上泊位 2592 个；全国拥有水上运输船舶 12.68 万艘。依据《2020 年全国渔业经济统计公报》，到 2020 年末渔船总数 56.33 万艘、总吨位 1005.93 万吨。其中，机动渔船 37.48 万艘、总吨位 979.68 万吨、总功率 1856.39 万千瓦；非机动渔船 18.85 万艘、总吨位为 26.25 万吨。机动渔船中，生产渔船 36.02 万艘、总吨位 870.66 万吨、总功率 1624.80 万千瓦。辅助渔船 1.46 万艘、总吨位

109.03 万吨、总功率 231.58 万千瓦。

预计到 2050 年，国内运输船舶智能化升级带来的市场规模将达到 6000 亿元，占领国际市场的规模预计达到 2000 亿元，渔船智能化升级改造带来的市场规模将达到 2000 亿元，港口智能化升级改造的市场规模将达到 4000 亿元，安全监管和服务保障市场规模将达到 1000 亿元，智能航运服务市场规模将达到 2000 亿元，智能航运技术的产业总规模将超过 17000 亿元。

2.3 国家需求分析

党的十九大提出了建设交通强国的战略任务，这是新时代赋予我们的历史使命。经过几十年的努力，我国已经建成了交通大国，现在要开启新时代交通强国建设的新征程，这是社会主义现代化强国的先行领域和战略支撑。交通强国建设是一项巨大的系统工程，既需要确立明确的目标和战略任务，也需要从总体上或根据不同运输方式确定重要抓手，如重大战略性工程、行业新业态新模式构建等，通过这些抓手持续推进交通强国建设工作。根据航运业现状和未来发展趋势，建议将加快发展智能航运作为交通强国建设的重要抓手。

2.3.1 智能航运是国家战略的需求

交通强国建设需要各运输方式的共同支撑。航运业近十年来一直处于低迷状态，面临着极大的市场压力，虽然开展了大量降本增效工作，但只有局部和短期效果，如不推进深入的转型升级，将制约交通强国建设的整体发展。航运业当前面临的突出问题是没有摆脱对人力资源的过度依赖和传统业态模式与观念的束缚，没有跟上现代高新技术发展的步伐。智能航运是航运要素与现代信息、人工智能等高新技术深度融合形成的现代航运新业态。推进智能航运发展是航运业转型升级的关键所在。

智能航运发展需要在基础设施、装备设备、科技创新、安全、绿色、开放和服务等多方面发力，符合交通强国建设八项战略任务的要求。以智能航运为抓手，可以在水运领域全面推进交通强国建设各项战略任务的落实。加快智能航运发展，不仅有利于深化航运供给侧结构性改革，提升我国航运竞争力；也有利于培育新的技术优势和经济增长点，促进相关产业创新发展和协同发展；还有利于重塑全球航运体系，构建全方位、多层次、复合型的互联互通网络，支撑“一带一路”建设。

2.3.2　智能航运是行业转型升级的需求

迎接智能航运时代的发展环境正在快速形成。国际海事组织 2017 年已决定开展与海上自主航行船舶相关的国际公约、法规梳理与适用性研究。国际标准化组织已成立智能航运工作组。欧盟公布了无人商船路线图，芬兰划定了全球首个无人化运输船示范区，英国劳氏船级社发布了智能船舶入级指导文件。多国政府明确表态支持无人船技术发展和应用。

我国已具备加快发展智能航运的技术和工业基础。近年来，我国水运科技取得了突飞猛进的发展，攻克了一批智能航运所需的信息、通信、导航、控制等关键技术，分别建成了全球规模最大和单机平均作业效率最高的自动化码头，建成了全球领先的大智号智能散货船，建成了全球规模最大的船舶自动识别和船舶交通管理网络，并即将建成全球覆盖的北斗卫星导航系统。我国工业界、资本界和学界积极投入智能航运的科学研究和工程实践，逐步形成了生态链并聚集一批优势资源，行业上下游对于利用智能化手段推动航运业业态创新发展具有极大的热情和内在需求。

我国拥有通过发展智能航运实现从航运大国变成航运强国的历史机遇。目前，我国和其他国家一样处于智能航运技术研究、开发和应用的初期并各有技术优势。我国不仅具有庞大的航运、造船等产业基础和规模优势，还有很强的人工智能、大数据、云计算、物联网等多领域的科技实践能力，积累了高铁、大飞机、深海探测工程、北斗等重大工程实践经验，使我国不仅在智能航运的关键技术上具备自主研发能力，也在系统集成上拥有全球领先优势，为智能航运的发展奠定了坚实的技术支撑和体制优势支持，也为我国在智能航运发展上提供了从跟跑到并跑，乃至领跑的历史机遇和有利条件。

2.3.3　智能航运是各要素自身发展的新要求

发展智能航运是我国主导新航运规则制定、引领新航运技术发展的重大历史机遇，随着智能航运的发展，我国的港口、船舶、监管、保障和服务等多方面都将升级换代，以智能航运为抓手，可以在水运领域全面推进交通强国建设各项战略任务的落实，智能航运是航运业建设交通强国的综合性抓手。

智能航运将进一步提升港区作业装备设施的智能化水平。随着智能航运的发展，港口将支持自主航行船舶等智能船舶自主靠泊离泊及装卸作业，港口将支持无人化运输车等智能载运工具实现高效物流，港口将借助便利的船舶调度实现堆场和锚地的优化利用。

智能航运将进一步提升船舶的智能航行水平。随着智能航运的发展，自主航行船、远程控制船将会逐渐投入运营，船舶航行安全和效率将会进一步提升，船舶运输竞争力也将增强。

智能航运将会全面升级航行保障体系。随着智能船舶的发展，导航、通信、测绘和信息服务等航行保障技术将会发生颠覆性变革，船－岸之间、船－船之间信息交互的能力和频度将会快速提升，现有航行保障体系将会得到重构。

智能航运将推动航运治理升级。随着智能航运的发展，航运治理的对象逐渐变成智能化的机器，航运的治理体系和治理能力都将随之发生重大变革，从而推动我国航运治理的升级与现代化。

智能航运将形成全新的航运服务模式。随着智能化与航运全链条各个要素的深度融合，信息获取和共享能力将会发生天翻地覆的变化，从而推动形成全新的基于大量真实实时数据的航运服务模式。

2.4 研发需求分析

2.4.1 需要突破的关键技术

智能航运涉及面广、产业链长、专业构成复杂，经过识别，船舶航行安全辅助决策、船舶航行态势与环境智能感知、船舶遥控驾驶、船舶自主驾驶等 13 项技术是智能航运发展的关键技术。

1. 船舶航行安全辅助决策技术

现代信息和人工智能等技术可以通过与航海技术的叠加、融合和集成，为船舶驾驶员提供环境观测、风险评估、决策支持等多方面的辅助性服务。船舶航行安全辅助决策技术既是船舶走向智能化的基础，也是船舶在实现高端智能化特别是实现自主航行之前最容易广泛推广的技术。

2. 船舶航行态势与环境智能感知技术

船舶航行环境智能感知和认知技术是船舶遥控驾驶、自主航行所依赖的基础，是智能航行技术的重要组成部分。主要包括四个方面：①船舶航行环境感知与信息提取技术：基于雷达、船舶自动识别系统、可见光视觉系统、红外视觉系统、激光扫描雷达系统等环境感知设备，研究对船舶周围环境信息的获取技术，包括传感器布局形式、信息采集、记录以及预处理等技术；②海上动态目标信息的高可信融合方法：针对海上各类船舶及其他动态目标，将雷达、船舶自动识别系统、视觉信息和激光雷达点云信息相互融合，实现目标检测、目标配准，并最终实现基于融合信息的目标跟踪及运动状态估计；③船舶航行环境认知技术：在融合多种信息源的基础上，有效实现对船舶周围环境的识别，能够有效识别船舶周围的船舶及其他静态障碍，能够解析目标的轮廓、尺寸等信息，并实现针对运动目标自动关联其运动状态信息；④沿海船舶航行环境感知系统研发：研发沿海船舶航行环境感知系统，实现多信息融合，海上目标检测、识别和跟踪一体化。

3. 船舶遥控驾驶技术

船舶遥控驾驶技术包括三个方面：①船舶状态及环境信息遥测技术，对船舶自身状态数据、环境感知数据等数据进行采集、压缩和存储，提高信息推送的可靠性、稳定性和高效性，实现船舶信息遥测；②船舶遥控和驾驶技术，船端航行系统协同响应遥控指令的理论、方法和操作模式，遥控命令的高可靠性传输机制，船舶遥控指令的编码、封装和解析，船端遥控响应系统研发，船岸信息交互的内容和方式，船舶航行环境场景重构、岸基指令生成下发、指令执行与状态反馈，船舶遥控驾驶指令集与整体技术方案；③船舶遥控驾驶平台研发，结合船舶智能航行信息集成平台、船端遥控响应系统和船岸协同通信网络，构建基于高可靠性指令传输机制的船舶遥控驾驶平台，实现船舶在岸基遥控下的安全航行。

4. 船舶自主驾驶技术（航线规划、避碰、靠离泊）

运用深度学习、知识库、情景计算等智能理论，研究综合考虑船端感知信息和岸基支持信息的、基于船岸协同的船舶自主避碰决策方法；对船舶航行状态进行场景划分，依据《国际海上避碰规则》对各场景进行量化、降维；构建各子场景下的自适应航行态势学习模型、会遇态势分析模型、碰撞危险度判断模型，最终构建智能避让行动决策模型；研发以智能化电子海图为支撑、基于《国际海上避碰规则》的船舶自主避碰决策技术。综合运用本课题中航行态势感知和认知结果、基于船岸协同的船舶智能航行决策技术，集成开发沿海船舶自主航行系统，实现船舶航线智能优化和智能避碰功能。船舶自主避碰技术依据交通复杂程度分为单目标避碰和多目标避碰；依据航行环境复杂程度分为：开阔水域自主避碰，港区、狭窄水道、通航繁忙区自主避碰，恶劣海况下的自主避碰。

5. 自主靠离泊船岸协同技术

通过采用激光辅助等手段，实时采集船舶靠离泊码头时的距离及靠离泊速度、角度等，并根据风速、风向、潮位、流速、流向等数据，对船舶靠离泊安全速度进行修正，为船舶靠泊、停泊和离泊提供准确的数据支持。利用新一代观测、探测、区域微预报等技术，创新性地研制对团雾、潮汐等极端微气象的船载、浮标载的立体观监测设备，实现港口数字清晰航道、水文气象微环境实时监测预警、海面目标实时监测分析。

6. 港口货物作业系统智能管控技术

通过综合采用物联网、云计算、大数据、人工智能等技术手段，对集装箱、干散货、液体散货等货种的出入港、装卸船、进出场等全作业过程进行智能化管控。

7. 船舶智能航行网络信息安全技术

智能航行很大程度上依托于船岸协同，需要高效、可靠、稳定的船岸通信网络支撑。面向遥控驾驶、自主靠离泊、自主航行等典型智能航行场景，围绕“感、传、智、用”的智能航行核心业务节点，开展船舶智能航行全链条网络信息安全技术研究。研究符合船舶智能航行的网络信息安全体系架构及安全等级要求；研究船舶智能航行网络与链路、系统硬件与软件、数据信息的安全及评价标准；研究自主可控、全球覆盖的交通安全应急卫星通信系统和交通 VDES 等通信信息系统的网络信息安全技术；研究船舶智能航行通信网络和数据链路的抗干扰、防阻断、反窃听等安全技术；研究船舶智能航行应用系统的防止非法访问、程序篡改、违规操控等安全防护技术；研究面向船舶智能航行数据应用的加密、防泄露、防篡改、数据恢复等数据安全技术；开展船舶智能航行网络信息安全测试与验证技术研究。

8. 自主航行导助航技术与服务体系

研究面向智能航行的“陆海空天”一体化高精度导助航及其增强技术应用体系。主要包括：①积极开展星基导助航服务研究，重点是北斗、全球定位系统等高精度星基导航及其增强系统应用技术服务体系，实现全球水域智能航行广域星基增强导航、定位服务；②研究岸基无线电指向标差分北斗增强系统（RBN-DGNSS）、岸基北斗连续运行参考站系统（BD-CORS）、船舶交通管理、船舶自动识别系统等导助航服务体系，实现沿海区域米级、分米级和厘米级导航定位服务；③研究岸基、海基智能航标数字导助航服务体系，重点是基于灯浮标、灯船等设施的数字化、现代化改造，实现海上浮标等助航标志的实时、主动式播发助航信息服务，增强智能船舶和助航设施的数字交互和智能感知认识，提高智能航标的自主导助航服务；④研究星基导航系统脆弱环境下，岸基无线测距模式（AIS-R、RBN-R、e劳兰等）为备份的导助航和授时服务体系，以便为智能航行船舶提供立体、分区、分级、分类、精准和统一的综合定位、导航和授时服务。

9. 自主船舶能源供给、维修保养和应急检修等关键技术与服务体系

在能源供给方面，面向自主无人船主要港口码头提供自助加油、自动电池换电、岸电供电/充电等清洁能源服务，并在船舶靠港后应当优先使用岸电，减少船舶靠泊时对港口城市造成的大气污染。在维修保养与应急检修服务方面，基于设备状态监测与事情维护技术，搭建船岸协同的服务系统，统一对自主船舶上的设备进行监测、评估，实现船舶维护保养，在港口码头提供设备保养、维修、更换、保养技术服务，提供设备维保和应急检修的一体化服务。

10. 基于平台的航运交易智能服务技术

面向船货匹配、电子订舱、集卡预订、港口物资供应等可基于平台开展产品标准化和在线交易的各类型服务，研究基于大数据和人工智能的智能匹配技术，研究基于虚拟现实、增强现实的产品体验技术，研究基于知识图谱的专家服务技术，基于区块链的金融、保险等增值服务技术，提高交易的及时性、准确性和有效性。

11. 船舶机电设备运行监测与健康管理技术

通过对船舶机电等设备的运行情况进行深入分析，判断船舶机电等设备是否存在安全隐患，及时向船员或岸基提供安全风险提示，确保对船舶设备及时进行适当维护。运行状态监测技术包括振动监测、性能参数监测、油液分析监测、瞬时转速监测等。故障诊断技术主要包括基于概率统计论的时序模型诊断方法、基于贝叶斯决策判据函数模式识别方法、基于距离判据的故障诊断方法、灰色系统诊断方法、基于线性与非线性判别函数模式识别方法、模糊诊断原理等。

12. 智能航行船舶高可靠机电控制技术

目前的船舶机电等各种设备故障周期因设备不同而有所差异，但基本上是满足于船上有人检修维护才能够保障船舶在大修之间稳定运行的。由于故障周期相对较短，尚无法满足长时间完全遥控驾驶和完全自主航行，大幅度延长故障周期是船舶机电等各种设备保障船舶长时间完全遥控驾驶和完全自主航行的基本技术要求。现阶段，首要的是针对易发故障的元器件、设备、系统采取提高稳定性及可靠性的措施，长远是通过设计、材料、工艺、制造等多种技术措施来提高稳定性。

13. 混合船舶交通模式下的智能管控技术

为应对可预见的未来有人船与无人船共存局面，有效管控智能航行与人控航行混合的交通模式，在船舶航行态势与环境智能感知、船舶遥控驾驶、船舶智能航线规划、智能网络信息安全、远程船舶通信等技术的基础上，开发智能船舶交通管理及风险管控技术，从更高的权限层级，更宏观的感知领域，对混合船舶交通进行调度管理，对船舶航行风险进行有效管控。

2.4.2 测试验证需求

智能航运是智能化的装备和系统替代人工进行驾驶和操作的重大转变，基于船岸协同的理念，构建先进可靠的测试验证和研发设施是确保机器驾驶和机器操作安全、高效、环保的重要手段，也是开展常态化船舶智能航行商业运营的前提条件。智能航运大量应用了人工智能、大数据、物联网等新一代信息技术，使得我们不仅需要在物理空间和规则空间建立测试和研发条件，还同时需要在赛博空间建立测试验证和研发设施。

以机器学习为代表的人工智能系统，需要大量的数据来训练，继以提升其智能化能力水平。因此，相较船舶的试航与测试，在以机器学习为代表的人工智能技术作为主要驱动的智能船舶研发过程中，需要开展大量的试验测试工作，以此获得人工智能系统学习所需的训练数据。机器学习最基本的做法，是使用算法来解析数据并从中学习，然后对真实世界中的事件做出决策和预测。与传统的为解决特定任务、硬编码的软件程序不同，机器学习是用大量的数据来“训练”，通过各种算法从数据中学习如何完成任务。

为了加快智能船舶的相关技术研制，必须能够在较短的时间内开展大量的实验，获得必需的实验数据用于训练智能船舶。封闭的智能船舶实验测试场不但可以排除其他船舶干扰，而且可以根据实际需求，构建各种实验测试需求的场景环境，获得相关训练数据，支持智能船舶的人工智能系统训练。

智能船舶的研究应用推广过程中，其智能化能力水平能否满足业界及社会的相关安全要求，是决定其能否可持续发展的先决条件。人工智能技术在交通领域的研究应用还处于探索阶段，距离成熟推广还存在一定的差距。如智能船舶航行与控制系统一般包括感知系统、决策系统和执行系统等，需要考核其对周围交通环境的交互能力，能否有效识别船舶、导助航标识和障碍物，如何识别、判断根据周边的交通环境并做出正确的决策和反应等。

目前，人工智能技术的发展水平，还无法提供解决上述问题的成熟可靠的技术与解决方案。只有智能船舶的上述功能均达到一定的成熟度，才能够实现可靠稳定运行智能船舶航行系统，智能船舶对水上交通环境造成的危险才有可能被业界及社会接受，智能船舶才有可能作为运输工具广泛参与水上交通运输。此外，智能船舶将船舶行为的决策与执行交由人工智能技术，是否会引发道德伦理方面的风险，业界目前也未形成共识。

基于以上原因，智能船舶的研究应用过程，必须经过大量的实验测试。一方面，只有经过“研究－实验测试”的反复迭代，逐步改进提高其智能水平，才有可能安全可靠地融入航运系统；另一方面，通过大量的实验测试，不断积累有说服力的数据及经验，业界及整个社会对智能船舶的特性、风险及其发展规律才有可能逐步认识，逐步掌握，智能船舶作为运输工具才可能被人类社会所认可、接受。因此，测试验证设施是智能航运研究发展过程中不可或缺的基础条件。

2021 年 8 月 30 日，山东海事局发布了全国首个沿海智能船舶测试场航行通告，宣布自 2021 年 9 月 10 日—2025 年 12 月 31 日将在青岛开展船舶智能航行试验，要求过往船舶加强瞭望，谨慎驾驶，保持 VHF16 频道畅通，以策安全。这是我国智能航行安全监管领域具有重要意义的举措，标志着我国船舶智能航行测试场进入了实质性的建设阶段。

2.4.3 治理体系需求

1. 安全监管需求

有效的安全监管是开展智能航运关键技术研发和测试验证的重要保障。国际海事组织从安全监管的角度，正在开展智能航行的治理工作，2017 年第 98 次国际海事组织海上安全委员会上正式将智能自主航行船舶问题列入工作议程，并正式开展面向无人船舶的国际海事组织立法监管范围界定工作，讨论和明确船舶智能航行对现有国际公约法规在安全、保障、人员和环保等方面存在的差距和立法建议；2018 年第 99 次国际海事组织海上安全委员会上，国际海事组织接纳了船舶自主等级的划分方法，将其分为自动系统和辅助决策的船舶、有船员在船的遥控船舶、无船员在船的船舶和完全自主船舶四个等级，并正式将立法监管范围界定工作分为两步，即涉及哪些公约法规以及公约法规的修订原则，并联合法委会共同推进；2019 年 1 月第 100 届会议上，国际海事组织正式成立了智能自主航行船舶工作组，就立法监管范围以及自主船舶试航临时导则进行具体部署；同年7月召开的国际海事组织海上安全委员会第101届会议上，国际海事组织正式审议批准了《海上自主水面船舶试验临时导则》；2020年第102届会议上，国际海事组织完成了包括《1974年国际海上人命安全公约》等公约的差距和修正规则研究，并在2021年第103届会议上对研究结果进行了审定。

安全监管的需求主要集中在三个方面：一是监管依据的需求，智能航运的法律法规研究目前尚处于起步阶段，主要的研究成果集中在梳理现有航运相关法律法规对智能航行船舶的适用性方面；此外，与智能网联汽车类似，智能航行船舶的法律责任主体认定也是迫切需要研究的问题。二是监管手段的需求，水上交通管理部门目前尚未建设面向智能航行船舶以及港口智能化作业装备的安全监管装备和设施，仅靠传统手段无法实现智能航运的安全监管。三是监管制度和流程的需求，早在2018年，工业和信息化部、公安部和交通运输部就联合印发了《智能网联汽车道路测试管理规范（试行）》，各测试场地也建立了实施细则，然而航运领域仍旧处于空白阶段，制约了测试验证的发展。

2. 航行保障需求

国际航标协会针对航行保障，分别在航标需求与管理委员会、船舶交通管理委员会、E–航海信息服务及通信委员会设立了智能自主船舶航行保障机制与技术研讨议题，重点关注自主船舶对助航保障基础设施的影响、船舶交通管理区域内的自主船舶管理服务和自主船舶的数字化服务，提出了助航服务在自主船舶可用性、冗余性和连续性方面的新要求，并着手相应的技术研发、测试和标准导致制修订工作，为船舶智能航行治理提供技术保障。

国内方面，经过多年发展，我国沿海航海保障体系较为健全，航标导助航、海道测绘、水上安全通信等方面具备了较强履约能力，内河航海保障体系也在不断地发展完善。航海保障服务在保障水上交通安全和效率、服务航运经济发展中发挥着基础性、关键性的作用。

预计到2025年，实现“智、优、快、稳、全”，即智能、优质、高效、稳定、全面的智能航保体系，服务能力明显增强、运行体系更加完善、应用领域更加广泛、创新能力显著提升，全面支撑“陆海空天”一体化水上交通运输安全保障体系，能兼顾满足传统航运与智能航运的需求，为船舶航行提供更加安全、可靠、通用、标准的支持保障，有效提升海上航行安全和效率，促进海上环境保护。

航行保障的需求主要集中在两个方面：一是稳定可靠的通信环境，智能航行尤其是远程遥控需要稳定可靠的通信网络支持，仅依靠卫星通信，既无法满足通信传输速率的要求，也在成本上不具有竞争力，迫切需要建设海上 4G/5G 通信网络并进行带宽和接入数量保护；二是高时间分辨率和高空间分辨率的航行环境感知数据，包括海面目标、水文、气象、潮汐等。

3. 标准化需求

国际标准化组织于 2016 年 9 月正式成立智能航运工作组（ISO/TC8/WG10），主要负责研究制定智能航运和智能船舶相关国际标准，提出了智能航运国际标准化路线图。截至 2022 年年底，国际标准化组织智能船舶相关标准规范已涵盖术语、硬件设备、数据格式、通信与网络安全等各个方面。另外，基于 IPv6 的船舶网络技术规范、智能通信网关技术规范、船载网络数据订阅式通信协议三项标准研究被列入国际标准化组织预备项目。

国内标准化方面，2018 年，中国船级社针对小型无人自主船舶编制发布了《无人水面艇检验指南》，规定了船舶通信系统、操控系统、艇体、轮机、电气以及航行和信号设备方面的功能要求。2019 年 12 月，中国船级社在《智能船舶规范》（2015）基础上修订发布了《智能船舶规范》（2020），在原有规范框架基础之上，以船舶系统为基础，按照局部应用到全船应用、辅助决策到完全自主的发展方向，增加远程控制操作（R）和自主操作（A）功能，形成了完整的智能船舶规范框架及相应的功能 / 技术要求。2020 年，工业和信息化部、国家标准化管理委员会、交通运输部以及相关单位、院校、科研机构编制了《智能船舶标准体系建设指南》，并进行两轮征求意见，指南不仅关注船舶自身的技术要求，还把远程监控、船岸信息交互以及运营管理纳入标准体系，形成了支撑船舶智能航行治理的基本技术标准框架。

依据《交通运输标准化“十四五”发展规划》，2025 年前我国将构建适应高质量发展的标准体系，开展智能高铁、自动驾驶、智能航运、北斗导航系统应用等标准体系研究，并制定智能船舶岸基信息交互需求导则、智能船舶通信网关安全技术要求等具体标准。中国航海学会也已经完成《船舶智能航行技术等级与水平评定》《船岸协同的智能航行与控制系统构建指南》《船舶智能航行交通安全风险评估指南：通则》等团体标准的征求意见工作，以上举措将缓解国内船舶智能航行标准化不足的局面。

2.4.4　人才资源需求

智能航运属于技术密集型行业，对人才数量和水平具有一定的依赖。由于行业发展时间较短，相关的研发人才、管理人才、生产人才以及营销人才较为稀缺。智能航运是技术集合产品，涉及动力学、计算机软硬件技术、人工智能、控制技术、图像处理技术等多领域的综合与交叉，并且要求对船体、动力系统、电子元器件等组成的制造流程、生产工艺以及技术发展和变迁趋势有深刻理解，相关人才数量少、培养难度大。因此，人才紧缺可能成为制约行业快速增长的潜在因素。

第 3 章 智能航运产业与技术发展路线图制定

3.1 关键技术或重要问题遴选

智能航运涉及的技术领域广泛，为筛选出对智能航运发展起重大推动和引领作用的关键技术或重要问题，采用了资料查询 + 专家咨询 + 头脑风暴 + 德尔菲调查的方法。

在研究讨论的基础上，依据智能航运系统的五大要素，确定了船舶智能化、港口智能化、航海保障智能化、航运服务智能化、航运监管智能化 5 个子领域。根据资料查询和行业现状分析，讨论确定各子领域关键技术或重要问题（见表 3–1）。分析这些问题实际存在的技术瓶颈、对于推动智能航运及相关发展的重要性、与实现项目目标的紧密度等，最终确定了 22 项关键技术或重要问题。

3.2 德尔菲调查与数据处理

结合智能航运产业与技术发展实际和确定的 22 项关键技术或重要问题，设计了包含“对该技术的熟悉程度”“在中国预计实现时间”“市场需求重要程度”“研发需求重要程度”“国家需求重要程度”“当前中国研究开发水平”“技术水平领先国家 / 地区”“当前制约该关键技术发展的因素”8 项指标。

问卷发放范围是行业主管部门、航运企业、港口企业、造船企业、航运服务企业、海事监管机构、船舶检验机构、救助打捞机构、科研院所、高校、行业学会和协会等方面的权威专家，包括中国工程院院士、国内外知名教授和研究员、具有较高影响力的企业高级技术管理人员等。发出问卷 108 份，收回的有效问卷是 102 份。表 3–2 为德尔菲调查统计结果。

表 3-1　各子领域关键技术或重要问题汇总表

领域	关键技术或重要问题							
1 智能船舶	1.1 船舶航行安全辅助决策技术	1.2 船舶航行态势与环境智能感知技术	1.3 船舶遥控驾驶技术	1.4 船舶自主驾驶技术（航线规划、避碰、靠离）	1.5 自主靠离泊船岸协同技术	1.6 港口货物作业系统智能管控技术	1.7 船舶智能航行网络信息安全技术	1.8 自主航行导助航技术与服务体系技术
	1.9 自主船舶能源供给、维修保养和应急检修等关键技术	1.10 基于平台的航运交易智能服务技术	1.11 船舶机电设备运行监测与健康管理技术	1.12 智能航行船舶高可靠机电控制技术	1.13 混合船舶交通模式下的智能管控技术			
2 智能港口	2.1 港口智能决策模型技术	2.2 港口经营图谱技术	2.3 港航人工智能模型与自然语言处理融合技术	2.4 船海岸一体化智能协同与调度管理决策技术	2.5 低能见度下的航道信息智能感知特征识别分析技术	2.6 船岸一体化数据同化及实时动态处理技术	2.7 自动化集装箱码头智能作业计划与决策、智能调度、自动配载、智能堆场选位技术	2.8 自动化集装箱码头智能分析、仿真及运维技术
	2.9 无人驾驶智能水平运输车智能化控制技术	2.10 集装箱码头全系统数字孪生技术	2.11 水平运输远程驾驶技术	2.12 岸边装卸高精度定位技术	2.13 堆场装卸智能化工艺控制技术	2.14 大型散货码头门机自动化控制技术	2.15 激光点云扫描及建模技术	
3 智能航保	3.1 船舶智能航行通信保障技术	3.2 船舶智能航行网络信息安全技术	3.3 船舶智能航行高精度导助航服务技术	3.4 传统导助航设施的数字化改造技术	3.5 电子海图服务等数字航海资料服务体系	3.6 面向智能航行的岸基支持保障平台	3.7 广域海洋水文信息实时预报服务技术	3.8 面向智能航行智能航保应急处置技术

续表

领域	关键技术或重要问题							
4 智能航运服务	4.1 船舶航行安全信息与智能监测技术	4.2 面向船舶的港航物流服务技术	4.3 气象航路预测与综合服务技术	4.4 船舶能源供给、设备远程运维与视情维护技术	4.5 基于全球航运商业网络的航运供应链商业服务技术	4.6 船舶远程医疗服务技术	4.7 面向航运服务企业的云计算服务平台技术	4.8 基于虚拟现实的船员远程教育技术实现
	4.9 通过船舶自动识别系统、北斗、物联网等技术实现货物端到端跟踪	4.10 通过自然语义识别和专业知识图谱提供航运智能服务	4.11 基于大数据分析技术的海上预警和应急搜救服务	4.12 基于物联网的船岸互通船舶配套物料管理服务	4.13 基于数据链共享的船舶检验管理技术	4.14 基于运营大数据的船型优化辅助决策系统关键技术	4.15 基于大数据背景下的船舶航线调度技术	4.16 基于平台的航运交易智能服务技术
	4.17 航运供应链智能仓储平台技术							
5 智能监管	5.1 船舶智能航行安全风险监测技术	5.2 船舶智能航行数据交互技术	5.3 水上智能交通管理技术	5.4 船舶异常状态监测技术	5.5 智能航行重大突发事件应对策略与技术	5.6 智能网络安全风险防控技术	5.7 智能船舶测试与验证技术	5.8 构建智能航运技术标准体系
	5.9 统一标准的综合数据服务技术	5.10 混合船舶交通模式下的智能管控技术						

表 3-2　德尔菲

序号	关键技术或重要问题		在中国预计实现时间						市场需求重要程度（权值）	研发需求重要程度（权值）	国家需求重要程度（权值）
			2021—2025年（%）	2026—2030年（%）	2031—2035年（%）	2035年以后（%）	无法预见（%）	预计实现时间（年）			
1	智能船舶等级划分需求、原则与技术依据研究成果广泛应用		31.3	43.37	18.17	3.58	3.58	2028	64.7	69.2	67.9
2	船舶航行安全辅助决策技术广泛应用（自主航行的基础技术）		41.36	41.48	14.66	1.67	0.83	2027	75.34	77.54	75.22
3	船舶航行态势与环境智能感知技术广泛应用		25.31	52.98	17.49	2.98	1.24	2028	73.86	75.04	73.96
4	船舶遥控驾驶技术广泛应用	A（有船员在船）	30.43	42.09	14.75	10.46	2.28	2028	63.96	66.32	65.28
		B（无船员在船）	11.91	37.46	24.61	18.65	7.37	2032	53.16	56.18	55.5
5	船舶自主驾驶技术（开阔水域自主避碰、港区 / 狭窄水道 / 通航繁忙区自主避碰、恶劣海况下的自主避碰）实际应用	A（开阔水域）	30.68	32.84	24.86	9.32	2.3	2029	65.38	67.38	66.14
		B（复杂水域）	7.21	34.94	36.63	12.16	9.05	2032	60.28	62.76	61.28
		C（恶劣海况）	6.78	29.74	28.81	27.43	7.24	2035	54.78	56.08	54.66
6	自主靠离泊船岸协同技术与系统实际应用		17.79	50.67	19.88	7.17	4.48	2029	57.12	59.64	57.64
7	港口货物作业系统智能管控技术广泛应用	A（集装箱）	64.27	28.35	6.02	1.36	0	2025	47.8	47.18	46.02
		B（干散货）	50.97	35.64	8.86	4.54	0	2026	41.08	41.48	40.18
		C（液体散货）	46.96	36.21	13.55	3.27	0	2028	38.2	38.08	37.4
8	智能船舶通信保障技术广泛应用		26.55	52.04	18.41	0	3.01	2026	52.84	52.98	52.9

调查统计结果

三项综合加权	当前中国研究开发水平（%）			技术水平领先国家/地区（可选多项）（%）					当前制约该关键技术发展的因素（可选多项）（%）					
	国际领先	接近国际先进水平	落后国际先进水平	美国	日韩	欧盟	俄罗斯	其他	技术可能性（非技术难度）	商业可行性	法规/政策/标准	人力资源	研发投入	基础设施
66.59	5.84	79.97	14.19	17.43	23.16	46.18	9.8	3.42	15.54	17.48	26.6	7.28	19.33	13.78
75.27	10.13	70.68	19.19	19.02	28.28	43.9	6.08	2.73	12.74	17.31	22.05	9.19	23.93	14.78
73.54	9.8	64.02	26.18	21.43	30.01	39.45	6.02	3.09	15.49	16.08	17.04	9.65	24.63	17.12
64.53	9.92	70.38	19.71	19.72	25.95	44.21	6.87	3.24	12.3	18.53	21.48	8.58	20.67	18.45
54.40	5.96	70.69	23.35	19.82	26.17	44.61	6.81	2.6	12.58	16.96	23.01	8.85	20.2	18.4
65.64	9.73	67.57	22.7	17.18	28.89	39.7	11.17	3.06	13.03	18.38	21.52	9.55	22.16	15.37
60.83	5.37	73.41	21.22	17.94	28.32	41.06	10.45	2.23	16.11	15.9	22.73	7.33	20.95	16.98
54.62	3.24	72.57	24.19	18.44	26.51	40.85	11.74	2.45	17.39	16.21	19.46	8.52	22.09	16.34
57.55	11.21	67.41	21.38	18.43	28.81	42.6	7.69	2.47	14.46	15.92	18.57	9.31	22.13	19.62
46.53	52.43	39.61	7.96	23.07	27.88	43.83	2.11	3.11	8.63	16.86	15.28	8.16	26.84	24.23
40.50	36.07	58.75	5.18	19.54	29.83	41.6	2.4	6.63	10.67	18.4	16.72	5.8	24.2	24.2
37.51	23.83	67.29	8.88	23.74	30.05	38.07	5.56	2.57	11.15	16.22	14.56	8.82	26.79	22.46
52.38	12.74	67.43	19.82	32.7	17.77	36.02	9.95	3.55	15.82	12.64	15.25	10.7	23.49	22.2

序号	关键技术或重要问题	在中国预计实现时间						市场需求重要程度（权值）	研发需求重要程度（权值）	国家需求重要程度（权值）
		2021—2025年（%）	2026—2030年（%）	2031—2035年（%）	2035年以后（%）	无法预见（%）	预计实现时间（年）			
9	船舶智能航行网络信息安全技术广泛应用	17.87	55.82	16.67	4.22	5.42	2029	46.34	46.4	46.74
10	智能航行公共信息服务与体系构建技术广泛应用	19.82	50	23.82	5.09	1.27	2029	50.08	50.22	50.28
11	智能航行导助航与服务体系技术广泛应用	22.27	53.08	21.87	1.39	1.39	2028	45.76	45.88	45.82
12	自主船舶能源供给、维修保养和应急检修等关键技术与服务体系实际应用	8.89	46.46	23.84	12.53	8.28	2032	41.44	42.86	41.52
13	基于平台的航运交易智能服务技术广泛应用	40.11	40.11	10.44	4.67	4.67	2028	32.46	31.08	30.82
14	船舶机电设备运行监测与健康管理技术（含甲板）广泛应用	32.19	33.05	29.61	3.65	1.5	2028	42.62	42.48	41.12
15	智能航行船舶高可靠机电控制系统实际应用	18.27	47.07	22.72	8.67	3.28	2029	38.98	38.56	37.88
16	船舶能效智能管理技术广泛应用	49.64	39.86	8.01	2.49	0	2025	51.7	50.14	50.26
17	智能船舶核心机电设备及控制系统国产化广泛应用	9.43	39.49	27.7	14.15	9.23	2035	47.74	47.74	48
18	混合船舶交通模式下的智能管控技术实际应用	2.8	43.8	29	11.6	12.8	2030	43.36	44.7	44.54
19	智能船舶测试与验证技术实际应用	33.04	50.43	14.78	0	1.74	2027	53.84	54.34	53.92
20	智能航行重大突发事件应对策略技术广泛应用	19.74	49.36	16.95	6.65	7.3	2030	40.2	42.2	43.16
21	智能船舶法规、标准建设全面完成	19.77	53.92	17.97	5.07	3.27	2029	56.94	56.76	57.62
22	智能航运发展的技术与产业生态系统形成	14.46	38.85	37.11	5.4	4.18	2030	53.32	52.92	53.18

续表

三项综合加权	当前中国研究开发水平（%）			技术水平领先国家/地区（可选多项）（%）					当前制约该关键技术发展的因素（可选多项）（%）					
	国际领先	接近国际先进水平	落后国际先进水平	美国	日韩	欧盟	俄罗斯	其他	技术可能性（非技术难度）	商业可行性	法规/政策/标准	人力资源	研发投入	基础设施
46.03	2.01	75.1	22.89	32.81	19.81	33.86	11.08	2.44	14.31	14.05	14.96	11.71	23.94	21.03
49.69	5.64	70.55	23.82	23.09	25.04	42.72	6.66	2.49	13.22	16.19	17.47	9.26	23.65	20.21
45.36	15.51	69.98	14.51	34.37	18.31	36.83	8.4	1.98	13.52	15.13	15.66	6.96	26.1	22.62
41.52	6.26	69.29	24.44	16.98	30.49	43.04	6.22	3.27	10.26	17.26	18.27	10.05	22.69	21.47
31.14	22.25	70.05	7.69	18.83	29.37	43.12	3.2	5.47	7.92	19.08	20.75	11.78	25.03	15.43
41.65	3.65	62.23	34.12	23.27	29.27	39.24	5.08	3.14	12.55	14.63	15.75	13.59	30.14	13.35
38.09	2.34	45.67	51.99	19.96	31.72	38.14	7.81	2.37	15.24	16.89	11.86	14.91	30.07	11.04
50.19	12.1	77.4	10.5	17.47	31.16	44.26	4.45	2.65	10.92	14.15	20.42	9.97	29.78	14.76
47.35	0	45.78	54.22	25.81	30.06	35.26	7.33	1.54	17.42	14.38	10.62	16.77	29.86	10.95
43.76	2.8	76.6	20.6	16.89	29.49	44.91	6.51	2.2	14.33	10.63	20.73	11.27	23.14	19.91
53.49	11.83	76.35	11.83	15.29	28.38	45.03	8.41	2.89	10.38	14.48	20.45	9.37	24.6	20.71
41.43	6.44	77.25	16.31	24.74	25.46	36.29	8.14	5.36	13.08	9.56	23.15	12.01	25.59	16.61
56.54	13.4	70.42	16.18	16.47	28.03	44.98	8.27	2.25	12.44	10.08	32.53	16.58	21.49	6.89
52.61	13.59	64.29	22.13	15	32	43.42	6.54	3.05	11.44	13.8	24.99	12.29	21.42	16.06

收回的问卷数据处理主要包括以下几项：

根据专家对问题的熟悉程度设置权重：智能航运涉及专业很多，上述22项技术或问题分布于不同的具体专业领域，答卷专家对不同问题有不同的熟悉程度。所以，答卷时专家对每个关键技术或重要问题都要就“熟悉”“较熟悉”“不熟悉”做出选择。为了追求调查结果的权威性，“熟悉”“较熟悉”“不熟悉”分别赋予1、0.7、0的权重，以避免因“不熟悉”而影响调查结果。

单选答案和多选答案问题的结果确定：“在中国预计实现时间”“市场需求重要程度”“研发需求重要程度”“国家需求重要程度”“当前中国研究开发水平”等单选答案问题，选加权后过半数（超过50%）的结果。“技术水平领先国家/地区”“当前制约该关键技术发展的因素”等多选答案问题，按答卷的自然比例确定结果。

“在中国预计实现时间”具体年份的确定：调查问卷设置了“2021—2025年”“2026—2030年”“2031—2035年”“2035年以后”和“无法预计”几个时间段，对有些问题虽然多数专家不倾向于某个时间段，但也不倾向于下个时间段的末期，有必要确定略微具体一些的年份。为了获得该时间节点，取各时间段中点时间，如“2021—2025年”取2023年，“2026—2030年”取2028年，“2031—2035年”取2033年，“2035年以后”取2040年，“无法预计”取2050年，计算各年段区间所占百分比，再和各时段实现时间的具体年份进行加权计算，取整得到每项关键技术或重要问题的具体实现年份。具体计算方法例子如下：17：智能船舶核心机电设备及控制系统国产化广泛应用基于“熟悉：1”“较熟悉：0.7”权重下的百分比分别为“2021—2025年”——9.43%，“2026—2030年”——39.49%，“2031—2035年”——27.7%，“2035年以后”——14.15%，“无法预见”——9.23%。进一步取各时间段中点时间2023年、2028年、2033年、2040年、2050年分别对应与上述百分比相乘取整，得出具体实现年份为2032年，经总体组和顾问组意见修正为2035年。

综合重要度排序：将“很重要”“重要”“一般”“不重要”的权重分别取为1、0.8、0.6和0，再结合答卷专家对该问题的熟悉程度权重加权计算，我们得到每个关键技术或重要问题的“市场需求重要程度”“研发需求重要程度”“国家需求重要程度”三项重要度排序，再将每个问题的三项重要度数值相加，获得综合重要程度值，得到综合重要程度排序。

个别问卷数据结果的修正处理：在德尔菲调查的反馈结果中，有少数问题因对其熟悉的专家数量有限，或相关问题之间的实现时间与难易程度相矛盾（对复杂问题过于乐观或对较容易的问题过于悲观），我们通过总体组和顾问组综合分析对个别调查结果做了必要的修正。

3.3　关键技术或重要问题的重要程度排序

根据德尔菲问卷调查结果统计，我们得到了22项关键技术或重要问题的市场、研发、国家重要程度数值，三项重要度的权重都设置为1/3，二次加权后获得综合权值，船舶航行安全辅助决策技术的综合加权值排名第一，基于平台的航运交易智能服务技术居于末位。图3-1为22项关键技术问题的重要度综合排序结果。图中可见，综合重要度有较大差距，但就单个问题而言，每个问题都存在市场、研发、国家三个层面的需求。

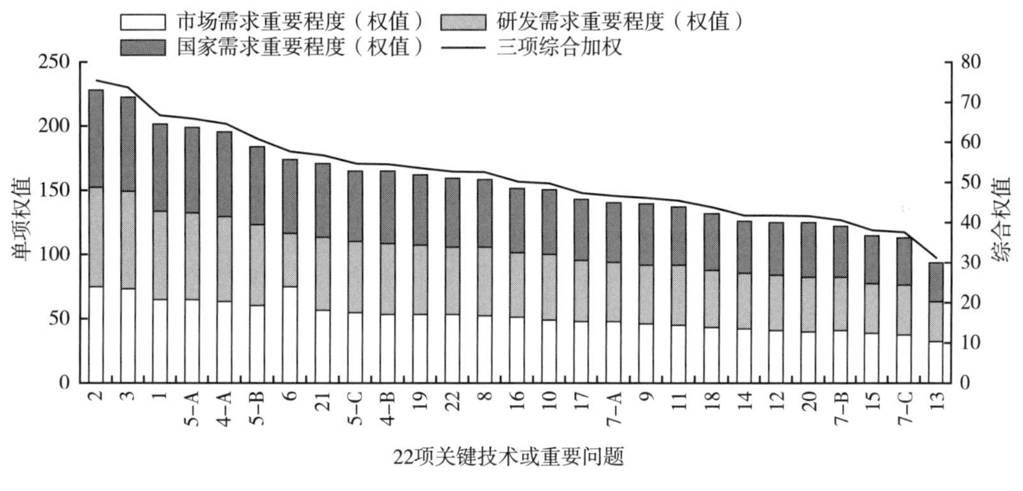

图3-1　产业与技术课题的重要程度排序

3.4　关键技术或重要问题的预计实现时间

根据德尔菲问卷调查结果统计和专家意见，对22项关键技术或重要问题的预计实现时间进行分析和排序，大部分关键技术或重要问题的预估实现时间集中于2026—

2030 年，其他问题的预计实现时间是多数集中于 2021—2025 年和 2031—2035 年，总体上较乐观。其中，预计 2021—2025 年实现的关键技术或重要问题占比 7.4%，预计 2026—2030 年实现的关键技术或重要问题占比 74%，预计 2031—2035 年实现的关键技术课题占比 18.5%。

对 22 项关键技术或重要问题的四个区间段预计实现时间加权计算之后，我们得到了具体的实现年份（见图 3-2）。表 3-3 为具体关键技术或重要问题的预计实现时间对应的区间年份，表中预计实现时间一栏划线的年份是总体专家组根据德尔菲问卷结果统计后修正后的年份。第 16 项船舶能效智能管理技术广泛应用预计实现时间从 2026 年改为 2025 年；第 8 项智能船舶通信保障技术广泛应用预计实现时间从 2028 年改为 2026 年；第 7-C 项港口货物作业系统智能管控技术（液体散货）广泛应用预计实现时间从 2026 年改为 2028 年；第 18 项混合船舶交通模式下的智能管控技术实际应用预计实现时间从 2033 年改为 2030 年；第 5-C 项船舶自主驾驶技术（恶劣海况下的自主避碰）实际应用预计实现时间从 2033 年改为 2035 年；第 17 项智能船舶核心机电设备及控制系统国产化广泛应用预计实现时间从 2032 年改为 2035 年。

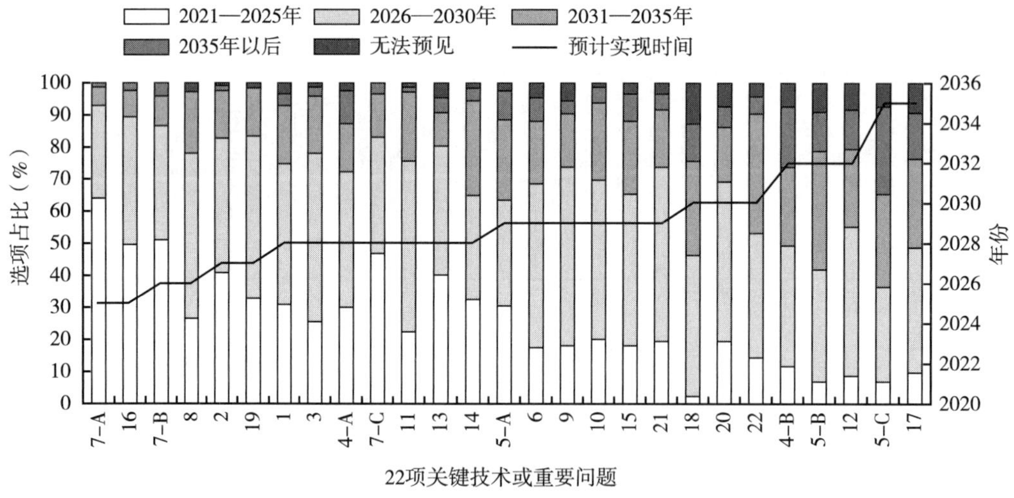

图 3-2　关键技术或重要问题预计实现时间

表 3–3　关键技术或重要问题预计实现时间表

序号	关键技术或重要问题	实现年份区间	在中国预计实现时间（年）
7–A	港口货物作业系统智能管控技术广泛应用（集装箱）	2021—2025 年	2025
16	船舶能效智能管理技术广泛应用	2021—2025 年	2025
7–B	港口货物作业系统智能管控技术广泛应用（干散货）	2026—2030 年	2026
8	智能船舶通信保障技术广泛应用	2026—2030 年	2026
2	船舶航行安全辅助决策技术广泛应用（自主航行的基础技术）	2026—2030 年	2027
19	智能船舶测试与验证技术实际应用	2026—2030 年	2027
1	智能船舶等级划分需求、原则与技术依据研究成果广泛应用	2026—2030 年	2028
3	船舶航行态势与环境智能感知技术广泛应用	2026—2030 年	2028
4–A	船舶遥控驾驶技术广泛应用（有船员在船）	2026—2030 年	2028
7–C	港口货物作业系统智能管控技术广泛应用（液体散货）	2026—2030 年	2028
11	智能航行导助航与服务体系技术广泛应用	2026—2030 年	2028
13	基于平台的航运交易智能服务技术广泛应用	2026—2030 年	2028
14	船舶机电设备运行监测与健康管理技术（含甲板）广泛应用	2026—2030 年	2028
5–A	船舶自主驾驶技术实际应用（开阔水域自主避碰）	2026—2030 年	2029
6	自主靠离泊船岸协同技术与系统实际应用	2026—2030 年	2029
9	船舶智能航行网络信息安全技术广泛应用	2026—2030 年	2029
10	智能航行公共信息服务与体系构建技术广泛应用	2026—2030 年	2029
15	智能航行船舶高可靠机电控制系统实际应用	2026—2030 年	2029
21	智能船舶法规、标准建设全面完成	2026—2030 年	2029
18	混合船舶交通模式下的智能管控技术实际应用	2026—2030 年	2030
20	智能航行重大突发事件应对策略研究与技术广泛应用	2026—2030 年	2030
22	智能航运发展的技术与产业生态系统形成	2026—2030 年	2030
4–B	船舶遥控驾驶技术广泛应用（无船员在船）	2031—2035 年	2032

续表

序号	关键技术或重要问题	实现年份区间	在中国预计实现时间（年）
5–B	船舶自主驾驶技术实际应用（港区、狭窄水道、通航繁忙区自主避碰）	2031—2035 年	2032
12	自主船舶能源供给、维修保养和应急检修等关键技术与服务体系实际应用	2031—2035 年	2032
5–C	船舶自主驾驶技术实际应用（恶劣海况下的自主避碰）	2031—2035 年	2035
17	智能船舶核心机电设备及控制系统国产化广泛应用	2031—2035 年	2035

3.5 关键技术或重要问题的国际研究水平

根据德尔菲问卷调查结果统计，依托 22 个问题统计结果显示产业与技术课题的目前领先国家和地区排序依次：欧盟 – 日韩 – 美国 – 俄罗斯。图 3–3 为 22 项技术课题的综合统计结果。需要说明的是，就智能航行技术发展而言，俄罗斯起步晚、发展速度快，有可能已超越日韩，但由于宣传少，问卷的结果不够客观。

全球范围内航运领域的智能化发展方兴未艾，相关国际组织顺时而动，多国政府因机而发，相关企业加大投入、积极研发，共同推动航运业态的智能化变革。

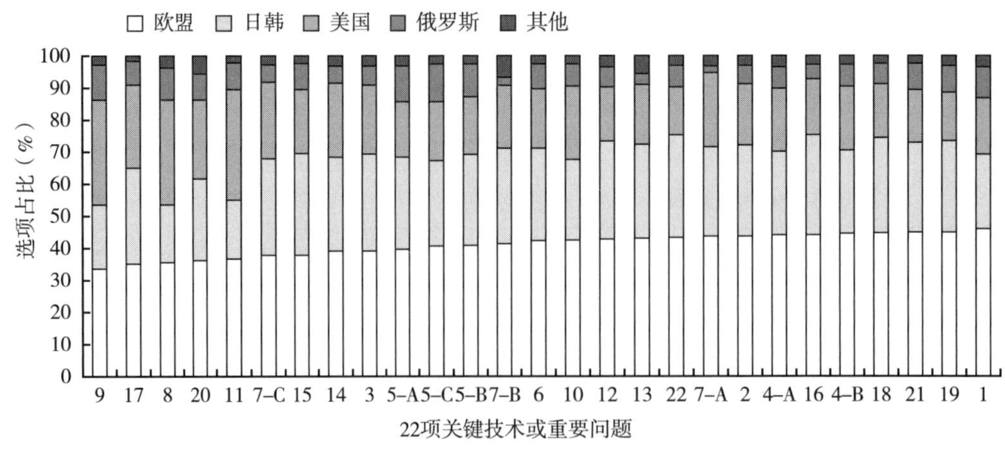

图 3–3 关键技术或重要问题研发领先国家和地区

3.6　中国的产业与技术研究开发水平

根据德尔菲问卷调查结果统计，22 项关键技术或重要问题目前领先的国家和地区，加权之后得到综合百分比。其中，第 7–A 项港口货物作业系统智能管控技术（集装箱）较为明显处于国际领先水平，第 17 项智能船舶核心机电设备及控制系统国产化处于落后国际先进水平状态，其他问题基本上都处于接近国际先进水平，具体见图 3–4。

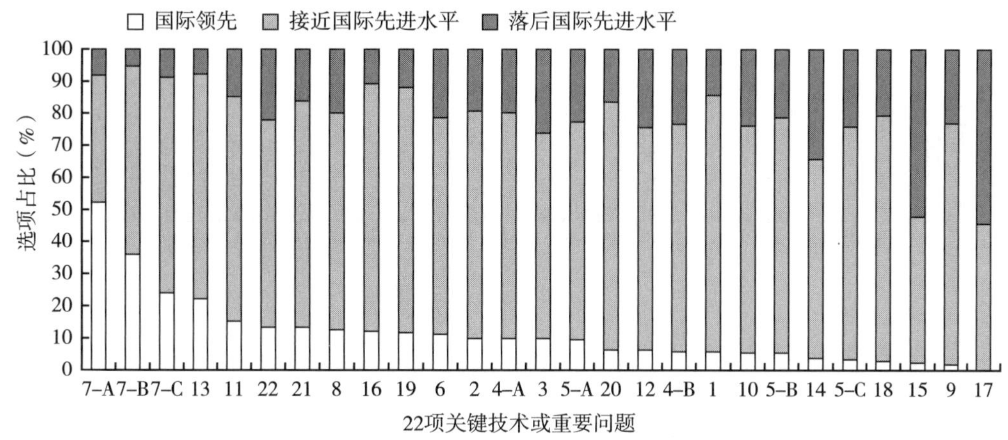

图 3–4　我国的关键技术或重要问题研究开发水平

3.7　产业与技术发展的制约因素

根据德尔菲问卷调查结果统计，22 项关键技术或重要问题的发展都受多因素影响，总体上 6 个因素的贡献率排序为：研发投入、法规 / 政策 / 标准、基础设施、商业可行性、技术可能性（非技术难度）、人力资源。具体见图 3–5。

图中可以看出，没有哪个问题出现空白制约因素，6 个影响因素对不同问题的影响程度有所差别，但每一项关键技术或重要问题都是受多制约因素影响。

为进一步梳理出最重要的制约因素，表 3–4 列出了影响每个问题的前三项制约因素。其中，“研发投入”是 21 个问题的第一制约因素，6 个问题的第二位制约因素，没有问题不受其影响；“法规 / 政策 / 标准”是 6 个问题的第一制约因素，8 个问题的

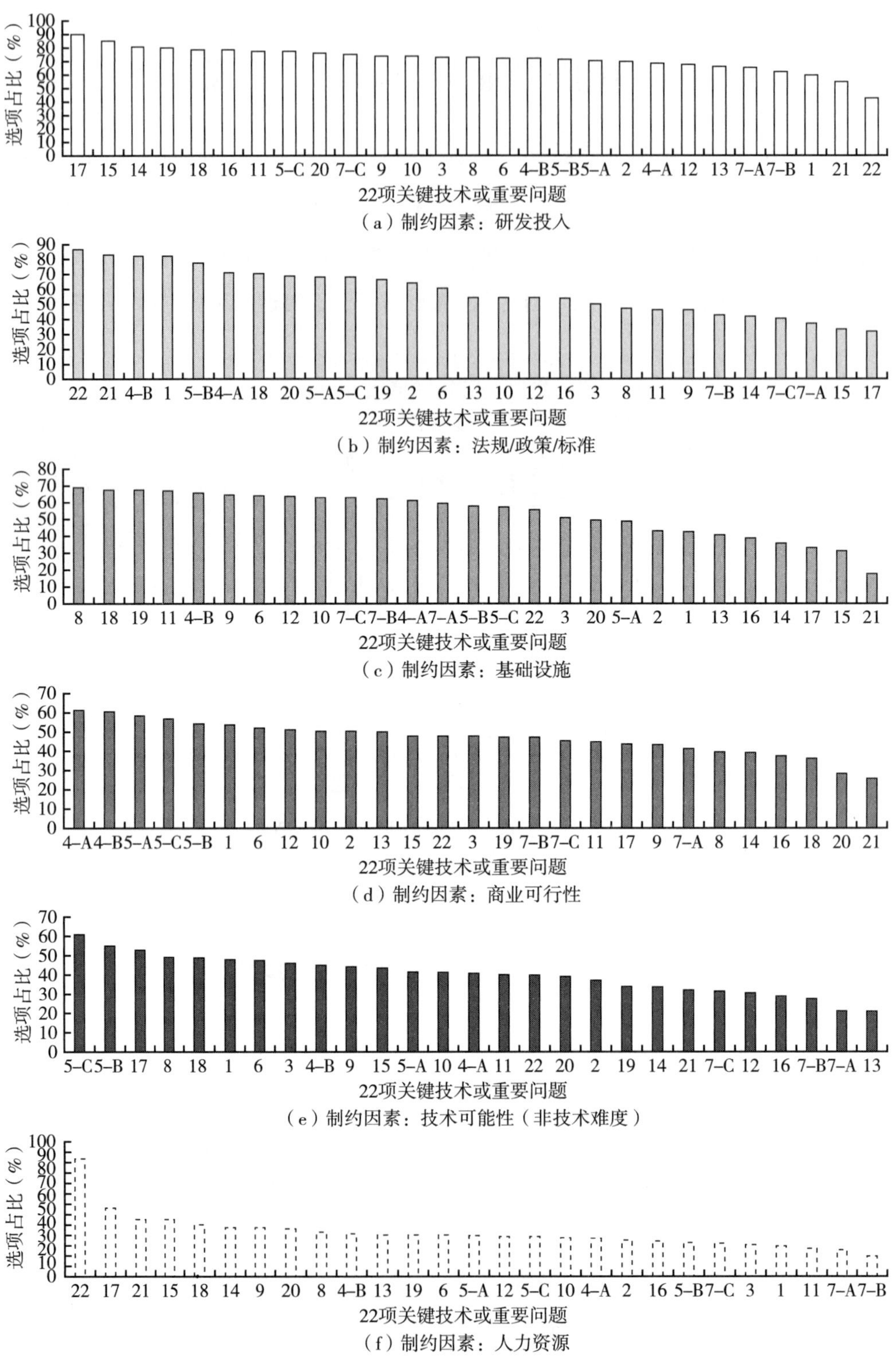

（a）制约因素：研发投入

（b）制约因素：法规/政策/标准

（c）制约因素：基础设施

（d）制约因素：商业可行性

（e）制约因素：技术可能性（非技术难度）

（f）制约因素：人力资源

图 3-5 我国的产业与技术发展制约因素

第二制约因素，8 个问题的第三制约因素，只有 5 个问题不受其影响；“基础设施”是 1 个问题的第一制约因素，10 个问题的第二制约因素，7 个问题的第三制约因素；“商业可行性”是 2 个问题的第二制约因素，7 个问题的第三制约因素。也就是说，研发投入、法规 / 政策 / 标准、基础设施和商业可行性是智能航运产业与技术发展的前四大制约因素。

表 3-4　智能航运关键技术或重要问题的主要制约因素统计表

制约因素	技术可能性	商业可行性	法规/政策/标准	人力资源	研发投入	基础设施
作为首位因素影响关键技术或重要问题的数量	0	0	6	0	21	1
作为次位因素影响关键技术或重要问题的数量	1	2	8	0	6	10
作为三位因素影响关键技术或重要问题的数量	3	7	8	2	0	7

第4章 智能航运产业与技术发展总体路线图

4.1 总体思路

4.1.1 指导思想

以习近平新时代中国特色社会主义思想为指导，深入贯彻党的十九大和十九届历次全会精神，按照党中央、国务院的部署要求，准确把握当今世界航运与高新技术融合发展的大势，充分利用我国现有技术基础和发挥我国制度优势，坚守安全底线、突破发展瓶颈、破解发展难题，推进关键技术装备协同有序健康发展，加快推动航运业转型升级高质量发展，为交通强国建设作出贡献。具体来说就是：坚守一条底线，发挥两大作用，把握三项原则，聚力四个重点。

4.1.2 基本原则

1. 坚守一条底线：安全运行

安全是发展的保障，发展是安全的目的，在发展智能航运的过程中应始终将智能航运安全作为底线，贯穿智能船舶设计、试验、示范、运营全过程及港口运营全过程。智能航运安全包括船舶设计安全、船舶试航安全、船舶航行安全、航运网络安全、通信安全、信息安全和数据安全，等等。智能航运时代，产生的数据量将呈几何级别增长，并且数据的静态、局部保护将成为历史，而流动、全面的交互才是常态，如何建立与这种变化相适应的数据保护措施（等问题）是智能航运时代亟待解决的问题。

智能航运的初衷是航运更安全，在智能船舶的设计过程中，应按照智能船舶分级标准，对智能船舶各要素、各系统的安全予以充分考虑。

智能船舶试航过程中各相关方应按照国际海事组织《自主船舶试航暂行导则》和

国内主管机关关于试航的规定做好等效评估，对系统进行风险评估、拟定风险管理措施和设定安全参数。在评价强制性措施要求时，主管机关和试航主体要充分沟通讨论，以安全为结果导向去评估适用范围和豁免等效。

遵守我国数据安全法和网络安全法的相关要求，强化智能航运关键系统和网络的数据与网络安全。认真落实网络数据安全管理条例的有关规定（目前正在征求意见阶段），建立数据应急处置机制。

充分利用相关行业科研基础和科研成果，加强网络和链路安全、系统硬件与软件安全、数据安全等方面应用研究，全面提升智能航运网络安全和信息安全防护能力，确保安全、可靠、可控。

加强智能航运环境下的网络安全风险分析，研究智能航运网络和信息安全策略，重点开发事前感知、事中防御和事后分析的网络安全技术，创新智能航运网络与信息安全管理服务体系，从制度上降低网络安全风险。

研究船舶智能航行安全风险防控技术和风险预测预警方法，构建船舶智能航行安全风险监测体系。研究探索智能船舶故障和突发事件的应急处置策略与国际合作机制。

此外，在《国际海上避碰规则》的修订、《海员培训、发证和值班标准国际公约》和船员条例的修订以及船舶最低安全配员规则的修订等过程中都要充分考虑智能船舶运营的安全。

2. 发挥两大作用：政府引导，市场主导

智能航运不仅是一个技术问题，更是一个涉及国家法律、产业政策、标准规范、相关群体再就业和航运监管等方面的系统性问题。在助推传统航运业转型升级高质量发展过程中需要政府和市场协同发力。除了遵循发展规律、发挥市场在资源配置中的决定性作用、激发企业在技术研发 / 推广应用等方面的市场主体作用，相关部门不能被动地适应产业的发展变化，而应主动发挥职能作用，通过规划引导、政策扶持、法律规范、有效监管、基础保障等手段为传统航运业转型创造良好的发展环境。随着航运产业智能化程度的加深，企业内部的安全与环保管理水平不断提升，政府应逐步弱化行政监管职能而强化服务和保障职能。

主要工作包括：加强顶层设计和系统谋划，制定智能航运中长期发展规划和阶段性行动计划；出台产业扶持政策；研究国内法律法规和规则对于船舶智能航行的适用性并组织修改完善；评估现有标准与智能航运发展的适用性，构建智能航运标准体系；建立与智能航运发展相适应的公共基础保障设施；建立促进和保障智能航运安全有序发展的监管制度机制；积极开展政府间合作，积极参与国际组织事务，提供中国方案，推动智能航运相关国际公约与规则标准的制定。

3. 把握三项原则：突出主线，迭代创新，开放合作

1）突出主线原则

发展智能航运是一项系统工程，推进过程中需要把握主线、突出重点、协同推进。在构成智能航运的五要素中，智能船舶是核心要素，而智能航行技术又是智能船舶的关键要素和主线。在智能航运的发展过程中，要突出智能船舶这个核心和船舶智能航行这条主线，其他智能航运要素的发展和其他关键技术、装备和产品的开发应用都要围绕和服务于这个核心和这条主线。

2）迭代创新原则

创新是推动技术进步的主要动力。迭代创新是一种产品开发的方法和模式，更是一种思维方式。智能航运发展过程中，无论是技术、产品、装备还是产业本身的发展都不可能一蹴而就，而是一个迭代创新的过程。在这个过程中，不但要更多地关注关键技术的更新换代，还要关注不同关键技术之间的发展时序。要依靠自身研发设计，全面掌握产品关键核心技术，实现各种智能系统从硬件到软件的自主研发、生产、升级、维护的全程可控，促进关键核心技术、关键零部件、各类软件全部实现国产化。同时，加快推进传统关键机电设备进行国产化升级改造。要瞄准世界智能航运科技前沿，强化基础研究，努力实现前瞻性、引领性原创成果重大突破。

3）开放合作原则

推进航运业转型升级是一项系统工程，需要港口、船舶、监管、航保和服务各相关方协同发力，共同推进。鼓励跨行业、跨领域产学研用合作，支持建立创新联盟等多种合作形式；建立政府、企业、行业组织和专业机构等方面的协调推进平台，强化部际间、地区间协同和上下联动；航运数据资源互通共享与协同水平是智能航运发展的基础和保障，科研成果信息共享机制推动航运业转型升级，提升产业核心竞争力的关键。要促进搭建跨界交叉、协同高效的智能航运创新平台。鼓励开展国交流与合作，推动全球智能航运共同发展。积极开展政府间合作，深度参与国际组织事务，推动智能航运相关的国际公约与规则标准制定，为全球智能航运治理提供中国方案。

4. 聚力四个重点

1）突破共性关键技术

在智能航运的发展过程中，要着力突破共性关键技术。构成智能航运的五要素

中，智能船舶是智能航运的核心要素，智能航行技术又是智能船舶的关键要素，许多共性关键技术都与智能航行技术相关，甚至有的关键航行技术本身就是共性关键技术，因此，在发展智能航运过程中应抓住智能航行技术这条主线，同步推进其他相关共性关键技术的发展。智能航行技术的发展应按照“先易后难、先局部再整体”的思路逐步开发智能航运技术领域的创新和商业化应用，具体路径应是先沿海内河再远洋；先辅助驾驶、遥控驾驶再自主航行；先试验示范再广泛应用。

智能船舶商业可行性取决于技术可能性和其他制约因素。目前来看，技术可能性基本上不存在太大的问题，但各种设备和技术系统的可靠性、远海通信能力等要素制约智能船舶在远洋区域的商业化应用，而在国内航行、短航程情况下，可靠性和通信能力就不是太突出的问题。此外，内河航运的通航环境复杂程度远远大于近海航运的通航环境。因此，在综合考虑行业需求、通航环境复杂程度、技术瓶颈和制约因素的基础上，从技术可能性和商业可行性的角度来看，智能船舶应用的发展路径应是先沿海后内河最后远洋。

智能是智能船舶区别于常规船舶的核心要素。智能水平体现在各个分系统、子功能中，综合体现于船舶整体的自动化、智能化和自主化水平的提升，逐步利用“航行脑”智能航行系统辅助船员、代替船员的部分功能，最终构建自主航行系统，在航行、避碰、离泊、靠泊和系泊全过程中由智能系统自主实现感知、认知、决策和操控等方面功能。因此，从技术成熟度和智能化水平的角度来看，智能辅助驾驶功能会首先在船舶上应用，随着智能化水平的提升，渐次扩展到遥控（包括船员在船和无船员在船）驾驶和自主航行。但由于受各种设备和技术系统可靠性的限制，要实现真正的无人自主航行是比较难的，为了保证船舶航行安全，慎重起见，可能要经历一个有船员在船自主航行的过渡阶段。

智能船舶是传统船舶工业与新兴科学技术的集成融合体。智能船舶从概念设计到实际运营需要经过功能性的逐步测试及验证，以检验其各项功能的合理性、可靠性和完整性。测试场要满足智能船舶在通信导航、远程监控、智能测试、应急救援和人机交互等方面的不同功能和应用场景的测试需求。因此，具备完整功能的智能船舶在推向市场之前，必须在测试场进行测试和验证。完成功能测试和验证的智能船舶在投入规模化商业运营前还需要在示范区或者固定的航线进行试点示范运行，只有通过一批与业务融合度高、具有示范效果的试点示范项目，打造可复制、可推广的案例集，凝练形成技术指南、标准规范甚至修改或制定与智能船舶相关的法律法规、监管规定等，才能为智能船舶的大规模商业化应用提供法律保障。

2）配套公共基础设施

公共基础设施是保障智能航运发展的基础和必要条件，特别是保障智能船舶航行的关键。政府部门在制定及实施基础设施建设规划的过程中，应该充分考虑智能航运发展的需求，配套建设与智能航运特别是智能船舶发展适用的基础设施，创建集感知、通信、计算等能力于一体的航海保障和监管基础设施环境。①与船岸通信网络相关的基础设施：推进海上宽带通信相关基础设施以及与甚高频数据交换系统、海上数字广播等下一代通信技术相关的基础设施建设，推进卫星通信基础设施建设等；②推进导助航设施数字化改造：主要包括分阶段、分区域推进导助航基础设施数字化改造和建设，推进虚拟航标应用，升级改造船舶自动识别系统和船舶交通管理系统，完善沿海水文站网建设等；③推进公共信息交换与服务的基础设施：主要包括梳理和整合港口、航道、航运和航行保障等各类数据资源，健全并完善数据资源目录，建立智能航运综合数据服务平台和综合信息服务平台等；④推进电子海图和数字航道建设：主要包括研发面向船舶智能航行的电子海图，建立地理信息空间数据库，构建航道数字化检测体系、航道数字资源体系、航道数字化养护管理体系及航道公共服务体系，建设“感知 + 数字 + 分析 + 决策”航道综合信息平台等；⑤建设陆海空天综合运输保障体系相关装备设施：主要包括各类船艇、码头、无人机等装备设施和各种信息化监管系统和指挥系统等。

3）升级法规标准规范

法规标准和公约是智能船舶建造、测试和国际国内航行的前提，也是促进智能船舶技术发展和保障船舶航行安全的根本手段。智能船舶法规、标准建设既要先行，也要随着技术不断提升而同步修订完善。智能船舶技术的本质是以人工智能等多种高新技术的应用部分或全部取代船员或岸基管理人员，特别是智能航行技术是以现代感知、人工智能等技术取代船舶驾驶人员的眼、耳、脑、手、口来实现船舶航行，涉及现行法规、技术标准和国际海事公约的调整。我国是发展智能船舶的先行国家之一，有必要尽快形成覆盖设计、建造、测试与验证、运营等多方面的智能船舶法规规范标准体系。智能船舶法规、标准制修订也是我国积极参与国际海事公约制修订的基础性工作，应积极参与和推动与智能船舶相关的国际海事公约规范标准的制修订工作。前期，应该按照智能船舶的发展阶段，对《船员条例》《船舶最低安全配员规则》等急需的船员管理类法规提出前瞻性的修订意见，逐步有条件地减少智能船舶的最低配员要求。

4）打造产业生态系统

这是促进发展智能航运的本质要求。要围绕航运、港口、航保、物流、监管等方面的实际需求，推动智能船舶和智能航运技术应用。在较为全面地掌握智能航运核心技术，智能航运技术标准体系比较完善的基础上，形成以充分智能化为特征的航运新业态，航运服务、安全、环保水平与经济性进一步提升。打造政、产、研、学、用协同创新，科研、设计、建造、配套、营运、检验等相关领域环节协同研发，创新链、产业链、资本链相互融合和协同发展的市场和产业生态系统，依靠生态系统，促进广泛合作，协力加快我国智能船舶和智能航运技术高质量发展。

4.1.3　总体目标

到 2025 年，智能航运新技术、新模式取得突破，总体更加接近国际先进水平，多项智能航运核心关键技术开展示范应用，初步形成“航运＋智能”新型产业形态，带动产业规模百亿增长。

到 2030 年，中国成为重要的全球智能航运创新中心之一，实现智能航运五要素协同发展，智能船舶和智能港口的安全、绿色水平明显优于传统运输船舶和港口设施系统，智能航运技术总体达到国际先进水平，初步形成智能航运新业态，带动产业规模千亿增长。

到 2035 年，较全面地掌握智能航运核心技术，具备国际领先的成套技术集成能力，智能航运技术基本得到广泛应用，部分达到国际领先水平，形成充分智能化的航运新业态，带动产业规模双千亿元增长。

到 2050 年，全面掌握智能航运核心技术，总体形成较强优势，智能航运技术全面广泛应用，总体达到国际领先水平，形成高质量的智能航运体系，带动产业规模万亿元以上增长。

4.1.4　时序安排

根据德尔菲调查结果，按照原理概念研究、样机开发、实验测试、示范应用、广泛应用五个阶段划分和交叉螺旋推进的原则，推进智能航运关键技术发展的时序安排如图 4–1 所示。

如图 4–1 所示，船舶航行安全辅助决策技术（自主航行的基础技术）自 2021 年

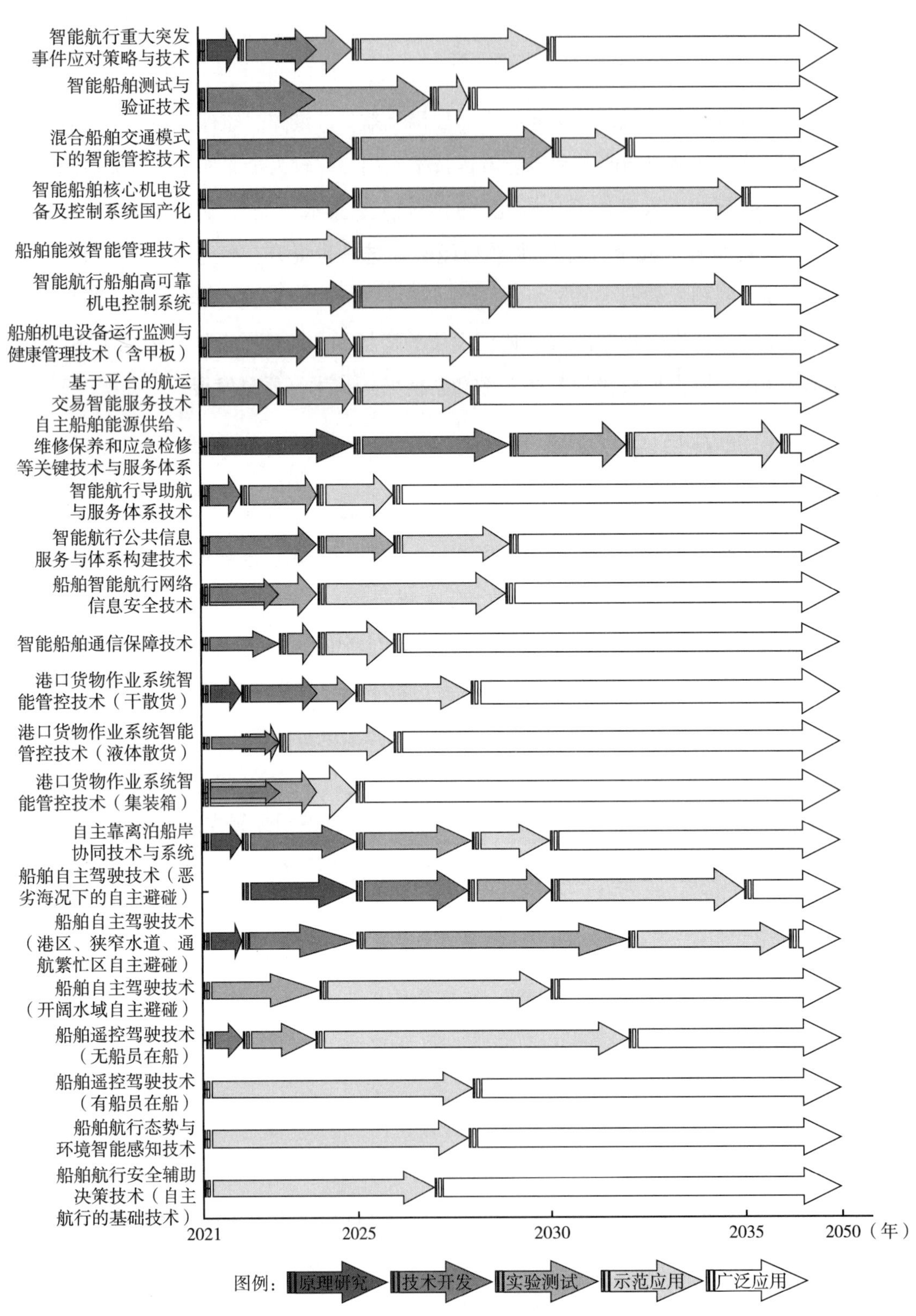

图 4-1 产业与技术发展时序安排

进入示范应用阶段，2027 年投入广泛应用。

船舶航行态势与环境智能感知技术自 2021 年进入示范应用阶段，2028 年投入广泛应用。

船舶遥控驾驶技术（有船员在船）自 2021 年进入示范应用阶段，2028 年投入广泛应用。

船舶遥控驾驶技术（无船员在船）自 2022 年进入实验测试阶段，2024 年示范应用，2032 年投入广泛应用。

船舶自主驾驶技术（开阔水域自主避碰）自 2021 年进入实验测试阶段，2024 年示范应用，2030 年投入广泛应用。

船舶自主驾驶技术（港区、狭窄水道、通航繁忙区自主避碰）自 2022 年进行技术开发，2025 年进入实验测试阶段，2032 年示范应用，2040 年投入广泛应用。

船舶自主驾驶技术（恶劣海况下的自主避碰）自 2022 年开始研究原理，2025 年进行技术开发，2028 年进入实验测试阶段，2030 年示范应用，2035 年投入广泛应用。

自主靠离泊船岸协同技术与系统自 2021 年开始研究原理，2022 年进行技术开发，2025 年进入实验测试阶段，2028 年示范应用，2030 年投入广泛应用。

港口货物作业系统智能管控技术（集装箱）2021—2023 年进行技术开发，2021—2024 年处于实验测试阶段，2021—2025 年投入示范应用，2025 年投入广泛应用。

港口货物作业系统智能管控技术（液体散货）2021—2023 年进行技术开发，2022—2023 年处于实验测试阶段，2023 年投入示范应用，2026 年投入广泛应用。

港口货物作业系统智能管控技术（干散货）2022—2024 年进行技术开发，2022—2025 年处于实验测试阶段，2025 年投入示范应用，2028 年投入广泛应用。

智能船舶通信保障技术 2021—2023 年进行技术开发，2023 年处于实验测试阶段，2024 年投入示范应用，2026 年投入广泛应用。

船舶智能航行网络信息安全技术 2021—2023 年进行技术开发，2021—2024 年处于实验测试阶段，2024 年投入示范应用，2029 年投入广泛应用。

智能航行公共信息服务与体系构建技术 2021 年进行技术开发，2024 年处于实验测试阶段，2026 年投入示范应用，2029 年投入广泛应用。

智能航行导助航与服务体系技术 2021 年进行技术开发，2022 年处于实验测试阶段，2024 年投入示范应用，2026 年投入广泛应用。

自主船舶能源供给、维修保养和应急检修等关键技术与服务体系2021年处于原理研究阶段，2025年进行技术开发，2029年进入实验测试阶段，2032年示范应用，2040年投入广泛应用。

基于平台的航运交易智能服务技术2021年进行技术开发，2023年处于实验测试阶段，2025年投入示范应用，2028年投入广泛应用。

船舶机电设备运行监测与健康管理技术（含甲板）2021年进行技术开发，2024年处于实验测试阶段，2025年投入示范应用，2028年投入广泛应用。

智能航行船舶高可靠机电控制系统2021年进行技术开发，2025年处于实验测试阶段，2029年投入示范应用，2035年投入广泛应用。

船舶能效智能管理技术2021年进入示范应用阶段，2025年投入广泛应用。

智能船舶核心机电设备及控制系统国产化2021年进行技术开发，2025年进入实验测试阶段，2029年示范应用，2035年投入广泛应用。

混合船舶交通模式下的智能管控技术2021年进行技术开发，2025年处于实验测试阶段，2030年投入示范应用，2032年投入广泛应用。

智能船舶测试与验证技术2021—2024年进行技术开发，2021—2027年处于实验测试阶段，2027年投入示范应用，2028年投入广泛应用。

智能航行重大突发事件应对策略与技术2022—2024年进行技术开发，2023—2025年处于实验测试阶段，2025年投入示范应用，2030年投入广泛应用。

4.2 领域智能化发展路线图

4.2.1 船舶智能化产业与技术发展路线图

根据中国船级社《智能船舶规范》（2020）对智能船舶系统的划分，智能船舶由智能航行、智能船体、智能机舱、智能能效管理、智能货物管理和智能集成平台六大系统构成。目前，全球对智能船舶讨论的主线即智能航行，各种分类分级和代际划分也是针对智能航行系统而言的。航行也是船舶与航运系统中其他子系统交互的主要界面。其他系统作为船舶内部系统，暂无明确的分类分级和代际划分标准。因此，在航运系统中，对于船舶智能化的讨论，也以智能航行为主线。而船舶行业本身的智能化问题，将在船舶领域研究分报告中体现。

1. 智能航行

到 2025 年，依托智能航运先导示范工程，开展关键技术研究，启动船舶辅助驾驶、遥控驾驶技术应用示范，推进现有船舶智能化改造升级；到 2030 年，开展船舶自主驾驶技术应用示范与商业化推广工程，船舶辅助驾驶、遥控驾驶技术进入商业化应用阶段；到 2035 年，船舶自主航行技术应用进入商业化推广阶段，辅助、遥控驾驶技术得到广泛应用；到 2050 年，船舶自主航行技术获得普遍应用。涉及的关键技术包括以下 6 点。

（1）船舶航行安全辅助决策技术。通过现代信息和人工智能等技术与航海技术的叠加、融合和集成，为船舶驾驶员提供环境观测、风险评估、决策支持等多方面的辅助性服务。

（2）船舶航行态势与环境智能感知技术。通过船舶航行环境感知与信息提取、海上动态目标信息的高可信融合、船舶航行环境认知以及沿海船舶航行环境感知系统，全面掌握船舶航行中的自身状态和外部环境。

（3）船舶遥控驾驶技术。通过船舶状态及环境信息遥测、船舶遥控和驾驶技术突破以及船舶遥控驾驶平台开发，构建高可靠、高稳定的船舶岸基遥控航行技术体系。

（4）船舶自主驾驶技术（航线规划、避碰、靠离泊）。基于船岸协同的船舶自主避碰决策方法，根据不同的场景和船舶自身状态构建智能避让行动决策模型。

（5）自主靠离泊船岸协同技术。建立船舶靠离泊态势全方位感知，以此为依据修正船舶状态。利用新一代观测、探测、区域微预报等技术，创新性地研制对团雾、潮汐等极端微气象的船载、浮标载的立体观监测设备，实现港口数字清晰航道、水文气象微环境实时监测预警、海面目标实时监测分析。

（6）船舶智能航行网络信息安全技术。2025 年前应构建起符合船舶智能航行的网络信息安全体系架构及安全等级要求；形成船舶智能航行网络与链路、系统硬件与软件、数据信息的安全及评价标准。其他相关技术也在过程中不断成熟，包括自主可控、全球覆盖的交通安全应急卫星通信系统和交通 VDES 等通信信息系统的网络信息安全技术；研究船舶智能航行通信网络和数据链路的抗干扰、防阻断、反窃听等安全技术；船舶智能航行应用系统的防止非法访问、程序篡改、违规操控等安全防护技术；面向船舶智能航行数据应用的加密、防泄露、防篡改、数据恢复等数据安全技术。这些都是航运智能化所需信息通信基础的支撑。

2. 智能船体

基于船体数据库系统及船体三维结构尺寸模型的建立与维护，为船舶营运阶段的船体和甲板机械维护保养、结构换新提供辅助决策，包括船体检查保养计划制定、甲板机械检查保养计划制定、船体结构状态记录与评估、结构换新方案制定。核心技术问题是船舶数据与船体模型的集成融合，以及数字孪生技术的应用。

3. 智能机舱

机舱设备状态监测和维护的目的是及时、准确地对多种异常状态或故障状态做出诊断，预防或消除故障，对设备的运行进行必要的决策支持，提高设备运行的可靠性、安全性和有效性，把故障损失降低到最低水平。智能航行船舶高可靠机电控制技术和船舶机电设备运行监测与健康管理技术分别从设备可靠性和设备检测维护两个角度持续改进升级。

1）智能航行船舶高可靠机电控制技术

针对易发故障的元器件、设备、系统采取提高稳定性及可靠性的措施，长远是通过设计、材料、工艺、制造等多种技术措施来提高稳定性。

2）船舶机电设备运行监测与健康管理技术

将多种基础（算法）研究成果应用于设备状态检测和诊断预警。运行状态监测技术包括振动监测、性能参数监测、油液分析监测、瞬时转速监测等。故障诊断技术主要包括基于概率统计论的时序模型诊断方法、基于贝叶斯决策判据函数模式识别方法、基于距离判据的故障诊断方法、灰色系统诊断方法、基于线性与非线性判别函数模式识别方法、模糊诊断原理等。

4. 智能能效管理

船舶能效在线智能管理系统可对船舶的主机、副机、锅炉等主要耗能设备以及轴功率设备、全球卫星定位系统、风速风向仪、计程仪、倾斜仪、测深仪等航行设备运行参数数据进行自动采集、监测，并与岸基系统进行数据实时同步。当前，船舶能效在船舶全生命周期中已由信息化逐步向智能化转变，其特征是对格式多样的数据进行采集、存储和关联分析，以大数据为基础、预测技术为核心，通过网络信息和实体的融合，从而构建船岸一体的智能信息服务体系，实现船岸信息共享，打破信息非对称问题，搭建信息技术和实体融合架构，实现基于大数据的能效智能决策。

5. 智能货物管理

智能货物管理系统较为复杂，不同的船型对货物管理的要求和系统功能差异很大。同时，货物管理与港口设施和智能化程度关系密切。智能货物管理的本质是提高货物装卸效率，缓解装卸货期间人员疲劳，增加船舶和人员安全，缩短船舶在港停留时间，最终提高经济效益。为此，智能货物管理系统要融合计算机、自动控制和电子信息技术，对货物、货舱、船上以及外界环境等各种因素进行实时监控、预警和报警，并在必要的时候给出相应的辅助决策建议，或自主决策进行相应的操作，以减少、避免或延迟危险情况的发生。

6. 智能集成平台

智能集成平台是数据的统一集成平台。它至少能支持智能航行、智能机舱、智能能效管理三个系统数据的需求，并具备开放性，以实现对船舶的监控与智能化管理，并与岸上实现数据交互。智能集成平台打破了传统船舶各自动化系统垂直整合有限互通，它通过测量更多参数、综合多系统的数据，针对特定主题，进行数据挖掘，提供故障分析、预报预警、辅助决策，并高效明了地展现出来。同时，还要满足安全、可靠的要求。综上，作为智能集成平台发展的第一阶段，在 2025 年前应确保船上各系统的联通，消除信息孤岛。此后，智能集成平台的发展应伴随其他五个系统的发展而不断提升。到 2035 年，船舶智能集成平台设计应完全成熟且自主可控，解决方案模块化、标准化。

4.2.2　港口智能化产业与技术发展路线图

1. 港口货物作业系统智能管控技术

利用物联网、云计算、大数据、人工智能等技术手段，从现在起到 2025 年，对集装箱、干散货、液体散货等货种的出入港、装卸船、进出场等全作业过程进行智能化管控。对海关、码头、查验区、报关行等多方查验信息互联互通，将散乱、海量的观测数据进行数据库搭建，整理、分级并提取数据特征，建立一致性数据结构标准，实现港口货物作业“无纸化”“智慧化”线上操作，准确掌握各节点物流信息，并实现港口货物（集装箱）作业系统智能管控。在 2025—2030 年，建立有效的港口货物作业系统，对船舶、引航的运动状态、水文气象变化动态、泊位使用状况等的实时有效监测，对货物在港过程进行实时有效监测，通过确定科学适用的数学模型和调度算法，建立全场作业面智能规划调度模式，实现货物作业监控和调度流程优化，并实现港口货物（干散货、液体散货）作业系统智能管控。

2. 岸基辅助靠离泊关键技术

至2025年，开展关港协同、智能调度、智能引航与辅助靠离泊、航道智能感知等技术研究，攻克多拖轮智能拖带和待泊技术，支撑拖轮协助下的大型船只的待泊、双向通航、套泊热接等功能的实现。在2025—2030年，开展岸基辅助靠离泊关键技术研究及装备研制，可为船舶靠泊、停泊和离泊时实时提供船舶与码头的距离、角度以及船舶靠泊速度等数据；基于人工智能、机器学习等技术手段，形成港作拖轮独有的智能控制协同演进技术，实现智能引航和智能拖轮共同协助下的岸基辅助船舶安全高效靠离泊。

3. 全自动化集装箱码头数字孪生系统研究与应用

至2025年，开展智慧港口轻量化动态三维模型库研究，包括码头设备模型和码头业务场景模型两大类，根据码头元素的时空位姿态势参数，利用三维建模软件构建相应码头元素的动态三维数字化模型；基于通用化、模块化设计理念，提供全系统数据管理、信息传递等通信接口，提高整个数字孪生平台的可扩展性和复用性。在2025—2030年，开展数字孪生系统数据驱动技术研究，针对岸桥、场桥和拖车三大类型的港口机械设备，设计标准化应用程序接口，开放不同运动参数设置功能，实现虚实设备的双向通信同步，实现数字孪生系统与真实装卸设备联动。在2030—2035年，开展基于三维可视化的漫游交互技术研究，实现在数字孪生系统中交互式漫游功能。

4. 港口智慧大脑平台技术

到2025年，按照相关衡量指标标准和框架，构建完整指标体系，覆盖港口经营、业务、管理指标，实现横向、纵向、内外等关联的可量化的关键要素全价值链经营。在2025—2030年，搭建港口大数据技术平台，建成集约共享基础设施、融合共用数据资源体系及多部门协同联动的业务系统，实现信息化以“功能为中心”建设转向“用户为中心”，实现资产数据化、数据服务化；搭建港口决策支持平台，实现全面感知、分析预测、动态预警、自主优化、智能查询、决策支持等能力建设。在2030—2035年，实现港航人工智能模型与自然语言处理的融合，创新人机、业务设备之间的交互模式，在对外服务窗口和作业现场为不同用户提供智能化服务人机交互场景，研究基于自然语言处理的人机交互新模式；实现基于自然语言处理的可视化复杂查询。

5. 大型干散货码头装卸船设备自动化技术

至2025年，开展装/卸船机等设备的自动化控制技术研究，利用三维激光扫描技术、仿真处理技术、高精度定位技术，实现卸船机自动化卸料作业控制、装船机自动化装船作业控制，实现全流程自动化作业及全过程作业自动化和集中管控；开展干散货门机自动化控制技术研究，基于高精度三维激光扫描技术，对码头货垛、船舱口和舱内物料进行扫描和仿真，建设三维图像及数据库；研发门机抓斗自动防摇技术，对门机抓斗进行平稳、精准控制，提升抓斗移动过程中的稳定性和安全性，最终实现智能选取最佳取料点和落料点进行装卸作业。至 2030 年，研究机器视觉、机械手、机器人、工业自动化控制、清扫机构自主控制等技术，研发新型船舶清舱作业设备、火车自动清扫机器人设备等先进自动化清洗装备，并突破舱内路径自动规划、车厢边界识别等技术难题；开展散货码头装卸核心要素的数字孪生技术研究，建设散货码头装卸系统相关的数据库系统、动态仿真系统和虚拟现实三维场景系统，各子系统间可以自由交换数据信息来实现整个仿真平台的集成与协助。

4.2.3　航行保障智能化产业与技术发展路线图

1. 智能船舶通信保障技术

2021—2022 年，以全面构建水上高速宽带通信体系为核心，开展船舶智能通信需求分析、通信技术应用研究和试点、示范建设等。

至 2025 年，积极推进全球海上遇险与安全系统现代化进程，完成沿海 5G-700MHz 通信技术应用研究和重点水域示范建设，完成沿海海上数字广播和岸基 VDES 通信技术研究、示范建设，推进 VSAT 宽带通信示范应用，强化北斗 3 号短报文数字通信应用和标准建设等，促进低轨卫星通信和卫星互联网等应用研究。

至 2030 年，基本建成沿海水域岸基宽带通信网，完成沿海、内河 5G-700MHz 通信系统广泛部署，完成沿海、内河海上数字广播系统和 VDES 建设应用，积极推进沿海卫星 VDES 数据关口站建设和地面接收，实现岸基、星基 VDES 业务资源整合，全面完成基于北斗通信的智能航行服务体系，建成沿海船岸融合通信系统，为船舶智能航行等提供安全、可靠、高速、宽带通信和互联网接入服务。

到 2035 年，全面完成沿海水域范围内的岸基宽带网建设，沿海广泛应用 5G-700MHz 通信系统基础上，积极开展沿海 6G 通信技术应用研究和部署；持续完善和广泛应用 VDES、海上数字广播系统，实现船岸协同和安全信息播发服务；深化星基、岸基 VDES 卫星数据系统和业务资源整合，形成统一完善、自主可控的 VDES 宽带通信应用系统。持续推进全球海域通信一体化星座组网应用建设，形成较为成熟的面向智能航行的全球低轨道卫星高速通信服务；全面构建基于北斗通信的全球智能航行服务保障体系。

至2050年，建成以卫星通信为主、岸基通信为辅、“陆海空天”一体化通信保障体系，实现水上通信更加智能、更加泛在、更加融合，为船舶智能航行和海事监管、港口服务、船公司管理等提供完善的分区、分级、分类高速、宽带、自适应通信信息服务。

2. 船舶智能航行网络信息安全技术

2021—2025年，开展智能航行网络信息安全需求分析、技术和风险管理研究，完成网络信息安全评价标准和技术架构设计，开展网络信息安全测试与验证，基本搭建安全、稳定、可靠、高效的船岸通信网络支撑服务体系。

至2030年，完成智能航行网络与链路、系统硬件与软件、数据信息的安全监测体系建设，重点研究网络和数据链路的抗干扰、防阻断、反窃听等安全技术，应用软件系统的防止非法访问、程序篡改、违规操控等安全防护技术，数据应用的加密、防泄露、防篡改、数据恢复等数据安全技术，开展网络信息安全测试与验证技术研究应用。

至2035年，通过持续跟踪完善等，完成智能化网络信息安全系统建设，全面促进各项安全防护措施得到广泛应用。

3. 智能航行公共信息服务与体系构建技术

至2025年，完成面向船舶智能航行的岸基信息需求和差距分析，研究智能航行的公共信息海事服务集，形成智能信息服务语义词典框架、数据结构和服务及技术规范。研发智能航行公共服务信息集成服务平台，为智能航行提供全要素、标准化、实时性水上地理空间位置和航行环境服务。

至2030年，完善智能航行海事服务集，深化泊位到泊位全航程、无缝隙的岸基支持技术架构和标准研究，完善岸基、海基实时水文站点布局，突破大范围、远距离实时水文预报分析关键技术，实现水文潮汐精准预报服务；研究构建智能航行大数据分析系统，建立智能航保服务实时在线评价系统，为智能航行服务决策提供相关专题数据分析服务。

至2035年及以后，持续建立完善的智能航行公共服务体系，实现面向智能航运的全要素公共服务。

4. 船舶自主航行导助航与服务体系技术

至2025年，完成传统导助航设施数字化、智能化改造；拓展完善多功能航标平台采集功能；研究建设智能航标，增强智能航行感知认知；完善沿海高精度北斗地基增强系统，实现沿海水域全覆盖；试点建设以北斗为核心，以船舶自动识别系统R模式、中频 R 模式 -e 劳兰为备份的沿海综合定位导航授时服务系统。

至 2030 年，完善“陆海空天”多元融合导助航体系，重点加强高精度星基导航增强系统应用研究、基于北斗三号的陆基卫星导航增强系统建设和智能航标推广应用，形成较为完善的船舶自主航行导助航与服务体系。

至 2035 年，全面实现高精度星基导助航服务为主、岸基和海基智能导助航服务为辅的全时域、立体化综合导助航服务。综合定位导航授时服务健全完善，为智能航行提供统一、安全、精准、稳定的核心支撑。

5. 智能航保设施装备体系

2021—2025 年，加快智能航标、数字航道、深远海智能测绘设备、现代数字通信设备、星基增强导航系统、星基宽带通信系统等海上基础设施智能化研究建设，增强设施智能感知、数字改造和信息共享；开展智能航保船舶体系架构研究和智能作业系统研究，形成结构合理、技术领先、作业智能的船艇序列；加强现代化航标维护保养车间、堆场等建设，提升智能维护管理水平。

至 2030 年，完善智能化技术装备和基础设施，充分利用现代智能技术，增强智能导助航服务、基于时空位置的海洋空间地理信息服务和通信宽带服务，全面适应中远海智能航行服务。

至 2035 年，构建全球智能航行的“陆海空天”一体化技术装备和设施体系，建立和运行全球智能航行岸基实时在线服务平台，为船舶全球智能航行提供中国智能航保方案。

4.2.4　航运服务智能化产业与技术发展路线图

1. 船舶航行安全信息与智能监测技术

至 2025 年，开展基于物联网感知技术与航运云计算服务的航行安全服务平台建设与技术研究。力争于 2030 年前通过物联网感知技术实现对现有重要航线典型船舶开展实船航行性能与海洋环境监测，充分考虑风浪、浅水、洋流等海洋环境对船舶航行性能的影响，分析得到客观、可靠的船舶能效数据；结合雷达与视频监控，完成对船舶周围环境的实时监控；经由航运云计算服务完成数据处理，突破现有船舶计算平台的算力限制，完成船舶航行数据资源的整合、聚集和深度应用，提供船舶航行状态监测、能效管控、智能装载、合理避碰、海盗预防等航行安全服务。计划在 2025—2050 年通过增强现实 / 虚拟现实技术将服务信息直观化、可视化，及时为船员提供船舶航行信息、海盗预警信息和助航建议，提高船员的决策能力，降低船舶运营风险，保障船舶航行安全。

2. 船舶能源供给、设备远程运维与视情维护技术

在船舶能源供给方面，面向自主无人船主要港口码头提供自助加油、自动电池换电、岸电供电 / 充电等清洁能源服务，并在船舶靠港后应当优先使用岸电，减少船舶靠泊时对港口城市造成的大气污染。在维修保养，至 2025 年，开展船舶设备数据共享、航运云计算服务和智能化监测、运维等技术的研究。同时通过大数据分析，建立船舶设备数据共享机制，进行数据的打通与融合；于 2030 年前实现在航运云计算技术、历史数据分析、未来数据预测三方面基础上对整个船队的主机、辅机、主轴等设备的故障进行实时诊断。通过对船舶设备数据的分析，分类与管理，建立船舶设备档案，横向与纵向对比不同厂家、不同型号、不同历史时期的设备状态，为故障诊断积累数据样本，以及未来船舶设备选型提供依据。至 2035 年，通过增强现实技术、卫星通信技术和数字孪生技术，实现船舶运营状态的远程监控和船舶故障的远程实时检验。

3. 面向航运服务企业的云计算服务平台技术

到 2030 年前，参照《信息技术　云计算　参考架构》（GB/T 32399—2015）建设，利用云计算技术，重构传统数据中心的基础架构，以提供高效、安全、稳定的云计算服务作为主要核心云服务能力，服务于航运产业链上下游企业，同时满足“稳态”和“敏态”架构的多云资源服务。在稳态方面，针对不同业务场景定制化提供各种基础云主机资源、基于传统云主机的 aPaaS 服务；在敏态方面，平台提供开源技术架构的 Kubernetes 容器服务。到 2050 年前，在提供基于容器服务的 aPaaS 基础上，结合微服务和新一代 P0 微服务开发框架，实现容器环境的业务持续发布（CI/CD），提供符合实际业务场景的全生命周期服务，同时与阿里云等公有云互联互通，集私有云、公有云及容器云于一体。

4. 基于数据链共享的船舶检验管理技术

至 2025 年，开展基于船岸协同的检验数据链贯通研究，构建基于行业数据安全共享的船舶检验管理服务平台。到 2030 年前，通过船端移动视频设备，利用船岸数据通信渠道和岸端数据管理中心数据服务，打通船端、航运公司、检验机关的信息隔断，实现远程视频检验功能。到 2050 年，利用船端信息化系统实现维护记录的数字化，通过岸端数据中心实现记录数据的可靠管理和安全共享，实现设备检修状态 MMC 和船级社证书状态的实时数字化共享和协同认证，满足船管和船检业务的数据

化转型升级。

5. 基于平台的航运交易智能服务技术

面向船货匹配、电子订舱、集卡预订、港口物资供应等可基于平台开展产品标准化和在线交易的各类型服务，研究基于大数据和人工智能的智能匹配技术，研究基于虚拟现实、增强现实的产品体验技术，研究基于知识图谱的专家服务技术，基于区块链的金融、保险等增值服务技术，提高交易的及时性、准确性和有效性。航运服务智能化产业与技术发展路线图见图 4–2。

4.2.5 航运监管智能化产业与技术发展路线图

1. 智能船舶测试与验证技术

将虚拟现实技术用于智能船舶航行系统技术测试，基于数字孪生等技术，开发虚实结合的智能船舶技术测试平台，研究制定智能船舶相关技术标准、实验导则和试验场导则，用于智能船舶测试评估和认证，将智能船舶实验测试过程中对交通环境的影响及相关风险降低至可接受程度。到 2025 年，在我国内河、沿海水域建立数个满足要求的智能船舶测试场；根据船舶智能化程度制定测试验证手段、出台作业规程；根据需要设定测试场景，研发测试技术，满足近岸沿海水域智能航行需要；出台行业推荐的测试标准。积极向国际海事组织、国际标准化组织等国际组织递交测试标准类提案。到 2035 年，智能船舶测试技术可满足中、远海船舶智能航行需求，满足有人船与无人船共存测试需求；根据国际海事组织、国际标准化组织标准及国内行业标准，制定出台法定智能船舶测试标准，能够与国际标准进行有效对接；测试场实现对公共领域开放，满足产、学、研各领域需求。

2. 船舶智能航行安全风险监测技术

通过一系列传感器和监控设备对海上船舶航行要素和状态的全面感知，利用先进的数据传输技术进行船 – 船、船 – 岸双向交互协同，运用智能化的数据分析系统对风险进行识别、评估、分级并给出管控建议，通过监管指挥系统实现对海上船舶的安全信息推送、交通管理和应急处置，对航行安全风险智能防控，实现智能航运海上交通安全的智能监管。到 2025 年，利用大数据、人工智能技术建立船舶智能航行风险数据库；实现对内河、沿海船舶交通密集水域整体风险监测及预警；开展智能风险分析评估技术研究。到 2035 年，实现对遥控智能航行船舶风险的实时监测与评估；实现由单船风险到整体风险的有效管控；能够精准分析、评估气象、外部环境、人为因素

		2025年		2030年	2035年
船舶航行安全信息与智能监测技术	关键技术	基于船岸协同的船舶安全风险防控技术		电子助航增强瞭望技术	船舶安全预警可视化技术
	核心技术难点	面向人–船–管理–环境的风险防控与辅助决策技术、船舶航行安全态势感知技术、船舶安全信息融合技术		基于船舶多源感知信息融合与决策技术	增强现实/虚拟现实技术、基于环境感知的空间重构技术
船舶能源供给、设备远程运维与视情维护技术	关键技术	港口码头综合绿色能源技术		故障诊断及预测技术	船舶及设备运营状态远程监控检验技术
	核心技术难点	自主加油技术、自动换电技术、岸电充电技术		船舶设备故障诊断评价标准、基于大数据分析的设备状态预测算法	增强现实技术、宽带卫星通信技术和数字孪生技术
面向航运服务企业的云计算服务平台技术	关键技术	航运产业链一站式混合云服务技术	基于云原生技术的微服务技术	基于“稳敏”双态下的云安全服务技术	航运产业链PaaS云服务技术
	核心技术难点	异构多云协同技术、异构多云编排技术、跨组织多区域自治的云服务能力	异构容器平台的深度管理和协同技术、CI/CD深度融合服务能力	异构云资源的安全访问技术、多云资源全流量防护技术、多云资源及组件安全防护技术	“双引擎”异构多云资源下的aPaaS服务编排技术、开放式PaaS服务平台能力及应用技术
基于数据链共享的船舶检验管理技术	关键技术	开展基于船岸协同的检验数据链贯通研究		基于卫星宽带通信的信息可靠共享技术	基于数字孪生的船舶设备检验技术
	核心技术难点	建立检验数据链集成标准，数据质量评价标准、检验数据可靠性评价标准等系列行业标准		基于船岸卫星宽带通信，利用船岸数据通信渠道和岸端数据管理中心数据服务，打通船端、航运公司、检验机关的信息隔断	利用船端信息化系统实现维护记录的数字化，基于数字孪生技术实现设备状态实时演进与评价检验
基于平台的航运交易智能服务技术	关键技术	航运服务线上一站式标准化服务技术	远程可视化客户服务技术	远程可视化客户服务技术	航运金融自助执行
	核心技术难点	大数据技术 云计算技术	物联网技术 增强现实技术	人工智能技术 自然语言处理技术	区块链技术 数字货币技术

图 4-2　航运服务智能化产业与技术发展路线图

等风险变化并及时预警。

3. 水上智能交通管理技术

智能交通管理是指对特定区域内船舶的交通进行智能化干预和协调。特定区域一般为交通密集区或事故多发区，如港口、狭水道、定线制区域等。智能交通管理模型可对相关数据进行智能分析，得出最优航行规划和方案，进而给出船舶交通组织的建议和指令，实现区域内船舶的智能交通管理。到 2025 年，利用异常状态监测、航行风险监测、实时数据交互技术实现船舶交通管理系统覆盖区内船舶智能航行的有序管理；启动船舶交通管理系统智能化技术融合研究；实现船舶交通管理系统与智能船舶测试技术的有效融合；积极向国际海事组织、国际标准化组织提交船舶交通管理系统应对智能船舶发展类提案。到 2030 年，实现船舶交通管理系统与智能船舶控制系统有效对接；船舶交通管理系统可对内河、近海航行的智能船舶实施交通管理；出台船舶交通管理系统智能船舶交通管理行业推荐标准。到 2035 年，船舶交通管理系统可对岸基遥控站及其遥控指挥的智能船舶进行有效监控；船舶交通管理系统智能化程度显著提升，能够实现船舶动态智能监测与信息提醒；出台船舶交通管理系统智能船舶交通管理相关法规标准；加快船舶交通管理系统相关技术标准与国际标准对接。

4. 智能航行重大突发事件应对策略与技术

可运用大数据和智能分析技术，实现异常状态目标的迅速感知，进行险情事故趋势智能推演，综合各方面救助资源，给出搜救决策辅助建议，最终达到异常状态综合掌握、险情趋势智能分析、搜救决策智能辅助、救助力量快速反应的智能应急辅助决策的目标。到 2025 年，能够运用大数据分析技术，按照应急预案，提供应急决策建议。到 2035 年，实现异常状态目标的迅速感知，进行险情事故趋势智能推演，综合各方面救助资源，给出搜救决策辅助建议；能够根据应急处置过程中的事态演变调整应急策略；部分替代专家意见。

5. 构建智能航运技术标准体系

梳理现有相关标准并评估与智能航运发展的适应性，按照基础优先、重点突出和系统协调的原则，构建涵盖智能船舶、智能航保、智能港口、智能航运服务和智能航运监管等关键要素，贯穿设计建（制）造、运行管理、安全保障等重点环节的智能航运技术标准体系，重点建立强制性标准。制定智能航运技术标准体系表，制定数据交互、测试验证等智能航运发展迫切需要的技术标准。提出智能航运标准体系方案，完成智能航运基础性标准编制。到 2025 年，建立详尽的标准需求体系框架，为后续标准化工作的开展提供方向；制定智能航运技术标准体系表，制定数据交互、测试验证等智能航运发展迫切需要的技术标准；提出智能航运标准体系方案，完成智能航运基础性标准编制。到 2035 年，按照基础优先、重点突出和系统协调的原则，构建涵盖智能船舶、智能航保、智能港口、智能航运服务和智能航运监管等关键要素，贯穿设计建（制）造、运行管理、安全保障等重点环节的智能航运技术标准体系，重点建立强制性标准。

6. 混合船舶交通模式下的智能管控技术

为应对有人船与无人船共存局面，有效管控智能航行与人控航行混合的交通模式，在研发船舶航行态势与环境智能感知、船舶遥控驾驶、船舶智能航线规划、智能网络信息安全、远程船舶通信等技术的同时，同步开发智能船舶交通管理及风险管控技术。到 2035 年，与船舶航行态势与环境智能感知、船舶遥控驾驶、船舶智能航线规划、智能网络信息安全、远程船舶通信等技术研发保持同步，研究开发混合模式下的智能船舶交通管理及风险管控技术，从更高的权限层级、更宏观的感知领域，对混合船舶交通进行调度管理，对船舶航行风险进行有效管控。

4.3 总体路线图

智能航运产业与技术发展总体路线图以当前—2025—2030—2035—2050 年的时间序列为横轴，以发展愿景、能力水平、主要任务、政策措施为纵轴。其中发展愿景以国际先进水平为标杆，是总目标；能力水平从研发实力、推广程度、社会效益、航运效益和带动相关产业规模等几方面描述，是衡量指标；主要任务是实现发展愿景和能力水平需要实施的重点科技攻关、重点工程或重大项目，是突破点；政策措施是智能航运发展的环境条件（图 4–3）。

4.3.1 至2025年，智能航运技术与产业化总体上达到国际先进水平

研发能力方面，在智能航运新技术、新模式上取得突破；应用推广方面，有条件开展智能航运关键技术试点示范应用；安全环保方面，建成的智能船舶和智能港口的安全、绿色水平接近或优于传统运输船舶和港口设施系统；航运效益方面，航运业智能化步伐稳步加快，航运供应链集约化程度持续提升，初步形成成本下降、效率效益提升的航运发展态势；相关产业带动方面，初步形成“航运 + 智能”新型产业形态，带动产业规模百亿元增长。

智能航运关键技术研发方面，主要进行船舶遥控驾驶（有船员在船）技术、开阔水域船舶自主避碰技术、船舶自主靠离泊技术、干散货 / 液体散货作业系统智能管控技术、智能船舶通信保障技术、船舶智能航行网络信息安全技术、智能航行公共信息

		2025年	2030年	2035年	2050年	备注
发展愿景		总体上达到国际先进水平	达到国际先进水平	总体上接近国际领先水平	达到国际领先水平	备注
能力水平		智能航运新技术、新模式取得突破	成为重要的全球智能航运创新中心之一	较全面地掌握智能航运核心技术，具备国际领先的成套技术集成能力	全面掌握智能航运核心技术，总体形成较强优势	研发水平
能力水平		开展智能航运示范应用	实现智能航运五要素协同发展	智能航运技术基本得到广泛应用	智能航运技术全面广泛应用	应用广度
能力水平		智能船舶和智能港口的安全、绿色水平接近或优于传统运输船舶和港口设施系统	智能船舶和智能港口的安全、绿色水平明显优于传统运输船舶和港口设施系统	行业安全事故率明显下降，绿色低碳水平显著提升	行业安全、绿色低碳水平居世界前列	安全环保效益
能力水平		航运业智能化步伐稳步加快，航运供应链集约化程度加强，初步形成航运成本下降、效率效益提升的技术发展态势	航运成本进一步下降，效率效益进一步提升，沿海和内河航运比较优势明显增强，国际航运竞争力进一步增强	航运效率居于世界前列，面向全球的智能化网络化航运服务供给能力初步形成	智能化网络化航运服务供给覆盖全球，航运竞争力居世界前列	航运效益
能力水平		初步形成“航运+智能”新型产业形态，带动产业规模百亿增长	初步形成智能航运新业态，带动产业规模千亿增长	形成充分智能化的航运新业态，带动产业规模双千亿增长	形成高质量的智能航运体系，带动产业规模万亿以上增长	相关产业规模
主要任务		船舶遥控驾驶（有船员在船） 开阔水域船舶自主避碰 船舶自主靠离泊 干散货、液体散货作业系统智能管控 智能船舶通信保障 船舶智能航行网络信息安全 智能航行公共信息服务 混合船舶交通模式下的智能管控	智能航运关键技术研发 港口数字孪生系统 船舶遥控驾驶（无船员在船） 船舶自主驾驶 狭窄水道、繁忙水域、恶劣海况船舶自主避碰 “陆海空天”一体化技术装备和设施	自主船舶航行安全风险自评估、自管控 自主航行船舶能够实现自主应急决策 港航人工智能模型与自然语言处理融合 全生命周期云计算服务平台		
主要任务	智能航运示范应用	船舶遥控驾驶（有船员在船） 集装箱作业系统智能管控 智能船舶通信保障（内河） 智能航行公共信息服务 船舶智能航行安全风险监测	开阔水域船舶自主避碰 船舶自主靠离泊 干散货、液体散货作业系统智能管控 智能船舶通信保障(沿海) 船舶智能航行网络信息安全 全智能船舶测试与验证 智能航行公共信息服务（大范围、远距离、实时） 混合船舶交通模式下的智能管控	船舶遥控驾驶(无船员在船) 船舶自主驾驶 狭窄水道、繁忙水域、恶劣海况船舶 自主避碰 港口数字孪生系统 港航人工智能模型与自然语言处理融合 “陆海空天”一体化技术装备和设施 全生命周期云计算服务平台	自主船舶航行安全风险自评估、自管控 自主航行船舶能够实现自主应急决策 完整的、国际通用的智能航运技术标准体系 全生命周期云计算服务平台	
主要任务	法规标准	根据智能航运关键技术研发、示范、应用进展，适时出台相关法规标准				
主要任务	基础设施	虚拟仿真实验测试系统、缩比水池实验测试系统、测试海域、测试码头、测试平台（船艇）、远程控制中心全要素水上“大交管”平台、船舶智能航行监控中心 岸基VDES通信基站设施、星基VDES数据关口设施、NAVDATA基站设施、沿海5G–700MHz基站设施卫星互联网等地面接收终端设施、沿海水文观测基础设施、智能航道基础设施、智能航标基础设施、基于S–100标准的岸基支持保障平台				
政策措施		统筹谋划、全面规划、系统布局、重点突破				
政策措施		发挥财政和市场两大主体作用，财政提供智能航运公益性与安全保障技术研发及基础设施建设的资金，其他资金依靠市场				
政策措施		根据智能航运传统业务与前沿高新技术交叉的特点，大力培养复合型的智能航运技术研发、生产运行与政府监管人才				
政策措施		以打造智能航运业态为宗旨，构建行业协同、产学研用互补、技术需求资本三项资源对接、产业链完整的智能航运技术与产业				

图 4-3 智能航运产业与技术发展总体路线图

服务技术、混合船舶交通模式下的智能管控技术研发。

智能航运示范应用方面，主要进行船舶遥控驾驶（有船员在船）、集装箱作业系统智能管控、智能船舶通信保障（内河）、智能航行公共信息服务、船舶智能航行安全风险监测应用。

4.3.2 至2030年，智能航运技术与产业化达到国际先进水平

研发能力方面，中国发展成为全球主要智能航运创新中心；应用推广方面，实现智能航运五要素的协同发展与应用；安全环保方面，建成的智能船舶和智能港口设施的安全、绿色水平要明显优于传统运输船舶和港口设施；航运效益方面，航运成本进一步下降，效率效益进一步提升，沿海和内河航运比较优势进一步突显，国际航运竞争力进一步增强；相关产业带动方面，初步形成智能航运新业态，带动产业规模千亿增长。

智能航运关键技术研发方面，主要进行港口数字孪生系统技术、船舶遥控驾驶（无船员在船）技术、船舶自主驾驶技术、狭窄水道 / 繁忙水域 / 恶劣海况船舶自主避碰技术、“陆海空天”一体化技术装备和设施技术研发。

智能航运示范应用方面，主要进行开阔水域船舶自主避碰、船舶自主靠离泊、干散货 / 液体散货作业系统智能管控、智能船舶通信保障（沿海）、船舶智能航行网络信息安全、智能船舶测试与验证、智能航行公共信息服务（大范围、远距离、实时）、混合船舶交通模式下的智能管控应用。

4.3.3 至2035年，智能航运技术与产业化总体上接近国际领先水平

研发能力方面，较全面地掌握智能航运核心技术，具备国际领先的成套技术集成能力；应用推广方面，国内智能航运技术获得广泛应用；安全环保方面，行业安全事故率明显下降，绿色低碳水平显著提升；航运效益方面，航运效率居于世界前列，面向全球的智能化网络化航运服务供给能力初步形成；相关产业带动方面，充分智能化的航运新业态基本形成，带动产业规模双千亿元增长。

智能航运关键技术研发方面，主要进行自主船舶航行安全风险自评估 / 自管控技术、自主航行船舶能够实现自主应急决策技术、港航人工智能模型与自然语言处理融合技术、全生命周期云计算服务平台技术研发。

智能航运示范应用方面，主要进行船舶遥控驾驶（无船员在船）船舶自主驾驶、

狭窄水道 / 繁忙水域 / 恶劣海况船舶自主避碰、港口数字孪生系统、港航人工智能模型与自然语言处理融合、“陆海空天”一体化技术装备和设施、全生命周期云计算服务平台应用。

4.3.4　至2050年，智能航运技术与产业化达到国际领先水平

研发能力方面，全面掌握智能航运核心技术，总体形成较强的研发优势；应用推广方面，智能航运技术获得全面普遍应用，航运新业态发展成熟；安全环保方面，行业安全、绿色低碳水平居世界前列；航运效益方面，智能化网络化航运服务供给覆盖全球，航运竞争力居世界前列；带动相关产业方面，形成高质量的航运体系，带动产业规模超万亿元增长。

智能航运示范应用方面，主要进行自主船舶航行安全风险自评估 / 自管控、自主航行船舶能够实现自主应急决策、完整的、国际通用的智能航运技术标准体系、全生命周期云计算服务平台应用。

第 5 章

促进智能航运产业与技术发展的政策建议

5.1 统筹谋划，规划引导，加快推动智能航运技术与产业化

5.1.1 充分认识我国加速发展智能航运的战略意义与紧迫性

习近平总书记多次强调“经济强国必定是海洋强国、航运强国”。作为航运大国，我国航运经过多年的持续发展，取得了令人瞩目的历史性进步，但因尚未取得核心技术主导权而在航运规则和技术标准上影响力小，至今大而不强。航运大国主要体现的是运输能力和规模，只有这些永远也成不了航运强国。航运强国不仅要比运输能力和规模，更要比安全、绿色、效率、可持续发展潜力和现代性，本质上是自主科学技术水平的较量。只有掌握了当代的航运关键核心技术，才可以具有航运规则和技术标准制定的主导权。智能航运是未来航运的必然发展趋势，是在新的赛道上的航运技术竞争，不仅可以实现我国航运及相关产业的转型升级，也将为我国在较短时间内从接近国际先进水平走向世界领先水平提供重大机遇。在推进航运由大到强的过程中，抢占航运新技术制高点和加速传统航运技术追赶是必打的两张牌。传统航运技术追赶必须久久为功，需要较长过程；在交通强国战略目标期内，抢占航运新技术制高点更加现实和紧迫，需要加大投入，优先取得突破。换言之，加速发展我国的智能航运并争取在 15~20 年内达到国际领先水平，抢在国际上智能航运技术广泛应用之前全面掌握关键技术。这是我国由航运大国走向航运强国，为交通强国建设提供有力支撑的必由之路。

当前，智能航运技术日新月异、飞速发展，各国政府也积极采取措施推动本国智能航运发展。欧洲起步早，基础扎实，航运技术创新和产业化的生态环境好，已经取

得一些优势；日本、韩国在政府主导下，产学研用协力开展智能航运重大项目实施，计划在 2025 年前形成领先的技术与产业化能力；俄罗斯虽然起步较晚，但推进力度大、发展速度快，先期技术成果已投入示范应用，且已基本完成保障自主航行技术应用的立法程序。我国与这些国家基本处在同一发展阶段，如不加快步伐就会落后，甚至会丧失取胜的机会，使我国航运及相关行业在世界智能航运发展大潮中陷入两难境地：一方面，为使我国智能航运水平跻身国际前列，就要采用发达国家的先进技术，我们对关键技术无法做到自主可控，从而导致我国航运供应链存在着严重的安全隐患；另一方面，为了自主可控而不采用国外先进技术，我国智能航运的水平将会落后于发达国家，航运的比较优势不能充分显现，严重制约我国航运业的发展。上述两种局面都对我国不利，也不符合我国航运及相关行业发展的实际需求。

5.1.2　规划先行，加大投入，以三个五年规划和滚动实施计划统筹和推进我国智能航运产业与技术发展

为了加快我国智能航运的发展，需要从国家社会经济发展的根本需要出发，研究制定国家层次上的统一的智能航运长远发展规划。通过规划，为加快智能航运发展构造了一个相对稳定的远景框架，明确发展目标和总体布局，制定可行的实施方案，提高建设决策的科学性。一是要针对智能航运不同要素领域、不同行业、不同地区需采取不同措施，做到总体思路明确、目标任务合理、政策措施有效。科学合理全面布局，构筑技术与产业双向流动机制，培育智能航运发展动能，实现我国航运业的高质量发展。二是确立正确的发展模式。总体上，我国智能航运的发展宜采取政府引导、市场主导的协同创新发展模式。具体而言，智能船舶、智能港口、智能航运服务等方面实行政府引导下的市场主导发展模式，政府对共性关键技术研发给予财政支持；智能监管和智能航行保障由政府主导，技术研发和基础设施建设由国家财政提供保障。三是在长远规划指导下，连续制定三个五年规划和滚动实施计划，发挥我国集中力量办大事的制度优势，充分调动各方积极性和创造性，推动形成与技术发展目标相匹配、与产业发展趋势相适应、与航运业整体发展环境相协调的智能航运发展格局。为了加速我国智能航运产业与技术发展，在三个五年规划期内，安排一系列重大任务与建设项目，并对智能船舶、智能港口、智能航运服务领域的重大任务给予财政补贴。

5.2 创新驱动，协同推进，夯实智能航运发展理论、技术与制造基础

5.2.1 加强基础与前沿技术研究，超前部署核心关键技术攻关

交通运输部、科学技术部、工业和信息化部、国家发展和改革委员会、中共中央网络安全和信息化委员会办公室等部门通力合作，协同做好智能航运技术开发应用的统筹安排，加快推进物联网、云计算、大数据、人工智能等高新技术在船舶、港口、航道、航行保障、安全监管以及航运服务等领域应用的基础与前沿技术研究，重点突破状态感知、认知推理、自主决策执行、信息交互、运行协同等关键技术。同时，通过超前部署“锻长板、补短板”相结合的系统性科技战略布局，提高科技攻关的主动性、协同性、系统性，通过激励政策培育发展积极的创新生态，提高创新效能、活力和韧性。一是要研判我国未来有望引领智能航运技术创新发展、构筑竞争“长板”的领域，重视增强战略技术前瞻储备的创新工作，强化原始创新，增强源头技术供给，开展复杂场景感知、自主协同控制、调度组织优化、信息安全交互等核心软件与平台研发。建立智能航运技术协同创新集成平台，开展智能船舶、智能港口、智能航保等成套智能航运技术集成攻关。研究开发智能航运测试评估检测检验方法、技术与工具系统，制定智能航运检验检测评估规范标准。推动新知识和新技术深度连接和耦合发力，在一些战略性领域形成有中国特色的新技术、新需求与新架构，在国际科技格局中形成局部的竞争动态均衡。二是针对事关智能航运发展战略目标的核心关键技术“短板、弱项、漏洞”，在布局上努力形成多循环、多路径的有效技术供给，特别是要搞清哪些环节可自主突破、哪些需要进口替代、哪些需要同国外伙伴长期合作，强化底线思维，压实重点领域和关键环节的任务部署，努力实现技术主动，对于“卡脖子”技术的攻关要做到精准持续安排。

5.2.2 协同发力，跨界融合，积极构建加速智能航运技术创新发展新格局

建立政府、企业、行业组织和专业机构等方面的多层面协调推进机制，强化部际间、地区间协同和上下联动，支持建立创新联盟等多种合作形式，充分发挥行业组

织、专业机构在政策宣贯、技术指导、交流合作、成果推广等方面的平台作用；有效利用中央和地方资源，吸引调动相关社会资源，统筹推动智能航运产业与技术发展。

加强产学研用结合，促进跨界联动，深化军民融合，拓展国际合作，系统把握各领域、各环节和各阶段战略性任务，有序推进全方位协调发展。一是鼓励跨行业跨领域产学研用合作，面向智能航运理论方法、技术工艺、装备系统和标准规范开展研究与应用。二是搭建智能航运技术与产业化跨界交流合作平台，集聚行业内外重点企业、高等院校、科研院所、配套供应商等开展技术需求对接，推动数据资源合理共享，促进务实合作与协同创新。三是鼓励互联网、大数据、人工智能等领域的技术开发和服务机构与船舶、港口、航运物流企业加强合作，提供行业解决方案，推广行业最佳应用实践。

5.3　自主可控，开放合作，实现我国智能航运从接近国际先进水平向国际领先水平的跨越

5.3.1　加强技术研发，形成自主可控的完整产业链

自主可控是在设计、生产、制造整个过程中自主把控、自主推进，进而达到可持续、可升级换代的水平。实现自主可控，一是坚持创新发展，关注关键技术的更新换代，关注不同关键技术之间的发展时序，实现迭代创新，依靠自身研发设计，全面掌握系统、装备、产品关键核心技术，实现各种智能系统从硬件到软件的自主研发、生产、升级、维护的全程可控，尽快实现关键核心技术、关键零部件、各类软件全面国产化。二是通过跨行业协同、产业上下游紧密合作、政府与行业组织扶持帮助，促进智能航运各领域相关方自主创新能力提升，实现产业链供应链深度融合、贯通发展。三是加快建设共性关键技术协同创新平台，集中国内优势技术资源系统性开展协同攻关，努力构建自主可控的智能航运技术供给体系。

5.3.2　利用全球创新资源，构建国际化创新合作机制与平台

充分利用政府间双多边合作机制，鼓励围绕智能航运技术、产业、人才培养等开展多种形式的国际交流与合作。在科学评判我国智能航运科学技术实力、关键技术自主能力和实现我国智能航运发展目标总能力的基础上，支持国内外具有智能航运技术

优势的机构开展合作研发，鼓励开展国外联合研发和引进消化国外先进技术再创新。高效利用全球创新资源，加快推进产业链、创新链、价值链的全球配置，全面提升我国智能航运产业与技术发展能力。鼓励有关组织和机构搭建面向全球的智能航运技术创新与产业发展交流平台，探索国际创新合作机制，服务全球智能航运创新中心建设。积极开展政府间合作，深度参与国际组织事务，认真总结我国实践经验，提供中国方案，推动智能航运相关国际公约与规则标准的制订与修订。

5.4 制度支撑，保障先行，构建智能航运技术与产业化快速发展环境

5.4.1 出台并持续完善相关法规标准，支持和保障智能航运技术试验示范、商业化应用和产业化发展

根据智能航运技术发展进度和推广应用需求，研究制订智能航运立法计划并认真组织实施，为智能航运技术发展和应用提供法律保障。为了促进我国船舶智能航行技术的快速发展，当前要尽快出台支持智能航行船舶水上实验测试、试点示范和商业化应用的管理规定，抓紧研究修订船员适任标准、船舶最低安全配员规定、船舶法定检验技术规则和船舶航行规则。以保障安全和促进技术进步为宗旨，研究制定智能航运标准体系，抓紧出台相关技术标准。

5.4.2 建设支撑智能航运发展的新型基础设施

加快智能航运科学实验设施和海上测试条件建设。智能航运的相关研究方法和技术很多，但最主要的还是实验手段，实验验证手段的先进性在很大程度上决定着智能航运的整体研究水平。加快智能航运科学实验设施建设，可使我国智能航运技术研发保持与世界先进水平同步，并为走向世界领先提供条件。当前迫切需要的是智能航运技术原型（实景）实验系统、物理模拟实验系统、数字模拟实验系统、数据资源与计算系统等基础设施的构建。合理布局和加快沿海、内河船舶智能航行实验测试场等设施和环境条件建设。

加快面向智能航运的监管和航行保障基础设施建设。通过建设航行保障基础设施，实现导助航数字化、水上通信多网多模自适应、航行地理信息高分化、航行安全

信息数字化标准化即时化、应急处置立体化和自动化。通过建设监管手段与基础设施，实现监管手段立体化数字化、交通监控与违规判别自动化、风险辨识与防控智能化。在监管和航行保障基础设施建设中，要充分认识到：智能航运的发展对感知数据的采集范围、质量和更新频次提出了更高的要求。未来航运新型基础设施建设既要进一步加大加密传统的感知终端，也要探索建立规则，利用群体感知技术等逐步建立起适应智能航运发展的感知基础设施生态体系。同时，也要充分认识到：信息与网络安全是智能航运的命脉，需要逐步建立算法的合规性、可靠性、安全性治理体系，并研究建立相应的治理手段，消除算法设计、技术开发、产品研发、应用实践过程中的错误、偏见和歧视，保障航运利益相关者的权益。

5.5　注重素质，鼓励探索，全力打造智能航运发展人才队伍

人才是智能航运长期发展的重要保障，也是智能航运科技创新和实践应用的生命力之所在，现有的人才队伍结构还不能适应智能航运发展的需求，应当从以下四个方面打造智能航运发展的人才队伍：一是提升传统船员的数字化、智能化知识水平，针对智能航行船舶大量应用新型装备和系统的特点，通过开展专题培训，实现传统船员的能力升级，使其适应智能航运发展的需求。二是适应遥控驾驶等智能航运新业态，对岸基船舶遥控驾驶员等新业态下的技术岗位按照等效要求开展培训并进行认证。三是优化监管人员的专业结构，在人员招录中，进一步增大计算机、人工智能等专业的比例，确保监管人员的知识和能力与智能航运的发展相适应。四是探索发展“智能航运”的学历教育，在交通运输工程一级学科下，探索建立“智能航运”二级学科，促进智能航运领域的高素质人才培养。

第 6 章

船舶智能化产业与技术发展路线图

6.1 国内外发展背景与现状

6.1.1 背景与意义

近年来，船舶的智能化是国际海事和船舶工业界最为炙手可热的主题之一。国际海事组织、国际标准化组织等国际组织将智能船舶列为重要议题，国际主要船级社先后发布了有关智能船舶的规范或指导性文件，世界主要造船国家大力推进智能船舶研制与应用。我国船舶工业和航运业在智能船舶领域进行了有益探索，相关科研攻关取得积极进展，智能技术工程化应用初显成效，已形成一定的技术积累和产业基础，基本与国际先进水平保持同步。

但总体而言，全球智能船舶仍处于探索和发展的初级阶段，智能船舶的定义、分级分类尚未统一，智能感知等核心技术尚未突破，智能船舶标准体系、测试与验证体系亟待建立，智能技术工程化应用仍然十分有限，相关国际海事公约法规研究刚刚起步。当前，我们迎来了世界新一轮科技革命和产业变革同我国转变发展方式的历史交汇期，发展智能船舶既面临着千载难逢的历史机遇，又面临着众多不确定因素和巨大挑战。面对新的发展形势，航运业和船舶工业界都应积极作为，加强统筹规划，系统推进实施，加快促进船舶工业与航运等相关行业协同创新和融合发展。

智能航运的浪潮可能比预期来得更快。交通运输部水运科学研究院张宝晨研究员认为，原因主要有三方面：一是物流电商化推动了物流成本降低和全球物流体系重构，航运运价提升遇到了“天花板”；二是航运业过度依赖于人力资源，减员是降本增效的主要途径；三是现代高新技术为船舶货运无人化、港口自动化、监管和服务现代化提供了技术支撑。

船舶智能化是船舶和航运业的重要发展趋势，也是我国船舶工业转型发展的重要发展方向。目前，全球船舶和航运大国（如日本和欧洲多个国家）都开始通过标准研究固化和推广在船舶和航运智能化方面的技术成果，抢占市场和法规制定的先机。对此，我国需要结合自身技术发展路径提前对标准化工作进行规划，同时形成标准国际化策略，以在未来国际交流和竞争中争夺主动权。

2018 年 12 月，工业和信息化部、交通运输部、国家国防科技工业局联合发布了《智能船舶发展行动计划（2019—2021 年）》；2019 年 5 月，交通运输部、中共中央网络安全和信息化委员会办公室、国家发展和改革委员会、教育部、科学技术部、工业和信息化部、财政部联合发布《智能航运发展指导意见》；2019 年 7 月 25 日，交通运输部印发了《数字交通发展规划纲要》。我国已经开始从顶层设计方面规划智能航运的未来发展。

6.1.2　船舶智能化产业化发展历程

1.“智能化”是船舶产业发展的必然方向

“智能化”的发展是伴随着工业化进程的自然过程。并且，一直以来，船舶和航运业都可算作工业界中的“先行者”：20 世纪初，航运业即成为全球最早获得无线电频率分配的行业；航运是全球最早启用卫星导航系统的民用领域之一；防撞雷达和自动识别应答器分别于 1974 年和 2002 年成为船舶的必备设备。

实际上，随着航运业和船舶工业的发展，应用先进技术和智能化设备的目的也从最初的助航和增加船舶安全性逐渐衍生出对环保、经济性和可靠性等方面的更高需求，包括降低船舶控制和管理难度、减少人为误操作、提高设备及船舶营运的安全、优化船舶航行、控制燃油消耗、降低成本、提高收益等目的。

船舶智能化的技术研发与应用，是伴随航行更安全、海洋更清洁的必然要求，是航运业和船舶工业深度融合的集中体现，代表了航运发展的未来。实现船舶智能航行技术领先，才能成为智能航运技术强国。目前，各国已将智能船舶技术作为战略发展方向，智能船舶成为全球船舶领域的研究前沿和热点。

信息和通信技术正为工业界各领域带来深刻的变革。信息和通信技术的广泛和深度应用使得工业装备产品有能力获得、存储和传输更多的数据和信息，同时也为产品和服务的运营模式的升级带来了更丰富可能性。近年来，智能化在各工业领域中的产业链中渗透，衍生出一系列新兴业态，产品特性和生产经营模式都在发生着前所未有的变化。《智能革命：迎接人工智能时代的社会、经济与文化变革》[①] 一书中提道："智能革命是对生产方式、生活方式的良性革命，也是对我们思维方式的革命。"作为传统行业，船舶工业正在经历这一"非传统"考验。

2. 船舶系统智能化技术不断探索

考虑到国际公约的限制和技术的可行性，国外多数智能船舶技术应用均是从小型船舶（如拖船、渡船等）开始，优先选择了增强感知、自主航线规划、自主避碰和远程操控等技术开展研发。2017 年，罗尔斯·罗伊斯与马士基集团的施韦策（Svitzer）拖轮公司在丹麦哥本哈根港成功展示了拖船远程驾驶系统，实现了 Svitzer Hermod 号拖船离码头、掉头、航行及驶回船坞的远程控制。2018 年，罗尔斯·罗伊斯与芬兰国有渡轮运营商芬费里斯（Finferries）在芬兰图尔库市以南群岛开展了渡轮无人驾驶试验，且在遥控操作状态下顺利返航。2020 年 2 月，康士伯集团在挪威霍尔滕港完成了一条满载状态的渡轮从码头到码头的全自动化操作。

船用系统与设备的智能化是智能船舶发展的重要基础，其发展路径包括自动化、数字化、网联化和智能化。2011 年，韩国电子通信研究院等研发了"船域网"，对船上 460 余种设备和部件进行了数据收集、船岸信息交互和综合管理，提高了船舶管理效率。2015 年，凯伏特（CAVOTEC）公司推出了真空式自主系泊系统，将其应用于丹麦港口的大型邮轮，并同瓦锡兰等公司联合开发、融合了充电与系泊功能的岸端设备，在电动船舶充电、系泊的无人化领域展开探索。2016 年，荷兰孟拜（Mampaey）公司推出了多自由度、多机械臂融合的电磁式自主系泊系统，能够随船舶动作调整系泊设备在工作中的位置，保护船舶脱离，避免其因发生硬碰撞而造成设备的损坏。2017 年，DNV GL 启动 ROMAS 项目，研究机械和自动化系统的远程操作，并侧重于将机舱集控室从船舶移至岸基机舱集控中心。在能效管理方面，瑞士 ABB 公司的能源管理系统能够实现对实际船舶能源和燃油消耗的监视与分析，并对船舶电站进行运行优化、动态纵倾优化，并提供航速指导。挪威凯玛（Kyma）公司的船舶性能监控系统，可监测、分析和传输船舶主要性能参数，并对船舶性能进行实时评估。冰岛马洛卡（Marorka）公司实现了船舶性能监测以及基于计算机模拟、建模和海洋预报的航次规划和纵倾优化。

智能船舶设计、研发、制造、定型、检验等各环节亟须相应测试验证系统的开发

① 李彦宏 . 智能革命：迎接人工智能时代的社会、经济与文化变革 . 北京：中信出版社，2017.

与完善。挪威已于2016年9月、2017年5月和2018年10月陆续开启了特隆赫姆峡湾、斯图尔峡湾、霍尔滕3个测试场。2017年，芬兰于西部海岸的埃乌拉约基市设置了雅康梅里测试场。2018年5月，比利时在北部水网地区向公众开放了测试场，面向内河船舶以莱茵河航行管委会制定的船舶智能等级为依据开展测试。2019年10月，日本邮船公司宣布完成了全球首次符合国际海事组织《水面自主船舶试航暂行指南》规定的自主航行系统海上试验。2020年3月，瓦锡兰智能拖轮项目于新加坡完成了首期海试项目，通过建立考虑海试环境影响的数字孪生模型，在虚拟和现实环境中验证了智能拖轮的避障能力。

3. 船舶智能化产业仍未成熟

船舶智能化的产业发展主要指在典型智能化技术、智能化系统和方案的商用推广。全球首艘智能超大型矿砂船明远号通过构建服务智能系统的全船网络平台和信息平台，实现了辅助自动驾驶、综合能效管理、设备运维、船岸一体通信、货物液化监测等五大智能功能；大型智能油轮“凯征”号拥有高集成度的传感器、通信、互联网等技术手段，能自动感知的获得船舶自身、海洋环境、物流、港口等方面的信息和数据，并基于计算机技术、自动控制技术和大数据处理分析技术，在船舶航行、管理、维护保养、货物运输等方面实现智能化运行；挪威建造全球首个无人船测试基地，第一艘无人集装箱船将于2020年实现无人驾驶。

有些国家甚至开始了海面智能航行船舶的试航，较小的无人船已经投入使用，对于涉及危险或烦琐操作的船舶，例如溢油应急船、消防船和救援船，无人操作能力是一种特别有吸引力的选择，自动化具有巨大潜力来避免人员伤亡，同时能够节约大量成本。为保证海面智能航行船舶的安全运营，国际海事组织海上安全委员会正在探索如何将安全、稳定且环境友好的海面智能航行船舶运营纳入国际海事组织法规中。2019年6月，海上安全委员会会议通过了一套关于自主航行船舶试航的初步指南，要求在试航时至少应具备相关法律所规定的安全和环保等级。

4. 船舶智能化产业增长可期

随着信息通信、人工智能、物联网、大数据等新兴技术的不断进步，智能船舶和智能航运的发展如火如荼。事实上，早在2006年，国际海事组织就提出E-航海的概念，旨在通过电子信息手段，在船上和岸上收集、整理和显示海事信息，实现船-船、船-岸和岸-岸之间的信息互联互通。随着技术的不断更新迭代，以及航运业中开展的对“少人化”和“无人化”理念的探索，智能化已经成为未来船舶和航运业发展的重点方向。根据造船和全球市场研究公司敏锐市场报告（Acute Market Reports）在2020年9月发布的报告，自主船舶及相关设备和材料市场预计将以每年12.8%的速度快速增长，到2025年这一市场有望达1550亿美元规模。

近年来，全球航运和船舶市场有回暖迹象，我国新承接船舶订单也有增长。但融资难、交船难、盈利难的问题依然广泛存在，船舶工业平稳健康发展仍然面临较大的挑战。但随着大数据、信息化、智能化技术的发展和在船舶行业中的落地应用，为船舶行业的发展提供了一个新的可能性。由此，各国纷纷将智能船舶的设计、建造和应用提上日程。在船舶和航运业新一轮复苏中，智能化与船舶设计和产业链的融合无疑将成为主旋律。

5. 船舶智能化产业发展需要法规和标准保障

国际海事组织、国际标准化组织等国际组织已经将航运的智能化问题列为重要议题[①]，国际主要船级社先后发布了有关智能船舶的规范或指导性文件，世界主要造船国家大力推进智能船舶研制与应用。我国船舶工业和航运业在智能船舶领域进行了有益探索，相关科研攻关取得积极进展，智能技术工程化应用初显成效，已形成一定的技术积累和产业基础，基本与国际先进水平保持同步。但总体而言，全球智能船舶仍处于探索和发展的初级阶段，智能船舶的定义、分级分类尚未统一，智能感知等核心技术尚未突破，智能船舶标准体系、测试与验证体系亟待建立，智能技术工程化应用还比较有限，相关国际海事公约、规范和标准的研究处于早期布局阶段。

6.1.3 船舶智能化产业现状

1. 经济环境

当前，智能船舶工业发展市场前景广阔，商业订单逐年增加，经济环境总体向好。

我国现有船舶13万余艘，预计到2035年实现50%的船舶为智能船并使用智能应用服务。通过产品装船，按照船基终端每套200万元计算，将会有1300亿的改装订单；智能应用服务按照每船每年10万元计算，预计有65亿每年的服务订单。

在新造船市场，目前每年全球新造船约1000艘，预计其中80%的船舶为智能船，通过产业化推广，实现面向不同船型的系统订购，预计每年将会有16亿元的船基终端产品订单及8000万元/年的新增智能应用服务订单。

① 各组织中采用的议题名称有所不同：国际海事组织使用了“水面自主船舶”、国际标准化组织使用了“智能航运”，但核心内容都是聚焦航运领域的智能化发展。

通过产品应用，预计每年将为船东节约 5.6 亿元燃油成本，为船东带来切实经济效益。

2. 社会环境

当前，气候变暖是全球面临的主要问题之一，碳排放已经成为社会各界关注热点。2016 年 11 月生效的《巴黎协定》提出目标，期望在 2051—2100 年，全球实现碳中和目标。同时，把全球平均气温较工业化前水平的升高幅度控制在 2℃之内，并为把升温控制在 1.5℃之内而努力。2020 年 9 月 22 日，中国国家主席习近平在第十七届联合国大会一般性辩论上发表重要讲话时指出，“中国将提高国家自主贡献力度，采取更加有力的政策和措施，二氧化碳排放力争于 2030 年前达到峰值，努力争取 2060 年前实现碳中和”。

航运业是一个体量大、增速快的碳排放体，其排放量占全球总量的百分比从 2012 年的 2.76% 已经增长到了 2018 年的 2.89%。更值得关注的是，根据国际海事组织第四次温室气体研究，预计未来几十年航运业的排放量将比 2018 年增长 50%。在“双碳”目标的大背景下，航运业的减排已经成为各界的共同需求。

此外，随着社会经济的发展，航海业对年轻人的吸引力越来越弱。据相关统计表明，由于缺乏“新鲜血液”的输入，目前，海员队伍出现结构失衡和日益老龄化的问题。作为新生力量，30 岁以下年轻海员数量偏少，后备力量不足。其中，20~30 岁的占 14%，30~40 岁的占 23%，40~50 岁的占 30%，50~60 岁的占 24%。近年的海员队伍平均年龄达 40.6 岁，其中高级海员和普通海员的平均年龄分别为 36.2 岁和 47.1 岁。由于职业的特殊性，不断老化的海员队伍已难以适应航运业大型化、远程化、科技化对海员身体、素质、技能等方面的要求。海员队伍老化和不能及时补充新鲜血液的现象，不仅在我国存在，而且是一个全球性难题。美国、日本海员平均年龄也呈逐年增加的趋势，这一问题在沿海海员队伍中尤为突出，其中日本沿海海员中 50 岁以上的占总人数的 56%，60 岁以上的占 25.2%，20~29 岁的人和 30~39 岁的人分别只占 12.2% 和 12.5%。除了老龄化，高素质人才短缺也日益严重。我国的高级海员及特种船海员严重缺乏，比如液化天然气船、液化石油气船、豪华邮轮等船舶的海员职位，没有多少人可以胜任。

为了应对上述环保、人口等问题，社会各界对发展智能船舶抱有极大的期待。智能船舶与传统船舶相比，能有效实现航运业的节能减排，实现降本增效。同时还能大幅降低船员负荷，减少船员人数，辅助普通船员胜任高难度的岗位，缓解高级海员匮乏的矛盾。智能船舶技术产业的发展进步对社会产生的效益将不可估量。

3. 政策环境

党的十九届五中全会提出，“坚持创新在我国现代化全局中的核心地位，把科技自立自强作为国家发展的战略支撑”，“要强化国家战略科技力量，提升企业技术创新能力”。全会提出了到2035年基本实现社会主义现代化远景目标，其中包括“关键核心技术实现重大突破，进入创新型国家前列”。随后，中共中央、国务院印发了《国家综合立体交通网规划纲要》，提出到2035我国智能船舶技术要达到世界先进水平。这是党中央立足全局、面向未来作出的重大战略指示，为我国发展智能船舶、争夺船舶工业发展的战略制高点提供了政策保障。

在中央的指导下，各部委纷纷批复了多个科研专项以支持智能船舶工业发展，包括:《智能船舶1.0研发专项》《船舶态势智能感知系统研制》《船舶自动靠泊和甲板装卸系统智能技术研究》《基于船岸协同的船舶智能航行系统构建研究》《集装箱船智能货物管控系统开发》《智能船舶相关标准研究》《智能技术试验船开发关键技术研究》《智能船舶综合测试与验证研究》等。

除了国家层面的顶层规划，不少地方政府也纷纷出台了相应的政策，为相关智能船舶科研单位提供场地、资金等支持。上海市张江集团与上海船舶研究设计院签署了《人工智能 + 海洋科创中心战略合作框架协议》，协调张江科学城内的政府支持和企业资源，助力智能船舶发展。青岛市在蓝谷为智能航运技术创新与综合实验基地建设提供了土地、资金等支持，促进智慧航海技术装备的研发、试验以及产业化。湛江市在湛江湾开辟了智能船舶海上测试场，该测试场以智能船舶、水面无人船、水下无人航行器、深远海装备为对象，进行智能技术、智能系统、智能功能等的监测、考评和评估，有利于提升我国智能船舶技术核心领域的竞争力。

6.2 发展态势与需求分析

6.2.1 船舶智能化产业链态势

1. 船舶智能化是航运智能化趋势下的重要一环

智能航运是现代信息、通信、感知、大数据和人工智能等高新技术与传统航运要素深度融合而形成的航运新系统和新业态，是航运业未来发展的必然趋势。

传统航运系统包括船舶运输、港口运营、通航资源、支持保障和航运治理等多个子系统，每个子系统又包含多个要素。船舶运输子系统包括船舶、船员、运输服务销售、经营管理等要素；港口运营子系统包括码头、锚地和进出港航道、装卸设施装备与操作人员、旅客上下船设施装备与操作人员、港口服务销售、港口经营管理等要素；通航资源子系统包括航道及其他通航水域、船闸等通航设施、导助航设施与维护、通航资源开发维护与管理等；支持保障子系统包括航海保障、应急救助、科技研发、教育培训救助打捞等要素；航运治理子系统包括法律法规、标准规范、监督管理机构监督管理设施手段、监督管理程序方法等要素。

与传统航运相比，智能航运系统的功能没有变化，依然是通过船舶运载工具等实现旅客和货物从甲地到乙地的位移。由于功能不变，其构成也基本一致。但是，由于智能航运是传统航运要素与现代高新技术的深度融合，其数据化、智能化等特征十分明显，甚至不需要有人从事现场操作，从而呈现许多与传统航运明显不同的形态，因此智能航运也是一个崭新的系统。

而智能航运五大关键要素，相互间关联影响、促进或依赖。例如，智能船舶与智能港口两个子系统之间为了旅客上下、货物装卸以及客、货进出港，需要有大量的信息交换。这不仅是作业协同的需要，也是便利旅客、货主和监管的需要。在传统船舶及其公司与港口之间嵌入智能，必定是围绕提高货物交接效率和强化信息交换畅通。智能船舶研发应充分为智能港口提升作业效率创造更加便利的条件；智能港口建设应为智能船舶进出港、靠离泊、多装快跑提供更加优越的设施条件和信息环境。再如，智能船舶与智能航保之间是业务对接、技术关联、信息共享的互为对象、互有依存的两个子系统。受地球和大气条件影响以及船载设备能力限制，船舶航行仅靠自身条件是远远不够的，航保系统向船舶提供广域、实时、精准的安全导航与信息服务是必然的选择。如果这两个子系统不互相关联，航运就会面临安全风险。通常来说，这两个子系统需要在充分关注对方发展的基础上，实现自身的发展。

2. 产业链核心环节自主化程度仍有差距

船舶工业是典型的长链产业，其发展对机电、钢铁、化工、航运、海洋资源勘采等上下游产业发展具有较强的带动作用。据统计，在我国国民经济的 116 个产业部门中，船舶制造业与其中 97 个部门发生过关联，关联面达 84%。而且，随着船舶工业的发展，这种关联还会产生扩散效应和社会效应。

当前，我国已成为具备一定国际竞争力的世界造船大国，但离世界造船强国还有一定的差距，主要原因就在于还没有完全掌握产业链的核心环节和核心技术。仅从制造业的角度来讲，以船舶总装制造产业为中心，船舶制造产业链的上游产业包括原材料、船舶设计、船舶配套设备等，下游产业包括维修保障等生产性服务行业。尽管我国在船舶总装制造环节拥有数量众多的具备相当竞争力的制造企业，但是产业链上游的核心技术、关键材料、配套设备却掌握在外国企业手中。

由于上下游市场发展能力的不对等，一旦外方中断合作，我国规模巨大的船舶总装制造产业势必受到严重冲击。即使我国能够凭借强大的总装制造市场，确保产业链上下游企业的持续合作，但也不能完全避免具有技术垄断实力的外国企业进行垄断定价。不久前的“华为事件”“中兴事件”一再表明了这一点。华为受到的一系列来自美国政府的定点打压，也对全球既成的产业链和供应体系带来了新的冲击，一旦这种把贸易冲突上升到产业链遏制的做法成为常态，我国很多产业可能都无法置身事外。因此，构建安全可控且持续的供应链体系，对我国企业尤为紧迫。

3. 配套产业链是船舶工业发展核心环节，智能化时代更是如此

船舶配套是装配船舶所需各类设备的总称，关联的产业众多。从船舶价值构成来看，船舶配套产品（不含钢材等原材料）的价值占新造船总价值的比重约 40%，而且，随着技术的不断进步，新的设备不断涌现，这一比例将来可能会更高。

从总体上讲，我国船舶配套产业的发展在国际上处于总体滞后，是毋庸置疑的。以 2018 年的数据，全国规模以上船舶工业企业中，船舶总装制造业实现主营业务收入 3256.5 亿元，船舶配套业实现主营业务收入 553.3 亿元，配套业收入仅占总装收入的 17%，若考虑到国内生产的配套产品大部分是许可证生产、合资生产，甚至贴牌生产，自主配套产品的收入占比会更低。按照通常船舶配套产品价值占新船总价值比重的 40% 来计算，2018 年，我国所有装船设备的价值应为 1302.6 亿元，也就是说，还有 749.3 亿元的产品需要进口。近两年，这一趋势并未有明显改善。

制约我国船舶配套产业发展的因素有很多，如在观念上存在“重造船、轻配套”的思想，产业发展缺乏科学的统筹规划等。但仅从技术角度分析，主要存在以下几个方面。

一是船配产品能否获得船东认可。船配产品具有定制式生产的特点，生产的驱动力来自船东。船企根据船东订货要求进行设计，根据设计需要向配套企业提供配套产品订单。由于船舶工作环境的特殊性，船东非常重视设备的质量和可靠性。所以，对于很多国产配套企业而言，没有足够的业绩证明就很难获得船东认可，但是其产品没

有装船机会就不可能有业绩，这样就形成一个“怪圈”。

二是船配产品的售后服务能否覆盖全球各主要港口。现实情况是，目前国产船配产品的国外服务网点建设极不完善，即使有一些产品能够达到装船要求，比如甲板机械产品、泵类产品等，但由于没有国外服务网点，最终很难被船东接受。然而，在没有销售业绩支撑的情况下建设全球服务网点是一笔巨大投入，是绝大多数企业无法承受的。因此，没有完善的售后服务很难支撑产品销售，没有产品销售业绩又很难承担售后服务网点的投入，这就形成另一个“怪圈”。

三是已经形成的相对坚固的市场和技术壁垒。除了一些由于技术发展或规范要求而新出现的配套产品，现有大部分船配产品技术都比较成熟，并获得船东的广泛认可。在此基础上，设计开发的新产品，即使是在技术上有优化改善的空间，但要挤占现有品牌产品的市场空间，尤其是在当前市场长期低迷的情况下，还是比较困难的。

尽管发展自主配套产业困难重重，但依靠进口配套设备发展船舶工业终究是很难持续的，特别是构成船舶智能化核心的通信导航设备、信息技术和操作技术方案等影响船舶航行和人员、资产、货物和信息安全的核心要素。实际上，船配产品才是船舶高技术、高附加值的载体，如果这部分产品主要依赖国外，一方面，将严重影响我国船舶工业的经济效益，即使是我国相继研发出高技术船舶，但由于配套跟不上，难免会出现高技术、低附加值的状况；另一方面，忽视配套产业发展会导致我国船舶工业在国际分工中的地位较低，不同环节在产业链上提供附加值的高低决定了该环节在产业链上的地位。

2018 年，全国规模以上船舶工业企业中，总装制造企业的平均利润率是 1.38%，而配套企业的平均利润率是 5%，在附加值的创造上配套企业明显优于总装企业。只有大力发展船配产业，把发展的立足点转移到主要依靠国内配套的基点上来，才能真正从根本上增强我国船舶工业的整体竞争实力，确保我国船舶工业长盛不衰。

4. 船舶智能化产业链既是经济性问题也是产业安全问题

长期以来，我国的船配产业走的是总装和配套协调发展的道路。20 世纪 50 年代初，我国新建了一批关键配套企业（包括 6 个苏联援助项目）。从 1978 年开始，我国船舶工业开始了最大规模的技术引进工作。在船配设备领域，我国购买了近 50 项世界知名船用设备制造技术，包括船用低 / 中速柴油机、发电机组、起重机械等，在引进技术的基础上相继成功研制部分自主品牌产品。在国家的大力扶植下，通过从国外引进生产制造技术，船配产业基本满足了当时船舶生产的需求，国产设备的装船率曾达到 80% 以上。

20 世纪 90 年代以来，我国取消了对技术引进和国产化的优惠政策，除了少数船舶主机企业，大部分企业的技术引进难以为继、技术更新基本中断，加上前期没有注重消化、吸收和再创新，国内产品的技术水平开始和国际水平拉开差距，国产设备平均装船率到 20 世纪 90 年代末仅为 30% 左右。

21 世纪以来，随着我国加入世界贸易组织，外资进入中国更为便利，船东（包括国内船东）可直接进行全球采购，国外配套企业更愿意直接在中国投资建厂或合资生产，原先的引进国外技术、国内生产的模式更加难以推行。这期间，由于造船市场的繁荣，我国船配产业得到了较快的发展，但更多地体现在生产规模扩大和经营状况好转上，自主品牌产品始终没有打开局面。如今，碰上国际船舶市场长期不景气，国内船配企业也只能在国际大品牌和造船总装企业的“夹缝”中生存，在市场上更是缺少话语权。配套产业逐渐成为我国船舶工业发展最为薄弱的环节。

特别是在当前我国面临“贸易战”和复杂国际关系的背景下，审视产业链问题时不能仅考虑装备发展的经济性，还要考虑产业是否有能力承受外界种种冲击。所谓维护产业链安全，本质上就是在当前或未来可预见的国际竞争中（特别是非市场因素），使产业具备规避或承受竞争带来的各种经济损失的能力，因此，相对于总装建造，我国船配产业这种自我发展需求更为迫切。而在船舶智能化背景下，船舶配套装备的全面智能化升级以及船舶系统整体的网络化和信息化程度提升，对我国配套产业发展而言，挑战与机遇并存。

6.2.2 国家行业发展需求

1. 船舶和航运智能化发展进入国家顶层规划

与国外相比，国内的智能船舶发展在技术研发与市场应用等方面均处于初期探索阶段。2015 年 12 月，中船集团发布了 38800 吨 i-Dolphin 智能船型设计，该船已于 2016 年 9 月开工建造，2017 年交付。目前，正在对数据资源的优化利用和商业模式进行进一步探索。中国船级社于 2015 年 12 月正式发布《智能船舶规范》（2015），并于 2016 年 3 月生效。该规范是全球首个智能船舶规范，发布后在中国乃至国际船舶界产生了积极的影响，多家客户积极申请智能船舶附加标志。此外，国内船舶工业界产、学、研多方力量正在积极开展智能船舶技术、产品和应用方面的研究。

作为船舶工业和航运业的主管机构，工业和信息化部、交通运输部分别针对船舶和航运智能化问题开展顶层研究，并进行了卓有成效的协调和沟通工作。2018 年 12 月，工业和信息化部、交通运输部、国家国防科技工业局联合发布了《智能船舶发展行动计划（2019—2021 年）》；2019 年 5 月，交通运输部、中共中央网络安全和信息化委员会办公室、国家发展和改革委员会、教育部、科学技术部、工业和信息化部、财政部联合发布《智能航运发展指导意见》；2019 年 7 月 25 日，交通运输部印发了《数字交通发展规划纲要》。这些文件从顶层设计层面为统筹协调资源，系统推进船舶与航运智能化提供了依据。这些发展规划也受到了国外的高度重视[①]。

2. 船舶和航运智能化共同发展

在工业和信息化部的组织下，我国于 2015 年立项开展“智能船舶顶层设计及部分智能系统应用示范”项目，由上海船舶运输科学研究所牵头，主要开展智能船舶顶层规划及设计研究、智能化网络平台、船舶机电设备综合状态评估和健康管理系统研究、全船智能化控制与管理系统研究等，以及部分智能系统在大型集装箱船的示范应用（中远海集运 13500 标准箱集装箱船）。

2016 年，工业和信息化部高技术船舶科研专项中又立项开展了“智能船舶 1.0”研发专项，由上海船舶设计研究院牵头，主要开展智能船舶总体设计技术研究、智能系统总体技术及信息平台开发、智能船舶仿真验证评估技术研究、船舶综合能效智能管理系统开发、设备运行与维护智能系统开发、船舶辅助自动驾驶系统开发、船岸一体通信系统研制，以及超大型智能矿砂船和超大型原油船示范应用（招商轮船的超大型油轮和大型矿砂船）。

2017 年，立项开展“智能船舶国际海事公约规则和标准研究”，由中国船级社牵头，主要开展智能船舶定义及分类、分级标准研究、智能船舶国际海事公约规则的适用性研究、智能船舶相关标准需求分析研究等。

近年来，我国对智能航运的前期探索初有成效，相关建设与研究蒸蒸日上，厦门港、上海洋山港、青岛港等港口已建成全自动码头。与此同时，多家研究院所、大专院校、企业单位，也在智能航运领域奋力深耕，我国造船、航运等企业联手科研机构、大专院校等开展了一系列的项目研究，大智号、明远号和凯征号成为获得中国船级社智能船级符号的世界首艘散货船、超大型矿砂船和油轮。

① 在国外一些研究报告中，已经出现了对《智能船舶发展行动计划（2019—2021 年）》文件的英文翻译稿。

6.2.3 船舶智能化市场需求分析

1. 远洋航行船舶

对于远洋航行船舶，燃油费用是船舶营运成本的最大组成部分，占 25%~40%。对于船东而言，节省燃油费用是控制营运成本最有效的途径。因此，节省燃油消耗一直是船东关注的焦点之一。智能船舶通过航速优化、纵倾优化和污底监测等智能能效手段能有效降低能耗。以智能船舶 1.0 专项的示范应用船 40 万吨大型矿砂船为例，智能能效功能可以节省 5% 的船舶燃油消耗。除此之外，经过相关单位分析，智能航行模块与智能船体模块能够给大型矿砂船带来的净现值增量最高可达 56.9% 与 12.8%。

除了经济因素，减少碳排放也是远洋航行船舶智能化升级的另一大目的。随着气候变化问题的日益突出，国际海事组织正逐步加紧航运业的脱碳步伐。国际海事组织于 2018 年提出了 2030/2050 年目标来降低航运业碳排放，并在 2020 年 11 月国际海事组织海上环境保护委员会第 75 届会议上通过了国际海事组织短期减排措施，即引入现有船舶能效指数（EEXI）及碳排放强度指数（CII），在技术和营运上共同鼓励与航运业相关的各方共同努力，按时完成脱碳目标。欧盟甚至计划从 2022 年起将航运业纳入欧盟的排放交易计划，对 5000 总吨及以上进出欧盟水域船舶征收碳税。在此背景之下，各大船东对其远洋船队智能化升级均抱有极大期待。

航海是一种艰苦的职业，海员在海上航行时间长，工作内容单调，生活空间狭小，与外部通信不便。这种工作带来的心理压力及身体不适，让越来越多经济压力并不太大的年轻人避之不及。自 2010 年以来，全球船舶数量持续增长，高级海员需求量相应提高，增幅达 24.1%，而一般海员需求增长率仅为 1%，出现海员结构性短缺问题，且趋势越来越明显。预计到 2025 年，高级海员的供求短缺比例将从 2015 年的 2.1% 上升到 18.3%。根据中国远洋海运一份抽样分析结果显示，我国航海专业应届毕业生一年内流失率高达 30%，5 年则高达 65%。新入职海员人数下降，合格海员流失率居高不下等问题正在困扰着各大船东。为此，通过发展智能船舶减轻船员的工作负担，提高工作效率，减少船员数量已成为业界的共同呼吁。

全球现有远洋船舶约 8 万艘，由于各界对智能船舶共同需求，预计到 2035 年将有 50% 的船舶实现智能化升级，其市场规模将达到千亿水平。

2. 内河航行船舶

2011 年，《国务院关于加快长江等内河水运发展的意见》要求利用 10 年左右的时间，建成畅通、高效、平安、绿色的现代化内河水运体系。2014 年，《国务院关于依托黄金水道推动长江经济带发展的指导意见》要求加快信江、赣江、江汉运河、汉江、沅水、湘江、乌江、岷江等高等级航道建设，研究论证合裕线、嘉陵江高等级航道建设和金沙江攀枝花至水富段航运资源开发。

2018 年，习近平总书记视察长江后主持召开深入推动长江经济带发展座谈会并发表重要讲话。他强调，推动长江经济带发展是党中央作出的重大决策，是关系国家发展全局的重大战略，加强改革创新、战略统筹、规划引导，以长江经济带发展推动经济高质量发展。总书记强调，不搞大开发，不是说不要大的发展，而是不能搞破坏性开发，要在坚持生态保护的前提下，实现科学发展、有序发展、高质量发展。长江航运现代化建设必须围绕高质量发展的总目标，坚定不移走生态优先、绿色发展之路，不断强化共抓大保护的整体性、协同性、联动性，一张蓝图绘到底，绝不允许长江生态环境因为航运的建设发展而恶化，要用最少的资源环境代价取得最大的经济社会效益，确保一江清水绵延后世、永续利用，让黄金水道更好满足人民群众日益增长的优美生态环境需要，为长江经济带高质量发展提供有力支撑。

近年来，由于智能船舶概念的兴起以及智能船舶技术的日益发展，船舶智能化已经成为全球航运的大势所趋。出于通过船舶智能化降低船舶控制和管理难度，减少人为误操作，提高设备及船舶营运的安全，优化船舶航行，控制燃油消耗、降低成本，提高收益等目的，目前智能船舶的研究已在全球范围内开展。

同时，在我国，由于长期的重“海”轻“船”的船舶行业发展态势，使得我国内河船舶的技术状态、装备水平与海船有较大的差距。内河船舶价值相比海船差距非常大，船东选购设备对价格高度敏感。为了提高航行安全，需要改变内河船舶目前几乎没有配备完整导航设备的现状。因此，非常有必要向市场提供低成本、高性能的内河船用综合导航系统，建立船、岸信息服务系统，提高设备信息化、自动化水平，结合大数据应用和人工智能技术，为船东提供良好的系统健康管理和维护支持，持续发挥高性能的助航作用。通过装备自动化、智能化降低人工驾驶劳动强度，提升航行安全，为内河绿色船舶发展提供技术和产业基础。

截至 2018 年年底，我国内河运输船舶约 12.43 万艘，信息化设备不全，几乎都没有配置带有自动标绘功能的导航、助航仪器装备，更谈不上智能船舶。因为船员收入竞争力下降、船员上船意愿快速下降，内河航运企业面临严重缺岗和行业风险形势日益严峻的突出问题。经过调研，船员对于高度自动化和智能化能力的导航系统装备的需求强烈；同时，船东也高度认可最低可以达到人民币 30 万元左右的经济型导航系统的性价比，有强烈意愿配置这样的装备。在这些船舶上推广应用高性能、低成本的经济型导航系统，具备船岸一体化的信息服务能力，可大幅度改善内河航行装备和操控决策与管理水平，有巨大的社会价值和客观的潜在经济空间。

6.2.4 船舶智能化产业关键技术需求和技术难点

1. 总体发展方向

2021 年 7 月 10 日，“人工智能赋能海洋”智能船舶创新论坛在上海举办。中国工程院院士吴有生在关于“中国智能船舶发展方向”的演讲中列举了我国船舶与海工装备产业面临的七大挑战：

一是船舶总装建造能力强，但核心设备配套能力弱；二是绿色生产技术是弱项，单位造船吨位平均能耗、材耗、工耗与排污量落后于世界先进水平；三是船用动力、配套设备制造是产业链中的短板之一；四是船用电子信息设备是我国产业链中的短板之二；五是海洋装备智能化的基础器件是我国产业链中短板之三；六是船舶装备本身及制造业的数字化智能化水平落后其他运载装备；七是产业智能传播标准法规与测试条件建设滞后。

对此，吴有生院士认为我国智能船舶技术发展，要重点攻克三大方向的难题：

首先，为了提高安全可靠性及环保性，必须全面提升船舶八大功能系统的智能化水平，包括智能海洋运载装备中智能航行操控、能源与动力系统智能管理、辅机安全运行智能监控、全船安全监控、节能环保智能监控、震动噪声的智能监控、货物信息智能管理、一体化信息综合系统八方面。

其次，扎实发展智能船舶基础技术，切实弥补在物理、化学、生物量感知基础元器件技术，船用观通导航设备核心部件技术，有线和无线精细控制基础配套件方面的短板。

最后，要强化基础条件建设，建立在接口、网络与通信的法律法规等智能装备信息的交互统一；提升岸海链路、船舶数据、控制系统的网络安全防护法规；建设“智能技术试验船”，增强实用化考核验证条件。

2.《智能船舶发展行动计划（2019—2021 年）》提出的关键技术仍需继续深化

2019 年，工业和信息化部联合交通运输部、国家国防科技工业局编制印发了《智能船舶发展行动计划（2019—2021年）》（以下简称《行动计划》），这是船舶工业界首次从顶层明确了智能船舶发展的总体要求。《行动计划》提出，经过三年努力，形成我国智能船舶发展顶层规划，初步建立智能船舶规范标准体系，突破航行态势智能感知、自动靠离泊等核心技术，完成相关重点智能设备系统研制，实现远程遥控、自主航行等功能的典型场景试点示范，扩大典型智能船舶“一个平台＋N个智能应用”的示范推广，初步形成智能船舶虚实结合、岸海一体的综合测试与验证能力，保持我国智能船舶发展与世界先进水平同步。

相应地，《行动计划》中还提出了全面强化顶层设计、突破关键智能技术、推动船用设备智能化升级、提升网络和信息安全防护能力、加强测试与验证能力建设、构建规范标准体系、推动工程应用试点示范、打造协同发展生态体系、促进军民深度融合等9项重点任务，并针对其中的部分重点任务设定了技术专栏。作为船舶工业界针对船舶智能化的行动指南，《行动计划》与交通运输部等七部门联合印发的《智能航运发展指导意见》共同形成了船舶工业和航运业界智能化产业生态构建的基础指导。

经过“十三五”期间的发展和积累，结合《行动计划》的指导，船舶智能化已经在多个方面取得了突破，正在深化发展中。这个过程中，船舶智能化技术进一步发展的需求也逐步清晰。

1）智能船舶工程总体技术

开展智能船舶中长期发展规划研究，明确智能船舶的概念与分级分类，提出智能船舶技术发展体系；开展智能船舶工程总体研究，明确技术指标并实现指标分解，实现系统的解耦与重构，全面带动全船综合决策控制系统、网络与通信系统、自主航行控制系统、能源与动力协同控制系统、综合安全保障系统等各类新型智能系统及设备的自主研制，形成智能船舶总体技术框架。

2）多源态势感知融合技术

开发基于视觉的船员状态监测系统和基于非接触式的船舶设备健康监测系统；突破机器学习、深度学习等算法在船基环境感知领域的优化集成；研制产业化导航、探测器件。突破多传感器的时空融合技术并实现产业化，突破复杂海况下的航行环境、船舶状态、设备状态、货物状态等数据采集与融合技术。

3）网络与通信技术

重点面向船域网、船岸交互、船舶海上自组网等领域需求，开发面向全船信息交互及协同控制的船域网络技术，开发低延时、低成本、小功耗、数据轻量化传输的船岸一体通信技术和船船通信技术。

4）智能航行技术

面向船舶智能航行需求，开展智能航行系统总体设计、船舶态势感知自适应学习研究和航速航向控制技术研究，突破多场景复杂海况下的航线、航速与操纵优化决策技术，实现正常营运场景下的自主任务优化，特殊场景下的自主避碰和自主靠离泊，紧急场景下的应急操作。

5）信息安全监测与防护技术

基于“云－边－端”架构，开展船基网络异常状态识别、船基无线通信漏洞探测、船基传感器网络可信构造、船基信息伪装与泄露等关键技术研究；针对智能船舶的不同等级，设计信息安全保护框架和防护机制。基于智能船舶信息安全模型、检测机制和防护体系，研发不同防护等级的安全网关；通过不同典型应用场景进行安全网关的示范营运并最终实现产业化。

6）数字化营运支持技术

实现物理、虚拟网络设备统一管理，研究虚拟网络设备隧道端点使能技术、云数据中心内虚拟网络服务链技术，实现云平台网络东西向网络流量优化；建立满足智能船舶信息安全需求的船舶通信终端标准、数据平台接口与协议标准、网联数据规范、公共服务标准与规范、应用平台接口与权限标准，搭建自顶向下的可演进、开放、共享的产业生态环境。

7）测试评价体系及环境建设技术

研究智能船舶航行功能的测试方法和技术，制定科学完整的智能船舶测试评价标准，建设符合我国特色的智能船舶专用测试场、示范区。

6.3 路线图制定

6.3.1 产业与技术发展的总体目标

交通运输部等部委联合印发的《智能航运发展指导意见》指出，到2020年年底，基本完成我国智能航运发展顶层设计，理清发展思路与模式，组织开展基础共性技术攻关和公益性保障工程建设，建立智能船舶、智能航保、智能监管等智能航运试验、试点和示范环境条件。到2025年，突破一批制约智能航运发展的关键技术，成为全球智能航运发展创新中心，具备国际领先的成套技术集成能力，智能航运法规框架与技术标准体系初步构建，智能航运发展的基础环境基本形成，构建以高度自动化和部分智能化为特征的航运新业态，航运服务、安全、环保水平与经济性明显改善。到 2035 年，较为全面地掌握智能航运核心技术，智能航运技术标准体系比较完善，形成以充分智能化为特征的航运新业态，航运服务、安全、环保水平与经济性进一步提升。到 2050 年，形成高质量智能航运体系，为建设交通强国发挥关键作用。

1. 产业规模发展目标

近期，中国船舶工业协会（以下简称协会）预测，世界船舶工业新一轮产业周期已经开启。协会认为，金融危机以来，航运和新造船市场均经历了 10 多年的调整，时间跨度接近半个完整周期。时至今日，新一轮造船市场上升周期已经悄然开启。目前，全球造船产能稳定在 1.2 亿载重吨左右，年均完工量约 9000 万载重吨，产能利用率 75%，处于产业发展的正常水平。据此判断，本轮世界船舶工业产能回调基本接近尾声。未来，新造船需求的增长和原材料价格的上涨，均将明显带动新船价格的上涨。

2021 年上半年，全球新造船成交量达到 7497 万载重吨，同比增长 222%。我国新承接船舶订单量占全球总量 51%，月均接单量达到 637 万载重吨，是同期造船完工量的 1.8 倍，创金融危机以来新高。我国船企抓住全球集装箱船市场紧缺的机遇，共承接了 53 艘 15000 标准箱及以上超大型集装箱船订单，占世界总量 57%。我国继续保持散货船市场优势地位，共承接 1667.4 万载重吨散货船，占全球总量的 91%。

同时，我国船舶配套产品研制取得新进展，部分项目实现批量装船。如全球最小缸径的船用低速双燃料机（奥托循环）发动机，B 型液货舱货物围护系统、超大型水下液压起锚机、燃气供应系统（FGSS）、R6 级海洋系泊链等项目和产品实现产业化应用；增压器、电控系统、油雾探测器等核心二轮配套件实施了整机配机验证，已具备装船应用条件。受新冠疫情影响，部分国外配套产品无法按时到厂，为确保在建船舶与海洋工程装备按时交付，国内船舶配套企业与总装企业积极配合，做好产品替代和安装调试工作，保障了产业链供应链稳定。但同时，与智能化相关的市场并不明朗。因此，在当前船舶市场总体向好的趋势下，继续探索智能化技术和设备、系统的开发和应用，逐步为船东提供具高性价比的选择，仍然是实现智能船舶产业发展的首要环节。

2. 产业技术发展目标

纵观世界产业转移的规律，往往是产业链中低附加值环节被首先转移出去。随着我国经济社会的发展，将来必然也会面临产业转移的抉择问题。对于船舶工业来说，哪些产业可以转移，是向国外转移还是向国内后发展地区转移就是船舶工业的抉择。总装制造由于其特殊的生产条件限制，基本集中在东部沿海，国内其他地区不具备承接条件，只有船配产业由于生产条件受限较小，才有可能在国内转移。若船配产业发展长期滞后，一旦总装环节转移到国外，中国在船舶工业领域可能就所剩无几。欧洲就是一个明显的例子，尽管在船舶总装市场上所占的份额已经变小，但其在船用配套设备市场却还保持着强大的竞争力和控制力，现在依然是国际船舶市场最主要的参与者。从这个角度来看，船配产业发展不仅事关产业链安全，更是事关我国船舶工业能否持续长远发展的关键。

而智能化正是我国船配产业技术发展升级的重要落脚点之一。产品技术的变革为中国船舶工业在船舶配套领域开辟了新的赛道，一定程度上能够绕开在传统船用配套设备领域长期被动的局面。中国船舶工业行业协会认为，这是中国船舶工业构建可持续领先优势的重要战略机遇期，是中国船舶工业建设更高水平的技术原创力、产业引领力和规则推动力的最好时代。

2021 年 7 月，中国工程院院士吴有生在“人工智能赋能海洋”智能船舶创新论坛上表示，中国海洋装备技术发展与产业结构调整的方向将分为两个部分：一是变“注重造躯体”，为“注重造内脏与神经系统”，以“智能技术”推动“动力、配套与信息装备技术”更新换代，提升航行运行的安全可靠性和经济环保性；二是把数字化、网络化、智能化技术结合起来，加快发展中国船舶制造技术，使生产效率赶上世界先进水平，助力全球“碳中和”达标。其中，前者正是我国智能船舶产业技术发展的总体目标方向。

6.3.2　产业与技术领先的国家和地区

1. 总体情况

正是因为看到智能航运未来的应用前景，当前各国都在陆续开展研究项目，对船舶智能化进行持续投入。智能船舶以实现船舶及其配套设备、航行环境的智能化、自主化发展为目标，深度融合传统船舶设计与制造技术以及现代信息通信与人工智能技术。通过从部分设备智能到全船智能系统、从内河到远洋、从单船智能航行到协同智能编队航行、从人机共融到远程自主的逐步发展，实现其以增强驾驶、辅助驾驶、远程驾驶、自主驾驶等为代表的阶段性功能，最终呈现智能航运新业态。

2012年起，国内外船舶和航运领域对运输船舶智能化发展的关注度持续上升，如图6–1所示。国际主要船级社先后发布了有关智能船舶的规范或指导性文件。2018年4月，国际海事组织第99届海安会明确了发展水面自主航行船舶，并启动国际航运法规的梳理和修订工作；次年6月，国际海事组织发布了《水面自主船舶试航暂行指南》，明确了水面自主船舶的试航要求，以保障其试验的安全和效率。作为航运大国，我国正在积极推动智能船舶技术的发展。2015年12月，中国船级社率先发布了《智能船舶规范》(2015)。2017年，工业和信息化部设立了“智能船舶1.0”专项。2018年12月，由工业和信息化部等部委联合编制的《智能船舶发展行动计划(2019—2021年)》，要求全面强化顶层设计、突破关键智能技术、推动船用设备智能化升级以及统筹推进内河、沿海、远洋各类智能船舶试点示范，助力船舶行业供给侧结构性改革。2019年5月，交通运输部等部门联合印发的《智能航运发展指导意见》，提出到2025年形成以充分智能化为特征新业态、形成高质量智能航运体系的战略目标。2020年3月，中国船级社发布了《智能船舶规范》(2020)，增加了远程控制船舶和自主操作船舶在设备配备、状态监测与健康管理、设计原则与性能等方面的要求。

尽管目前还没有真正意义上的新商业模式出现，但正在有越来越多的潜在解决方案出现，投入商业应用指日可待。其中，最为活跃的是丹麦、挪威、芬兰为代表的北欧国家和日韩两个传统船舶工业强国。

2. 欧洲大力倡导自主航行船舶系统研究，并推动立法

以北欧为代表的多个国家，正在积极推动智能航运研究，计划于未来10年内实现无人自主船实际营运。实际上，在国际海事组织开展自主船舶法规讨论的建议，就发起于欧洲(丹麦牵头)。实际上，自主船舶的概念早已出现。它实际上是船舶技术和信息技术深度融合后的必然发展方向。

欧盟在2012年启动的“智能化及网络支持的海上无人导航系统”(MUNIN)研究项目由德国、挪威、瑞典、冰岛及爱尔兰的八家研究所共同完成，总预算380万欧元，旨在开发和验证无人船舶概念，将着重研究与无人船相关的操作、技术以及法律问题。

2016年，欧洲各国从解决船员短缺问题和减少人为因素导致的海上安全事故角度，结合欧洲特定的使用场景(如定期、小型化、电动化、点对点运输等)对自主船舶的可行性进行了论证，在国际海事组织提出的相关提案，正式引发了国际关注。这

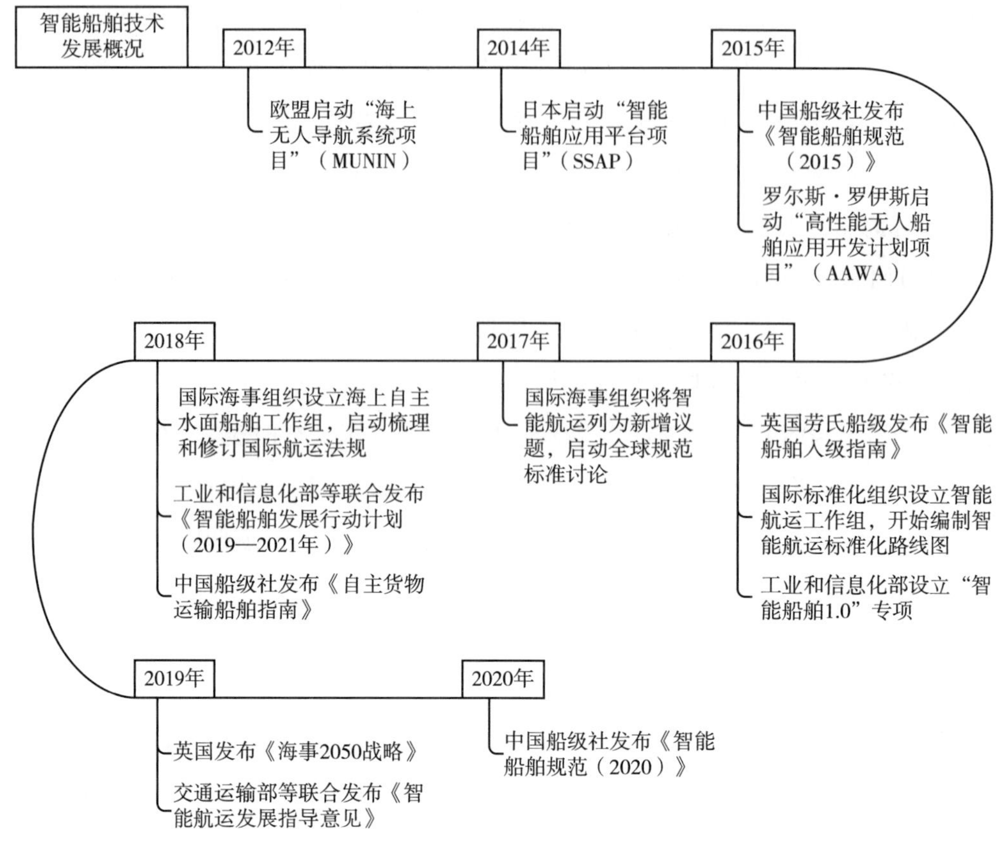

图 6-1　智能船舶技术发展概览

期间，欧盟持续对相关项目进行了资助。

英国于 2019 年 1 月发布“海事 2050”计划，且与之相配合发布了海事技术创新路线图，将推动自主船舶的发展列为重要任务。路线图从基础设施、技术需求、人员培训与法律法规四个角度进行了全面阐述。

根据研究，欧盟委员会于 2019 年 10 月公布了一项名为“Autoship”的研究项目，将建造和运营 2 艘远程无人自动船，以及它们所需的岸基控制和操作基础设施，用于倡导欧洲水域无人自动自主航行。该项目为期三年半，预算为 2760 万欧元，拟解决从波罗的海走廊到欧盟一个主要海港和腹地的货物流动问题。该技术包将包括全自动导航、自诊断、预测和运行调度以及通信技术，使网络安全水平显著，并将船只集成到升级的电子基础设施中。同时，将为整个无人自动航行船舶领域的设计、仿真和成本分析研发数字化工具和方法。欧盟计划在 5 年内将相关技术和方案投放市场。

2020 年 12 月，由挪威船厂 VARD 建造的全球首艘零排放“无人”集装箱船 Yara Birkeland 号近日完工交付。在交付后，该船预定将进行集装箱装载和稳定性测试，然后起航前往位于 Horten 的港口和测试区，为下一步自主航行做准备。这也是 Yara Birkeland 号这一获全球瞩目的自主船舶投入运营前的重要里程碑。

3. 日本从航运数字化出发大力发展船岸协同模式

日本对“智能”这一词语的使用非常谨慎，在公开场合均是以“数字化”来指代智能化进程。这一说法是务实且符合实际情况的。但不可否认，日本的航运数字化进程推进速度相当迅速。

2012 年 12 月，日本船舶配套协会和日本船级社等在内的 29 家企业和单位联合组织开展了智能船舶应用平台（Smart Ship Application Platform，简称 SSAP）项目研究。SSAP 项目研究旨在开发船舶智能信息与控制系统，结合常见的船载监控系统，如主机遥控、压载水管理、船载电力管理、电子海图等，利用远程数据传输技术，研制出可以存储船舶监控系统运行数据，并向智能船舶各种应用系统提供接口的统一数据交互平台，实现气象导航、纵倾优化、主机监测、状态监测、能效管理、远程维护等功能。2015 年 8 月至 2017 年 10 月，日本开展了 SSAP 二期项目，项目目标包括 SSAP 概念推广、SSAP 2 系统和原型设计、相关国际标准的推进、公共关系。主要的关键技术为船岸开放平台的船舶物联网设计，船岸信息开放平台为船舶系统各个单位提供安全、可控的大数据应用。目前，日本已经围绕 SSAP 系列项目形成了配套的系统技术方案，下一步将逐渐在航运业运营实践中进行推广。

2020 年 6 月，非营利性私人机构日本财团详细介绍了“无人船示范试验技术开发共同项目”（Joint Technological Development Programme for the Demonstration of Unmanned Ships）概要，目的是携手船东、船企、设备制造商等多家日本企业推动无人船技术，力图在该领域发挥领导作用。这是一个动员了全国商业和技术力量的大型项目。日本财团常务理事海野光行称，日本财团考虑到“如果无法在无人船国际标准化方面掌握主导权，就有可能在国际竞争中落后”，因此“为了打破现状，在全日本基础上实施这一项目”。

目前，三菱造船、新日本海渡船、三井 E&S 造船以及 Tryangle 等日本知名船企、船东已宣布了其无人船项目的具体计划。上述机构将对包括客船、商船在内的 5 种船型进行自主航行试验，以期在 2025 年之前使该技术实现商业化，2040 年一半内航船实现无人驾驶。日本财团会长笹川阳平表示，“希望日本的航运、造船企业与信息技术企业等合作，通过成为无人船的先驱，在日本进行创新。这将使日本能够在未来的全球规则制定过程中发挥影响力”。

4. 韩国从智能船舶入手加速信息通信技术融合

2013—2015 年，韩国现代重工开启了以“经济、安全、高效航行服务”为主旨的“智能船舶”计划，并与埃森哲联合开发“互联智能船舶”。2010—2012 年，韩国现代重工实施了“智能船舶 1.0”，其目标是基于有 / 无线船舶综合管理网通信技术的船舶主机远程监控系统[①]。同时，韩国电子通信研究院（ETRI）和韩国现代重工业合作开发了“基于信息技术的船用总体解决方案”，该方案分为两个部分，一是将信息技术和传统的造船技术融合一起完善船舶制造过程的“数字化造船厂技术”，二是船舶运行过程中的“智能船舶技术”。

2020 年上半年，现代重工在其为韩国 SK Shipping 建造的 25 万载重吨散货船上安装了“现代智能导航辅助系统”（HiNAS），成为全球第一家将自主航行核心技术应用于已投入运营的大型船舶的船厂。HiNAS 系统通过人工智能的摄像头分析，自动识别周围船舶，并根据增强现实判断和警告碰撞风险。

大宇造船则计划使用零碳和智能技术开发高效率船舶。大宇造船已经将其自主开发的智能 + 船舶解决方案“DS4”应用于为韩国 HMM（原现代商船）建造交付的 7 艘 24000 标准箱全球最大集装箱船上。此外，大宇造船持续升级导航环境测量、维护和维修以及安全导航技术，以最终实现自主导航。

三星重工则忙于开发环保技术以节省燃料，其中之一是作为节能设备的空气润滑系统。三星的 SAVER Air 系统已经应用在液化天然气船上，据评估减少了 5% 的燃料消耗；另外，三星重工还推出了燃料节约设备 SAVER Stator-D，通过平衡流入螺旋桨的海水来提高螺旋桨功率，可以将船舶燃料效率提高 3% 左右。

国家层面，韩国贸易、工业和能源部以及海洋和渔业部联合设立了名为“智能自主船舶开发和运营服务”的研发专项，共包含 73 个子项目，项目计划将自 2019 年持续至 2024 年。此外，据韩联社消息，韩国表示将花费 1600 亿韩元开发自动驾驶船舶，以期在 2025 年之前运行能够航行最少人数的船只。

5. 挪威和新加坡共同发布智能船舶发展路线图

2020 年，在两国政府的支持下，挪威和新加坡的海上研究机构共同发布了《智

① 韩国基于该系统主导提出了国际电工委员会 IEC 61162-450 标准。

能和自主海上运输系统路线图》（图 6-2）。该文件在 2020 年新加坡海事研究院论坛上由新加坡运输和外交事务高级次务部长徐芳达（Chee Hong Tat）和挪威驻新加坡大使阿妮塔·内尔高（Anita Nergaard）共同发布。该路线图是 SINTEF Ocean 研究院与新加坡海洋和海洋技术中心（TCOMS）在 2019 年 6 月签署的谅解备忘录的产物，它研究了工业 4.0 在引入更智能的船舶和港口、数字数据交换、自动化流程、自动驾驶船舶和先进的机器人技术，由 TCOMS 和 SINTEF Ocean 共同开发，并得到了新加坡海事和港口管理局、新加坡海事研究所以及挪威研究理事会的大力支持。

该路线图介绍了智能航运和自主船舶的关键领域和要素，这些领域和要素被认为是实现智能和自主交通系统发展的关键能力，通过这些要素在各个领域内和跨领域的适当整合，将能够利用协同作用并确保该路线图还有助于传达国际海事行业各利益相关方的承诺，实现使海事部门和世界受益的变革。该路线图中研究的主要领域包括：规则和法规、自动化信息交换、智能船舶、自主船舶、智能港口、船舶实体、技术操作和维护、创新生态（业态）系统。

尽管尚不明确挪威和新加坡两国将会如何在智能船舶和航运领域进一步发展和合作，但是作为在国际上影响力很强的两个国家，这份路线图的发布展示出了引领全球海事业界的雄心。两国也是国际海事组织海面智能航行船舶议题下的活跃国家，未来的动向非常值得关注。

6.3.3 产业与技术课题方向

1. 强化顶层设计，适应船舶智能化发展进程

持续关注智能船舶发展趋势，结合技术和产业发展提出总体布局规划方案并定期调整优化；研究制定我国智能船舶中长期发展规划；定期检视相关法律、法规和相关政策性文件的适用性，出现需求及时修订。

2. 智能化关键技术自主突破和迭代升级

加强船舶智能系统总体设计，突破智能船舶基础共性技术和关键核心技术，持续提升船舶总体、动力、感知、通信、控制、人工智能等多学科交叉的集成创新能力。

（1）智能系统总体设计。开展系统架构设计、应用模式、信息流程、集成框架、标准接口等研究，研制全船综合智能管理及控制系统。

（2）智能感知系统。开展船用传感技术和多源感知数据融合技术研究，研制涵盖航行环境、船舶状态、设备状态、货物状态等数据采集与数据融合的感知系统。

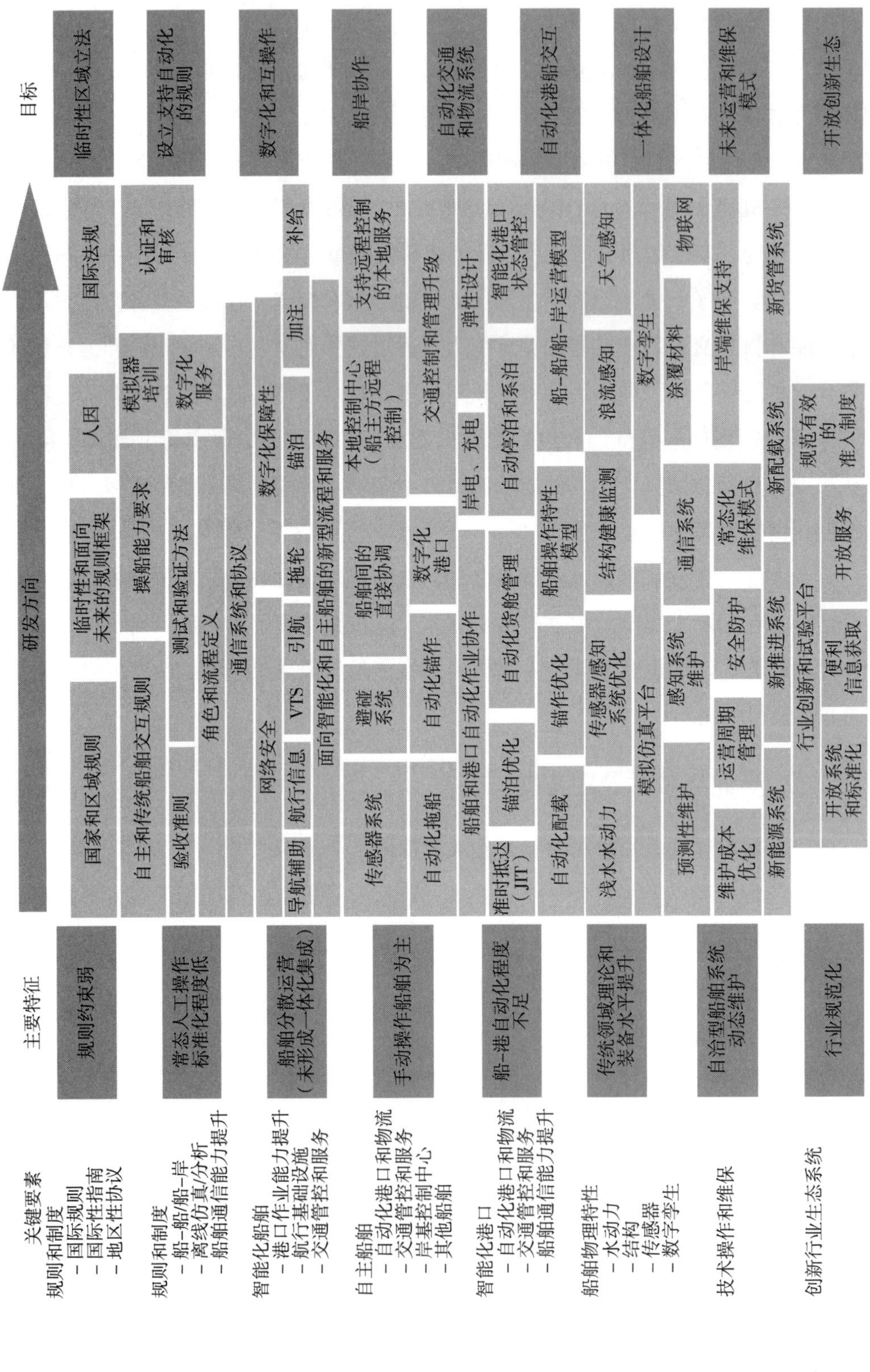

关键要素 | 主要特征 | 研发方向 | 目标

规则和制度
- 国际规则
- 国际性指南
- 地区性协议

规则约束弱

国家和区域规则
临时性和面向未来的规则框架
人因
国际法规

临时性区域立法

规则和制度
- 船-船/船-岸
- 离线仿真/分析
- 船舶通信能力提升

常态人工操作标准化程度低

自主和传统船舶交互规则
操船能力要求
模拟器培训
认证和审核
验收准则
测试和验证方法
数字化服务
角色和流程定义

设立支持自动化的规则

智能化船舶
- 港口作业能力提升
- 航行基础设施
- 交通管控和服务

船舶分散运营（未形成一体化集成）

通信系统和协议
网络安全
数字化保障性
导航辅助
航行信息
VTS
引航
拖轮
锚泊
加注
补给
面向智能化和自主船舶的新型流程和服务

数字化和互操作

自主船舶
- 自动化港口和物流
- 交通管控和服务
- 岸基控制中心
- 其他船舶

手动操作船舶为主

传感器系统
避碰系统
船舶间的直接协调
本地控制中心（船主方远程控制）
支持远程控制的本地服务
自动化拖船
自动化锚作
数字化港口
交通控制和管理升级

船岸协作

自动化交通和物流系统

智能化港口
- 自动化港口和物流
- 交通管控和服务
- 船舶通信能力提升

船-港自动化程度不足

船舶和港口自动化作业协作
岸电、充电
弹性设计
准时抵达（JIT）
锚泊优化
自动化货舱管理
自动停泊和系泊
智能化港口状态管控
自动化配载
锚作优化
船舶操作特性模型
船-船/船-岸运营模型

自动化港船交互

船舶物理特性
- 水动力
- 结构
- 传感器
- 数字孪生

传统领域理论和装备水平提升

浅水水动力
传感器/感知系统优化
结构健康监测
浪流感知
天气感知
模拟仿真平台
数字孪生

一体化船舶设计

技术操作和维保

自治型船舶系统动态维护

预测性维护
感知系统维护
通信系统
涂覆材料
物联网
维护成本优化
运营周期管理
安全防护
常态化维保模式
岸端维保支持
新能源系统
新推进系统
新配载系统
新货管系统

未来运营和维保模式

创新行业生态系统

行业规范化

行业创新和试验平台
规范有效的准入制度
开放系统和标准化
便利信息获取
开放服务

开放创新生态

图 6-2 挪威和新加坡共同发布的《智能和自主海上运输系统路线图》

（3）智能航行系统。开展基于态势感知的智能航行技术、船岸协同下的远程遥控驾驶技术、自主航行避碰技术等研究，研制智能航行系统。

3. 自主技术产业化，推动船用设备和系统智能化升级

推动自主技术产业化落地，研制信息化、网络化和控制高度集成的新型船用设备和系统，服务船舶航行、作业、动力等相关设备的智能化升级，全面提升船舶智能化水平。

（1）现有设备智能化升级。大力发展自主配套设备和系统方案品牌，重点开展动力机电、通信与导航、靠离泊、货物操作、舱室设备等现有船舶设备系统的智能化升级。

（2）新型智能设备研制。研制信息和控制高度集成的新型船用设备，开展新型船用动力设备和新型船－船自组织通信设备的应用研究。

（3）面向内河船舶的经济型航行智能化系统解决方案。提升现有船载设备、岸基支持设备、船岸通信设备的网联化与集成化程度，持续推动船岸信息同步共享、船用设备智能优化、综合运营高效管理。

4. 提升信息网络基础设施，加强信息安全防护能力

充分利用相关行业科研基础和科技成果，加强网络与链路安全、系统硬件与软件安全、数据安全等方面应用研究，全面提升智能船舶网络和信息安全防护能力，确保安全、可靠、可控。

（1）高效和全域覆盖的网络通信。重点面向内河全线和全海域覆盖的船岸通信需求，开发面向全船信息交互及协同控制的船域网络技术，开发低延时、低成本、小功耗、高安全性和可靠性的数据传输和船－船数据传输体系。

（2）网络与信息安全保障。船－岸－港、船－船和船舶内部网络和数据链路抗干扰、防阻断、反窃听；相关智能应用系统硬件加固技术研究以及软件防止非法访问、程序篡改、违规操控等安全防护；面向船舶智能化管理与控制需求，重点开展数据加密、防篡改、数据恢复等。

5. 建设全面的智能船舶测试与验证能力

突破半物理环境测试、跨域协同测试等技术，建立涵盖智能器件、智能设备、智能系统以及整船的多层级综合测试验证平台，建设满足多场景实船测试要求的水上综合试验场，构建虚实结合、岸海一体的综合测试与验证能力，打造智能船舶试验、验证、评估、检验的服务体系。

（1）综合测试与验证平台。研究试验平台总体设计、测试基础环境、虚实结合的

场景导调、高精度模拟器、半物理环境测试、测试场景库、跨域协同测试、典型应用测试与验证等，研制岸海一体综合测试与验证平台。

（2）水上综合试验场。研究智能船舶水上试验场总体方案，搭建相应的组网通信、高精定位和立体感知服务网络，建设交管雷达、岸基船舶自动识别系统基站、航标、水中标定、电子围栏、陪试船等水上测试基础环境，形成水上综合测试试验相关标准和规范。

6. 持续开展船舶智能化工程应用试点示范

以技术发展为牵引、市场需求为导向，统筹推进内河、沿海、远洋各类智能船舶的试点示范，以试点示范带动营运船舶的智能化改造升级，不断拓展各类智能船舶及智能系统设备的应用范围。

（1）智能船舶试点示范。滚动推动智能船舶集成平台以及智能航行、智能机舱、智能船体、能效管理等应用系统的试点示范项目，实现“一个平台 + N 个智能应用”模式在内河、沿海、远洋各种典型船型的示范应用。

（2）个性化智能系统试点。机舱运维、货物装卸、岸基支持、远程操控、应急救援、定制服务等个性化智能应用系统在特定场景中的试点应用。

7. 智能化法规、规范和标准适用性提升

围绕智能船舶研发设计、测试验证、产业配套、检验认证、运营管理等发展需要，不断更新智能船舶标准体系、规范，提出相应阶段的法规建议，为智能船舶核心技术攻关、智能系统设备研制、典型示范应用、测试与验证能力提升等提供标准化技术支撑与保障，与智能航运产业发展相协调。

8. 打造协同发展的船舶智能化产业生态

促进船岸协同，推动岸基共享云服务平台建设，实现船船、船岸、船港的信息互联互通；围绕航运、港口、物流等相关需求，推动船舶航行、靠离泊、营运管理、货物装卸等方面的智能应用。推进船舶设计、建造、配套、营运、检验等相关环节协同发展，逐步构建和完善智能船舶发展生态体系。

6.3.4 产业与技术课题的预计实现时间和可能性

船舶智能化的发展本就是技术发展的必然趋势。近年来，随着海事安全和环保法规的趋严、船舶工业转型升级的需要以及航运业对于运营降本增效的迫切需求，船舶智能化的发展正在加速，智能船舶产业与技术课题的实现只是顺序和时间的问题。根据航运智能化阶段性目标的设置，船舶智能化产业与技术课题的预计实现时间如下。

（1）至2025年，船舶智能化技术与产业化初具雏形。全面启动船舶辅助驾驶、遥控驾驶技术应用示范，推进现有船舶智能化改造升级。船舶智能感知技术取得突破，形成全方位船舶航行态势感知自主方案和设备。开展船舶智能航行实验测试体系建设，建成海上测试场，形成虚实融合的智能船舶技术测试和验证能力。

（2）至2030年，智能航运技术与产业化达到国际先进水平。开展船舶自主驾驶技术应用示范与商业化推广工程，船舶辅助驾驶、遥控驾驶技术进入商业化应用阶段。国内形成较为完整的智能船舶产业链，覆盖船舶设计、建造、关键配套设备、系统集成、信息联通与安全等。自主品牌系统和设备装船率和市场份额接近国际先进厂商。

（3）至2035年，智能船舶技术与产业化总体上接近国际领先水平。船舶远程操控技术较为成熟，自主航行技术应用进入商业化推广阶段，辅助、遥控驾驶技术得到广泛应用。内河营运船舶全面装备信息化和智能化设备。沿海和远洋船舶运营安全性和运营成本均处于全球第一梯队。智能船舶试验测试条件建设达到国际先进水平。我国船舶工业界技术观点在国际技术标准和法规制定中具有较强的影响力。

（4）至2050年，智能船舶技术与产业化达到国际领先水平。全面掌握智能船舶核心技术，国内自主品牌配套和系统企业产品及方案在全球范围内获得认可，市场份额可与国际主要竞争对手持平或赶超。在信息高度联通的全球航运系统内，船舶自主航行技术获得普遍应用，自主化船舶任务系统成为主流，智能船舶运行服务保障系统可及时、稳定提供全天候、全方位的支持保障服务，航运新业态趋于成熟。

6.3.5　智能船舶产业与技术发展的制约因素

1. 技术制约

智能船舶综合运用了感知、通信、控制、人工智能等先进信息技术，具备复杂环境及自身感知、智能决策、多等级自动控制能力，可使航运更加安全、经济、环保、高效。由此可见，智能船舶的技术体系是传统船舶技术体系与信息技术融合的产物。智能船舶的技术体系构架应包含以下3个方面的内容。

（1）与船本身及船载系统设施有关的关键技术，包括感知技术、智能决策技术和控制技术。

（2）与信息交互有关的关键技术，包括船与船、船与岸的信息交互技术，云平台、大数据的技术以及信息安全技术等。

（3）支撑基础，包括设计建造、法规规范、标准、试验验证、营运管理等。

与传统船舶技术体系相比，除了（3）与传统船舶技术有相似之处，（1）与（2）的技术内容是新增的。

从技术体系的变更可以看出，智能船舶的技术体系是一个复杂的跨领域技术体系，它突破了船舶工业传统领域，将信息技术行业的先进技术融入其中。值得注意的是，新技术的引入并不是简单的累加，而是新技术与传统船舶行业技术融合产生新型核心技术的过程，更是船舶行业与信息技术行业的高度融合。这种融合贯穿于船舶设计、建造、配套、营运等环节，并通过数据将人、环境、设备、船舶连接起来，实现物理空间与数字空间的融合，形成虚拟与现实的互相优化、迭代、反演，并形成新一代的产业生态体系。由此，这是技术创新的产物，也是新型船舶设计、建造、营运方式和产业模式的创新与变革。

2. 政策制约

智能化船舶尤其是无人商船的发展对海上交通安全带来新的挑战，对船舶管理和船员管理相关的国际规则和标准带来较大的影响。例如，现有的国际公约中多规定以船员在船和船员手动操控作为保障船舶安全的基本措施。《1974 年国际海上人命安全公约》在第Ⅴ章“航行安全”中强调“配备足够数量和胜任的船员”是各缔约国政府承担的义务。《海员培训、发证和值班标准国际公约》公约也明确规定，适用于在缔约国“海船上工作的船员”。《国际海上避碰规则》规定了保障航行安全的规则，比如为避免船舶碰撞应运用的“良好的船艺”，船舶在航行时应遵守“正规的瞭望”。这些避碰规则也对智能船舶的航行提出了挑战，无人商船碰撞事故的责任认定也是一个难题。此外，关于智能船舶的试航、验证等都是国际海事组织和各国在监管过程中高度关注的问题。尽管国际海事组织已通过多届海安会的讨论，倾向以海面智能航行船舶的形式对智能船舶的运营进行进一步规范，但各国需要针对船舶智能化实际发展的需要，制定相应的政策，为智能船舶的设备试验、认证，船舶的试航、运营和监管等提供支持。

3. 资金和市场制约

船舶是航运业中的重要交通工具，而航运则是物流体系中的一个重要环节。目前，物流体系正在向网络化、信息化的方向发展，航运业及船舶工业也必须顺应物流体系发展的需求。国际经验表明，航运业的强大并不只是依靠口岸航道、港口设施等航运基础设施建设以及港口吞吐量等硬性指标，更多情况下需要依靠软实力的提升

（如航运金融与保险、仲裁服务、航运咨询等）。智能船舶的产业化将创造出全新的产业链和价值链，并将整个价值链的重心由传统船舶制造业转向全寿命周期的管理及多样化应用服务，而航运金融与保险、海事检验服务、航运咨询、通信服务等都将成为新的价值节点。它们相辅相成，共同构建新的产业生态体系。

智能船舶不仅仅是指船舶的智能化，还包括船舶营运管理的智能化和船舶服务的智能化。智能船舶的产生使得船舶不再只是一个交通运输工具，还是物流体系中的一个数据信息节点。该节点融入航运信息体系中，实现船舶在航运过程中的数据采集、处理、融合、共享和传递，推动传统航运模式向智能航运模式的转化，同时也推动了航运服务模式的转化。由此，这些变化将进一步推动航运新生态的形成。船舶作为海上运输和作业的工具，其作业任务种类繁多，包括航行、货物运输、货物装卸、海上生产作业、海上公务执法等。每一项任务又根据船舶的类型有更详细的分类。正因其作业任务的复杂性以及作业环境的特殊性，智能船舶功能的实现较其他交通工具而言更具复杂性和挑战性。船舶要实现智能航行，其航行场景须转化成数据、数字格式，这是制定航行策略的基础。

船舶为航运服务，而航运生态又极大影响着智能船舶的发展。同时，智能船舶对航运新生态的形成也有着较大的推动作用。通过数据平台将船舶设计建造、营运管理、检验检查、货运物流、港口码头、海事监管、金融服务等联系在一起，以智能船舶为纽带，带动整个产业链的数字化、智能化转型，在提高安全性的同时，大大提升航运效率。因此，若要智能船舶真正发挥其效用还需完整的标准体系、产品监管体系、海事监管体系、信息安全体系等方面的配合，需行业上下游协同发展。而目前，我国船舶工业和航运业仍主要通过科研项目支持的方式开展船舶智能化的探索。能否体系化地激发上下游市场意愿，逐步构建新的船舶和航运智能化市场生态，将是决定船舶和航运智能化产业能否尽快步入正轨的重要条件。

6.4　总体路线图制定

6.4.1　产业与技术课题的总体思路

以第三章所提出 2025 年、2035 年、2050 年阶段目标为前提，智能船舶产业技术课题的推进可参考以下思路。

（1）巩固基础，系统布局。充分评估前期成果，形成技术谱系和标准体系，加强顶层设计，注重体系化布局，有机衔接当前急需与长远发展、我国特色与国际趋势。

（2）重点突破，产业驱动。以重点项目为牵引，前瞻性技术攻关与产业链薄弱环节提升并举，补齐技术链与产业链短板。

（3）分类实施，梯次推进。根据远洋运输船舶、沿海运输船舶、内河运输船舶、工程船舶、公务船舶等各类船舶特点，结合不同用户的需求，制定有针对性的智能化发展策略，推动各类智能船舶有序发展。

（4）协同发展，产业融合。加强产学研用结合，促进跨界联动，推进智能船舶核心技术的联合攻关与示范应用，强化法规标准与产业政策的协调，开展新型商业模式的共同探索与实践。

6.4.2 智能船舶产业与技术课题的总体路线图

智能船舶产业与技术课题的总体路线图如图 6–3 所示。

6.5 促进发展的政策建议

总体而言，智能船舶是船舶行业技术发展的必然趋势，也是航运业发展的必然需求。智能船舶的实现离不开新兴技术体系的支撑。而该技术体系的行业跨度较大，其建立与完善仅依靠一个企业或一个行业是无法顺利完成的，必须加强行业间的合作和资源整合。智能船舶及其技术体系的形成必将推动航运新生态的形成，而航运新生态也将持续推动智能船舶及其技术体系的转型升级。

6.5.1 政策建议

持续加强顶层组织实施，建立政府、企业、行业组织和专业机构等协同联动，充分发挥行业组织、专业机构在政策建议、宣贯、技术指导、交流合作、成果推广等方面的平台作用，吸引调动相关社会资源，统筹推动智能船舶发展。

6.5.2 资金建议

综合运用中央和地方现有政策，加大对智能船舶关键技术研究、基础软硬件开发、智能系统设备研制、试点示范等方面的支持力度。在持续进行科研项目投入的过程中，跟进船舶和航运生态圈的支持。

6.5.3　人才培养

打造多种形式的高层次人才培养平台，鼓励骨干企业、科研单位等依托重大科研项目和示范应用工程，培养一批智能船舶领军人才和青年骨干人才，形成合理的人才梯队。加强后备人才培养力度，鼓励企业和高等院校深化合作，优化学科和课程设置，扩大相关专业学生规模，为智能船舶发展提供智力保障。

		2025年	2030年
智能航行	目标	启动船舶辅助驾驶、遥控驾驶技术应用示范，推进现有船舶智能化改造升级	开展船舶自主驾驶技术应用示范与商业化推广，船舶辅助驾驶、遥控驾驶技术进入商业化应用
	关键技术	航行安全辅助决策、环境与态势感知	船舶辅助驾驶、遥控驾驶
	核心技术难点	（1）现代信息和人工智能等技术与航海技术的叠加、融合和集成 （2）航行风险评估、决策支持 （3）网络信息安全体系架构及安全等级要求	（1）高可靠和高稳定的船舶岸基遥控航行技术体系 （2）高成熟度航线规划 （3）适用于远程操控的低延时、高可靠通信网络
智能船体	目标	基于船体数据库系统及船体三维结构尺寸模型的建立与维	
	关键技术	船舶数据与船体模型的集成融	
	核心技术难点	（1）全生命周期船体三维结构模型的建立 （2）基于三维结构模型的数字孪生体建立	（1）数字孪生体与船舶状态数据（非实时）的融合分析 （2）船舶运营阶段船体维护保养建议
智能机舱	目标	及时、准确地对多种异常状态或故障状态做出诊断，预防或消除故障，对设备的	
	关键技术	高可靠机电控制、	
	核心技术难点	船舶机电系统数字孪生体建立	（1）非实时机电设备状态数据传输和分析 （2）船舶运营阶段机电设备维护保养建议
智能能效管理	目标	对船舶的主要耗能设备以及轴功率设备运行参数	
	关键技术	智能能效监控	能效大数据分析和建模
	核心技术难点	（1）建立船舶能效与航行数据之间复杂的逻辑关系 （2）基于实时数据的能耗指标分析、评估与预测 （3）分析得出最佳航速、最佳航线与最佳纵倾航行值	（1）建立基于大数据分析的船舶智能能效优化理论和技术体系 （2）系统性建立船舶能效大数据应用体系和标准
智能货物管理	目标	提高货物装卸效率，缓解装卸货期间人员疲劳，增加	
	关键技术	船上货物管理系统设计和应用	
	核心技术难点	（1）面向任务（船型）的货物管理系统设计 （2）货物、货舱状态感知、监控、预警	（1）岸端货物和货舱情况监控 （2）货物管理与港口货物系统连通和协同作业
智能集成平台	目标	船上各系统的联通，消除信息孤岛	伴随其他5个系统的发展不断提升
	关键技术	综合多系统数据，针对特定主题挖	
	核心技术难点	（1）形成标准化的船舶智能集成平台解决方案，配套形成网络技术标准和通信协议标准 （2）形成船岸数据交互标准（数据格式、最小数据集定义等）	（1）网络和数据安全机制和技术保障手段 （2）船舶系统间数据综合应用

图 6-3　智能船舶产业与

2035年	2050年
船舶自主航行技术应用进入商业化推广阶段，辅助、遥控驾驶技术得到广泛应用	船舶自主航行技术获得普遍应用
遥控驾驶、自主靠离泊、自主航行（一般场景）	自主航行（全场景）
（1）高可靠和高稳定的船舶岸基遥控航行技术体系 （2）基于船岸协同的船舶自主避碰决策方法 （3）根据不用的场景和船舶自身状态构建智能避碰	（1）远程操控、自主航行技术高度成熟 （2）空天地海通信网络高效安全运行，全面支持远程操控和自主航行

护，为船舶营运阶段的船体和甲板机械维护保养、结构换新提供决策

合程度持续提升；数字孪生技术的应用

（1）数字孪生体与船舶状态数据（实时）的融合及分析、应用
（2）视情维护计划制定

运行进行必要的决策支持，提高设备运行的可靠性、安全性和有效性，持续降低故障损失水平

机电设备运行检测与健康管理

（1）实时机电设备状态数据传输和分析
（2）船舶运营阶段机电设备视情维护计划制定
（3）船舶维护保养需求与供应链融合

数据进行自动采集、监测，并与岸基系统进行数据实时同步

智能能效优化模型与智能算法提升

（1）综合考虑风、浪、流、船舶装载等多影响因素的时空差异性和复杂多变性，优化能效模型
（2）通过船岸一体化和数字孪生建立实时数据驱动的多环境要素耦合作用下的船舶能效在线模型
（3）基于大数据在线学习的船舶能效模型参数的自更新与自优化，实现船舶能效的动态智能决策

船舶和人员安全，缩短船舶在港停留时间，并最终提高经济效益

船岸一体的货物管理模式普及

2035年	2050年
船舶智能集成平台设计应完全成熟且自主可控，解决方案模块化、标准化	成熟的船岸一体化信息平台

掘，提供故障分析、预报预警、辅助决策等

（1）信息和数据分类分级管理机制成熟，形成标准和法规
（2）船岸信息同步和信息协作处理

技术课题的总体路线图

第 7 章 港口智能化产业与技术发展路线图

7.1 国内外发展背景与现状

7.1.1 背景与意义

1. 智能港口发展过程

近年来，国家在政策和战略层面明确提出推动港航业智慧化发展。与此同时，5G 等技术的飞速发展和应用将为港航业智慧化发展提供关键的基础条件，为港口自动化带来全新生命力。当前中国港航业面临迫切的转型需求，不仅要求港口运输更精准、更多元，而且要求港口物流服务在线化、数字化、智能化、可视化。借助于 5G 技术与港口生产的充分融合，建立数字中枢大中台，打造智慧港口大脑。加强区域综合交通网络协调运营与服务技术研究；大力发展智慧交通，推动 5G、物联网、边缘计算、云计算、大数据、区块链、人工智能等新技术与交通行业深度融合。在加强自主创新、集成创新的同时，建设基于 5G、北斗、物联网等技术的信息基础设施，推动港区内部集卡和特殊场景集疏运通道集卡自动驾驶示范，深化港区联动。

2019 年 1 月，习近平总书记考察天津港时指出“经济要发展，国家要强大，交通特别是海运首先要强起来，要志在万里，努力打造世界一流的智慧港口、绿色港口”。“十四五”规划中提出到 2023 年，天津市集装箱吞吐量突破 2200 万标箱。货物吞吐量稳中有升，绿色、智慧、枢纽港口建设实现重大突破，基本建成“双一流”。天津北方国际航运枢纽地位更加凸显。

2019 年 9 月，中共中央、国务院发布《交通强国建设纲要》，明确指出强化前沿关键科技研发，加强对可能引发交通产业变革的前瞻性、颠覆性技术研究；推动大数据、互联网、人工智能、区块链、超级计算等新技术与交通行业深度融合。打造具有全球竞争力的国际海港枢纽。

2019 年 11 月，交通运输部等九部门联合印发《建设世界港口一流指导意见》，该意见指出加快智慧港口建设。要求建设智能化港口系统。加强自主创新、集成创新，加大港作机械等装备关键技术、自动化集装箱码头操作系统、远程作业操控技术研发与推广应用，积极推进新一代自动化码头、堆场建设改造。到 2025 年，部分沿海集装箱枢纽港初步形成全面感知、泛在互联、港车协同的智能化系统。到 2035 年，集装箱枢纽港基本建成智能化系统。

2020 年 3 月，中共中央政治局召开会议提出，加快 5G 网络、数据中心等新型基础设施建设进度。以 5G、人工智能、工业互联网、物联网等为代表的新一代信息基础设施建设再次站上风口，迎来加速发展的机遇期。5G 通信技术作为面向未来的通信技术，它以全新的网络架构，提供至少 10 倍于 4G 的峰值速率、毫秒级的传输时延和千亿级的连接能力，开启万物广泛互联、人机深度交互的新时代。

为了推动智慧港口的建设，我国各地政府也在“十四五”规划中提出了本省市的智慧港口发展目标，如，天津、江苏、福建等省、市均提出到 2025 年末的港口货物或集装箱吞吐规模；安徽、四川等内河港口则对港口布局、功能定位等提出具体的发展方向。港口相关政策以及指导性意见充分体现了以习近平同志为核心的党中央对我国港口发展的殷切期望，是立足我国国情、着眼全局、面向未来所作出的重大战略决策。

港口的自动化、智能化发展成为创新引领港口的重要方向。越来越多的新技术将被研发应用于港航生产运营与管理过程中，港航生产、运营模式也将迎来颠覆性的变革。港口在积极推进新的自动化码头建设的同时，更加重视传统码头设施设备的智能化改造，注重精细化的管理，提升自动化码头效率，综合考量成本、效率与收益等因素。未来智慧港口建设的核心目标是要促进国际贸易便利化，增强港口服务国民经济的能力和水平。借助数字化、智能化创新技术，提升港口服务水平。

2. 发展智能港口的重要意义

1）落实国家战略部署及改革措施

2019 年 9 月，中共中央、国务院发布《交通强国建设纲要》，2019 年 11 月，交通运输部等九部委印发《关于建设世界一流港口的指导意见》，都明确了世界一流港口建设的总体思路、发展目标和主要任务，对港口高质量发展作出部署安排。总书记多次强调的“抓创新就是抓发展、谋创新就是谋未来”的创新理念以及一系列重要讲话和指示精神，充分体现了以习近平同志为核心的党中央对港口功能作用的精准定位，是新时代港口转型发展、高质量发展，建设一流智慧绿色港口的根本遵循和行动指南。

2）攻坚国内外“卡脖子”关键技术

为积极应对全球政治经济环境出现的重大变化，适应我国发展阶段性新特征，党中央准确研判大势，立足当前、着眼长远，提出构建以国内大循环为主体、国内国际双循环相互促进的新发展格局。沿海港口作为构建现代流通体系的重要一环，在新发展格局下，将进一步发挥“东西双向互济、陆海内外联动”的重要作用。国内大循环将极大地带动内贸和支线航线市场的增长，南北经济产业和消费结构差异将带来巨量的海运货物需求，国内庞大消费市场的开发也将为冷链物流、跨境电商、邮轮等新业态带来新的机遇。

组织开展智慧港口创新示范工程，能够紧密跟踪国际港口行业科技前沿，集中全行业技术优势与力量，加强前瞻性基础研究和关键技术攻关，指导行业智慧港口的探索与实践。对于快速形成一批智慧港口应用案例与创新成果，并通过及时的经验总结、成效评估，带动全行业不断深化推进我国智慧港口建设，具有重要意义。

3）促进高质量发展和融合发展

随着人民生活水平的不断提高，对港口运输服务的效率和品质也不断提高，因此需要加快港口功能转型升级，由单一装卸仓储功能向物流、商贸、信息、金融等功能拓展，着力打造一流设施、一流技术、一流管理、一流服务，全面提升港口运输服务的效率和品质。同时，港城协调发展要求日益提升，绿色发展、安全发展、集约化发展仍是港口发展的重要趋势，港口发展将更加注重港口岸线资源利用效率，通过统筹规划、连片开发、鼓励建设公用码头等措施提升使用效率，打造资源集约型、环境友好型港口。

以智慧港口重大科技创新示范工程为依托，以智慧港口标准体系、安全体系、核心技术等为保障。一方面，可形成集行业需求、产品设计、产品研发、应用服务、保障维护于一体的智能港口行业应用新产品和新服务的研发模式，将带动港口、航运业务快速发展，带动装备制造、海洋传感器、通信设备、新一代信息技术等相关领域及产业发展；另一方面，加强科技人才专长的发挥与培养，在立足自主研发的基础上，实现再创新和自主制造，加快企业转型升级的速度，为一大批中小、小微企业提供发展机遇。

4）深入推动港口领域体制机制改革

港口体制建设方面，将进一步完善港口管理体制机制、投融资体制、统计监测制度和港口发展政策，加快推进港口建设、安全绿色等标准建设。港口法制建设方面，将加快进行《港口法》修订研究工作，完善配套规章制度。自由贸易港建设方面，对标国际高水平经贸规则，聚焦贸易投资自由化便利化，建立与高水平自由贸易港相适应的海关监管特殊区域，建立贸易、投资、跨境资金流动、人员进出、运输往来自由便利为重点的自由贸易港政策制度体系。

5）大力提升传统港口绿色安全发展

习近平总书记指出，绿色发展是生态文明建设的必然要求，代表了当今科技和产业变革方向，是最有前途的发展领域。要依靠科技创新破解绿色发展难题，形成人与自然和谐发展新格局。

智慧港口建设将提升港口服务能力和水平。通过加速和赋能跨境贸易、现代物流、航运金融、多式联运等新业态发展建设，促进数据共享、优化业务流程、降低运营成本、提升协调效率，全面提升港口物流供应链一体化服务能力和水平。

智慧港口建设将为港口安全发展提供有力保障。港口发展，安全第一。围绕提升港口安全与应急保障能力，提升系统安全风险感知、智能监测预警、运行管控和应急救援能力，加快港口安全应急保障技术研究，探索基于 RFID、红外、视频监控、物联网等智慧港口关键技术在平安港口建设中的推广和应用，保障港口安全生产，必然是智慧港口建设的应有之义。

智慧港口建设将形成全货种、全机种、全流程智能码头升级解决方案，研发一批重大成套高端软件和设备装备，培养一批高层次人才团队，推动创新平台与产业生态建设，制定智慧港口标准体系。

智慧港口建设将为港口绿色发展赋能。2020 年 12 月 16—18 日，习近平在中央经济工作会议上发表重要讲话，部署 2021 年经济工作，其中做好碳达峰、碳中和工作是八大任务之一。通过线上化、无人化、自动化与智慧化，提高资源利用效率，降低能源消耗。实现科学管理、智慧管理，全面提升港口绿色发展水平，助推在行业内率先实现碳达峰、碳中和。

7.1.2　智能港口产业关键技术

智能港口产业关键技术可划分为三大部分，即：港口作业关键技术、港口运营管理关键技术、基础支撑关键技术。

在港口作业关键技术里面，根据码头种类和辅助、联运功能，划分为 6 项子技术，即：集装箱码头生产作业技术、干散货码头生产作业技术、液体散货码头生产作业技术、件杂货码头生产作业技术、辅助生产作业技术、多式联运协同技术。

在港口运营管理关键技术里面，划分为 2 项子技术，即运营服务技术、管控技术。

基础支撑关键技术是指支撑智能港口的通用性共性关键技术，主要包括 8 项子技术，即：人工智能技术、高精度地图和定位技术、安全技术、数字孪生技术、地理信息系统技术、信息通信技术、区块链技术、标准法规。

在各子技术领域向下细化，可将智能港口产业的关键技术总结梳理见表 7–1。

表 7–1　智能港口产业关键技术

1 港口作业关键技术	1.1 集装箱码头生产作业技术	1.1.1 系统智能化技术
		1.1.2 岸边自动化作业技术
		1.1.3 水平运输自动化技术
		1.1.4 堆场自动化作业技术
	1.2 干散货码头生产作业技术	1.2.1 系统智能化技术
		1.2.2 岸边自动化作业技术
		1.2.3 水平运输自动化技术
		1.2.4 堆场自动化作业技术
	1.3 液体散货码头生产作业技术	1.3.1 系统智能化技术
		1.3.2 岸边自动化作业技术
		1.3.3 罐区自动化作业技术
		1.3.4 港 – 厂联动智能化技术
	1.4 件杂货码头生产作业技术	1.4.1 系统智能化技术
		1.4.2 岸边自动化作业技术
		1.4.3 水平运输自动化技术
		1.4.4 堆场自动化作业技术
	1.5 辅助生产作业技术	1.5.1 港口智能理货技术
		1.5.2 港口铁路自动化技术
		1.5.3 智能辅助靠离泊技术
		1.5.4 船舶智能调度技术
		1.5.5 智能闸口技术
		1.5.6 能源管理智能化技术
	1.6 多式联运协同技术	1.6.1 船港协同技术
		1.6.2 车路协同技术
		1.6.3 海空协同技术
		1.6.4 港港协同技术
2 港口运营管理关键技术	2.1 运营服务技术	2.1.1 智慧生产管控技术
		2.1.2 智慧公共服务技术
	2.2 管控技术	2.2.1 内部管控
		2.2.2 智慧大脑

续表

3 基础支撑关键技术	3.1 人工智能技术	3.1.1 新一代人工智能与深度学习技术
		3.1.2 端到端智能控制技术
	3.2 高精度地图和定位技术	3.2.1 高精度三维动态数字地图技术
		3.2.2 多层高清地图采集及更新技术
		3.2.3 高精度地图基础平台技术
		3.2.4 基于北斗卫星的车用高精度定位技术
		3.2.5 高精地图协作定位技术
		3.2.6 惯性导航与航迹推算技术
	3.3 安全技术	3.3.1 信息安全技术
		3.3.2 功能安全技术
		3.3.3 预期功能安全技术
	3.4 数字孪生技术	3.4.1 数化仿真技术
		3.4.2 三维激光扫描技术
		3.4.3 建筑信息模型技术
		3.4.4 数据采集与传输技术
		3.4.5 数据管理与处理技术
	3.5 地理信息系统技术	3.5.1 高精度测绘
		3.5.2 高清影像图航拍
		3.5.3 地理数据存储、管理、服务发布
		3.5.4 网络地理信息系统开发技术
		3.5.5 空间查询技术
		3.5.6 空间分析技术
	3.6 信息通信技术	3.6.1 数据库技术
		3.6.2 传感技术
		3.6.3 数字通信技术
		3.6.4 程控交换技术
	3.7 区块链技术	3.7.1 点对点分布式技术（P2P）
		3.7.2 非对称加密技术
		3.7.3 跨链技术
		3.7.4 分布式存储
	3.8 标准法规	3.8.1 智慧绿色港口标准体系
		3.8.2 智慧港口标准体系框架研究
		3.8.3 智慧港口标准体系研究
		3.8.4 智慧港口标准制修订研究

7.1.3 产业环境分析

1. 智能港口发展经济环境分析

（1）经济全球化推动下，港口成为与国际连接的重要节点。随着港口信息化水平的不断提高，发展我国智慧港口行业是必然趋势。目前，国际的经贸形势呈现一种大变局，世界经贸增长显著放缓。全球供应链面临重构。随着世界经贸形势变化，全球产业链、价值链、供应链布局由成本至上转向成本、市场、安全等多因素并重，主要经济体进一步调整其产业布局，在“市场开放优势”与“国家安全需要”之间找寻新的平衡，以进一步增强其产业安全性和抗风险能力，全球产业链供应链分散化、多中心化趋势进一步加强。随着新发展格局的形成，我国将从“世界工厂”向“世界市场”转变，依托巨大市场需求、强大完备的产业体系、发达的综合交通基础设施，我国仍然是全球产业链供应链重构之后的重要一极。在大变局的形势的同时，给了我国智能港口发展提供了新的契机。

（2）大力发展实体经济，目前国内经济继续保持中高速增长。港口行业是国家的重要物流枢纽，也是实体经济的代表。目前，我国货物吞吐量超过亿吨的港口已达40个，集装箱吞吐量超过百万标准箱的港口达到28个，在世界港口货物、集装箱吞吐量排名前十位中，我国港口均占据七席。促进港口转型升级，发展我国智慧港口行业，是促进实体经济建设的重要目标。

（3）大力推动城市经济建设。港口建设对城市吸引外资、改善就业、增加政府税收、提高居民收入都有着重要作用。2019年，交通运输部等六部门联合制定印发《关于进一步共同推进船舶靠港使用岸电工作的通知》，进一步明确岸电标准、建设、售电等方面要求，长江沿线港口启动岸电全覆盖建设。生态环境部正式发布《排污许可证申请与核发技术规范　码头》（HJ1107—2020），规定了排污许可证申请与核发的基本情况填报要求、许可排放限值确定和合规判定的方法等环境管理要求。沿海港口企业积极落实各项环保政策，从推广岸电使用、油改电、油改气、散货堆场抑尘、船舶污染物处置等方面积极推进绿色港口建设。自动化码头建设方面，已经先后建成厦门远海、青岛前湾四期、上海洋山四期全自动化集装箱码头。2019年，青岛港全自动集装箱码头二期投产运营，天津港、广州港、唐山港等纷纷启动了自动化码头改造与建设项目。智慧物流建设方面，从2017年起交通运输部开展了智慧港口示范工程，首批遴选出13个智慧港口示范工程项目，以港口物流枢纽服务模式、安全监测监管方式，货运一单制、信息一网通等为突破口，推动“互联网＋港口”应用，探索电子运单、网上结算等互联网服务新模式，推动北斗系统在港口生产和物流中的应用。2019年，宁波舟山港集团的“港口企业危险货物标准化程序化智能化管理示范工程”、广州港集团的“互联网＋港口物流智能服务示范工程”等智慧港口示范项目顺利通过验收。这一系列发展可以看出推进我国智慧港口行业发展极有必要。

2. 智能港口发展政策环境分析

交通运输部于2017年印发《关于开展智慧港口示范工程的通知》，明确提出以港口智慧物流等方面为重点，选取一批港口开展智慧港口示范工程建设，着力创新以港口为枢纽的物流服务模式，以推动实现“货运一单制、信息一网通”的港口物流运作体系。推动北斗系统在港口生产和物流中的应用；发挥各地的积极性和能动性，鼓励在港口物流上下游产业链有机结合、信息与技术业务融合等方面开展多种形式的港口智慧物流创新。

2019年9月19日，中共中央、国务院印发《交通强国建设纲要》，对新时代交通高质量发展作出总体规划和顶层设计，推进装备技术升级。推广新能源、清洁能源、智能化、数字化、轻量化、环保型交通装备及成套技术装备。开发新一代智能交通管理系统，构筑多层级、一体化的综合交通枢纽体系。依托京津冀、长三角、粤港澳大湾区等世界级城市群，打造具有全球竞争力的国际海港枢纽、航空枢纽和邮政快递核心枢纽，建设一批全国性、区域性交通枢纽，推进综合交通枢纽一体化规划建设，提高换乘换装水平，完善集疏运体系。大力发展枢纽经济。

2019年5月，交通运输部、工业和信息化部、财政部等七部委联发《智能航运发展指导意见》，这是我国推动智能航运发展的顶层设计，其中对于智能港口的发展提出来具体任务。意见提出，加快推进智慧港口试点工程建设，探索建立“货运一单制、信息一网通”的港口物流运作体系和“数据一个库、监管一张网”的港口危险货物安全管理体系，促进信息技术与港口服务和管理的深度融合，深化政企间、部门间、多种运输方式之间的信息开放共享和业务协同。加快港口及其装备设计人工智能技术应用研究与实践步伐，提升迭代设计能力。推进港口建设和港口装备建（制）造工艺流程优化，实现建（制）造过程智能控制。鼓励港口建设和港口装备建（制）造的数字化、模块化发展。推广建筑信息模型技术在港口和航道工程设计、施工、运维等方面的应用，提升港口和航道工程建设安全、效率、质量和经济性。

2019年11月6日，交通运输部等国家九部门联合印发《关于建设世界一流港口的指导意见》，意见指出港口是综合交通运输枢纽，也是经济社会发展的战略资源和重要支撑。建设智能化港口系统。加强自主创新、集成创新，加大港作机械等装备关键技术、自动化集装箱码头操作系统、远程作业操控技术研发与推广应用，积极推进新一代自动化码头、堆场建设改造。建设基于 5G、北斗、物联网等技术的信息基础设施，推动港区内部集卡和特殊场景集疏运通道集卡自动驾驶示范，深化港区联动。到 2025 年，部分沿海集装箱枢纽港初步形成全面感知、泛在互联、港车协同的智能化系统。到 2035 年，集装箱枢纽港基本建成智能化系统。加快智慧物流建设。大力推进港口无纸化作业，完善"一站式""一网通"等信息服务系统，主要港口加快实现主要作业单证电子化和业务项目在线办理。推广应用铁水联运数据交换报文标准，实现信息交换共享。实施"互联网 +"战略，建立港口企业云服务数据中心，创新港口物流模式，促进与上下游产业的有效衔接、业务协同。

2020 年 2 月，交通运输部联合国家发展和改革委员会、工业和信息化部、财政部等七部门联合印发了《关于大力推进海运业高质量发展的指导意见》，意见指出，增强创新驱动能力首要任务是构建产学研用协同创新平台，大力促进智能航运发展，加快智能船舶自动驾驶和船岸协同技术攻关，推进智能船舶技术试验验证及应用，建立健全智能航运法规标准体系，加快构建智能航运服务和安全监管、航海保障的示范环境，形成智能航运发展的基础环境，突破一批制约智能航运发展的关键技术。

2020 年 8 月，交通运输部印发《关于推动交通运输领域新型基础设施建设的指导意见》，意见中对智慧港口作出相关要求，提出引导自动化集装箱码头、堆场库场改造，推动港口建设养护运行全过程、全周期数字化，加快港站智能调度、设备远程操控、智能安防预警和港区自动驾驶等综合应用。鼓励港口建设数字化、模块化发展，实现建造过程智能管控。建设港口智慧物流服务平台，开展智能航运应用。建设船舶能耗与排放智能监测设施。

2020 年 10 月，国家发展和改革委员会、交通运输部联合印发《关于做好 2020 年国家物流枢纽建设工作的通知》，通知提出相关国家物流枢纽要围绕推动形成新发展格局，支撑"一带一路"建设和京津冀协同发展、长江经济带发展、粤港澳大湾区建设、长三角区域一体化发展、西部陆海新通道等重大战略实施，对内系统整合区域内分散的物流资源，提高区域内、跨区域物流活动规模化组织能力和效率，支撑带动上下游产业集聚发展，推动形成国内统一大市场。对外衔接主要国际物流通道和干线运力，加强与全球重要物流枢纽、能源与原材料产地、制造业基地、贸易中心等的密切联系，为推动构建现代流通体系，保持产业链供应链稳定，促进经济高质量发展提供战略支撑。重点抓好落实强化枢纽功能、完善服务网络、加强互联互通、发展枢纽经济等四方面任务。

2021 年 2 月，中共中央、国务院印发《国家综合立体交通网规划纲要》(以下简称《纲要》),《纲要》中提到有关智慧港口发展的方向，指出需提升智慧发展水平。加快提升交通运输科技创新能力，推进交通基础设施数字化、网联化。鼓励物流园区、港口、机场、货运场站广泛应用物联网、自动化等技术，推广应用自动化立体仓库、引导运输车、智能输送分拣和装卸设备。构建综合交通大数据中心体系，完善综合交通运输信息平台。完善科技资源开放共享机制，建设一批具有国际影响力的创新平台。加快既有设施智能化。利用新技术赋能交通基础设施发展，加强既有交通基础设施提质升级，提高设施利用效率和服务水平。运用现代控制技术提升铁路全路网列车调度指挥和运输管理智能化水平。加强内河高等级航道运行状态在线监测，推动船岸协同、自动化码头和堆场发展。

3. 智能港口发展社会环境分析

(1)客户对全程物流的服务要求提高，让港口升级提效的需求越来越迫切，促进港口技术创新是必然趋势。港口竞争优势不再局限于码头运营水平，未来的智慧港口将以客户服务为中心，借鉴利用互联网扁平化、交互式、快捷性等特点，实现更精准、更高效、定制化的客户服务产品，提供可视化物流跟踪、大宗商品信用、拼箱、跨境电商、电子支付、线上通关、退税、外汇结算等服务，提升客户服务体验和服务要求。此外智慧港口建设的理念是将不断实现理念创新、应用创新、管理创新，更快地将新技术和港口产业高度融合，创新拓展港航金融、数据服务等业务领域。利用贸易、物流交易场景构建线上支付以及利用数据构建信用征信体系的方式可在资本高效利用的同时保证风险可控，提供融资租赁服务、在线集中购汇、保险、资产交易等金融服务产品。同时，港口积累有码头泊位、船期安排、拖车排班、进出口货物种类及其流量流向等大量有价值的数据，挖掘数据背后隐性贸易、物流特征，借助企业内外部创新能力开展行业应用设计，促进数据商业化应用，创造更大的商业和社会价值。

(2)保护环境，减少污染是社会发展的要求，坚持保护优先、自然恢复为主，优化交通基础设施布局，因地制宜推进强化生态环保举措，加快形成节约资源和保护环境的空间格局和生产方式。将绿色发展理念贯穿于交通基础设施工可、设计、建设、运营和养护全过程，通过土地节约、材料节约及再生循环利用、生态环境保护等举措，积极推进绿色铁路、绿色机场、绿色公路、绿色航道、绿色港口建设。建设项目严格执行国家环境保护“三同时”制度。加大船舶受电设施建设和改造力度，完善港口岸电设施建设、检测以及船舶受电设施建造、检验相关标准规范，积极争取岸电电价扶持政策，推动船舶靠港后使用岸电，逐步提高岸电设施使用率。故打造“绿色、环保、高效”的智慧港口，有利于保护环境，实现可持续发展。

7.2 发展态势与需求分析

7.2.1 产业与技术发展态势

1. 国内外智能港口产业的主要模式和特点

1）技术创新推动智能港口产业发展

多个港口积极推进大数据、北斗、区块链和5G等新技术的应用。目前，各港口基本上都建立了大数据的云计算中心，为智慧港口建设奠定了坚实的基础。其中在北斗应用方面，山东港口青岛港实现了车辆和作业机械设备的定时定位与监控管理。区块链应用方面，上海港等港口利用区块链技术推动进口提货数字化。5G应用方面，天津港、上海港、厦门港、宁波舟山港均在“5G＋自动驾驶”方面做了有益的探索与实践。

智慧港口的发展需要依托港口产业加大新技术的应用，持续创新服务模式，并将其应用在实际落地的智能化建设中。技术大体包括北斗高精度定位、增强现实、虚拟现实、5G网络、物联网智能感知、云计算、数字孪生、全景可视化、地理信息系统、建筑信息模型、人工智能、大数据等技术。

港口行业需要迅速应用智慧港口新技术，如数字孪生和运营大数据管理大数据融合，主要包括：建立运营和管理的指标系统，实现智能决策、大数据分析、动态指挥；整个港口利用数字孪生技术建模，通过实时渲染，实现照片级全局监控效果；基于地理信息系统和物联网，将道路、闸口等局部运用视频融合技术完成实时视频融入；将作业数据、各管理系统数据、安防风险识别数据直接接入孪生港口中；人工智能、物联网、自动化技术在港口中应用，针对人员、物体、车辆进行多种类型的违章和安全识别和检测，实现对远程操控和自动化作业的支持；通过云平台实现数据挖掘、整合和跨平台应用；通过边缘计算和智能终端实现智能识别的灵活部署、对管控要求的灵活执行。

2）传统码头智能化升级改造将大力推进

港口生产过程未来需求的智能化系统，主要包括以下 5 个方面：①作业过程智能自主控制系统；②物流链全流程智能协同优化控制系统；③智能优化决策系统；④智能安全运行监控与自由化系统；⑤工业过程虚拟管控系统。

同时，运载工具自动化系统的发展趋势为如下 3 个方向：①智能自主控制系统；②多智能体协同控制系统；③导航制导一体化控制系统。

推进港口操作智能化。加快推进港口设施设备与移动互联、智能控制等信息技术深度融合。推进集装箱码头操作系统智能化升级。研发具有自主知识产权的自动化码头智能生产系统并推广应用。推进自动化堆场、无人集卡、轮胎式集装箱起重机远程控制技术应用。进一步提高智能化水平，主要包括设备系统的无人化、业务处理的智能化以及生产与管控系统的融合。

未来，自动化技术的提高会进一步推进港口作业的智能化。在港口物流方面，电子化的普及和发展，为港口物流提供了透明便利的信息，另外随着“一带一路”倡议的推进，水铁联运的深化，港口智能物流也应该和铁路航空等交通方式之间进行资源共享，推进创造更多的合作机会。

3）港口供应链、产业链、价值链竞合发展，形成产业生态圈

产业链的延伸是将现已存在的产业链尽最大可能地向上游的产业进行延伸和向下游产业拓展。上游的产业处在产业链的开始端，主要提供原材料和零部件制造、生产，产业链的延伸是指将产业链深入上游各个基础产业的层面和技术研发，向下开发拓展市场销售渠道的过程。产业链的延伸，一方面包括接通产业链中的断环和孤环，使得整条产业链衍生出风险共担、利益共享的整体效能；另一方面指营造出新兴产业的链环，增加产业链的整体附加价值。

港口产业链的三个业务层次指基础设施层、运营服务层和市场服务层。上游层次的基础设施层包括港口基础设施的建设、维护及控制；中游的运营服务层主要提供集装箱、干散货、液体化工品、客运业务的服务等；下游的市场服务层涵盖了各种不同类型的细分子市场。港口产业链是以中游港口产业集群为核心，以货源供应方为上游，以产业需求客户为下游的产业链结构模式。借助于港口的储运和装卸功能，把各种货源集聚到港口或码头，利用港口的对外贸易功能、生产加工功能、物流服务的功能等，对货物进行转运或再加工。

港口产业链依托的产业类型结构有：①港口直接产业：运输业务、装卸业务；②港口共生产业：仓储存储、航运业务；③港口依存产业：商业贸易、拆造船舶、机械和石化加工、修造业务；④港口关联产业：金融、保险、通信以及旅游、商业、娱乐等服务产业。

实现港口产业链的延伸，一是要对上游货源供应方的延伸，二是要在完善港口自身的功能实现生产过程的延伸，三是要对下游货物需求方的客户进行延伸。在全球供应链的环境影响下，港口不再是单纯的货物运输中转站，港口传统单一的装卸、搬运以及仓储的功能已经不能满足当前港口竞争的需求，只有充分发挥港口的平台作用，对产业链的上游进行有效的延伸，才能提高港口所在供应链的竞争能力，从而使港口实现长足的发展。

国外学者对于产业链的研究主要集中于港口产业集群方面，有关港口经济的分析多数集中在港口价值链的研究与论证上。当前港口的发展趋势是沿产业链延伸，利用港口装卸、仓储、配货特长，提供供应链全价值链及综合物流服务，建设海铁、铁水联运等多式联运，发展具有涵盖物流产业链所有环节特点的港口物流园；把握智慧物流发展新机遇，加快智慧物流与港口供应链深度融合，更好满足国际贸易和海运物流需求。

4）港城融合发展是发展趋势

全球智慧城市已进入快速发展阶段。我国明确提出要加快智慧城市建设，智慧城市提出港产城融合，主要港口的城市都在积极谋划智能科技产业战略布局。港口企业需要加快智慧化转型，融入智慧城市建设和港城融合发展。

（1）应用创新技术模拟未来港城关系，科学指导港口规划。关注城市主体功能区与港口空间的协调发展关系，调整优化港口空间布局，合理配置全港资源，明确港口的发展层次和重点发展港区，融入港城规划的相关内容。拓展港口功能，积极提升发展定位，谋划高标准的港口发展蓝图，促进港口转型升级和当地经济社会高质量发展。

（2）坚持系统统筹港城协调发展。港城融合发展需要港口、城市、产业、综合运输等要素协同推进，要探索建立港口经济发展的空间保护机制，保障城市临港空间与港口发展的一致性和协调性，设计有利于港城发展的港口运输货种优化调整、产业用地功能控制、综合交通连接更新与贯通、生态环境保护等规划建议，优化布局，提升港口资源配置能力，从而推进港城融合发展。

5）信息系统资源共享是主要方向

国内外部分港口缺乏必要的内部信息交流平台，缺乏与供应链上下游企业的有效沟通平台，无法实现对整个供应链信息的有效整合，这造成供需双方信息不能及时传递，并直接导致港口相关产业在进行相关业务活动中，无法得到上下游企业的相关信息，从而缺乏对整个供应链系统风险的把握和控制。

目前，国内港口各相关单位分别隶属于不同部门，各单位间信息系统相对独立分散，港口船舶、生产、库场、设备、人事、财务、货源等业务管理系统大多未实现集成化和信息共享，系统数据分散导致信息“孤岛”存在，区域物流枢纽数据交换不畅，计算机信息管理系统未能充分发挥智能管控作用，对外信息服务能力较弱，导致在系统应用实施投入大量资金和人力却无法取得相应成效。部分港口业务管理系统数据库标准不统一，导致信息资源基础不一致，系统升级和二次开发困难，信息资源基础不能适应信息化建设和业务发展需求。部分港口系统信息采集渠道单一，手段落后，信息量不够全面，传输渠道不畅通，对采集的信息加工处理能力薄弱，使得信息资源潜力无法充分发挥。

智慧港口的核心功能是信息感知、共享和智慧决策。通过港口信息资源整合，有效集成政府部门、口岸单位、港航企业的信息资源，搭建集港口管理、航海保障、安全通信、实时监控四位一体，资源高度共享、运行机制完善、维护保障有力的服务平台，实现港口服务智能化。

2. 国内外智能港口技术发展趋势

1）新一代信息技术快速融合发展

当前信息技术的发展迅速，同智慧港口技术发展息息相关。在交通运输部印发的《关于推动交通运输领域新型基础设施建设的指导意见》中指出：打造融合高效的智慧交通基础设施，发展智慧港口的主要任务有引导自动化集装箱码头、堆场库场改造，推动港口建设养护运行全过程、全周期数字化，加快港站智能调度、设备远程操控、智能安防预警和港区自动驾驶等综合应用。鼓励港口建设数字化、模块化发展，实现建造过程智能管控。建设港口智慧物流服务平台，开展智能航运应用。建设船舶能耗与排放智能监测设施。应用区块链技术，推进电子单证、业务在线办理、危险品全链条监管、全程物流可视化等。当前技术的融合主要体现在感知融合、网络传输融合、云数据处理技术融合以及智能应用融合。

（1）感知融合。通过 RFID、船舶自动识别系统终端、视频监控、电子标签以及水文气象终端等各种感知设备对港口全方位信息进行采集，如集装箱电子标签、港口设备运行状态监控、工程设备资产管理、智能能源管理系统等。在感知的过程中与当今的物联网技术相融合，按约定的协议，将任何物品与通信网络相连接，进行信息交换和通信，以实现智能化识别、定位、追踪、监控和管理。通过与物联网技术相融合后，智慧港口的数据收集会变得更加方便快捷。

（2）信息传输融合。通过5G技术、船舶自动识别系统基站、北斗卫星通信技术、海事雷达站以及VHF通信网等各种网络将感知终端采集到的数据传输到相应的服务器。当今，在传输过程中更是与5G技术相融合，5G作为数字经济时代的一种通用技术，可运用在港口机械的远程控制、识别货物以及无人水平运输上。首先，通过5G网络实时传输集装箱作业机械的控制指令和龙门吊上摄像头录制的视频，实现在中控室远程完成集装箱抓取和搬运，有效改善龙门吊操控员作业环境，减少安全风险，提升工作效率；其次，通过5G网络实时传输高清视频图像，结合人工智能视觉分析技术，实现集装箱箱号自动识别、箱体残损鉴别等，箱号识别准确率达95%，有效解决了人工理货效率低、识别率不高等问题。此外，通过信息传输间的融合可集成双频+多接入边缘计算下沉组网，以实现基于5G网络的自动导引车控制指令和状态信息实时传输，使得集卡作业效率提升40%。

5G技术的高速率、低延迟特性能使船舶内部、船－船、船－岸和船－航标等之间的互联互通变得更加高效和通畅。5G在与北斗卫星通信系统相融合的过程中建立了船联网应用技术系统，可实现实时向船舶发送气候信息和危险预警信息，必要时能对船舶进行指挥、调度、动员和救援。该系统不仅能为各类船舶提供精确的位置定位和通信功能，而且能为相邻海域（水域）的船舶提供实时组网通信、信息传达和港口信息等增值服务。北斗卫星通信系统与5G相互融合，共同构成全球无缝覆盖的海、陆、空、天一体化全球综合通信网，满足航运企业的多种业务服务需求，这是未来通信发展的一个重要方向。

（3）数据处理技术融合。数据处理是智慧港口的关键步骤之一，将其融合大数据技术、人工智能技术以及电子化信息平台，建立云数据中心，将感知端采集到的各种类型的数据进行处理整合，为大数据挖掘和智能应用提供数据资源。将信息处理同大数据技术的融合可以使管理中抵港、靠泊、离泊、锚泊、移泊、装卸等事件的颗粒度细化到小时，对码头能见度、风力、潮汐等外部数据可以更准确及时地获取，这就能让生产的计划和调度更敏捷、灵活，并由计算机实时优化和调整，生产运营的人力投入将大幅降低，并提升资源利用效率和经营水平。其次，借助人工智能技术在港口经营决策方面，依靠大数据融合多方数据资源，整个港口的经营将更体现“协同”特点，并在整合港口内部数据资源的同时，有效对接外部数据资源，这就使得企业的“BI”应用不仅限于对自身的数据分析，更融入了对市场和外部环境的分析，可以更好地避免重大决策失误的发生，得益于良好的数据量化分析能力，港口企业的决策将更加客观和及时。二者同智慧港口技术中的数据处理部分相融合，可将港口信息处理能力迅速提升。

（4）智能应用融合。依托云数据中心庞大的数据资源，根据港口业务需求开发相应的智能应用系统，为港口管理提供决策支撑。通过与港口自动化设备进行融合，达到协同工作的功能，建立港口客户服务系统、港口生产管理系统、港口运营管理系统、港口电子商务系统、港口资源管理系统以及港口口岸管理系统，达到货主、港口企业、监管部门、港口行政管理部门以及社会其他部门之间大量、及时地信息交流、互动，更精确、高效地完成船舶进出港、装卸、集疏运、交易、支付等生产活动，通过现代信息技术，协调港口的信息资源，利用海关、检验检疫、海事、边检、港政、引航、企业等部门的信息，建立起智能应用融合体系。

2）跨平台跨领域技术协同发展

（1）5G 技术与港口新型基础设施的协同。国家高度重视智慧港口发展，经过统筹推进，5G 智慧港口试点探索取得积极进展。三大运营商积极发挥 5G 云网一体新型基础设施的能力，助力 5G 智慧港口从试验走向示范。在港口通过建设“5G + 北斗”专用融合通信网络和多维覆盖、实时感知的泛在物联网络，实现了三大典型场景应用。一是 5G 港机远控。通过 5G 网络实时传输集装箱作业机械的控制指令和龙门吊上摄像头录制的视频，实现在中控室远程完成集装箱抓取和搬运，有效改善龙门吊操控员作业环境，减少安全风险，提升工作效率。二是 5G 智能理货。通过 5G 网络实时传输高清视频图像，结合人工智能视觉分析技术，实现集装箱箱号自动识别、箱体残损鉴别等，箱号识别准确率达 95%，有效解决了人工理货效率低、识别率不高等问题。三是 5G 无人水平运输。通过集成双频 + 多接入边缘计算下沉组网，实现了基于 5G 网络的自动导引车控制指令和状态信息实时传输，集卡作业效率提升 40%。

2020 年，运营商、港口龙头企业、港机设备商等产业链各方在国内多地开展 5G 智慧港口试点探索，目前多个场景应用示范落地。在浙江宁波舟山港梅山码头完成基于 5G 独立组网 + 边缘计算的龙门吊远程作业控制试点；在福建厦门港远海码头完成基于5G智能理货场景的实际应用；在河北唐山港完成基于5G无人集卡车辆的场景落地。

未来，"5G+"智慧港口将有广阔的应用场景和发展空间。通过"5G+"赋能港口应用，不仅能为港口数字化转型、智能化升级奠定坚实的基础，同时有助于港口生产效率与安全可靠性的提升，更为港口实现高质量发展提供强大的动力引擎。

（2）边缘计算与数据存储处理的协同。边缘计算的应用领域较为广泛，可应用在室内定位、无线、视频优化、车联网、增强现实/虚拟现实应用、智能制造，以及工业领域。在工业领域，边缘应用场景包括能源分析、物流规划、工艺优化分析等。通过部署在靠近数据源头的场所，大幅减少数据在5G网络中的传输时延，提高业务传送能力，改善最终用户的业务体验，进而满足行业用户对业务实时性、互操作性及安全性等方面的核心需求。

将其与智慧港口技术相协同，可使智慧港口中的数据存储处理方面更加有序。

边缘计算最早由欧洲标准化委员会提出，即在距离用户移动终端最近的无线接入网范围内提供信息技术服务环境和云计算服务，从而进一步减少信息传输的时延，提高业务分发和传送能力，提高网络运营效率，进而改善一户体验。不同于将计算下沉到设备端的嵌入式边缘计算能力，边缘计算是一个"硬件+软件+服务"的系统，通过在网络边缘提供信息技术服务环境和云计算能力，减少网络操作和服务交付的时延。国内边缘计算信息产业联盟也对5G边缘计算给出了定义，即在靠近物或数据源头的网络边缘侧融合网络、计算、存储、应用核心能力的分布式开放平台（架构），就近提供边缘智能服务。其技术特征主要包括邻近性、低时延、高宽带和位置认知等，未来有广阔的应用前景。

（3）自动驾驶与智慧港口技术的协同。自动驾驶是汽车产业与人工智能、高性能计算、大数据、物联网等新一代信息技术以及交通出行、城市管理等多领域深度融合的产物，对降低交通拥堵、事故率，帮助城市构建安全、高效的未来出行结构，对汽车产业变革，以及城市交通规划具有深远的影响。但是，自动驾驶不止于汽车产业，还可以运用在智慧港口中，目前港区集装箱水平运输主要通过人员驾驶集卡和地磁自动导引运输车等方式实现，其中：采用人员驾驶集卡的方式工作强度大，疲劳驾驶现象突出，存在安全隐患，且集卡驾驶员较为短缺；采用地磁自动导引运输车的方式需在港区铺设地磁设备，改造和维护较为复杂，同时行驶路线相对固定，作业的灵活性和效率有限。实现港口关键设备的自动化是提高港口产能的重要手段。港口相对封闭，运行的车辆相对规则，是“5G + 自动驾驶”的重要应用场景。港区“5G + 自动驾驶”主要是指融合 5G–V2X 通信、网络切片、高精度定位、车路协同、人工智能、仿真和感知等技术，建立车 – 车 / 车 – 路低时延、高可靠的数据交互通路，精准规划和监测车辆的行驶路径，实现港区集卡自动驾驶和自动导引运输车小车自动驾驶等应用。

以蜂窝通信技术为基础的 V2X 技术（简称 C–V2X）对于车辆自动驾驶而言至关重要。对于自动驾驶来说，船舶自动驾驶远比车辆自动驾驶复杂。船舶的航行场景可分为内河运输、近海运输和远海运输三种。

对于内河运输和近海运输场景（长江、珠江、近海等），岸侧的移动通信基站信号可覆盖，5G 与 C–V2X 相结合，可很好地支持船与船、船与航道、船与货物和船与人的互联互通，实时掌握人员、船舶、场景、设备和货物的状态，使安全、智能、高效的航行过程得以预见；对于远海运输场景，基于 5G 和北斗卫星通信系统的 C–V2X 技术，能进一步弥补自动驾驶的缺陷，实现高清视频信息实时回传、船舶远程控制和船舶自动驾驶控制等功能，提高船舶航行与作业的智能化水平和效率。

（4）高精度定位与智慧港口作业模式的协同。高精度定位目前应用于智慧工厂、智慧监狱、智慧养老、石油化工等领域，主要作用是：联动监控系统，结合人员效率分析、物资分布统计等；利用车辆测距防撞报警装置，可有效预防、杜绝车辆碰撞、碾压员工等高危事故发生；给相关人员佩戴防拆定位手环，可以在后台实现实时监控，包括实时位置查询、移动轨迹、在某一个位置停留时间等，并且手环还可实现心率计步等检测功能；对车间超员 / 缺员进行报警、实时位置查询、电子围栏、超时滞留 / 静止报警等功能，可实现厂区安全区域管控。根据其主要作用，将其与智慧港口中集装箱的调度相互协同，可使得整体效率得到提高。

目前，基于北斗系统与 5G 技术，中国的广州港已成为全球首个基于北斗高精度定位的智慧港口。海格通信与广州港、上海振华重工（集团）股份有限公司联手，从北斗高精度应用角度切入，以求开辟港口复杂区域自动作业新模式。广州港南沙港区四期工程创新融入新一代物联网感知、大数据分析、云计算、人工智能、5G 通信等先进技术，成功打造全球首创“北斗导航无人驾驶智能导引车 + 堆场水平布置侧面装卸 + 单小车自动化岸桥 + 低速自动化轨道吊 + 港区全自动化”的新一代智慧码头。

常见的高精度定位解决途径有三种：载波相位差分技术、星基增强系统、精密单点定位 – 实时动态定位。

载波相位差分技术是实时处理两个测站载波相位观测量的差分方法，将基准站采集的载波相位发给用户接收机，进行求差解算坐标。载波相位差分可使定位精度达到厘米级。目前测量中常用的动态测量方法主要是载波相位差分技术和连续运行参考站系统。星基增强系统通过地球静止轨道卫星搭载卫星导航增强信号转发器，可以向用户播发星历误差、卫星钟差、电离层延迟等多种修正信息，实现对于原有卫星导航系统定位精度的改进，从而成为各航天大国竞相发展的手段。实时动态定位以及精密单点定位是高精度卫星导航定位中应用最为广泛、最具代表性的技术。

（5）数字孪生技术与智慧港口仓储物流的协同。数字孪生技术在应用领域十分宽广，如三维物联网智能工厂、新型智慧城市建设、智慧医疗、数字化能源、数字档案馆、仓储物流可视化等。其中在仓储物流可视化上的应用，同智慧港口可以相互协同，通过数字孪生技术构建仓库、设备的逐级可视。集成入库、存储、出库过程中的信息并整合，构建数字化、标准化、智慧化、一体化的可视化平台，实现视频监控、智能仓储、出入库作业、预判警告等可视化功能。为仓储物流提供强有力的科技支撑，同时也为管理部门提供精准的决策支持平台。

数字孪生是以数字化方式创建物理实体的虚拟模型，借助数据模拟物理实体在现实环境中的行为，通过虚实交互反馈、数据融合分析、决策迭代优化等手段，为物理实体增加或扩展新的能力。数字孪生技术不仅可针对特殊天气事件或特殊周边环境做出实时反应，而且还可以测试潜在的未来紧急情况。如果紧急事件确实发生，数字孪生技术可以与紧急响应人员一起对任何位置进行模拟，从而更快、更容易地发现问题。

3）不断提升关键核心技术的自主创新能力

在科技迅猛发展的当代，注重关键技术的自主研发，不断提升自主研发的能力，才能立足于当今的环境。

2017 年 12 月 10 日，全球最大单体自动化智能码头和全球综合自动化程度最高的码头——洋山港四期码头正式开港。其码头的软件系统，主要由上海振华重工（集团）股份有限公司自主研发的设备控制系统和码头方上港集团研发的码头操作系统组成，也是国内唯一一个软件系统纯粹由“中国制造”的自动化码头。

2019 年，青岛港研发基于商业智能（BI）的自诊断系统、三维可视化运维平台、智慧监管系统、机器视觉 + 自动化技术、运用“5G + 自动化技术”、氢动力自动化轨道吊 6 项全球首创科技，并将其运用在二期工程青岛港自动化二期码头，再次以中国“智”造向全球港航业奉献了一流的“中国方案”。

2021 年 6 月 8 日，山东港技术人员自主研发的自动化门机，成功突破了 4 项核心关键技术：通过智能算法实现门机抓斗自动防摇，确保抓斗平稳、精准抓取物料，筑牢了本质安全的“铜墙铁壁”；通过高精度三维激光扫描技术，实时选取最佳取料点和落料点进行装卸作业；研发门机协同作业系统，动态检测相邻门机的臂架和抓斗实时位置，实现门机最优作业路径规划；搭建综合安防系统，实现人机分离和关键部位故障预警，极大改善了作业环境，确保本质安全。与传统门机的人工操作模式相比，自动化门机凸显了更安全、更高效、更舒适、更经济四个显著优势。此次攻克门机自动化难题，意味着山东港口完成了港口作业全系列主要装卸设备自动化升级的技术攻关，在智慧港口建设领域迈出了坚实的一步。

7.2.2　智能港口市场需求分析

从全国自动化码头建设投产情况来看，洋山港区四期码头最早于 2017 年建成投产；青岛港前湾港区 2 个自动化集装箱泊位已投入运营；天津港实现了传统集装箱码头的自动化改造；广州港南沙四期全自动化码头基本建成，成为大湾区首个全自动码头；北部湾港海铁联运自动化集装箱码头顺利开工；深圳妈湾智慧港成为我国散杂货码头中率先完成自动化改造的码头。另外，厦门翔安港区 20 万吨级全自动化码头泊位建设获批；招商港口旗下深圳海星港，大连港、营口港分别开展散杂货和集装箱码头智能化改造。但我国港口总体上处于建设型和资源投入型发展阶段，主要表现为以下几点。

（1）正处于加快传统行业转型升级、全面推进供给侧结构性改革的关键时期。依然存在软实力不足、可持续性弱、沿海内陆衔接不够、港城互动弱、港口运营模式单一等问题，需要依靠智慧港口建设来全面提升港口综合服务的供给质量、供给效率，提高企业核心竞争力。

（2）我国港口布局基本已形成以主枢纽港为骨干、区域性中型港口为辅助、小型港口为补充的层次分明的体系。环渤海、长三角以及珠三角地区等重点港口已经开始智能码头的建设，武汉港、重庆港等中部沿江港口也开始实施智能化战略；厦门远海、青岛前湾、上海洋山三个集装箱码头已实现全自动化建设。

（3）“一带一路”推动下多个港口走向信息化、智能化建设。以沿边地区为前沿，以内陆重点经济区为腹地，以东部沿海发达地区为引领，加强东中西互动合作，构建全球物流和供应链服务体系，打造基于数据驱动的港口物联网信息平台，实现开放、高效的物流供应链一体化服务。

根据知名海事咨询机构 Alphaliner 统计资料显示，在 2020 年全球集装箱吞吐量排名前 10 的港口中，中国港口占据了 7 个席位。其中上海港以 4350 万标准箱的吞吐规模保持了全球最大集装箱港口的地位，港口吞吐量增长了 0.5%，而宁波舟山、深圳、青岛和天津的港口吞吐量同比分别增长了 4.4%、3%、4.7% 和 6.1%。国内目前实现自动化全流程作业的仅有厦门远海、青岛前湾、上海洋山三个码头，对港口运营商来说提高码头装卸效率、经济效益是亟须解决的问题，而大力发展智能港口正是解决此问题的关键途径。

2021 年，全国各大港口继续利用大数据、物联网、云计算、区块链等技术提升智能化发展水平，国内自动化码头升级正在持续推进。智能港口建设是国家政策及港口发展的大势所趋，未来 5~10 年将是智能港口建设的高峰期，特别是国内港口，在大环境的影响下，将会出现集中建设的情况。智慧港口产业也将迎来前所未有的繁荣态势。

智能港口行业发展方向：①着力促进降本增效，打造港口企业的全球化的核心竞争能力；②着力促进绿色、智慧、安全发展；③着力推进陆海联动、江河海互动、港产城融合；④以客户为中心，为客户创造更大的价值，并以客户需求为准绳延伸服务价值链。

智能港口产品需求目标：①建立高集成度、高安全性的数据共享和交互平台，实现基于数据驱动的港口物联网；②建立开放、高效的物流一体化服务体系，实现整个供应链价值最大化和成本最小化。

7.2.3 国家需求分析

1. 国家宏观政策导向

从 2017 年交通运输部印发《关于开展智慧港口示范工程的通知》起，国家对于智慧港口的建设就进入了快速发展和应用落地的阶段。2019 年 5 月，交通运输部、工业和信息化部、财政部等七部委联发《智能航运发展指导意见》，2019 年 9 月，中共中央、国务院印发《交通强国建设纲要》，都把建设和发展智能港口放在了重要位置，并做出了明确任务要求。2019 年 11 月，交通运输部等国家九部门联合印发《关于建设世界一流港口的指导意见》，专门针对港口建设提出阶段性目标和任务。2020 年 8 月，交通运输部印发《关于推动交通运输领域新型基础设施建设的指导意见》，提出引导自动化集装箱码头、堆场库场改造，鼓励港口建设数字化、模块化发展，实现建造过程智能管控。建设港口智慧物流服务平台，开展智能航运应用。建设船舶能耗与排放智能监测设施。2020 年 10 月，国家发展和改革委员会、交通运输部联合印发《关于做好 2020 年国家物流枢纽建设工作的通知》。2021 年 2 月，中共中央、国务院印发《国家综合立体交通网规划纲要》，对智慧港口建设提出新要求。

这些政策的出台，足以说明国家对于发展智能港口，促进港口转型升级，促进港口数字化、智能化发展有着极大的期待和需求。

2. 港口转型升级

我国已是世界级港口大国，港口发展成就斐然，对国家经济发展起到了至关重要的作用。然而，我国港口在一些方面的发展与世界先进水平还存在一定差距，如港口的服务质量、绿色环保、智能化平台应用等方面。因此，早在 2014 年 6 月，交通运输部就发布了《关于推进港口转型升级的指导意见》，明确要拓展服务功能，发展现代港口业；完善港口运输系统，推进综合交通枢纽建设；科学配置港口资源，引导港口集约发展；加强技术和管理创新，推动港口绿色发展；加强港口安全管理，深化港口平安建设；提升港口信息化水平，促进港口服务高效便捷。

随着现代物流业的快速发展，船舶逐渐向专业化、大型化及集装箱深水化发展，传统的作业模式已不能满足现代需要，港口亟待转型升级。

1）港口转型升级的外部因素

（1）市场需求。经济全球化使得国际贸易活动数量显著提升，拉高了港口物流服务需求、增加了各式联运方式，市场需求的变化催生了港口运营模式的不断优化，港口由传统单一、标准化的运行模式逐步转向个性化、差异化的服务模式。

（2）功能调整。港口发展依托产业的变化，由重工业逐渐被第三产业替代，以往的发展模式需要转变思路，调整功能，转型升级。

（3）资源紧缺。土地资源是港口城市的宝贵财富，大量的岸线资源和土地被港区作业和活动所占用，成为城市发展过程中的一大制约因素。

（4）绿色低碳。现阶段，城市发展最关注的问题就是绿色低碳建设和环境问题，然而由于各种因素的制约，港区发展不可避免地会产生大量的粉尘、噪声、污水和空气污染，严重影响当地居民的生活环境和当地绿色低碳建设。因此，港口需通过转型升级建设绿色港口，平衡好港口发展和生态、和谐的城市发展之间的关系。

（5）交通体系。港口作业对城市交通产生影响，城市交通对港口作业也相应地产生反作用力，港口转型升级在一定程度上可以改善城市交通状况。

2）港口转型升级的内部因素

（1）地缘变化。早期的港口以内河港为主，受制于自身条件的限制，逐渐落后。随着港航技术的进步，呈现船舶大型化、航线全球化的态势。港口需重新进行定位，提升港口级别，增强市场竞争力。

（2）代际演化。港口代际演化是港口进步的标识，其发展经历了从简单业务向高附加值服务业的演变，货物装卸、仓储等简单业务的附加值较低，金融保险、现代物流等附加值较高。港口代际演化后自身功能得到提升，更加适应市场和经济发展的需求。

3.“双循环”发展

面对加快形成以国内“大循环”为主体、国内国际“双循环”相互促进的新发展格局，中国港口发展的新目标应是服务港口经济圈。坚持内外并重是港口发展的大趋势，港口的发展要善于在“谋全局”中“谋一域”，绿色、智慧是中国港口高质量发展、迈向世界一流的核心抓手和着力方向。

港口经济圈是港口和以港口为依托的经济活动及其影响范围，具有非垄断性、自然性、区域性、社会性、可变性和阶段性六大特点。建设一流港口是发展港口经济圈的必要前提，而港口整合是港口建设的重要手段。港口发展将由港产城互动发展转变为沿海与内陆经济圈互动发展，应树立服务港口经济圈的发展理念，从重航运中心建设向货运与航运并重转变，重集装箱轻散货向集散并重转变，重沿海轻内陆向沿海与内陆并重转变，重外贸轻内贸向内外贸并重转变。

“双循环”发展新格局下，内部产销一体化的供应链发展新模式将成为新的趋势。随着供应链不断向货主端延伸，港口企业将不再局限于服务船公司、货代公司等传统客户。产业链的不断丰富将催生港口供应链综合服务变得多样化，并促使港口对物流供应链进行更为精细化、柔性化和敏捷化的管理。综上，在“双循环”格局之下，港口谋发展，将会立足国内大循环，谋篇国内国际供给需求良性循环，充分抓住利用国家战略的加速机遇。

7.2.4 智能港口发展关键技术难点

在 7.1.2“智能港口产业关键技术”的基础上，进一步细化，列出 4 级指标技术，确保所挖掘出的技术指标为可支撑智能港口各领域发展的终端核心关键技术。由于 4 级指标技术数量众多且种类纷杂，为找到可切实符合 3 级指标领域特征，并针对性支撑各领域发展的最核心的技术，编制了智能港口产业发展调查问卷，通过发函反馈的方式，向17家单位共114位专家征询意见，在关键技术识别、预计实现时间、重要程度排序等方面进行调研，调研结果具备行业前沿性和权威性。以下即为根据调研结果进行数据整理得出的相关结论。

1. 集装箱码头生产作业技术关键技术难点

在“集装箱码头生产作业技术”（2级指标）中，包含四项子技术（3级指标），即：系统智能化技术、岸边自动化作业技术、水平运输自动化技术和堆场自动化作业技术。

在4级技术指标的征询中，共得到30项技术，调研问卷对这30项技术进行梳理，由专家选出最重要的10项关键技术难点，分析梳理结果见图7-1。

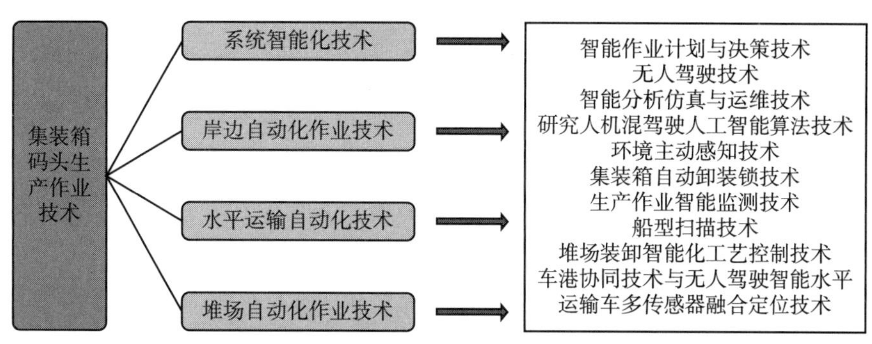

图7-1 集装箱码头生产作业技术关键技术难点

2. 干散货码头生产作业技术关键技术难点

在“干散货码头生产作业技术”（2级指标）中，包含4项子技术（3级指标），即：系统智能化技术、岸边自动化作业技术、水平运输自动化技术和堆场自动化作业技术。

在4级技术指标的征询中，共得到21项技术，调研问卷对这21项技术进行梳理，由专家选出最重要的7项关键技术难点，分析梳理结果见图7-2。

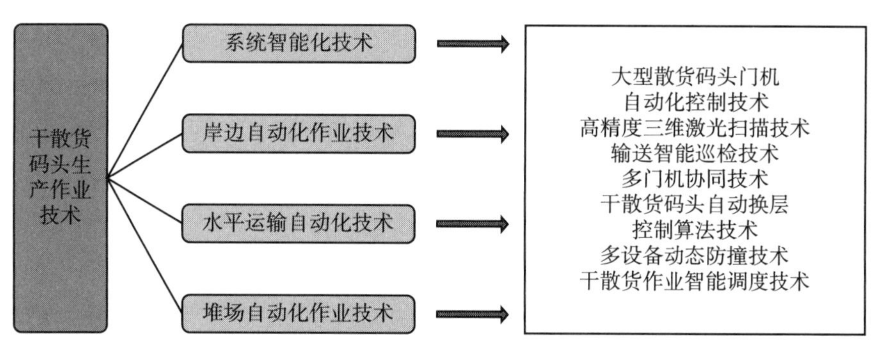

图7-2 干散货码头生产作业技术关键技术难点

3. 液体散货码头生产作业技术关键技术难点

在“液体散货码头生产作业技术”（2 级指标）中，包含 4 项子技术（3 级指标），即：系统智能化技术、岸边自动化作业技术、罐区自动化作业技术和港－厂联动智能化技术。

在 4 级技术指标的征询中，共得到 6 项技术，调研问卷对这 6 项技术进行梳理，由专家选出最重要的 4 项关键技术难点，分析梳理结果见图 7–3。

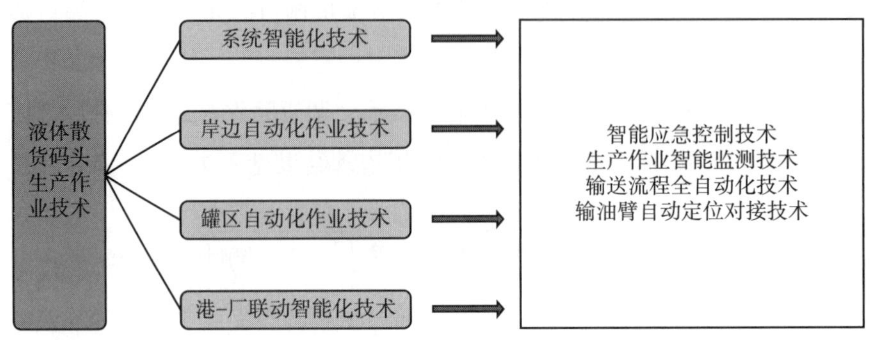

图 7–3　液体散货码头生产作业技术关键技术难点

4. 件杂货码头生产作业技术关键技术难点

在“件杂货码头生产作业技术”（2 级指标）中，包含 4 项子技术（3 级指标），即：系统智能化技术、岸边自动化作业技术、水平运输自动化技术和堆场自动化作业技术。

在 4 级技术指标的征询中，共得到 5 项技术，调研问卷对这 5 项技术进行梳理，由专家选出 4 项关键技术难点，分析梳理结果见图 7–4。

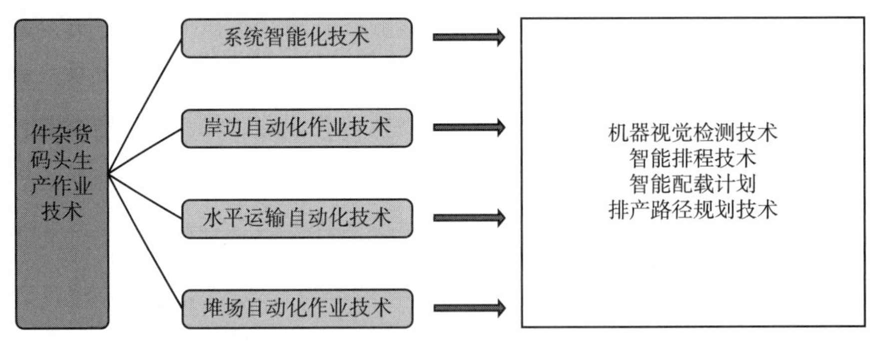

图 7–4　件杂货码头生产作业关键技术难点

5. 辅助生产作业技术关键技术难点

在“辅助生产作业技术”（2 级指标）中，包含 6 项子技术（3 级指标），即：港口智能理货技术、港口铁路自动化技术、智能辅助靠离泊技术、船舶智能调度技术、智能闸口技术和能源管理智能化技术。

在4级技术指标的征询中，共得到30项技术，调研问卷对这30项技术进行梳理，由专家选出最重要的10项关键技术难点，分析梳理结果见图7–5。

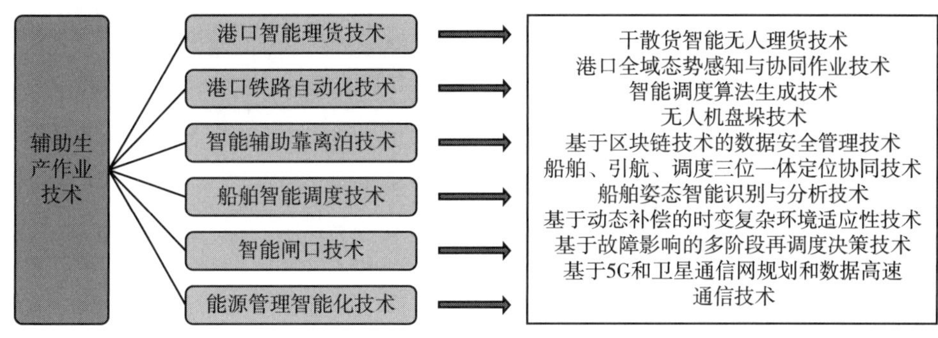

图7–5 辅助生产作业技术关键技术

6. 运营服务技术关键技术难点

在“运营服务技术”（2级指标）中，包含2项子技术（3级指标），即：智慧生产管控技术和智慧公共服务技术。

在4级技术指标的征询中，共得到24项技术，调研问卷对这24项技术进行梳理，由专家选出最重要的8项关键技术难点，分析梳理结果见图7–6。

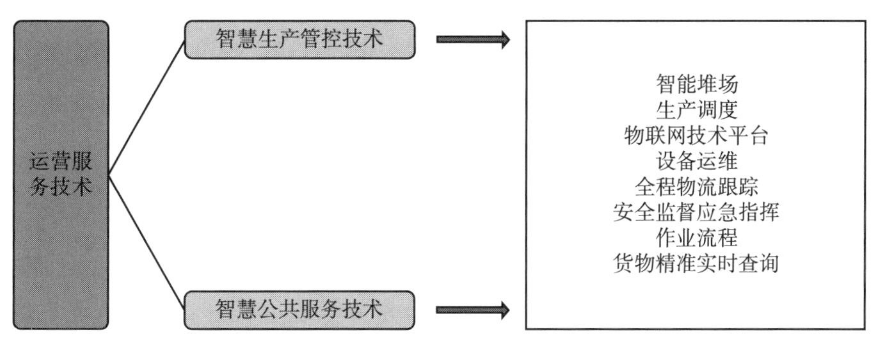

图7–6 运营服务技术关键技术难点

7. 管控技术关键技术难点

在“管控技术”（2级指标）中，包含2项子技术（3级指标），即：内部管控和智慧大脑。

在4级技术指标的征询中，共得到7项技术，调研问卷对这7项技术进行梳理，由专家选出最重要的 4 项关键技术难点，分析梳理结果见图 7–7。

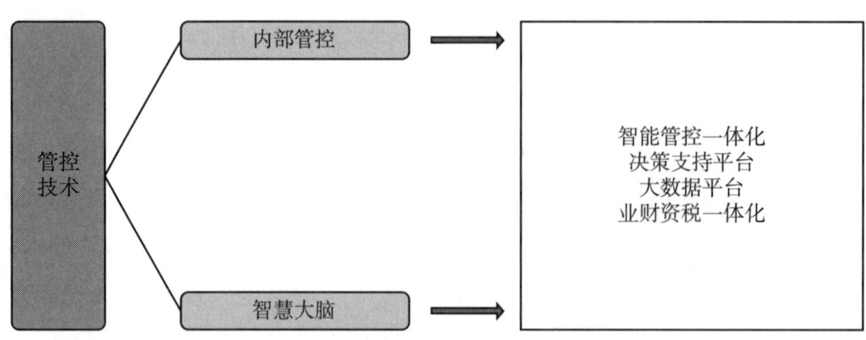

图 7–7 管控技术关键技术难点排序

7.2.5 智能港口研发需求分析

智能港口强调的是全业务流程的创新，包括港口生产、运营和管理等多方面，强调科技创新与港口业务模式创新的深度融合。实现港口与相关物流产业的信息集成和共享，优化物流链供应管理，提高物流服务水平。提高港口管理和决策水平，实现远程调度、信息自动化采集、存储和加工、优化港口物流流程和生产组织，实现真正的船岸一体化的智能港口。研发需求将向以下 3 个方向发展。

（1）全面感知。根据作业流程需要，利用物联网和边缘智能等技术，全面感知、获取各生产环节及各作业对象的位置信息、状态信息，使现场信息全面数字化。

（2）自主装卸。在智能决策的基础上，设备自主识别、确定装卸对象和作业目标，安全、高效、自动（或自主）完成作业任务。

（3）全程参与。通过云计算、大数据、移动互联网等技术的应用，使港口相关方可以随时随地利用多种终端设备，全面融入统一云平台，通过广泛联系、深入交互，使港口网络综合服务云平台最大限度优化整合多方需求与供给，使各方需求得到迅速响应。

7.2.6 智能港口产业与技术发展的总体目标

到 2025 年，突破一批制约智能港口发展的关键技术，成为全球智能港口发展创新中心，具备国际领先的成套技术集成能力。总结复制推广经验，分类梳理港口智能化技术，初步构建智能港口发展的技术体系架构，智能港口发展的基础环境基本形成。构建以高度自动化和部分智能化为特征的港口新业态，港口服务、安全、规模水平明显改善。部分沿海集装箱枢纽港初步形成全面感知、泛在互联、港车协同的智能化系统。

到 2035 年，交通运输领域智能港口基础设施建设取得显著成效。先进信息技术深度赋能智能港口基础设施，精准感知、精确分析、精细管理和精心服务能力全面提升。基础设施建设运营能耗水平有效控制。促进人工智能、大数据、5G、北斗等新技术应用在港口的应用，推进新一代自动化码头、堆场、远程作业操控等技术研发与推广，推动港区内部集卡和特殊场景集疏运通道集卡自动驾驶示范试点，基本建立行业数据中心和网络安全体系。科技创新支撑能力显著提升，前瞻性技术应用水平居世界前列。全面建成智能港口产业高质量发展体系，绿色智能水平和综合竞争力居世界前列，安全发展水平和技术创新能力达到世界先进水平，基本实现智能港口治理体系和治理能力现代化，引领全球智能港口绿色发展、智慧发展。

到 2050 年，形成高质量智能港口体系，形成若干个世界级港口群，发展水平位居前列。完善现有集装箱码头管理系统的智能化迭代更新，建立集成智能理货、装卸远控、自动运输、智能监控、智能运维等功能的港口综合业务平台，实现港区生产运营可视化、智能化、安全化升级，为建设交通强国发挥关键作用。智能港口产业与技术发展水平位居世界前列，全面实现智能港口治理体系和治理能力现代化，全面服务社会主义现代化强国建设和人民美好生活需要。

7.3　发展趋势

7.3.1　关键技术或重要问题遴选

智能港口涉及的技术领域广泛，智慧港口产业关键技术之间，尤其是第四级门类技术之间存在着大量的耦合作用关系，单个技术的突破，既无法形成有效的应用，也难以聚集足够的资源，结合山东等重要港口的实际情况，将智慧港口产业与技术发展集成为五条典型的进军路线，也叫五大技术领域，共包含 15 个技术课题（表 7–2）。

表 7–2 五大技术领域及其课题汇总

序号	技术领域	技术课题
1	超大型港口智慧大脑与智慧服务关键技术研发与应用	港口智能决策模型
		港口经营图谱
		港航人工智能模型与自然语言处理融合
2	船海岸一体化智能协同关键技术研究与应用	低能见度下的航道信息智能感知特征识别分析
		船岸一体化数据同化及实时动态处理
		港口货物作业系统智能管控技术
3	智能集装箱码头装备及操作系统研发与应用	自动化集装箱码头智能作业计划与决策、智能调度、自动配载、智能堆场选位
		自动化集装箱码头智能分析、仿真及运维
		无人驾驶智能水平运输车智能化控制
		集装箱码头全系统数字孪生
4	传统集装箱码头自动化升级关键技术研发与应用	水平运输远程驾驶
		岸边装卸高精度定位
		堆场装卸智能化工艺控制
5	大型干散货码头自动化升级关键技术研发与应用	大型散货码头门机自动化控制
		激光点云扫描及建模技术

7.3.2 德尔菲调查结果

针对五大技术领域和 15 个技术课题，分别就“重要程度”和“预计实现时间”展开调查。

1. 智能港口产业与技术课题重要程度排序

智能港口产业与技术课题重要程度见表 7–3。

表 7–3 智能港口产业与技术课题重要程度

序号	技术领域	技术课题	重要程度
1	超大型港口智慧大脑与智慧服务关键技术研发与应用	港口智能决策模型	较为重要
		港口经营图谱	一般重要
		港航人工智能模型与自然语言处理融合	一般重要
2	船海岸一体化智能协同关键技术研究与应用	低能见度下的航道信息智能感知特征识别分析	一般重要
		船岸一体化数据同化及实时动态处理	一般重要
		港口货物作业系统智能管控技术	较为重要

续表

序号	技术领域	技术课题	重要程度
3	智能集装箱码头装备及操作系统研发与应用	自动化集装箱码头智能作业计划与决策、智能调度、自动配载、智能堆场选位	较为重要
		自动化集装箱码头智能分析、仿真及运维	一般重要
		无人驾驶智能水平运输车智能化控制	一般重要
		集装箱码头全系统数字孪生	一般重要
4	传统集装箱码头自动化升级关键技术研发与应用	水平运输远程驾驶	较为重要
		岸边装卸高精度定位	较为重要
		堆场装卸智能化工艺控制	一般重要
5	大型干散货码头自动化升级关键技术研发与应用	大型散货码头门机自动化控制	较为重要
		激光点云扫描及建模技术	一般重要

综合各领域中所含课题的重要程度排序，可据此得到这五大技术领域的重要程度排序，分析梳理结果如下所示：

- 大型干散货码头自动化升级关键技术研发与应用：较为重要；
- 船海岸一体化智能协同关键技术研究与应用：较为重要；
- 传统集装箱码头自动化升级关键技术研发与应用：较为重要；
- 智能集装箱码头装备及操作系统研发与应用：较为重要；
- 超大型港口智慧大脑与智慧服务关键技术研发与应用：一般重要。

2. 智能港口产业与技术课题预计实现时间

智能港口产业与技术课题预计实现时间见表 7–4。

表 7–4 智能港口产业与技术课题预计实现时间

序号	技术领域	技术课题	预计实现时间
1	超大型港口智慧大脑与智慧服务关键技术研发与应用	港口智能决策模型	2030 年
		港口经营图谱	2029 年
		港航人工智能模型与自然语言处理融合	2033 年
2	船海岸一体化智能协同关键技术研究与应用	低能见度下的航道信息智能感知特征识别分析	2030 年
		船岸一体化数据同化及实时动态处理	2029 年
		港口货物作业系统智能管控技术	2030 年

续表

序号	技术领域	技术课题	预计实现时间
3	智能集装箱码头装备及操作系统研发与应用	自动化集装箱码头智能作业计划与决策、智能调度、自动配载、智能堆场选位	2029 年
		自动化集装箱码头智能分析、仿真及运维	2028 年
		无人驾驶智能水平运输车智能化控制	2028 年
		集装箱码头全系统数字孪生	2031 年
4	传统集装箱码头自动化升级关键技术研发与应用	水平运输远程驾驶	2027 年
		岸边装卸高精度定位	2027 年
		堆场装卸智能化工艺控制	2028 年
5	大型干散货码头自动化升级关键技术研发与应用	大型散货码头门机自动化控制	2029 年
		激光点云扫描及建模技术	2028 年

综合智能港口产业与技术课题重要程度以及预计实现时间，可以得到各课题和各领域重要程度与预计实现时间之间的联系，如图 7-8 和图 7-9 所示。

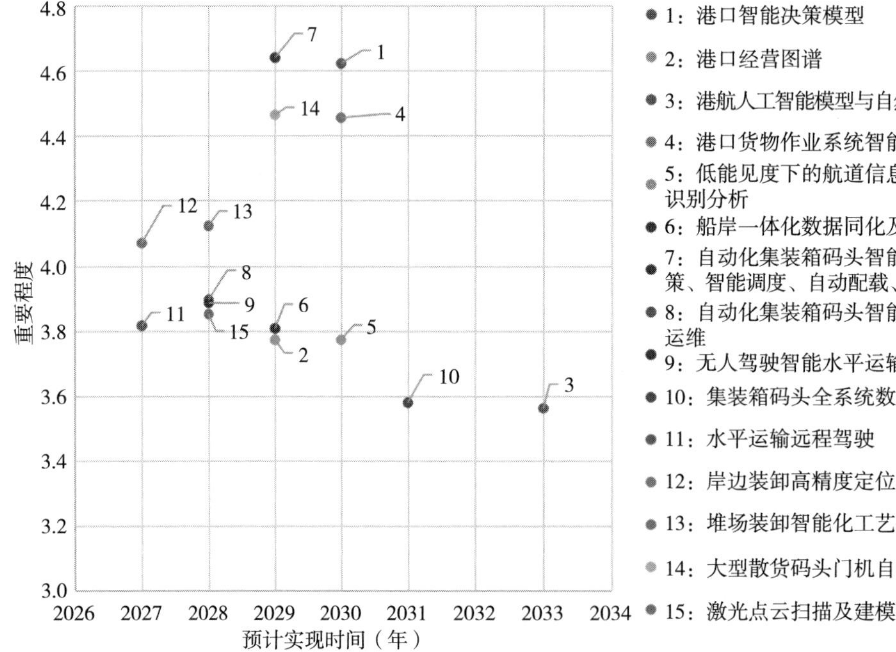

图 7-8 智能港口产业与技术课题重要程度与预计实现时间关联

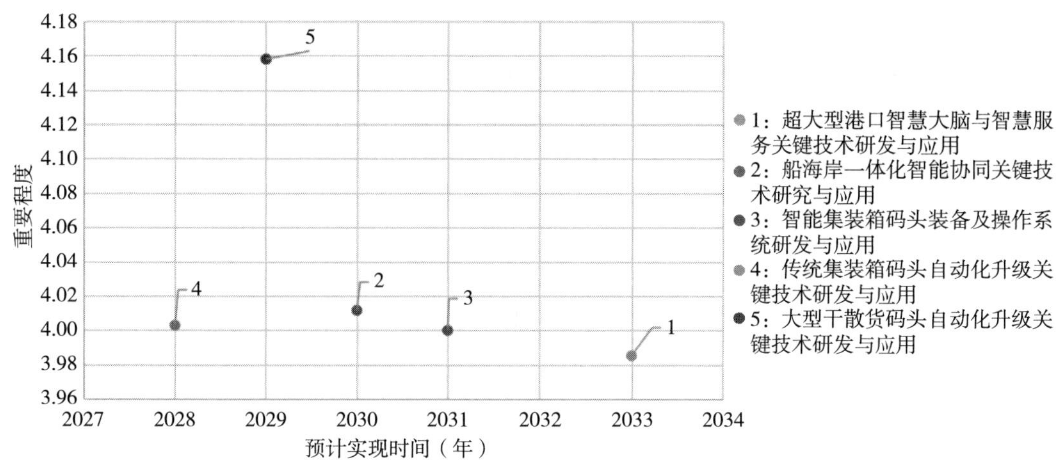

图 7-9　智能港口产业技术领域重要程度与预计实现时间关联

7.3.3　智能港口产业与技术研究开发水平

1. 超大型港口智慧大脑与智慧服务关键技术

1）港口智慧大脑平台研发

（1）智慧大脑指标体系、管理体系研究。按照相关衡量指标标准和框架，构建完整指标体系；覆盖“1+4+11”发展架构，实现所有经营、业务、管理指标；精准实现横向、纵向、内外等关联分析及关键要素分析，实现可量化的全价值链经营分析。

（2）大数据平台研发。实现信息化从以“功能为中心”建设转向以“用户为中心”，创建实现资产数据化、数据服务化，建成集约共享基础设施、融合共用数据资源体系及多部门协同联动的业务系统，采用主流技术，搭建港口大数据技术平台架构，提供高性能的计算能力、结构化与非结构化数据管理能力，提供数据建模、数据治理、数据挖掘、数据分析展示等各类数据管理与数据应用开发平台与工具。

（3）决策支持平台研发。围绕全面感知、分析预测、动态预警、自主优化、智能查询、决策支持等能力建设决策支持平台。整合多源经济（财务）、生产管理、客户与市场、合同与协议、设备资产、运营管理等数据，汇聚全面、分析挖掘深入、应用全面支撑的决策支持平台，提供数据挖掘、决策模型库、指标体系智能化分析与展示等，支撑各级管理人员全面感知、分析预测、动态预警、自主优化、智能查询、决策支持等能力建设，支撑完成指标分析模型、专题业务分析模型设计，支撑决策智能化。

（4）管理驾驶舱应用研究。借助人工智能等技术打造可视化、线上化、灵活化和智能化的智慧大脑管理驾驶舱，推动业务数据化和数据业务化，形成数据赋能的港口大脑，并应用在生产组织、市场分析、运营状况实时跟踪等方面。建立企业管理分析体系，实现从战略规划到计划预算、执行监控、分析、绩效考核、对规划目标进行调整优化的管理闭环。

2）港口云生态平台研发

（1）支持全链条生态体系服务的云生态平台功能、架构、客户主数据设计和研究。全面覆盖各类客户与港口的线上化业务，以客户业务流程为驱动，提供全流程、便捷化、个性化、智能化服务。实现港口、板块之间的合作和业务协同，物流资源统筹、技术协同和数据统一，实现码头、物流、金融、贸易、航运等业务流程的线上互联互通，为客户提供一站式、一单制物流服务。建设客户主数据管理系统，实现客户主数据的申请、校验、审核、维护、分发等功能。

（2）支持容器部署、开发运营理念（DevOps）技术的云生态平台多云架构部署研究。研究分布式业务编排，保持业务状态和数据流转一致性问题；研究港口多云管理模式，建立统一的云平台基础设施管理新模式；研究制定通信标准、数据标准、建立业务主数据，实现上下游客户系统接入和数据共享；研究多业态业务协同技术；研究通过大数据、区块链技术应用，为客户提供精准的数据服务、业务服务，为客户提供全链条、安全保障的供应链服务。

（3）基于人工智能的自然语言分析平台研发。研究人工智能和自然语言分析技术，创新人机、业务设备之间的交互模式，在对外服务窗口和作业现场为不同用户提供智能化服务人机交互场景，经过大数据分析建立人机交互模型；研究基于自然语言处理的人机交互新模式；研究基于自然语言处理的可视化复杂查询技术。

（4）基于分布式账本、非对称加密、共识机制、智能合约等区块链技术在港口仓单质押、港口控货业务的推广应用。基于先进的区块链技术手段，利用 fabric 技术架构在本地搭建区块链环境；完成区块链组网以及联盟链搭建；基于区块链技术，研究货物质押功能，实现物流金融的创新发展；建设港口区块链综合管理平台，实现大规模节点高效协同和多业务安全可信交易，在仓港口控货、木材业务等业务场景中应用示范，降低港口、企业运营成本，增强港口业务的核心竞争力。

（5）全程物流人工智能识别技术研究。通过港口物流 50 多个业务主体和业态，包含基础业务操作、管理平台、互联网平台等多个角度，研究人工智能识别物流业务单据信息采集技术。目前，各环节产生大量的电子单据和纸质单据，在单据信息采集方面，相当一部分还依赖于人工采集。为提高信息采集效率、降低人工成本，建设陆海通全程物流人工智能识别中心。人工智能识别中心主要研究两类证件信息识别，一是社会通用证件，如身份证、工商营业执照、驾驶证等；二是物流行业常用单据，如进口货物报关单、海运提单、入境货物检验检疫证书等。

（6）全程物流自主学习技术研究。依托海量的物流数据资源，运用自主学习和智能算法等技术，搭建自主学习中心，研究各类单证图像识别模型及训练模型，研发训练功能，提升各类单证识别效率。基于智能算法的运用，智能推荐最优仓库库位，提高库区使用率，减少货物翻倒次数；智能分析货主的货种、货量、包装类型、危险等级、起始地、目的地、装卸效率等因素，推荐最优运力资源；智能分析车主以往的运输历史、运输习惯、运输效率、车型等因素，规划最优行驶路线；车主将货物运输到目的地后，智能化为车主推荐附近货源，降低返程空载，提升运输效率。

3）智慧港口建设标准体系研究

（1）智慧港口标准体系框架研究。在对现有典型标准体系案例进行深入挖掘和分析的基础上，以智慧港口的各项标准为依托，建立智慧港口标准体系框架，并对标准体系框架中各项内容进行分解、说明。

（2）智慧港口标准体系研究。在智慧港口标准体系框架的基础上，进一步完善标准体系框架中的各项内容，对符合基础通用、港口设施设备、电控与信息化、安全与环保、管理与服务等不同类别的智慧港口标准开展研究，全面涵盖技术标准和水运工程建设标准，以及国家标准、行业标准、地方标准、团体标准和企业标准，形成智慧港口标准体系表和编制说明。

（3）智慧港口标准制修订研究。在智慧港口标准体系表和编制说明的基础上，提出符合智慧港口发展需求的“十四五”标准制修订计划，按年度提出标准制修订任务，并编制制修订依据。

2. 船海岸一体化智能协同关键技术

1）关港协同智能调度技术研究

（1）关港协同智慧查验技术研究。针对海关、码头、查验区、报关行等多方查验信息互联互通，将散乱、海量的观测数据进行数据库搭建，整理、分级并提取数据特征，建立一致性数据结构标准，对多源数据进行同源处理，建立基础数据库，实现海关查验全程的线上化、无纸化操作，提高查验效率，降低客户物流成本，提升口岸通关便利化水平，优化口岸营商环境，打造口岸智慧查验新模式。通过5G、区块链、深度学习等技术，开展关港协同智慧查验线上办理、智能确认预约顺序、流程动态跟踪、免单申请及电子化提箱、异常状态预警技术研究，研发关港协同智慧查验系统，实现港口海关“无纸化”“智慧化”线上操作，准确掌握整个物流查验过程各节点的信息。

（2）进出港业务智能规划调度技术研究。通过对引航及重点船舶运动状态、水文气象变化动态、泊位使用状况等的实时有效监测，通过确定科学适用的数学模型和调度算法，建立有效的生产作业模型，对模型与算法进行实施和评价，提高模型和算法对共性问题的描述能力，建立全场作业面智能规划调度模式，进而实现船舶调度流程优化。同时，指挥和调度人员可以根据不断变化的情况，适时调整作业计划，避免盲目性，节约相关资源。

2）智能引航与辅助靠离泊技术研究

（1）船岸物联协同智能引航调度流程优化技术研究。通过确定科学适用的数学模型和调度算法，建立有效的生产作业模型，对模型与算法进行实施与评价，提高模型和算法对共性问题的描述能力，建立全场作业面引航调度模式，进而实现船舶调度流程优化。通过中心服务平台获取实时的船舶数据，将船舶运动状态显示在监控系统底图上，并提供底图操作、显示控制、船舶运动状态监控、引航路线设计测量、引航调度信息查询等功能，为调度员指挥引航作业提供良好的支持平台。

（2）油电混合智能绿色拖轮方案优化研究。运用物联网、大数据、自动报警、三维模拟等技术，构建绿色智慧港作拖轮智能监控体系，实现对拖轮实时监控及异常事件智能预警，为拖轮生产安全、高效作业提供支撑。构建绿色智慧港作拖轮智能辅助决策系统，使港口拖轮调度更加精准、快速，为未来绿色智能无人港作拖轮积累经验。

为满足自主航行船舶港口试航需求，构建符合试航条件的信息服务体系，从港口作业、海事监管、海洋环境、航行保障等多个角度，梳理自主航行船进出港过程中的信息服务需求，形成自主航行船舶在进出港各个阶段（锚地、航道、泊位、靠离泊）的信息服务需求体系表，提出面向自主航行船舶的进出港信息服务体系框架，研发自主航行船舶信息服务系统，并开展自主航行船舶进出港信息服务系统验证。

（3）岸基辅助靠离泊关键技术研究。不管对于普通船舶还是智能船舶靠离泊过程中，由于船舶自身的体型与吨位大小，风向、风速和水流的方向、流速等环境因素，以及其他船舶的运行情况等，都对船舶的靠离泊产生着直接或间接影响，一般来说，绝大多数船舶难以实现完全自主的靠离泊操作，针对恶劣海况下大型船舶在靠离泊过程中对泊位或船舶造成损坏的可能性问题，开展岸基辅助靠离泊关键技术研究及装备研制，可为船舶靠泊、停泊和离泊提供实时的船舶与码头距离、角度以及船舶靠泊速度等数据，引航员通过这一数据，可以更好地指引拖轮和船舶上的工作人员，安全操纵船舶驶靠泊、停泊和离泊。

（4）多拖轮智能柔性协同精确作业技术研究。针对多拖轮自主协同作业的需要，为更好满足航道双向通航、港池锚地通航效率等需求，研究攻克多拖轮智能拖带和待泊技术，支撑拖轮协助下的大型船只的待泊、双向通航、套泊热接等功能的实现，极大程度提升通航效率。针对港池口门海域潮汐变化引起水流环境突变，导致口门内外船只易搁浅等风险，研究攻克突变水流环境下多拖轮智能协同辅助船只进出港技术，采用人工智能、机器学习等先进理论，形成港作拖轮独有的智能控制协同演进技术，实现多拖轮辅助船只进出口门的安全提升和效率提升。同时，通过该技术的研究，可以为未来多拖轮协同辅助大型船只靠离泊建立技术基础。

3）航道智能感知技术研究

（1）港口航道团雾微气象立体观监测技术研究。航道团雾微气象智能观监测技术，旨在利用新一代观测感知等技术，针对海上团雾、波浪等极端气象因素，开展对团雾、波浪等气象因素的船载立体视觉、微波观监测技术研究。在视觉认知识别图像视觉信息的基础上，将微气象视觉搜索、认知、识别阶段的语义判定等高层处理联系起来，使图像区域或图像块与图像语义和图像类别之间建立感知联系，采用神经索引方法，把气象内容进行索引和存储，并通过认知粗糙集的处理，实现机器认知规律的发现，在任务事件的联合驱动下完成对图像的协同搜索和识别。

（2）港口航道小目标识别监测预警技术研究。针对船舶港口各项作业的特殊性，开展港口航道小目标识别监测技术研究，重点突破受限数据下的目标识别、弱观测条件下的图像增强、多尺度目标识别、多视角多光谱图像融合识别等关键技术，提高港口航道小目标的识别性能，并具备较强的泛化能力。通过设置危险区域阈值告警，最大限度地保证一套系统可以适用于多种不同型号的船舶，也能在不同的环境针对不同的作业类型进行预警。

（3）港口海域水文气象要素时空预报预警技术研究。该技术研究由观测模块和预报模块组成。观测模块给出风场、潮位、波浪、潮流等要素的实时有效信息，并对上一时刻的预报信息予以校验和修正；预报模块采用数字孪生技术构建港区 / 航道动态数据库，采用全球风场作为驱动，耦合大气－波浪数值模型，衔接广域与局域计算模式，给出关键区域波浪、水位、潮流、风等要素的预报信息，实现未来 3 天逐小时精细化预报及未来 7 天趋势性预报；根据用户自定义设置预警阈值，系统自动进行数据处理及预警发布。针对作业水域波浪、气象预报的需求，开展作业水域海面高程实时测量及海况中短期预报技术研究，利用单基站全球导航卫星系统用户提供厘米级精度的实时定位服务，计算得到的载波相位差分技术实时解算得到的三维精确坐标；同时利用非接触式微波测距技术，不接触海水，适应海上恶劣、复杂多变的环境，可同时测量水位和波高，测量精度高达 6 毫米，采样频率 10 赫兹，海面的细微变化也能准确记录。同时开发数据实时处理及海况预报软件，在实施海况测量的基础上，开展 1 天、3 天、7 天、15 天海域天气海况预报。

（4）水下航道精确反演及速限预报技术研究。依据港口的水动力条件，利用水沙数值模型模拟预测淤积规律，建立航道、港池及锚地等通航水域的实时水深数字高程模型，并以此研究不同的疏浚方案，最终获得优化的维护性疏浚方案。根据航道环境实测情况，结合具体进出港船只线形及装载情况做出航道中最高限速预报，对进出航道船舶的速度限制做出快速预报。

（5）船海协同实时观测与仿真技术研究。船海协同实时观测与传输技术，重点解决船海一体化的海－气数据精准感知、边缘处理、传输、核心处理问题，基于无线通信组网技术，实现船岸气象探测数据孪生，有效打通船岸信息孤岛问题，通关船岸信息脉络。基于无线通信网络技术，研发应用于船海协同互联的海洋微气象、海况数据等信息的实时观测技术及系统，构建仿真业务化场景，重点解决传感器端数据采集能力提升、船岸协同数据孪生与边缘预处理能力提升问题，实现多源船舶、岸基的海气数据精准感知与双向验证。

（6）港区海域及航道目标精确感知与定位技术研究。面向港口海域目标动态信息感知与监控需要，研究攻克双目岸基对海雷达系统关键技术，实现全天候（特别是雨天、雾天条件下）对港区水域内目标特别是极小目标的自动探测、跟踪和识别。针对港口区域非合作目标船只入侵和干扰问题，研究攻克非合作小目标识别与定位技术，实现对海非合作目标精确感知功能。针对港区低能见度条件下作业困难的问题，研究攻克低能见度透彻感知技术，基于人工智能方法，实现低能见度条件下的目标特征提取功能，并根据历史数据，不断演进优化，提升系统在低能见度条件下的海上目标感知增强能力。

3. 智能集装箱码头装备及操作系统

1）全自动化集装箱码头智能操作系统研究与应用

（1）全自动化集装箱码头智能作业计划与决策技术研究。针对复杂业务驱动的全自动化集装箱码头智能作业计划与决策，研究自动化集装箱码头多业务场景下大规模并行作业任务及设备资源间的复杂时空耦合关系，基于算法平台构建码头作业集成调度网络模型，挖掘关键作业及其对码头运营效率的影响；综合考虑船舶结构、航行稳性、特殊需求及码头有限时空资源，研究船舶自动配载及泊位计划优化方法；基于多智能体理论，研究大尺度环境下车辆协同自适应调配方法；研究堆场多任务多资源时空耦合特性和协同优化方法，提升码头整体运行效率。

（2）全自动化集装箱码头智能分析、仿真及运维技术研究。针对多维异构海量数据的存储和分析需求，基于大数据分析与挖掘技术、大数据服务平台构建技术、码头作业仿真、软硬件智能运维管理、基于全域融合架构的自动化码头智能运维技术，构建多维仿真模型与优化算法，形成自动化集装箱码头智能决策和分析系统，实现码头多维度、全流程优化提升。

（3）全自动化集装箱码头智能操作系统技术架构及智能算法技术研究。针对全自动化集装箱码头智能高效运作需求，研究微服务、容器等技术打造服务组件化、去中心化、高容错性、可弹性伸缩的信息物理系统软件架构。突破全自动化码头基于信息物理系统的全流程国产化智能实时作业系统高可用软件技术架构、全自动化码头设备智能调度优化算法技术、全自动化码头船舶自动配载和堆场智能派位技术、全自动化码头基于新一代通信技术的海量并发数据实时采集和高速网络传输技术，研发基于信息物理系统的新一代自动化码头集装箱智能操作系统。

2）智能空轨集疏运装备研制与系统开发

（1）基于信息交互平台的多系统集成技术研究。针对多数据多业务系统集成的需求，解决多类软件架构、多接口和多数据格式等多源信息融合问题，基于多层次并行计算、多源异构数据整合、分布式存储和大数据智能处理等相关技术，研究多业务、多关联和多控制系统的数据采集、数据传输、数据存储、数据处理的关键技术，研发基于码头操作系统平台多系统集成的智能空轨集疏运系统，实现智能空轨集疏运系统与各个系统信息实时互联互通，实现港口、陆路、铁路联运“零换车”，进一步提升港口集装箱集疏运能力和效率。

（2）集水平运输、垂直装卸、自动运行于一体的空轨结构设计、装备研制。将动车水平牵引功能与集装箱码头垂直吊装功能相融合，研发具备装卸功能的新型货运动车。减少转接设备和转接环节，满足码头业务工况需求。

按照智能空轨在复杂场景下多定位技术融合，构建空轨精准定位交互系统，实现顺畅转接，保障安全高效作业的总体思路开展研究，研究磁钉导航、北斗差分定位、交叉感应环线定位、激光扫描定位、机器视觉定位技术的特点，确定在复杂场景下的不同定位技术的最佳应用。

（3）基于多系统融合的智能空轨调度控制系统研发。通过分析港区的环境情况，在实际可操作基础上，按集疏运系统效能发挥最大、低建设成本等的原则，结合港区以及铁水联运示范工程的建设规划，进行线路方案规划，形成包含运输调度系统、运行控制系统、箱号光学字符识别系统、运维管理系统、空轨集疏运系统信息交互平台于一体的智能空轨集疏运系统，实现货运动车单车运行、编组运行、车车通信等功能，以立体交通思维构建港口物流的集疏运网络，实现智能空轨技术在不同行业的推广应用。

3）无人驾驶智能水平运输车的研究与应用

（1）无人驾驶智能水平运输车单车系统总体设计技术研究。以港口重型牵引车模态为基础进行仿真分析，通过研究港口环境和市场上现存导引车承载特点和行驶工况，分析满载弯曲工况和满载扭转工况，构建无人驾驶控制元件、车架总成、柜体总成、底盘总成、电器总成技术参数。

（2）无人驾驶智能水平运输车多传感器融合定位技术研究。通过分析所用激光雷达的角度与覆盖车辆范围、相机角度与覆盖前方范围的关联机制，采用卫星导航定位、激光雷达、视觉等多传感器融合定位技术，构建可实时构建地图并多车协同共享环境信息的融合定位方法。实现自主行驶、避障、在装卸点准确停靠等操作。

（3）人工智能水平运输车优化设计、样件研制。通过运用机器学习算法、摄像头、毫米波雷达、激光雷达等传感器模块共享，实现系统运行过程中所有的车辆任务、调度、路径的数据集合基于单车系统与车队调度系统，实现车辆自主导航，基于人工智能的多传感器融合定位技术，定位精度提高到厘米级，实现人工智能水平运输车的持续研制以及产业化。

4）全自动化集装箱码头数字孪生系统研究与应用

（1）智慧港口轻量化动态三维模型库研究。轻量化动态三维模型库是数字孪生系统三维场景构建的基础，模型库中主要包括码头设备模型和码头业务场景模型两大类。根据三维模型进行数字化构建，基于模型轻量化处理以及模型业务流程分析等工作对三维模型库进行研究。根据码头元素的时空位姿态势参数，利用三维建模软件构建相应码头元素的动态三维数字化模型；基于通用化、模块化设计理念，提供全系统数据管理、信息传递等通信接口，提高整个数字孪生平台的可扩展性和复用性。

（2）数字孪生系统数据驱动技术研究。针对岸桥、场桥和拖车三大类型的港口机械设备，设计标准化应用程序接口，开放不同运动参数设置功能，实现虚实设备的双向通信同步，进而实现数字孪生系统与真实装卸设备联动。同时，数字孪生系统兼容模拟运动数据，可对作业流程进行可视化模拟，评估港口运行方案的可行性。

（3）基于三维可视化的漫游交互技术研究。为便于码头监控智能港口运行状况以及港口设备情况，基于三维可视化的漫游交互技术研究，可以实现在数字孪生系统中交互式漫游功能。该研究可以帮助用户在不进入港口现场、不影响港口作业和个人安全的情况下，以任意视角对港口进行监视和观察。调度员通过平台全局管控；操作员实时观察设备执行结果与反馈状态；业务人员键盘一点省时省力；安全人员实时监控异常状态，保障安全生产；运维人员及时掌控设备维保状态，延长设备使用寿命。

4. 传统集装箱码头自动化升级关键技术

1）码头操作系统智能化升级研究与应用

（1）顺岸式全自动化集装箱码头作业工艺研究。提出以“自动化轨道吊 + 远控岸桥 + 无人集卡”为基本布局的全自动化集装箱码头边装卸作业工艺方案，利用传统码头技术升级的契机，利用新技术实现传统码头到自动化码头的转变，解决传统码头和自动化码头无法有机融合的工艺难题。利用双悬臂工艺优势，实现内外集卡车分离，解决自动化人机交叉难题。

（2）基于码头操作系统的智能生产、管理、调度系统优化升级。针对“自动化、智能化”的码头操作系统自主研发、升级，打破面向后期业务增长需求下千万标准箱级码头依赖国外操作系统的技术限制。对码头操作系统架构、数据接口协议标准、多源数据对接展开研究，应用人工智能等技术固化人工经验，实现智能生产调度，充分发挥码头操作系统作为自动化“大脑”的角色，减少人工处理复杂度，形成统筹管理的新格局。

（3）基于机器学习、物联网的智能闸口、智能理货等智能作业单元的研究。针对人工成本较高、人机交叉带来的安全问题等难题，通过信息化技术创新，减少港口作业安全风险，增强港口通过能力，提升综合服务质量。对闸口服务、岸边理货等进行智能化升级，利用传感器、摄像头、人工智能识别等技术手段，将服务人员“后移”，提供一对多的服务能力的技术支持，填充智慧港口整体布局。

2）岸桥自动化技术研究与应用

（1）桥吊起升、小车高精度定位技术研究。起升采用绝对值编码器实现，并通过位于小车架的激光扫描仪实现定期自动位置校验与清零，确保起升高度的精确定位。沿大梁侧壁铺设感应标尺，小车架上安装阅读器，采集感应标尺上的位置信息。利用原小车机构的绝对值编码器提供安全冗余，其计算的位置数据用于对线性编码器的数据提供校验，保证定位精度的同时也保证安全，小车定位精度≤ 10 毫米，起升定位精度≤ 25 毫米。此外，还通过电子防摇装置来检测吊具与小车的相对位置，实现吊具精准定位。

（2）激光扫描水纹算法、船型数据免建模共享等前沿技术的应用研究。通过优化算法提高激光扫描仪在海面上扫描的抗干扰能力，解决因为海面起伏反光等因素造成的扫描数据异常问题；通过船型数据建模共享实现船舶数据的自动装载使用，代替人员手工录入，提高自动化操作水平。

（3）小车及吊具的防摇和防扭功能技术研究。采用原有吊具倾转油缸会带有编码器，可编程逻辑控制器系统会计算出左右倾、前后倾以及左右旋的角度，自动防扭系统利用安装于吊具上架的激光测距传感器，系统可以自动完成角度检测以及通过控制后大梁液压缸及钢丝绳张紧，最终实现吊具姿态控制，通过控制小车动作，使吊具保持在允许的垂直范围内，实现设备的防摇功能。同时，该防摇装置相关传感器可适用雨雾等恶劣天气，效果显著。配合安装于联系梁的集卡定位装置提供的数据，自动防扭系统根据已知的集装箱或者集卡位置，自动控制吊具的扭转角度保持和集装箱或集卡的角度一致，从而缩短吊具着箱的调整时间，提高生产效率。

（4）集卡定位技术研究，通过三维激光扫描系统实现集卡定位。通过三维激光扫描仪检测扫描到的轮廓，计算集卡的位置，集卡定位系统能够满足纵向（大车方向）及横向（小车方向）两个偏差数据的测量要求。

（5）安全防碰撞技术研究。包括：船形轮廓扫描系统、大梁防撞系统、大车防撞系统等。

船形轮廓扫描系统：在小车架上安装 3 个二维扫描仪。分别安装在：小车平台海侧中心线前方，扫描方向为大车行进方向；小车架前侧偏右位置，扫描方向为小车行进方向；小车架后端偏左位置，扫描方向为小车行进方向。该系统对船上和陆上进行轮廓扫描，控制起升和小车运行轨迹和速度，从而避让障碍物。

大梁防撞系统：通过安装在岸桥大梁两侧的激光雷达对两侧船舶障碍进行扫描，实现大梁机构的防撞。

大车防撞系统：通过安装在 4 个大车门腿上的激光雷达对障碍物进行感应，提供预警减速和报警停止两级保护，实现大车运行的防撞。

3）场桥自动化技术研究与应用

（1）轨道吊大车机构、小车机构的高精度自动定位技术研究。针对轨道吊小车机构的定位，主要采用磁尺定位的方法，即在小车轨道外侧安装磁条，在小车架上安装磁头，在小车运行时通过磁头来感应磁条的位置数据，从而确定小车位置；轨道吊大车机构采用绝对值编码器和激光传感器校正方式定位，主要包括在大车机构海陆侧新安装 2 个绝对值编码器（海陆侧各 1 个），同时新安装 2 个红外线感应限位，海陆侧各一个，在堆场内安装大车定位挡块，激光限位每感应一次地面挡块，便把相应的位置信息送到轨道吊的控制系统中，从而实现对大车位置的精确定位。

（2）吊具微动控制技术研究。由于轨道吊起升钢丝绳的柔性摆动，使得轨道吊吊具在大车和小车方向上有时有轻微错位的情况，为解决此问题，在上架上分别安装 3 个伸缩油缸，以便控制吊具可以向不同方向转换位置，从而达到快速、整齐码箱的目的。吊具上架液压油缸的压力取自吊具本身的吊具液压站，油缸内安装磁尺用来识别磁尺的伸缩距离，使得吊具具有左右、前后及旋转的微动功能，油缸的伸缩行程控制在 150 毫米。

（3）自动化轮胎吊的大车定位系统研究。大车定位技术和大车自动纠偏技术拟采用差分全球定位系统 + 磁力线冗余定位和纠偏技术，通过该技术研究实现：全速跑大车时保证场桥偏移量≤ 100 毫米；运行到位停车偏移量≤ 30 毫米；当场桥偏移量超过 150 毫米时，大车停止运行。

（4）自动化轮胎吊的目标定位系统研究。通过该系统研究，实现在小车和大车机构高速运行过程中消除干扰因素完成对目标物的精准扫描，以实现吊具着箱过程中的精确性和安全性。无论堆场的条件如何（例如堆场沉降或隆起、大车跑道有起伏、高差或风速达 28 米 / 秒），定位精度都应处于偏差范围内。

4）水平运输自动化技术研究与应用

（1）基于 5G 边缘计算技术的远程驾驶。突破国内港口作业场景下人机混驾人工智能算法技术，开展国内具有示范应用意义的 5G 专用工业互联网建设，研究改变帧结构、小区接入策略等方案，实现上行数据实时回传高可靠、大带宽、低时延的技术方案，开创性将多接入边缘计算下沉至港口内部，自主研发远程驾驶软硬件一体化系统，对车端视频进行画面质量处理和拼接，实现近乎真实环境的远程驾驶。

（2）基于多传感器融合感知的 V2X 车路协同解决方案。自主设计集装箱场区基于多传感器融合感知的 V2X 车路协同解决方案，利用激光雷达、交通雷达、摄像头等路口感知设备及多接入边缘计算单元推算感知结果，研究探测范围，研究道闸调度控制功能使用需求，开发人工智能感知识别能力，识别物体绝对位置，将数据连接车队调度管理系统，实现路口交通调度的管控。

（3）基于高清地图、高精度定位的精准自动驾驶技术。研究基于国产核心控制器的无人集卡车线控技术和电控方案。利用绘制的高精度地图、差分全球定位系统、激光雷达、毫米波雷达、摄像头等实现对环境的融合感知和高精度定位，实现岸桥、轨道吊、锁站等各作业场景下的精准停车，自动驾驶的障碍识别及停车、跟随行驶、路口通行、超车避障等功能的开发，最终实现无人集卡的全自动化作业。

（4）多车型编队运行。研究在水平岸线布局集装箱自动化码头的大规模、多车型编队水平运输关键技术。包括权衡多因素的车辆监控调度、路线规划技术，在高复杂度场景下障碍识别及停车、跟随行驶、路口通行、超车避障等技术，不同车型的自动装卸箱、装卸锁销技术等。

5. 大型干散货码头自动化升级关键技术

1）大型干散货码头装卸船设备自动化

（1）装 / 卸船机等设备的自动化控制技术研究。利用三维激光扫描技术、仿真处理技术、高精度定位技术，实现卸船机自动化卸料作业控制、装船机自动化装船作业控制，按照装卸流程作业线建立设备连锁控制模型、建立矿石码头作业流程全自动化控制系统，对作业线流程进行整体管控，实现全流程自动化作业及全过程作业自动化和集中管控。

（2）门机自动化控制技术研究。开展干散货门机自动化控制技术研究，基于高精度三维激光扫描技术，对码头货垛、船舱口和舱内物料进行扫描和仿真，建设三维图像及数据库，进行门机最优作业路径规划的研究。研发门机抓斗自动防摇技术，对门机抓斗进行平稳、精准控制，提升抓斗移动过程中的稳定性和安全性，最终实现智能选取最佳取料点和落料点进行装卸作业。基于多门机动态防碰撞算法，对多台门机的协同作业进行研究。

（3）智能清舱设备研发。研究机器视觉、机械手、机器人、工业自动化控制、清扫机构自主控制等技术，在高可用工业网络通信系统搭建的基础上，研发新型船舶清舱作业设备、火车自动清扫机器人设备等先进自动化清洗装备，并突破舱内路径自动规划、车厢边界识别等技术难题。

（4）开展散货码头装卸核心要素的数字孪生技术研究。以虚拟现实技术、系统建模与仿真技术为基础，建设散货码头装卸系统相关的数据库系统、动态仿真系统和虚拟现实三维场景系统，各子系统间可以自由交换数据信息来实现整个仿真平台的集成与协助，通过散货码头三维几何模型、装卸系统运动学模型、离散动态事件的算法模型、三维动画生产技术、港口生产及设备运行数据库模型的研究，掌握基于虚拟现实的散货码头装卸系统数字化模型技术。

2）大型干散货码头堆场设备自动化研究与应用

（1）大型干散货码头火车自动化装车线研究与应用示范。基于作业流程全自动化思路，开发智能感知单元、基于局部极值快速搜索的堆取边角特征点识别提取单元、基于数据驱动学习控制的自动换层控制算法单元以及各单机设备自检协同作业控制器，突破货垛堆取过程中工艺的设计、堆取边角识别和自动换层控制技术等关键技术。

（2）挖掘机、装载机远控技术研究。以挖掘机远程操作、无人清舱机械与自动化门机协同作业为目标，对人工智能视频、超级宽频 + 5G、防碰撞技术、三维扫描等技术进行研究。基于激光雷达、毫米波雷达、人工智能视频等技术对自卸车最优路径导航，智能识别行人、车辆障碍物进行研究。

（3）进行 5G + 超宽频网络技术研究。研究 5G + 超宽频网络技术，基于 5G + 超宽频技术的大带宽、低时延和海量物联的特性，研究超高传输速率，广覆盖下的移动性保证，为船舱内和堆场的自动化、远程操控设备提供无线网络提供支持。

3）干散货码头智能运维研究与应用

（1）进行干散货码头智慧安防系统技术研究。以摄像头视频采集为信息源主体，大力开展基于图像识别的人工智能视频安防算法研究，从传统的人员监控画面到自动化风险识别的演进，精准识别车辆、人员、货物风险点。同时基于北斗定位、多传感器融合、流媒体处理等技术，开发智能门禁、智能道闸、智慧消防、智慧场区交通等系列应用。

（2）开展设备运行状态监测、智能巡检及故障预控系统技术研究。通过自动化机器人、无人机巡检及在线监测装置等的研发及应用对设备运行状态进行全面感知，通过对设备运行大数据的建模分析，研发作业设备运行状态监测与诊断模型、作业设备故障预控与趋势分析模型，实现对码头作业设备的实时监测及预防性维修，为自动化散货码头的正常运行提供坚实的保障。

（3）开展智能阴保自动监测技术研究。采用无线远程智能监测技术对传统阴保桩进行智能化技术升级，同步建设阴极保护智能监控管理平台，实现电位仪的数字化采集，结合专家诊断系统进行辅助分析，可实现沿线高压输电线路等动态干扰源全天候24小时监控，高效地实现阴极保护数据的汇总与分析，及时发现并监控杂散电流的持续时间、强度等信息，释放维护人员精力，提高工作效率，避免因突发性杂散电流等原因导致腐蚀穿孔，最大限度发挥阴极保护的功效。

4）大型干散货码头操作系统自动化升级改造研究与应用

（1）干散货一体化管控平台开发。以码头生产智能化、管控一体化为目标，基于物联网、5G、人工智能、区块链、大数据等技术，建设一体化智慧应用平台；研究基于超算和人工智能的码头车、船、货智慧调度系统；研究基于全域大数据的智慧决策支持系统。开展港区设备设施一张图管控系统研究，通过地理信息系统 + 差分全球定位系统 + 建筑信息模型等技术，打通安全应急、生产调度和设备管理系统的壁垒，可实现安全应急设备、设施实时状态的可视化，生产调度全过程的动态可视化监管，设备设施精细化和全生命周期管理，推进港口数字化建设。

（2）散货码头数字化智慧堆场系统开发。研究构建三维散货码头数字化智慧堆场管控系统架构模型，基于物联网技术的特征，整合码头分散的生产信息系统，实现数据的互联互通。数字化堆场管理系统应具备主要功能：实现料堆数据、空间状态等信息的可视化管理；实现码头堆场设备与作业过程的状态和过程的实时监控；实现堆场智能规划。充分运用大数据分析、云计算等技术进行堆场规划系统的拓展，基于堆场货垛的空间分布情况，结合历史大数据，深入分析目前堆场的利用率、周转率、皮带占用率、大机利用率等，为堆场规划的进一步优化提供数据支撑。

（3）干散货智能调度系统开发。结合干散货码头实际作业流程情况和特点，建立符合干散货码头最优流程组合智能推荐算法。通过计算机智能算法实现任务规划，基于堆场现状和生产任务，实现任务资源的优化配置与调度。通过智能推荐算法，真正实现自动推优的智能调配能力，提高码头的作业效率和节能降耗的程度。

7.3.4 智能港口产业与技术领先国家和地区

1. 中国

在 2021 年第一季度全球前 20 港口货物吞吐量及增速排名表中，前 10 港口内中国大陆港口已占8席，前20港口内中国大陆港口占15席，比例进一步提升。故由此可知，中国在港口产业中的地位是非常重要的。与此同时，中国的智能港口技术发展位于世界前沿，其中青岛港、厦门港、天津港、洋山港、舟山港、日照港、广州港、大连港、秦皇岛港等智能港口在应用上表现优异。

1）青岛港

2019年11月28日，山东港口青岛港全自动化码头（二期）投入运营，二期工程岸线长660米，包括2个泊位，设计吞吐能力170万标准箱/年，配备9台双小车岸桥、38台高速轨道吊和45台自动导引车。2020年12月17日，在“德翔普南”轮作业中，桥吊单机作业效率达到47.6自然箱/小时，为全球自动化码头建设运营提供了“中国经验”和“中国方案”

码头（二期）推出了山东港口研发和集成创新的氢动力自动化轨道吊、5G+自动化技术、智慧监管系统等6项全球首创科技成果。如：全球首次使用氢动力自动化轨道吊，与市电供电模式相比，设备自重减轻了约10吨，每箱耗电降低约3.6%，单机节省动力设备购置成本约20%；全球首次实现“5G+自动化技术”码头全覆盖，成功实现5G网络在岸桥、轨道吊自动控制操作、抓取和运输集装箱及高清视频大数据回传等场景的应用，为智能港口构建了低成本、更便捷的信息高速公路；全球首次以智能管理系统实现自动化码头无人、顺势、高效监管，开创了自动化码头智慧监管新模式，据测算，运用该系统后每箱监管时间节约超过60%、码头效率提升超过3%。此外，全球首创的机器视觉+自动化技术、三维可视化运维平台和基于商业智能的自诊断系统等科技成果均在该码头（二期）组合应用，使得码头的生产装备更加自动化、生产管理系统更加智能化。

2）厦门港

厦门远海全自动化码头是全球首个无内燃机驱动设备作业的码头，2017年5月27日，厦门远海全自动化码头举行全球首艘超21000标准箱的集装箱巨轮“东方香港”号首航工作启动仪式。这是现时世界最大级别集装箱船首靠厦门港，创造了中国首个全自动化码头第一次承接全球最大型集装箱船舶首航作业的纪录。2020年5月11日，中远海运集团联合中国移动、东风集团在远海码头发布全国首个5G全场景应用智慧港口，落地厦门远海码头。基于5G技术，实现全球首个5G选择可用性+多接入边缘计算+端到端切片智慧港口能力上线运营，助力厦门远海码头成为全球首个使用多接入边缘计算、虚拟园区专网、网络切片等新技术构建的5G全业务场景试点生产与商用阶段的智慧港口。厦门远海码头和合作伙伴自主研发港口“无人驾驶”集装箱卡车，采用“无驾驶舱”设计，通过激光雷达、摄像头、北斗等多传感器融合方案。

2020 年 7 月，厦门港海润码头启动智能化改造试点建设。海润码头位于海沧港区，岸线总长 719 米，码头前沿水深 15.3 米，可减载靠泊 15 万吨级集装箱船，配置 6 个场区 48 个箱区、8 台岸桥、22 台轮胎吊。海润码头智能化改造内容包括智能码头操作系统、船舶装卸智能化、堆场作业自动化、平面运输无人化、拖车智能导引、5G 通信、智能闸口、智能安防、智能理货、工控网络安全、设施配套维修 11 部分。2021 年 4 月 25 日，国内最大岸桥搭乘“振华 32”轮一路南下，运抵厦门远海码头并顺利卸船。这是厦门远海码头新引入的大型岸桥，被称为港口界的“擎天柱”，可实现远控自动化作业。新岸桥为超大型 3E 自动化桥吊轨上起升高度 54 米，额定载荷 65 吨，起升速度 200 米 / 分钟，小车速度 240 米 / 分钟，前伸距 / 后伸距为 73/22 米。该岸桥是迄今国内起升高度最高、前伸距最长的岸桥，可满足世界最大型 20 万吨级集装箱船舶的生产需求。

3）天津港

2021 年 1 月 17 日，天津港全球首创传统集装箱码头全流程自动化升级改造项目全面运营。通过“边生产、边改造、边调试、边投产”的实施方式，历时 1 年完成了全部 25 块堆场和 31 台轨道桥改造，实现堆场自动化作业全覆盖，堆场周转能力提高 11%。天津港集装箱码头在基础设施建设方面，全部集装箱码头实现 5G 网络深度覆盖，5G 技术在轮胎式场桥远程操控、无人集卡通信等方面实现应用；在生产运营方面，通过智能技术改造实现传统集装箱码头无人自动化改造全流程实船作业，实现 25 台无人驾驶集卡在集装箱码头整船作业。截至 2022 年，26 个泊位实现岸基供电全覆盖，自有船舶岸电和低硫油使用率 100%。

天津港与华为公司达成合作，在天津港北疆港区 C 段智能化集装箱码头 1# 泊位正式启动联调联试。在现场，搭载了华为智能驾驶计算平台 MDC 的主线无人驾驶卡车，在港口作业系统的统一指令下，顺利完成了完整流程的无人驾驶整船作业，实现了无人驾驶场景下的码头操作系统交互功能、全局路径规划、锁站分配、车顺控制、泊车规划等功能。

4）洋山港

洋山港是中国首个全自动化集装箱码头，2014 年 12 月 23 日，上海国际航运中心洋山深水港区四期工程正式开工建设，工程总投资约 139 亿元，已于 2017 年 12 月

10 日试运营。上海振华重工（集团）股份有限公司为洋山四期提供的锂电池驱动自动导引运输车小车采用了当今最前沿的技术，除了无人驾驶、自动导航、路径优化、主动避障，还支持自我故障诊断、自我电量监控等功能。通过无线通信设备、自动调度系统和地面上敷设的 6 万多个磁钉引导，自动导引运输车可以在繁忙的码头现场平稳、安全、自如地穿梭，并通过精密的定位准确到达指定停车位置。独特的液压顶升机构，让自动导引车与轨道吊彼此之间无须被动等待，解决了水平运输与堆场作业间的“解耦”问题，有效提高了设备利用率。大容量锂电池的使用让自动导引车在满电后可以持续运行 12 小时，这么长的运输时间是建立在大容量电池的基础上的，其电池重量约为6吨；上海振华重工（集团）股份有限公司国内首创的自动化换电站技术，使自动导引车更换电池全程只需 6 分钟，电池充满电仅需 2 小时。

从全长 32.5 千米的东海大桥到洋山港，中国移动上海公司实现了 5G 网络信号的全覆盖。5G 基站的布局，使得洋山港即便在最极端的情况下，也能保证通信信号安全稳定。基于中国移动 5G 网络，洋山港智能重卡项目融合人工智能、V2X 车联通信等先进技术，成功实现特定场景下的 L4 级自动驾驶、厘米级定位、精确停车以及东海大桥队列行驶，有效提升大桥通行效率。

2. 荷兰

2008 年，鹿特丹港 Euromax 码头投入运营，成为第三代集装箱自动化码头的代表。2014 年 12 月，马士基集装箱码头的全自动化设备迎来了第一艘船的靠岸，2015 年 4 月正式投入使用。Euromax 码头采用第二代双小车岸桥 + 自动导引车 + 自动化轨道式集装箱龙门起重机的工艺模式，岸线 1500 米，码头面积 84 万平方米，岸边设备 16QC，水平 / 场地设备配备了 96 台自动导引车和 58 台自动化轨道式集装箱龙门起重机，通过能力为 230 标准箱。应用该技术大大提升了岸桥的自动化水平，同时采用了更为精准的自动导引车小车。

鹿特丹港 APMT MVII 于 2015 年开始运行，其最大水深 20 米，码头面积为 86 公顷，码头长度为 1500 米。码头内大约 80% 的起重机是全自动化的，其余的手动操作是远程执行的，码头内每台起重机均配有双吊具，可同时装卸两个 40 英尺长的集装箱。绿色能源和全电气化设备的使用，使其成为全球首个二氧化碳、氮氧化物和颗粒物零排放码头。它拥有完全隔离的自动化区域，将人与机器分隔开来，安全性非常高。

鹿特丹港仍在持续前进，该港口计划到 2035 年要具备 32 万个集装箱的货运能力。目前，鹿特丹港务局已批准了一个耗资40亿美元的“玛斯平原垦地”二期项目（Maasvlakte2），预计建成后鹿特丹港将有可能成为世界上最先进的港口——集装箱自动化调度车辆将采用13吨的电池来替代过去的柴油发电，同时，其水深足以容纳现在甚至是未来的超级船舶。

3. 新加坡

大士自动化码头项目是新加坡政府规划的超级港口建设工程。该码头是集港口航运、临港工业、造船业及其他港口事业于一体的超级港口综合体，占地面积1330多公顷，拥有26千米的深水泊位，首批港区于2021年投入运营。2019年3月1日，新加坡港务集团与上海振华重工（集团）股份有限公司签订了大士自动化码头首批设备采购合同，包括20台双小车自动化岸桥、56台自动化轨道吊。上海振华重工（集团）股份有限公司团队攻克技术创新难题，成功打造出目前世界上参数最大、速度最快的双小车自动化岸桥。该批岸桥额定起重量吊具下65吨，前伸距73米，轨距35米，后伸距22米，起升高度55米。运行时，岸桥主小车速度可达270米/分钟，副小车速度可达130米/分钟，较常规双小车岸桥提速10%左右。同时，该批岸桥集成了6项关键技术创新，实现了双小车自动化岸桥智能化、高效化的升级换代。

该港口分为两期建设，现今处于第二期建设中，将填海387公顷，建造8.6千米长的码头岸线，并现场制造227个沉箱。二期工程将增加2100万个标准箱吞吐量。大士港全部建成后将成为世界吞吐量最大的全自动化码头。

4. 美国

1）长滩集装箱码头

美国的长滩集装箱码头建成于2016年，总投资约为12亿美元。它是将两个旧码头合并重建成的一个全新的现代化全自动码头，也是北美首个全自动化码头。长滩集装箱码头采用“桥吊+自动导引车+自动化轨道吊”的作业工艺，其水平运输方式为电池驱动带举升自动导引车。堆场垂直于码头岸线布置，海侧有自动导引车与自动堆码起重机的交换区。此类码头布置形式有效隔离了船舶—堆场作业和堆场—集卡作业。自动导引车负责堆场海侧与码头之间，以及铁路装卸作业线与堆场之间的集装箱运输，操作完全自动化。

2）特拉帕克码头

特拉帕克码头是美国第一个自动化集装箱码头，一期工程于2007年竣工，二期工程于2015年11月投产，三期工程于2016年开始运营。码头采用“自动跨运车+

自动化轨道吊”的作业工艺，其运输采用“储能系统＋纯电动重型卡车”的方案，储能系统 24 小时不间断为卡车充电，使纯电动卡车完全实现自动化零排放作业。码头的自动辐射检测系统用于监控正在轨道运输的集装箱，保证集装箱的正常输送，大幅度提升了作业效率和货物运输速度。

5. 韩国

釜山港的釜山新港集装箱码头（Busan Newport Container Terminal），位于韩国釜山港新港港区，建成于 2012 年，是亚洲第一个堆场垂直于岸线布置的自动化集装箱码头。该码头的水平运输采用“自动化轨道式集装箱龙门起重机＋跨运车”作业工艺。岸桥最大起重能力 66 吨，自动化轨道吊最大起重能力 40 吨，轨距 31 米，轨距内可堆放 10 排集装箱，堆垛能力为“堆五过六”，大车行驶速度为 210 米 / 分钟。码头内的主要设备有 1400 米码头墙，11 个 C/C 单元，42 个 T/C 单元等。同时靠泊能力为 50000 吨（DWT）× 4，年处理能力达到 244 万标准箱。

6. 澳大利亚

1）布里斯班港

澳大利亚布里斯班港的布里斯班集装箱码头（Brisbane Container Terminal）建成于 2013 年，码头长度超过 8200 米，有 29 个运营泊位。布里斯班集装箱码头采用“桥吊＋跨运车＋自动化轨道吊”的运输方式，属于半自动化集装箱码头。码头设置 4 台巴拿马型码头起重机和 6 台自动堆垛起重机堆场。垂直于岸线布置，水平方面使用人工干预的跨运车进行运输。

帕特里特码头（Patrick Terminal）位于布里斯港西北侧，拥有 3 个集装箱泊位。码头建成于 2014 年，是澳大利亚首个自动化码头，也是世界上第三个自动化集装箱码头。码头采用“岸桥＋自动化跨运车＋自动化轨道吊”的作业工艺，是一种全自动化集装箱码头。码头堆场采用垂直岸线的布置方式，空箱、重箱和冷藏箱均进入自动化堆场处理。码头前沿配置有 4 台岸桥。每年可处理 311 万标准箱，配置 91 条自动车道，25 台码头起重机以及 3 台自动化轨道式集装箱龙门起重机。

2）墨尔本港

2017 年，维多利亚码头建成并开始运营。维多利亚国际集装箱码头位于墨尔本港韦伯码头东部，拥有 5 个集装箱泊位，是澳大利亚首个全自动化集装箱码头。

码头采用“岸桥＋自动运输车＋自动化轨道吊”的作业工艺，是一种全自动化集装箱码头。码头堆场垂直于岸线布置，码头的桥吊通过光缆进行远程操作，现场安装

16 个监控摄像头，可以获得多达 10 个不同的视图，确保了远程操作对于现场的可视化程度。码头的自动化堆垛机安装有负载传感器，用于检测集装箱运输时是否出现偏离轨道或超负载的情况。其重量监测装置的精确度高达 99%，能够最大限度保证集装箱的运输安全问题。码头使用的自动化导引车以柴油为动力，根据地面上的 15000 块磁钉的引导进行移动，运输车之间协同工作，最大化节省了运输时间。

7.3.5 智能港口产业与技术课题实现可能性

1. 超大型港口智慧大脑与智慧服务关键技术研发及应用实现可能性

目前传统港口在经营策略、生产组织效率、关键资源配置和重大项目决策等事项上普遍存在重历史数据、定性数据，缺前瞻预警预测信息、行业标杆比较信息、标准数据定量分析信息等问题，各专业系统未能实现直连直通，存在数据孤岛，在决策分析上，缺乏标准指标体系作支撑，标准不统一，数据准确性不足，智能化个性化不足，从而导致结果和预期存在较大的偏差。在经营分析领域以构建数据看板为主重在商业智能数据呈现，而缺乏人工智能的将数据转换为业务洞察以及决策辅助的能力。然而，走在数字化前沿的组织，比如金融行业或者国内智慧城市运营中心，已经成功探索出一套人工智能 + 商业智能构建决策分析辅助技术平台的模式。经过分析，我们判断当前阶段是在港口领域构建智慧大脑技术平台的关键阶段，具备技术创新性和业务必要性以及对行业数字化升级的标杆意义。

在“互联网 +”战略下，港口综合服务平台已成为国内外各大港口及物流企业竞相争夺的战略要地。天津港电子商务网支持网上营业厅业务办理、海运订舱、物流配送、港口金融等功能。厦门港集装箱智慧物流平台提供从订舱、提箱、装货、进闸、作业、装卸全流程一站式、实时完整的业务链信息服务。大连港壹港通智慧物流平台建设业务受理中心、物流协同中心、财务结算中心、口岸支持中心、客户服务中心五大中心的建设，实现大连港业务体系的数据协同融合和客户服务精准匹配。智运网、放心运等多式联运平台，货拉拉、运满满、物润船联、中交兴路、车旺大卡、山西快成等网络货运平台竞相发展，已形成平台经济新型经济形态。国内各港口的对外服务体系分散建设，各港口服务业务的规划都是各自为战，加之与海关等政府业务单位信息共享也存在很多不足，造成有客户业务办理很不方便，价格不透明，服务参差不齐，造成港口服务体系的集成性、连通性、协同性不强，整体服务能力不足，无法汇聚港口上下游各类客户，无法为客户统一提供定制化、一站式服务。

如今，国家对标准化工作高度重视。标准化是实现港口智慧、绿色、安全、高效运行的重要保障。港口标准体系是港口标准化工作的顶层设计，而目前国内外还没有一套完整的智慧港口标准体系，开展智慧港口标准体系研究工作十分必要。通过标准体系编制，明确建设的目标、原则、范围、指标、流程与方法，规范和引导智慧港口的探索与实践。

针对研究港口智能决策模型技术，港口经营图谱构建技术，港航人工智能模型与自然语言处理融合技术等，来实现港口经营状态的实时监测，经营数据的辅助决策。创新性地将区块链技术应用在冷链业务、物流业务、仓单质押等业务场景中，将人机交互模式应用在港口业务办理、对外服务窗口等多个场景中，为消费者提供溯源服务，提高通关通闸效率，提高用户体验。在行业内率先完后智慧港口标准体系制定，为智慧港口建设提供明确的指导方向和技术支撑。

预计到 2023 年，建立起完善的港口数据标准和管控框架，实现港口生产经营数据和外部关联业务数据的采集、利用和服务。2025 年，全面建设完成智慧港口大脑，通过指标体系智能化分析与展示、辅助决策模型库等满足各层级决策需求，实现智慧化运营。

2. 船海岸一体化智能协同关键技术研究与应用实现可能性

随着港口建设和经济不断发展，各港口发展加速，多数已经发展成一个综合型的大港，多港区化、跨地界多港区化也成为常态。要提高港口的竞争力，引入智能化管理的技术和方法，提高物流转运的效率，这方面我国港口与国外先进港口之间存在很大的差距，关港协同智慧查验尚存在信息孤岛不联通、全程查验精度待提高、通关效率仍较低等问题。另外，港区航道日趋复杂，进出港船舶增多，船舶交通事故和污染事故也频繁出现，如何使被引航船舶处于受控状态一直是引航作业面临的重大课题，也是确保安全引航的重要环节，需要进一步研究。

随着智能船舶技术不断发展，港口一方面需要满足未来智能船舶进出港和靠离泊需求，一方面对于拖轮等港作船舶也需要开展智能化技术升级。国内还没有符合全天候作业工况的低排放新能源智慧拖轮。以锂电池为动力源的油电混合港作拖轮方案属国内首创，在《钢质船建造规范》中并未认可锂电池作为主动力源。另外，现有拖轮平台仍然存在依靠人工操控、作业效率和调度效率较低、拖轮操控智能化和自主化能力差、拖轮作业数据难以智能化处理、数据响应存在时差、不能有效服务于调度系统、无法实现自主协同拖带和协同导引、在狭窄港池内难以实现“套泊热接”等问题。

通航环境的变化对船舶航行安全存在潜在风险，国内水文气象预报在时空精度、要素类别等方面难以满足港口企业智能化生产作业的需求，“船、海、岸”生产信息、属性信息和环境信息相互独立或部分缺失，同时数据采集自动化程度低、实时性差且不能智能化处理，工作效率低，对目标物的判别尚需人工判读。其次，港区水域内目标特别是极小目标的自动探测、识别和跟踪等手段缺乏，导致当前港口区域经常受到船只的入侵和干扰，严重影响港区通航效率。

针对港口码头、船舶公司及海关海事等监管部门在船海岸一体化业务协同、智能引航等方面高效、安全、绿色的迫切需求，重点开展关港协同、智能调度、智能引航与辅助靠离泊、航道智能感知等方面的研究。提高业务协同水平和雾天通行效率，为现代综合型港口关港协同、引航调度、码头生产调度及海关海事等口岸监管业务提供全方位的信息服务支撑，推进智慧港航体系建设。

3. 智能集装箱码头装备及操作系统研发与应用实现可能性

全自动化集装箱码头包含岸边装卸、水平运输、堆场堆码、集疏运等多种业务场景，不同作业工况间存在紧密的耦合关系，而且涉及泊位、堆场、桥吊、轨道吊、自动导引车、集卡、船舶等多种码头设施、运输设备和服务对象，数量高达数百台具有大规模并行作业特性，不同作业所需的时空资源存在复杂的约束条件。由于国外对自动化码头研究和建设起步较早，长期以来始终对全自动化码头信息系统的建设、运营和仿真等关键技术保持垄断，中国的全自动化码头在一段时间内仅处于萌芽阶段。但随着社会供需关系的改变及科学技术的迅速发展，中国港口面临着向智慧港口升级转型的现实迫切需要。因此，研究全域全流程的基于信息物理系统的全自动化集装箱码头作业协同、智能决策、模拟仿真、智能运维等技术和方法，实现在自动化集装箱码头操作系统智能化领域的新突破，已成为当前要解决的重要科学问题。

多式联运衔接不畅、港城发展冲突是全球港口城市普遍存在的行业性难题。目前，国内外多式联运物流装备主要是公铁联运装备，功能相对单一，缺少一种可以有效衔接公路、铁路、水陆及航空多种运输方式的多式联运装备。部分港区面临海铁联运箱量快速增长与港区海铁联运能力缺口、集疏运压力日益增大等痛点难点，亟须研发一种新技术解决港区海铁联运衔接不畅、港城发展冲突等问题。

智能空轨主要采用单轨悬挂技术，现在国外该技术在国内外客运空轨方面的研究和应用相对成熟，但是在货物运输方面，当前尚未有实际应用案例。国内外科研机构针对上述问题进行过相关探索，美国近年来开始货运空轨技术探索，因应用场景复杂进展缓慢，未形成系统性方案。研发智能空轨技术、系统应用到货物运输领域亟待解决。

目前，世界上大多数自动化码头在使用自动导引运输车时需要埋设上万个磁钉以提供导航定位，先期投入较大，并且限定了运输车行进路线。本项目重点研究无人驾驶智能水平运输车，采用多传感器融合定位的人工智能技术，无须地面磁钉铺设，避免大规模基建，新老码头都能使用。同行业车辆车体多为集卡托盘对接而成，车辆采用四轮，沿用传统自动导引运输车及集卡技术，而本项目研究非拼接一体化整体设计制造，采用八轮设计，无司机室、转弯半径小且斜行更灵活。

港口场地、泊位、集卡、桥吊、船舶、集装箱等要素具有极其鲜明空间和时间特征的现实世界，作业流程、策略都依赖于这些现实生产要素，但是现实世界的时间和空间特性极大制约了智慧化、智能化业务发展。数字孪生系统让港口日常运营所面对的不再是固定的生产运营场景，而是可以灵活移动和处理的数字化对象，是将过去、现在、未来的信息贯通的现实世界港口码头的数字镜像，融合控制、管理、仿真等信息数据的虚拟平台，可以为港口作业计划的预先推演提供演示验证，从而为码头的智慧化、智能化运营与决策带来无限可能。

为打破全自动化码头的核心生产系统软件的技术垄断，推动中国港口向更加智能、更加高效的智慧绿色港口升级转型，针对全自动化集装箱码头智能高效运作需求，以大型港口的整体操作运营流程研究为基础，结合港口码头的作业设备、信息及控制系统，研究自动化港口码头信息物理系统构建技术、方法及体系架构。重点开展智能操作系统、智能空轨、无人驾驶、数字孪生等技术研究。依托自动化码头基础，推动空中轨道及5G通信等新设备、新能源、新技术在自动化码头示范应用，形成可复制、可推广的“智慧港口模式”，引领世界全自动化集装箱码头未来发展方向。

4. 传统集装箱码头自动化升级关键技术研发与应用实现可能性

随着港口集装箱业务的扩充，集装箱运输行业竞争日益激烈，传统码头人力成本高、安全风险大。推动高新技术的港口应用落地，解放生产力，提高港口通过能力，采用现代化管理手段，研究全自动化集装箱码头工艺，部署软硬件一体化系统，加速智慧港口转变显得尤为重要。目前，边装卸的自动化集装箱码头无成熟经验可借鉴，传统集装箱码头自动化升级的布局、工艺流程设计需要边研究、边设计、边实践，力争在现有传统码头的条件基础上建设低成本、绿色、高效的自动化集装箱码头。配套建设自动化信息系统，包括完成码头生产系统的功能升级，打通生产、装卸设备、运输设备等多方系统的信息互联，消灭“信息孤岛”，做到对自动化码头的实时监控、统一管理、综合调度。研究衔接公路、铁路、水路运输的自动化码头工艺，力争为行业内外做示范。

现存作业模式存在司机作业强度大、用工成本高、用工难等问题，而一次性建成全自动化码头投资巨大，建设周期长，系统集成复杂度高，按照经济、务实、高效原则，实施现有传统设备远程控制技术升级，可以降低司机操作强度、培训周期，提高自动化作业效率及安全性。

传统轮胎吊存在作业指令需人工确认、操作人员配备多、操作强度大、操作环境差、作业效率提升困难、作业安全风险高、提放箱准确率不高等问题。场桥自动化技术研究除可实现减少司机操作人数、降低劳动强度、改变工作环境、提高作业效率及安全性外，重点旨在通过大车自动纠偏、目标定位、多功能小车（带防摇和吊具姿态控制功能）技术研究来解决定位精度及作业效率问题，最终接近或达到自动化轨道吊水平。

轨道吊方面，由于轨道吊作业不能跨区域作业，其对操作司机的需求是刚性固定不变的，每台设备需要 24 小时配备司机听候作业指令，导致作业堆场内需要大量的轨道吊司机，人工成本压力巨大；轨道吊在场区内作业时客观上存在作业区域、作业线和轨道吊单车作业调度三种情况不均衡问题，需要通过自动化技术进行解决。

实施场桥自动化建设可实现设备全天候、高效率、更安全作业，减低外集卡等待时间，提升服务质量，同时可实现远控司机一对多设备作业，缩减人力成本、培训周期。

传统港口水平运输采用有人集卡作业，存在司机短缺、作业安全风险高等问题。实施水平运输自动化建设可实现全天候、高效率、更安全作业，提升服务质量，缩减人力成本、培训周期，降低人工作业强度，降低安全风险，实现港口自动化、智能化、无人化的升级转型。水平运输环节创新性采用基于国产控制器的无人集卡车为主力军，具有自主可控、综合运营成本低等特点。

针对目前传统集装箱码头工作环境差、劳动强度大、人力资源紧张等问题，以及传统码头向智慧港口转型升级的需求，通过开展生产工艺流程、作业操作信息系统、岸桥自动化技术、场桥自动化技术、水平运输自动化技术研究，形成国内领先、可推广应用的传统集装箱码头自动化升级方案。在国内传统集装箱码头自动化技术升级上起到良好的引领和借鉴作用。

预计到 2023 年，自动化集装箱码头持续创新引领行业发展；传统集装箱码头的大型设备远控自动化和智能化堆场规模化应用突出；干散货码头全流程自动化示范应用。到 2024 年，进一步实现自动化集装箱码头生产自主化作业，在散杂货重点码头推广应用全流程自动化，传统集装箱码头、重点散货、件货码头全面实现作业远程控制。到 2025 年，自动化集装箱码头实现深度自主化作业，自动化干散货码头全面领先，打造全球智能化码头标杆。

5. 大型干散货码头自动化升级关键技术研发与应用实现可能性

传统干散货码头的大型设备多、种类繁杂、流程线长、堆场标准化程度低等难题，制约干散货码头自动化的发展。目前，大部分码头的机械设备仍需要司机手动操作，存在人员劳动强度高，作业效率容易受人员工作状态及自然环境干扰影响等问题。近年来，随着自动化技术的发展与应用，国内港口普遍开始进行大型干散货装卸船设备单机自动化技术升级，但港口行业上尚未实现装卸船设备的全自动化作业，门机自动化的研发设计没有有效突破，当前亟须进行相关技术攻关，从而为国内率先建成全货种覆盖、流程自优化、设备自调度的自动化作业模式打下基础。

堆场在干散货码头物流中转中起承上启下作用，码头运营人员对直观了解堆场实时状态有迫切的需求。当前，国内散货码头堆场信息获取多为通过视频监控、对讲机通话沟通、各个系统中逐个搜集、二维地图显示等方式掌握堆场信息，缺乏立体、实时、全要素的堆场管理信息平台，指挥调度人员对堆场信息的掌控力度不足，制约了堆场的生产效率。虽有部分散货码头已建成数字化堆场模型，但基本上是用于堆场状态展示，未能实现与自动化设备系统、智能化管理系统进行一体化的融合对接。基于上述问题，需加快基于数字孪生技术的数字化堆场建设方案研究，将堆存状态、货垛属性、设备分布等堆场全要素数据进行集中展示，并以三维实景模型直观地为生产调度人员提供可视化服务，整合各类生产数据和指挥决策功能，改变传统堆场低效率管理模式，实现堆场数字化与自动化系统，智慧化生产调度指挥进行深度的互通融合，实现真正意义上的自动化散货码头生产模式。

目前，国内大型干散货码头的作业设备巡检普遍依赖人工巡检，存在作业环境复杂、人身安全风险高、巡检效率及质量不能保证的问题，不利于保障自动化码头设备的正常运行，迫切需要进行智能巡检技术的研究。研究无人巡检技术，开展设备运行状态的实时监测研究，推动现有故障检修的设备运维模式向预知预防保养升级，符合机械化换人、自动化减人、逐步提升设备运维智能化水平的发展趋势。

国内大型码头中集装箱智能化调度发展相对较快，干散货码头起步较晚，信息化、数字化基础相对薄弱。尤其是对比国际先进水平，国内散货码头在管控能力和调度水平上还存在一定差距，存在柔性生产能力低、综合能耗较高、流转效率低下等问题。在码头生产管控中，现阶段缺乏一体化管控手段，信息化管理和设备运行之间存在一定隔离，数据共享流通性差；作业计划和调度指令多依赖人员经验，随机性大、主观性强，长期无法形成规律性总结和数据挖掘分析，在智慧决策科学性上还存在明显短板。

针对大型干散货码头作业环境恶劣、劳动强度大、环境污染等问题，突破大型散货码头门机自动化控制技术、干散货码头自动换层控制算法技术、激光点云扫描及建模技术等关键技术，开展干散货码头操作系统自动化升级、关键设备自动化和智能运维等相关研究，构建适应现代散杂货港口发展、突破传统干散货港口作业模式的全新港口智能化系统体系，推进大型干散货码头作业的无人化、智能化技术升级，打造覆盖全流程的干散货自动化码头示范工程。

预计到 2023 年，智慧生产系统全面覆盖，实现全作业流程、全港域范围内生产作业动态的实时管控，形成功能完善、管理精细、技术先进的分货类码头生产管理系统。2025 年，全面建设完成管控一体化的智慧生产平台，通过工业互联网、人工智能等技术的应用，实现与机械设备、物流系统的紧密集成，实现港口生产过程的全面智能化与高度协同化。

7.3.6 产业与技术发展的制约因素

1. 技术制约

1）前沿关键技术的研发不足

前沿关键技术的研发、创新是智能港口产业与技术发展的动力，目前我国能引发交通产业变革的前瞻性、颠覆性技术研究不足，在新一代信息技术、人工智能、智能制造、5G、北斗技术等世界科技前沿的进一步研发上还大多停留在基础应用上，缺少对前沿技术的进一步探究、研发及应用。

2）港口集疏运信息共享不充分

目前，很多港口已建立综合性信息服务平台，但缺乏规划，导致系统统一性不足，与集疏港的铁路、公路信息共享还存在一定障碍，口岸相关单位业务协同困难，无法有效发挥联动效能，影响港口生产作业组织效率。

3）港口服务模式灵活性低

随着信息技术和物流网络的发展，以及大数据时代的到来，客户对信息的需求逐步提升。目前，港口受内部系统繁杂、相互协同和信息共享程度不高等因素影响，还不能完全按照客户需求提供个性化的订制服务，客户体验有待进一步提升。

4）港口物流链业务协同能力不高

港口物流还未形成更大范围的跨业务、跨组织、跨部门、跨系统的在线协同，全程物流信息共享和业务协同困难。

2. 资金制约

（1）智慧港口建设的总体投资规模大幅度上升，但整体利润率水平偏低，在财务方面的可持续发展面临严峻的挑战。因此，财务问题的严峻也在一定程度上制约了智能港口产业与技术的发展。

（2）国家对于智能港口投入的资金支持较为有限，而智能港口产业与技术的发展除了需要创新的意识，同时也离不开资金的支持，资金不足则会制约智能港口产业与技术的发展。

（3）港口发展长效资金保障机制尚未形成。筹资方式单一，目前难以协调解决企业发展的难题。

3. 政策制约

（1）知识产权政策不健全不完备，尤其是对侵犯知识产权的行为打击乏力、缺乏有效性，且维权成本高，导致对新技术的研发创新受到影响。

（2）计划、法令、政策和措施在推行中遇到种种困难，没有真正形成对智慧港口产业与技术发展有利的宏观环境。

（3）相应的政策体系尚不健全，智慧港口评价体系与智慧码头技术标准尚未制定明确。与海关的合作密切程度有待提高，从而未达到贸易单一窗口的运行和码头贸易便捷化。

4. 市场制约

（1）目前智慧港口所提供的服务种类不多，在国内各大港口物流产业快速发展的情况下，某些港口提供的服务仍然还是以传统的装卸和堆存业务为主。其中 80% 以上的收入都来自港口的装卸，而港口物流提供的服务种类不多，质量不高。同时，外贸货物装卸码头不集中，海关能力有限，服务跟不上顾客需求。所以，一些智能港口只能单纯靠增加港口吞吐量带动港口经济效益。

（2）内陆运输方式单一，内陆集疏运方式主要以公路运输为主，铁路运输份额很小，再加上港区联动有一定的障碍，与其对应的铁路比较复杂，造成了集装箱集疏运的工作相对较困难，继而限制了海铁联运的发展。大量的公路运输不仅间接地造成了城市交通的阻塞，也影响了内陆运输的工作效率。

（3）由于各个地区自然条件、地理位置等各不相同，再加上我国的地区发展极不平衡，虽然多地政府均十分热衷于发展智慧港口产业，但全国已有的智慧港口所提供的微观环境不尽相同。其中，大部分地区由于条件并不十分具备，其微观环境并不理想。只有少数几个条件比较成熟，形成了一些有利于智慧港口产业发展的区域环境。

（4）箱源市场开发能力缓慢，随着智慧港口集散系统的建设，其货源腹地不断扩大。然而，由于经济发展的局限性和区域分行的单一投资主体，以及专业物流服务的缺乏，导致集装箱货源市场开发能力不足，缺乏组织物流运作能力和资源整合能力，使智慧港口集装箱码头发展较慢。

7.4　发展总体趋势

7.4.1　产业与技术课题的总体思路

瞄准智慧港口建设前沿方向和海洋信息服务、涉海高端装备、先进仪器仪表、智慧航运、智慧物流等新兴产业培育，坚持自主可控的创新理念，进一步整合优化我国涉海领域的创新资源，加强政产学研金服用协同创新，立足打造全球智慧港口样板的目标任务，重点围绕装卸生产智能化、平台数据协同化、决策管理知识化、产业资源集约化技术方向，加强面向复杂业务的自动化集装箱码头智能作业计划与决策技术、集装箱智能空轨立体集疏运系统等关键技术和装备研发、产业应用与示范推广等全链条设计，在大型散货码头门机自动化控制技术等技术链条上突破一批“卡脖子”关键技术，开发一批具有自主知识产权、智能化水平高、竞争能力强、具有国际水平的成套装备，在智能集装箱码头、传统码头自动化、船海岸一体化系统、智慧大脑和云生态平台等场景实现技术和装备应用示范。

1. 巩固现有基础

1）码头运营更智慧

码头智能化是智慧港口建设最重要的部分。基于人工智能视觉识别技术的集装箱全流程智能识别，将大大提高箱号识别效率和准确率。应用5G、人工智能算法的无人驾驶集卡和车路协同方案，将提升智能驾驶安全水平，降低自动化码头技术升级成本。5G技术将支撑高密度物联网终端接入，更多智能终端、设备将用于码头作业中，推动无人机港口安全监测、机器人安防巡检、无人驾驶汽车货物运输、高精度岸桥远程操控等应用。借助海量数据积累和人工智能算法深度挖掘分析，帮助操作管理系统更加理性、准确、快速辅助决策，改变传统码头操作系统运营模式，提升科学运营水平。

2）港口物流更高效

港口作为物流节点和枢纽，是物流链上下游高效协同的关键环节。未来智慧港口以基于数据驱动的物联网信息平台为工具，整合物流链、价值链信息资源，打破目前存在的“信息孤岛”“信息不对称”等问题，实现基于信息平台的智能化港口管理和决策，降低物流和交易成本，提高物流效率。通过搭建信息平台，实现信息数据互联共享，形成铁水、公水、水水等运输方式高效衔接，促进企业与政府的合作，使产业链上各种资源与利益方无缝对接与协调联动，提升物流贸易便利化和业务效率。

3）业务创新更开放

智慧港口建设将不断实现理念创新、应用创新、管理创新，更快地将新技术和港口产业高度融合，创新拓展港航金融、数据服务等业务领域。通过利用贸易、物流交易场景构建线上支付和利用数据构建信用征信体系，在资本高效利用的同时保证风险可控，提供融资租赁服务及在线集中购汇、保险、资产交易等金融服务产品。同时，港口积累包括码头泊位、船期安排、拖车排班、进出口货物种类及流量流向等大量有价值的数据，挖掘数据背后隐性贸易、物流特征，借助企业内外部创新能力开展行业应用设计，促进数据商业化应用，创造更大的商业和社会价值。

4）客户服务更便捷

港口竞争优势不再局限于码头运营水平，未来的智慧港口将以客户服务为中心，借鉴利用互联网扁平化、交互式、快捷性等特点，实现更精准、更高效、定制化的客户服务产品，提供可视化物流跟踪服务、集卡滴滴、大宗商品信用服务、拼箱服务、跨境电商、电子支付、线上通关、退税、外汇结算等服务，提升客户服务体验和服务要求。

5）港口网络更协同

智慧港口发展将促进港口间协调发展，促进港口间科学分工协作，以互联互通扩大港口经济规模，降低营运成本，增加港口盈利率，使区域资源优化配置和布局结构合理完善。在未来区域或全球化的港口网络中，港口间通过信息通信技术和基于数据的人工智能技术，可实现港口间协同化调度安排，优化港口资源、多种运输方式运力资源及产业链相关方各种资源的科学配置，实现从生产工厂到客户的无缝衔接，实现产业链价值提升。

6）港口生态圈更和谐

打造开放共享、互联互通的良好港口生态圈是智慧港口运作的根本与保障。智慧港口生态圈既涵盖港口自身，也考虑港口价值链的整体优化战略，突出资源的开放与共享，以最大化地提升资源利用率。强化生态圈战略意识，突出资源的开放与共享，以最大化地提升资源利用率重构港口生态体系和业务流程。围绕港口物流供应链，积极打造开放协作、高度协调、互惠互利的港口生态圈体系。积极推进绿色港口建设，深入推进港产城协同融合发展，改善港口配套生活与人文环境，促进港口更好地融入所在的城市环境。

2. 健全产业链

产业链是各产业部门之间基于一定的技术经济关联，并依据特定的逻辑关系和时空布局关系客观形成的链条式关联关系形态，向上游可延伸至基础产业环节和技术研发环节，向下游可拓展至市场环节。

智能港口产业链涉及智能港口的技术、装备、产品、信息、标准、服务等全链条、全要素的研究、生产、供应、服务环节。与此同时，当今的经济、政策、社会环境为智能港口产业链的发展提供了新机遇。健全智能港口产业链，需要注意的以下几个问题。

（1）健全智能港口研究组织机构，提高智能发展研究能力，促进智能发展顶层设计和规划实施。

（2）以港口智慧物流等方面为重点，选取一批港口开展智慧港口示范工程建设，着力创新以港口为枢纽的物流服务模式，以推动实现“货运一单制、信息一网通”的港口物流运作体系。

（3）大力发展枢纽经济，建设一批全国性、区域性交通枢纽，推进综合交通枢纽一体化规划建设，提高换乘换装水平，完善集疏运体系。

（4）探索建立“货运一单制、信息一网通”的港口物流运作体系和“数据一个库、监管一张网”的港口危险货物安全管理体系，促进信息技术与港口服务和管理的深度融合，深化政企间、部门间、多种运输方式间的信息开放共享和业务协同。

（5）加强自主创新、集成创新，加大港作机械等装备关键技术、自动化集装箱码头操作系统、远程作业操控技术研发与推广应用，积极推进新一代自动化码头、堆场建设改造。

（6）鼓励港口建设数字化、模块化发展，实现建造过程智能管控。建设港口智慧物流服务平台，开展智能航运应用。

（7）以客户服务为中心，借鉴利用互联网扁平化、交互式、快捷性等特点，实现更精准、更高效、定制化的客户服务产品，提升客户服务体验和服务要求。

（8）改善港口岸电设施建设、检测以及船舶受电设施建造、检验相关标准规范，积极争取岸电电价扶持政策，打造“绿色、环保、高效”的智慧港口。

3. 突破关键技术

1）港口智能决策模型技术

基于智能分析平台全类目算法库、分析预测模型模板以及可视化探索工具，包括分类、回归、决策树、预测等通用算法模型。根据港口业务需求，构建智能归因以及分析预测模型，形成智能决策模型库，实现预测分析、波动归因、知识推荐，为港口管理决策提供数据洞察、智能辅助。

2）港口经营图谱构建技术

基于知识图谱技术、数据挖掘技术、机器学习技术、可视化开发工具等先进技术，结合内外部数据自动获取、经验识别的经营指标静态关联以及数据挖掘识别的动态关联关系，提供智能归因、预测预警、举措识别、协同督办的决策闭环系列辅助，形成面向不同管理层级决策辅助视窗。

3）港航人工智能模型与自然语言处理融合技术

研究基于人工智能的自然语言理解和自然语言处理技术、基于自然语言处理的人机交互新模式、基于自然语言处理的可视化复杂查询技术，提出港航人工智能模型与自然语言处理融合，经过大数据分析建立人机交互模型，实现基于自然语言处理的数据可视化复杂查询。

4）船海岸一体化智能协同与调度管理决策技术

通过对引航及重点船舶运动状态、未来预计抵港船舶运动状态、水文气象变化动态、泊位使用状况等的实时有效监测，采用分布式体系架构，整理提炼出统一的数据模型，针对引航作业需要设定相应的配置条件，指挥和调度人员可根据日常业务使用需求，适时调整作业计划，避免盲目性，节约相关资源。

5）低能见度下的航道信息智能感知特征识别分析技术

开展船海岸协同的水文气象监测预报、低能见度下航道目标动态识别等研究，基于多源大数据探测及融合处理分析，提取微气象因素理化特征，构建理化特征样本集，形成具有良好鲁棒性、泛化性的典型微气象特征识别模型，将探测因素与典型微气象特征基因片段快速进行靶向识别匹配，充分融合船舶、港口及岸基感知数据，实现港口海侧透明，进一步提升大型船舶进出港安全、效率和服务水平。

6）船岸一体化数据同化及实时动态处理技术

针对业务环节“信息孤岛”问题，围绕港口业务的实际情况，分析业务部门的业务流程和协同化需求，基于中间件技术的数据交换平台，利用现有数据管理系统资源，通过港口、船代、引航站、拖轮公司、海事、海关的信息采集，将船舶在港各环节参与方的多源异构数据进行智能同化整合，固化数据协议接口，实现港口业务数据在港口及涉港部门之间的动态实时分析与共享。

7）全自动化码头的核心生产系统软件受国外垄断

国外对全自动化码头关键技术保持领先并对码头核心生产系统的调度技术、决策技术保持垄断，并持续向外输出成品成套软件系统，大型集装箱码头普遍采用国外生产系统，NAVIS 处于行业垄断地位，国内尚无可替代产品。因此，我国对全自动化码头的核心软件系统亟须研究突破。

8）基于复杂业务驱动的自动化集装箱码头智能作业计划与决策、智能调度、自动配载、智能堆场选位等技术

研究自动化集装箱码头多业务场景下大规模并行作业任务及设备资源间的复杂时空耦合关系，基于算法平台构建码头作业集成调度网络模型，挖掘关键作业及其对码头运营效率的影响；综合考虑船舶结构、航行稳性、特殊需求及码头有限时空资源，研究船舶自动配载及泊位计划优化方法；基于多智能体理论，研究大尺度环境下车辆协同自适应调配方法；研究堆场多任务多资源时空耦合特性和协同优化方法，提升码头整体运行效率。

9）基于全域融合架构的自动化集装箱码头智能分析、仿真及运维技术

针对多维异构海量数据的存储和分析需求，基于大数据分析与挖掘技术、大数据服务平台构建技术，研究自动化集装箱码头智能决策和分析系统；研究码头作业仿真、软硬件智能运维管理技术，构建多维仿真模型与优化算法，突破基于全域融合架构的自动化码头智能运维技术，实现码头多维度、全流程优化提升。

10）基于多源感知的无人驾驶智能水平运输车智能化控制算法技术

开展多传感器融合定位、无人驾驶系统、灵活可靠的运动控制模式等研究，突破卫星导航定位、激光雷达、视觉等多传感器融合的导引及定位技术、基于自主可控的人工智能算法自动驾驶感知智能技术等关键技术，完成全时无人驾驶运输车的研制与应用。

11）基于开源平台的集装箱码头全系统数字孪生算法技术

针对全自动化集装箱码头现实世界的时间和空间特性现状，开展基于开源平台的数字孪生系统数据驱动技术研究，实现贯通过去、现在、未来的现实世界港口码头的数字镜像，融合控制、管理、仿真等信息数据的数字孪生系统研究；通过设计标准化应用程序编程接口，实现虚实设备的双向通信同步，进而实现数字孪生系统与真实装卸设备联动以及交互式漫游更加有利于工作，更加有利于不同层级作业人员监视和观察整个港口的实时动态，发现物流瓶颈并制定出合理的解决方案，提高运营效率。

12）水平运输远程驾驶人工智能算法技术

开展5G专用工业互联网建设。研究上行数据实时回传高可靠、大带宽、低时延的技术方案，将移动边缘计算下沉至港口内部，自主研发远程驾驶软硬件一体化系统，实现近乎真实环境的远程驾驶，填补自动驾驶对特殊工况下处理能力不足的空白。

自主设计集装箱场区基于多传感器融合感知的V2X车路协同解决方案。利用激光雷达、交通雷达、摄像头等路口感知设备及移动边缘计算单元推算感知结果，开发具备人工智能感知识别能力，连接车队调度管理系统，实现路口交通调度的管控系统。

研究基于国产核心控制器的无人集卡车线控技术和电控方案，利用绘制的高精度地图、差分全球定位系统、激光雷达、毫米波雷达、摄像头等实现对环境的融合感知和高精度定位，实现各作业场景下的精准停车、自动驾驶。

研究在水平岸线集装箱自动化码头布局大规模、多车型编队水平运输的关键技术。包括权衡多因素的车辆调度、路线规划技术，在高复杂度场景下障碍识别及停车、跟随行驶、路口通行、超车避障等技术研究，不同车型的自动装卸箱、装卸锁销技术突破等。

13）基于三维激光扫描的岸边装卸高精度定位技术

开展主机构高精度定位技术攻关，形成多方式结合的冗余定位方案，同步开展基于三维激光扫描技术的远控岸桥高精度集卡引导系统技术攻关。在集卡位置、姿态精准扫描和主机构精准定位的基础上，实现内集卡一键抓放箱。

开展基于三维激光扫描技术的船型扫描技术攻关，以船型轮廓、路径障碍物等精准检测为基础，实时更新校验船舶配载图、船舶装卸作业清单和指令，实现安全、高效、优化运行。

14）堆场装卸智能化工艺控制技术

基于传统设备电控系统，融合新一代电子信息技术，开展传统堆场自动化控制技术研究，构建融合自动化轨道吊、码头生产操作系统、设备调度系统等于一体的信息化堆场。

基于模块化的系统设计思路，采用激光扫描、绝对值编码、无线射频（RFID）、集装箱位置识别系统天线、北斗导航系统差分定位等技术，研究互相独立、互为校验、互为冗余的自动化轨道吊和远程控制轮胎吊关键技术。实现设备主机构定位、行走自动纠偏、负载定位、自动防摇防扭、集卡位置引导等功能。

基于5G、激光、毫米波等高新技术，研究远控场桥防撞、防吊起、防砸技术，自主开发无人集卡管理系统、生产调度系统接口，实现作业车辆信息、停车位置引导信息、作业任务激活、箱区图、装卸作业清单和指令等信息实时交互，构建具备电子围栏隔离、信息互通耦合、设备协同作业的信息化堆场，实现堆场自动化作业安全保护技术的迭代升级。

15）大型散货码头门机自动化控制技术

开展门机作业路径自动规划系统研发，提高干散货码头的作业效率、精确性和安全性；研发抓斗智能防摇系统，与控制系统进行实时数据交互，实现回转及变幅机构带动抓斗无晃动运行，提升抓斗移动过程中的稳定性和安全性；利用雷达防撞传感器、高精度定位系统等建设多点位防撞系统，解决多门机防撞及协同作业问题。

16）激光点云扫描及建模技术

采用三维激光扫描技术获取船舱内外完整的点云数据，经过点云配准、点云滤波、点云空洞修补等预处理后，对点云进行自动、半自动分割，再利用曲面重建方法构造出完整的船舱整体结构和舱内散货三维模型。

4. 完善发展条件

2020年8月，交通运输部印发《关于推动交通运输领域新型基础设施建设的指导意见》，对智慧港口作出相关要求。鼓励港口建设数字化、模块化发展，实现建造过程智能管控。建设港口智慧物流服务平台，开展智能航运应用。2021年2月，中共中央、国务院印发《国家综合立体交通网规划纲要》，提到有关智能港口发展的方向，指出需提升智能化发展水平。加快提升交通运输科技创新能力，推进交通基础设施数字化、网联化。构建综合交通大数据中心体系，完善综合交通运输信息平台。完善科技资源开放共享机制，建设一批具有国际影响力的创新平台。

智能港口的发展需要依托港口产业加大新技术的应用，持续创新服务模式，并将其应用在实际落地的智能化建设中。技术大体包括北斗高精度定位、增强现实、虚拟现实、5G网络、物联网智能感知、云计算、数字孪生、全景可视化、地理信息系统、建筑信息模型、人工智能、大数据等技术。

随着信息化、智能化、大数据等新技术赋能传统航运，全球航运业态正在快速变革升级。为深入落实《推动交通运输领域新型基础设施建设的指导意见》，确保智能港口可持续和高质量发展，需要我们着力完善智能港口发展条件，夯实智能发展基础，包括技术、信息、人才和资金等基础，努力形成智能发展的良好生态氛围，以便形成智能港口中国方案和中国智慧，在全球智能港口产业与技术发展的大潮中取得话语权，为此需从以下三方面出发。

一是加强智能港口顶层设计，精心规划，科学布局，打破界限，形成跨区域、跨领域的智能融合发展产业链。二是加强政产学研用紧密协同合作，在理顺合作机制条件下，形成互补共赢型产业链，形成相互合作、优势互补的良好创新生态，促进关键技术和装备的国产化、智能化，从而提高整个产业链的核心竞争力。三是加强标准化工作，促进智能港口产业与技术服务的智能融合和共享服务平台。四是加强智能港口资金保障和高层次人才培养，为智能港口产业与技术发展奠定基础、保驾护航。

5. 建设示范工程

1）制定智慧港口相关配套标准规范

贯彻落实《交通强国建设纲要》《数字交通发展规划纲要》《智能航运发展指导意见》等文件提出的加快推动自动化码头、港口自动化作业和集疏运调度等方面的要求，在示范应用的基础上，加快形成5G智慧港口相关配套的技术标准、管理标准、检验标准、安全标准评价标准等。

2）开展智慧港口跨平台跨技术协同

密切关注全球集装箱港口产业的发展需求和科技态势，结合全球智慧港口建设的实践案例，针对智慧港口建设中的核心关键技术和突出问题，组织开展智慧港口的前瞻性研究，包括 5G 通信、边缘计算、自动驾驶、高精度定位等跨平台跨技术领域的协同研究，持续增强集装箱港口的码头装卸、物流运输、安全监管等方面的自动化、智能化能力，不断探索 5G 技术的应用，推动港口行业的可持续发展。

3）推动智慧港口技术成果可复制应用

深入开展示范试点应用，加速推进智慧港口的相关应用研究和网络覆盖，以试带用，形成技术、标准、产业、应用的良性循环。促进应用交流与深度合作，以及智慧港口相关技术和成果在国内和全球港口的可复制性应用，提升港口数字化、智能化水平。

4）建立智慧港口互联协同机制

利用 5G 技术加速港口间信息流通，协调数据资源开放与共享，紧密协作推动集团港口内部港—港联动，最大化地提升装卸资源利用率。同时借助智慧港口建设，推动供应链一体化，促进行业上下游融合，实现港产城互联互通，共同推动行业核心竞争力的进一步提高。

7.4.2 智能港口产业与技术发展总体路线图

基于对五大技术领域 15 项技术课题的德尔菲问卷数据统计结果，结合专家填写的预期实现时间和重要程度排序，确定智能港口产业与技术发展总体路线图见图 7–10。

7.5 促进发展的政策建议

7.5.1 政策建议

1. 深化重点领域改革

加强资源整合，有序推进区域港口一体化改革，促进港口资源利用集约化、运营一体化、竞争有序化、服务现代化。鼓励国有骨干港口企业向资本投资、营运管理转变。深化“放管服”改革，精简港口经营许可事项，逐步推行普通货物港口经营许可告知承诺制。深化港口价格形成机制改革，进一步放开市场竞争性服务

		2025年		2030年	2035年
超大型港口智慧大脑与智慧服务关键技术	总体目标	（1）率先建设港口智慧大脑，实现经营状态的实时监测、经营数据的辅助决策、指标的智能预警预测及关键问题的决策建议，打造运行管理的闭环与智慧化决策，全面提升港口智慧化经营决策治理能力 （2）创新性地将区块链技术应用在冷链业务、物流业务、仓单质押等业务场景中，为消费者提供溯源服务 （3）探索人机交互模式在港口业务办理、对外服务窗口等多个场景中的应用，提高通关通闸效率，提高用户体验 （4）设计研发港口智慧分析决策、综合生态服务平台 （5）依据“优势互补、资源共享、互惠双赢、共同发展”的原则，探索产学研用融合发展新理念、创新合作新模式，与高校探索成立智慧物流创新实训基地信息化专题组，全力打造“校企地”创新发展的“协同标杆”，打造人才培养新高地			
	关键技术	港口经营图谱		港口智能决策模型	港航人工智能模型与自然语言处理融合
	核心技术难点	机器视觉检测技术		智能作业计划与决策技术、智能应急控制技术、港口全域态势感知与协同作业技术、基于区块链技术的数据安全管理技术、智慧管控一体化、基于动态补偿的时变复杂环境适应性技术、决策支持平台	基于5G和卫星通信组网规划和数据高速通信技术、物联网技术平台、大数据平台
船海岸一体化智能协同关键技术	总体目标	（1）突破船海岸信息互融的船舶进出港协同调度优化算法、关港协同智慧查验、基于物联网的船海岸协同等技术，实现港口码头、船公司及海事、海关等监管部门的船海岸信息共享与业务智能协同 （2）突破船海岸协同的航道信息态势感知与辅助靠离泊、港区水文气象监测预报、航道目标动态识别、恶劣天气航道数字化仿真等关键技术，建设国内大型港口海侧透明港口系统 （3）通过对绿色智慧港作拖轮整体目标和前期目标的分析研究，自主完成动力系统方案设计、船舶总体设计及详细设计、智能监管系统设计、智能辅助决策系统设计 （4）实现港口海侧透明化、港口运营智能化、海运物流协同化，促进货物流、商流、信息流和资金流四流合一，全面优化港口的运行效率，提高服务质量，挖掘创新增值能力			
	关键技术	低能见度下的航道信息智能感知特征识别分析		船岸一体化数据同化及实时动态处理	港口货物作业系统智能管控技术
	核心技术难点	环境主动感知技术、生产调度技术、船舶姿态智能识别与分析技术、船型扫描技术		全程物流跟踪	排产路径规划技术、智能调度算法生成技术、车港协同技术、船舶、引航、调度三位一体定位协同技术
智能集装箱码头装备及操作系统技术	总体目标	（1）突破智能操作系统“卡脖子”问题，实现全自动化集装箱码头智能操作系统自主可控 （2）全球首创智能空轨集疏运系统，实现空轨技术与港口业务的有机融合，打通集装箱运输港、船、站、场间的“最后一公里”，构建起更加安全、高效、环保、经济的立体智慧绿色港口集疏运新模式、新样板，实现港区交通由单一平面向立体互联的革命性突破升级 （3）围绕自动化码头信息物理系统构建技术、设计方法、业务流程及体系架构，制定一套完整的业务、技术和管理人才的培养方案			
	关键技术	自动化集装箱码头智能分析、仿真及运维	无人驾驶智能水平运输车智能化控制	自动化集装箱码头智能作业计划与决策、智能调度、自动配载、智能堆场选位	集装箱码头全系统数字孪生
	核心技术难点	智能分析仿真及运维技术	无人驾驶技术、研究人机混驾人工智能算法技术、多设备动态智能监测技术	集装箱自动卸装锁技术、生产作业智能监测技术、智能排程技术	三维数字堆场技术

续图

		2025年	2030年	2035年
传统集装箱码头自动化升级关键技术	总体目标	（1）对传统集装箱码头进行工艺、自动化技术升级。建成国内以“自动化轨道吊+远控岸桥+无人集卡”为基本布局的顺岸式全自动化集装箱码头。实现建设成本和运营成本要低于国内同类型码头，为国内广大传统集装箱码头提供全自动化改造的借鉴经验 （2）综合应用集卡定位、小车及吊具的防摇和防扭功能、激光扫描水纹算法、船型数据免建模共享、高精度、吊具微动、视觉识别等技术，实现多种自动化设备包括桥吊、轮胎吊、无外伸距轨道吊、悬臂式轨道吊的自动化技术升级，实现内集卡全自动作业，大幅降低人工干预率，期望达到国内领先 （3）开展水平运输自动化技术研究。研究基于国产核心控制器的无人集卡车线控技术升级和电控方案，突破国内港口作业场景下人机混驾人工智能算法技术，实现无人集卡混驾，突破不同车型的统一车辆调度、自动行驶、自动作业等技术难题，开创性融合多种车型编队进行水平运输。利用5G及边缘计算技术，实现无人集卡远程驾驶，是国内领先的实际落地应用的5G示范工程；利用激光雷达、交通雷达、摄像头等多路口感知设备，自主设计V2X车路协同解决方案 （4）形成整套传统集装箱码头升级解决方案。实现传统码头TOS系统自主研发、升级，实现智能计划、调度等全过程的生产要素智能运算分析。形成港口作业场景下人机混驾方案 （5）围绕传统集装箱码头自动化技术升级，制定一套完整的业务、技术和管理人才培养方案。培养一批掌握先进自动化及数字化集装箱码头技术的行业领军人才		
	关键技术	水平运输远程驾驶	岸边装卸高精度定位	堆场装卸智能化工艺控制
	核心技术难点	输送智能巡检技术、输送流程全自动化技术	岸边装卸高精度定位技术	堆场装卸智能化工艺控制技术、输油臂自动定位对接技术、无人机盘垛技术、智能堆场技术
大型干散货码头自动化升级关键技术	总体目标	（1）突破基于国产化控制系统的门机自动化技术，研发全球首台自动化门机 （2）率先掌握卸船机、门机抓斗路径优化技术，大幅提高大型散货码头作业效率 （3）培养一批掌握先进自动化及数字化干散货码头技术的行业领军人才，培养一批掌握先进装备维修及新型计划调度作业流程的人才 （4）通过技术与标准的研究积累，建设智慧绿色散货码头整体解决方案，引领行业技术进步，实现港口转型升级，打造国内领先的高智能、全感知、自动控制、资源配置优化的大型干散货码头。建成大型干散货码头自动化升级示范工程，建成自动化门机示范场景		
	关键技术	激光点云扫描及建模技术	大型散货码头门机自动化控制	
	核心技术难点	高精度三维激光扫描技术	大型散货码头门机自动化控制技术、多门机协同技术、干散货码头自动换层控制算法技术、自动防摇技术	

图7-10 智能港口产业与技术发展总体路线图

收费。

2. 推动完善法规政策标准

加快《中华人民共和国港口法》修订研究工作，完善配套规章制度。以高质量发展为导向，建立实施港口发展指标体系，完善港口管理体制机制、投融资体制、统计监测制度和港口发展政策。以安全、绿色、智慧为重点，完善港口标准。

3. 建立健全市场监管体系

以客运和危险货物作业等为重点，加强“双随机、一公开”检查，推进跨部门联合监管和“互联网+监管”。强化信用监管，构建以信用为基础的新型监管机制，强化行业自律和企业自我约束。

4. 构建适应交通运输领域新型基础设施建设的标准体系

加强重点领域标准供给，分类制定关键性、基础性标准，及时将试点成果转化为标准，指导工程建设。加快完善通信网络、北斗系统、环境感知、交通诱导与管理、建筑信息模型、数据融合等标准规范，推进建立适应自动驾驶、自动化码头、无人配送的基础设施规范体系。建立标准国际化、政企共建和动态调整机制。

5. 智能港口的产业与技术的发展需要交通主管部门强有力的指导和政策支持

打通政府与港口之间的关系，促进港口监管与口岸通关、港口物流信息共享，促进物流便利化，为智能港口的发展提供良好的政策环境。政府应继续推动智能港口示范工程建设，引导和促进智能港口的发展。按照交通运输部水运局工作部署，中国交通通信信息中心牵头联合各主要港口企业和部属研究院共同编制《智慧港口建设指南》，对智能港口建设的顶层设计进行规范和指导，对智能港口的建设效果进行评价。

7.5.2 资金建议

1. 加快研究建立港口发展长效资金保障机制

采取多元化筹资方式，鼓励社会资本设立多式联运产业基金；利用中央、地方资金等现有资金，支持港口多式联运和安全、绿色、智慧发展。对纳入港口总体规划和运输结构调整计划的项目，符合国家重大战略的，加大支持力度，保障合理用海、用地需求，纳入环评审批绿色通道，加快审查审批进度。加强指导督促，协调解决企业发展难题。

2. 大力争取政府政策和资金的支持

智能港口产业与技术的发展离不开政府的相关政策与资金的支持，积极推动政府部门健全相应的政策体系，加快智慧码头评价体系的研究和发布，制定智慧码头技术标准，促进与海关的合作，加强和检验等其他部门之间的协调沟通，促进贸易单一窗口的运行和码头贸易便捷化。以5G技术应用、智能终端服务和智慧物流为突破口，进一步推进智慧码头示范试点工作，争取国家政策和资金的支持。

3. 强化财税政策和资金支持

一是加大对智能港口相关支撑企业政策支持，鼓励此类公司支持科创型企业发展，提供专项政策和资金优惠；二是加大当地金融机构的税收优惠力度，引导银行提供创新专项贷款及多种金融服务；三是对智能港口港区，施行税收减免和购租厂房补贴政策，助力科创企业形成产业、资本聚集等规模优势。

7.5.3 人才培养建议

1. 加强智能航运人才培养

分析智能航运新业态下人才需求变化，以专业院校培养、国际联合培养、企业合作培养及人才再教育等方式加快智能航运核心人才培养。加强人才队伍建设。引导航海类高校增加港口危险货物安全、国际化管理等课程设置，推动建立国际港口专业人员培训平台，推进智库建设。开展从业人员素质提升行动，强化技能等级评价、岗位练兵、技能竞赛，建设知识型、技能型、创新型港口劳动者大军。培养科技领军人才、创新团队、国际运营团队，打造高素质专业化港口人才队伍。

2. 内外推动力共同推进培养人才

一方面，各港口要全力培养知识型、技能型、创新型的人才队伍，形成智能港口的内生推动力；另一方面，行业内外企事业单位、高校、科研院所、科技公司也要持续输出科技创新技术，提供优质、高效、绿色的解决方案，形成智能港口的外生推动力，共同促进智能港口的建设和发展。

3. 完善职业教育和培训体系，多渠道增加技术技能人才总量供给

一是政府要发挥技术技能人才培养的主导作用。落实高职、中职生均拨款政策，并根据办学规模和教学要求进行动态调整，做到投入与普通教育标准大体相当。合理划分各级政府对职业教育投入的责任和比例，地方财政注重保日常运转，中央财政注重支持改革和加强薄弱环节，确保教育公共财政投入职业教育占比逐年上升。二是企业要发挥技术技能人才培养的主体作用。深化产教融合，并按规定落实相关税收政策，推动职业院校和行业企业形成命运共同体。建立技术技能人才定期技能培训制度，通过资助、补贴、设立基金、税收优惠、政府购买服务等方式支持企业开展技术技能培训。三是职业院校要发挥技术技能人才培养的基础作用。完善招生机制，建立职业学校和普通高校（高中）统一招生平台，保持高中阶段教育职普比大体相当。完

善高层次应用型人才培养体系建设，推动具备条件的普通本科高校向应用型转变，扩大技术技能人才总量供给。打通“中等职业教育—高等职业教育—应用型本科教育”学习衔接渠道，实现中高职贯通、普职融通。

7.5.4　协同合作建议

1. 加强与科研院所、有关港口、高新技术企业的合作

共同研发技术创新，开发高精度感应、智能控制设备等关键技术，以及基于自动建模的自动化终端分析与决策，充分支持智慧集装箱码头的可持续发展。自主研发产权系统将提高智慧码头的核心技术，实现自主控制码头运营系统。

2. 协同各技术优化智能港口运作模式

利用互联网扁平化、交互式、快捷性等特点，依靠港口客户资源管理系统采集港口客户行为、交易、业务等关键信息，利用大数据分析技术多维度建立数据分析模型，形成客户动态“画像”，延伸客户服务领域，提供电子支付、跨境电商、外汇结算、信誉评价、融资租赁、保险、资产交易等金融产品和更精准、更高效、定制化的客户服务；实现口岸通关物流服务全过程电子化，深化与“单一窗口”的对接和信息共享，简化进出口环节监管证件，简化一体化通关流程，推动运输和通关便利化、一体化。

3. 完善全国智慧物流综合服务体系

优化完善“一站式、一网通”物流服务系统，全面实现主要作业单证电子化和业务在线办理；制定智能港口区块链相关标准，实现区域港口群内、陆海联运之间信息交换，构建区域物流服务网；依托国家物流平台等公共服务基础设施，构建由区域物流网组成的全国智慧物流综合服务体系，促进港口之间、区域之间、上下游产业之间、与监管主体间的有效衔接和业务协同。

4. 智能化港口综合系统建设中关注自主知识产权

建设和推广具有自主知识产权的自动化码头操作系统、港作机械远程操控系统，实现关键核心应用的国产化；持续推动自动化码头、堆场库场改造，力争实现沿海重点港口基本完成自动化改造，内河港口实现突破；基于5G、北斗、物联网、人工智能等新技术应用或新建信息基础设施，实现港区内部集卡和特殊场景集疏运通道集卡自动驾驶、车路协同，深化港区信息、物流联动；沿海主要枢纽港实现5G信号全覆盖、北斗应用全面普及，沿海主要集装箱枢纽港初步建成具有全面感知、泛在互联、

港车协同的智能化系统。

5. 协同自身各项优势，探索新的运营模式

利用智能港口广域覆盖、跨境联通的网状供应链服务平台优势，对内积极探索实现“核心大港口 + 内陆虚拟无水港”模式，把海港的高效率服务功能延伸到深远的内陆腹地，拓展新货源并拉动内陆经济向外向型经济发展；对外利用跨境联通的网状供应链服务平台，积极探索实施与海外知名港口和航运公司的战略合作与战略联盟，或在发展中国家开展港口建设运营、管理等投资、服务输出，实现中国港口的走出去战略，引领全球港口智慧化发展。

第8章

航行保障智能化产业与技术发展路线图

8.1 国内外发展背景与现状

8.1.1 背景与意义

航运是指利用海洋、江河、湖泊等水域，通过船舶等运送旅客和货物的活动。我国是世界航运大国，航运业在外贸运输中有着支配地位，对促进国民经济增长和对外贸易发展作出了巨大的贡献。

航海保障是为水上船舶航行安全提供的服务保障。作为国家交通运输支持系统之一，航海保障是保障水路运输高效运行的重要基础性、战略性、先导性资源，在维护水上交通安全、提升水路运输服务效率和服务质量、保护水上环境和维护国家主权等方面发挥着非常重要的作用。

进入新时代，伴随着人工智能等先进技术的快速发展，智能航运已成为当前炙手可热的发展主题。与之相适应，航海保障的服务对象也由传统的有人驾驶航行逐步向辅助驾驶、遥控驾驶和自主驾驶等智能航行转变，未来一段时间内将呈现有人驾驶和智能航行长期并存的局面，航海保障的智能化（以下简称智能航保）发展也面临着千载难逢的历史机遇。

面对新的发展形势，为深入贯彻落实国家《交通强国建设纲要》和《智能航运发展指导意见》，充分发挥创新驱动引领作用，全面提高综合智能航保服务能力，更好地服务于交通强国、海洋强国的建设，服务于航运经济数字化、网络化、智能化和绿色化发展，扎实开展重点关键技术攻关、重点基础设施和装备建设，加快构建“陆海空天”一体化水上交通运输安全保障体系，我们组织编制了面向智能航运的智能航保产业与技术发展路线图，目的是在交通强国、智能航运和国际 E- 航海等发展背景下，系统总结我国智能航保产业与技术发展历程，预测分析面向未来智能航运的智能航保关键技术和产业化发展趋势，提出智能航保重点技术和产业化发展目标、实现路径和重点依托工程等，形成智能航保产业与技术发展路线图，为全面提高我国智能航保服务水平，更好地服务智能航运提供技术发展方向和决策支撑。

8.1.2 智能航保产业与技术发展历程

伴随着先进技术的发展和全球工业化进程，智能航保密切相关的导助航技术、电子海图技术、水上通信技术和应急救助等技术也逐渐呈现快速发展状态。经历了从传统技术向现代数字化和智能化发展的历程，体现导助航标志的规范化和数字化、导航定位电子化、导航海图电子化、船岸通信自动化、应急处置信息化等特点。

船舶导助航技术是为帮助船舶安全、经济和便利航行而设置的视觉、音响和无线电助航设施，设置于通航水域或附近，以标示航道、锚地、浅滩及其他障碍物的位置。长期以来，通过先进的卫星导航技术、数字雷达技术等应用研究和建设，交通运输部海事局持续推进覆盖中国沿海和主要内河干线水域的船舶自动识别系统岸基网络系统建设，沿海北斗全球定位系统双模无线电指向标差分台站建设改造，沿海北斗连续运行参考站系统（BDCORS）建设，以及沿海重点港口 E- 航海试点工程建设等，保障船舶航行安全的导助航技术的信息化、数字化、标准化等先进性和成熟度明显提高，基本形成与通航风险程度相适应的信息化助航服务体系，为更好地服务于智能航运、保障智能航行奠定了坚实的技术和物质基础。

航海图书资料服务方面，通过提供海岸地形、海底地貌、水文气象、助航设施、航行障碍物等各种地理信息和航海信息，为船舶航行、港口建设、安全管理、海洋渔业等涉海产业及用户提供基础测绘地理信息服务。其发展主要经历三个阶段，实现了三次飞跃。一是传统纸质海图服务阶段，测绘技术主要以光学仪器、电子定位仪器、模拟信号测深仪等测量技术和手工制图等为主要标志，测绘产品服务方式主要为纸质海图、潮汐表等航海图书资料。二是电子海图等数字化测绘产品服务阶段，随着多波束、侧扫声呐测量技术的应用，海道测绘形成“点、线、面”多模测量方式。特别是随着全球定位技术的应用和机助制图技术的应用，以电子海图及其数字改正等主要特征的数字化海道测绘服务产品相继推出，极大地推进了船舶航行电子信息化进程。三是实时信息化测绘产品服务阶段，随着北斗高精度定位、卫星遥感、无人船（机）和互联网地图（海图）、移动应用平台等新型数字测绘技术发展应用，以及远距离、大范围、实时性海洋水文气象监测技术和平台等应用，航海保障真正具备信息化测绘和数字化、智能化服务能力，完全可以为船舶智能航行提供实时地理信息等综合服务。

水上通信是指为航海活动提供信息交换的通信技术，包括卫星通信、地面/水面通信和水下通信等领域的技术、装备和系统等。早期航海主要依靠视觉、声音传递信息。随着通信信息技术的不断发展，出现以“电磁波”为媒介的信息传递手段，水上通信方式发生根本性变革，自此步入无线电通信时代。随着我国加入《国际电信公约》《国际海上人命与安全公约》等国际组织和公约，水上通信体系逐步与世界融合。自 20 世纪 90 年代我国全球海上遇险与安全系统建成并投入运行以来，水上通信经历了高频、甚高频电报、语音等传统无线电通信服务到如今 4G/5G/LTE、VDES、VSAT、北斗以及多种现代通信手段全方位发展的演化历程。在此发展过程中，水上通信信息业务布局日趋合理，技术手段和业务能力不断增强，信息化、数字化、智能化发展取得长足进步，在海上遇险值守、安全信息播发、公众通信保障等航海保障领域发挥了重要作用，成为航海保障智能化发展的决定性因素。

8.1.3　智能航保技术与产业化现状

1. 航海保障主要领域智能化发展现状

多年来，交通运输部海事局在中国沿海积极构建先进的综合导助航体系，建成由灯塔、灯桩、浮标、导标等视觉航标系统与雷达应答器、无线电导航定位系统、船舶自动识别系统、无线电指向标差分北斗系统（RBN-DBDS）和北斗连续运行参考站网（BDCORS）等相结合的导助航保障体系，为航海用户提供多层级、高精度、数字化的导助航服务，基本适应目前快速发展的航运需要。

伴随着星载、机载、船载、车载和水下机器人等五位一体的立体测绘体系的发展，数字化海道测绘技术不断完善，面向智能航行的数字化测绘服务能力得到极大提高，基本构建以海道测量生产数据库为核心、电子航海图书资料生产与发布等数字化产品服务体系，数字测绘服务产品已呈现多类型、系列化，为智能航行提供必要的电子海图以及实时水文、气象、航路等数字产品服务，较好地满足航运经济发展和海上交通安全需要。

目前，沿海中高频海岸电台重点覆盖离岸 100 海里水域，以及第七搜救区西北太平洋海域；高频 HF 业务覆盖达沿海、近洋水域；甚高频 VHF 系统基本连续覆盖沿海离岸 25 海里左右范围。随着宽带通信技术发展，甚高频数据交换系统研究取得长足进步，海上数字广播系统研究也取得突破。同时，卫星通信技术也快速发展，新建海事卫星 B/M/Mini-M 标准岸站与国际海事卫星系统联网运行，VSAT 通信卫星应用加快，便于组成不同规模、速率和用途的通信网络。特别是国产北斗卫星系统以实现全球服务，短报文通信能力体现远距离报文通信特色。此外，由于铱星二代进一步拓展了宽带业务，已成功为船舶提供遇险安全通信服务。

随着现代卫星通信技术的发展，低轨卫星和卫星互联网均呈现快速发展的势头，沿海移动 5G-700MHz 通信基站建设纳入相关规划实施。未来，面向智能航行的高速、宽带水上通信技术将得到进一步加强。

2. 国内外 E- 航海系统发展现状

国际组织积极推进 E- 航海系统建设，目的是通过标准化、统一协调的方式为航海用户提供全航程数字海事服务，主要包括综合定位导航授时技术、船岸数字通信技术、数字航海图书资料，统一协调的技术框架、互联互通平台和标准化服务集产品规范等。同时，相关国家积极推进 E- 航海系统研究和试点建设。

1）国外主要 E- 航海测试工程

主要包括 EfficienSea、ACCSEAS、MONALISA 等 E- 航海示范工程。其中：EfficienSea 工程，由丹麦、瑞典、挪威、芬兰、波兰和爱沙尼亚 6 个国家参与，2009—2012 年建设，现已投入运营；ACCSEAS 工程，由丹麦、德国等 11 个国家共同研发，2012—2014 年建设，总投资 500 万欧元，综合利用船舶自动识别系统、船舶交通管理、全球定位系统、雷达等技术，实现船舶实时航线交换、海事云、多源定位、弹性定位导航授时和海事安全信息服务、禁航区服务、船舶动态运动预测服务和船舶交通管理交换服务等，积极打造高效、安全和可持续的海上交通；MONALISA 工程，2010 年 9 月启动，总投资 2240 万欧元，欧盟委员会主管，瑞典海事局牵头，丹麦海事局等多家单位参与。此工程立足于 E- 航海技术架构，重点利用海事云和信息通信技术实现更加安全、高效和环保的海上交通管理服务。

2）国内主要 E- 航海测试系统

交通运输部海事局立足现代化航海保障服务，分别开展了天津港、长江口、珠江口等 E- 航海试点测试工程，为满足智能航运服务和国际合作、形成中国 E- 航海方案做出有益的探索。

（1）天津港复式航道 E- 航海试点工程。成功开发基于 E- 航海海事服务标准的海事信息服务，有效整合天津港地理信息、通航环境信息、船舶动态计划等，形成特色 MSP 标准；建设天津港复式航道水域环境监测系统，配置能见度仪、水质剖面仪、多普勒流速计、风速仪、摄像头、控制通信系统等，实现多源信息统一管理和应用；开展符合 E- 航海技术框架的船载终端设备和智能终端应用软件研究，实现岸 - 船之间标准海事信息交换服务和应用；推动电信公司实施大沽灯塔电信 4G 基站建设等，有效改善天津港复式水域数字宽带通信覆盖。

天津港复式航道 E- 航海试点工程技术架构见图 8-1。

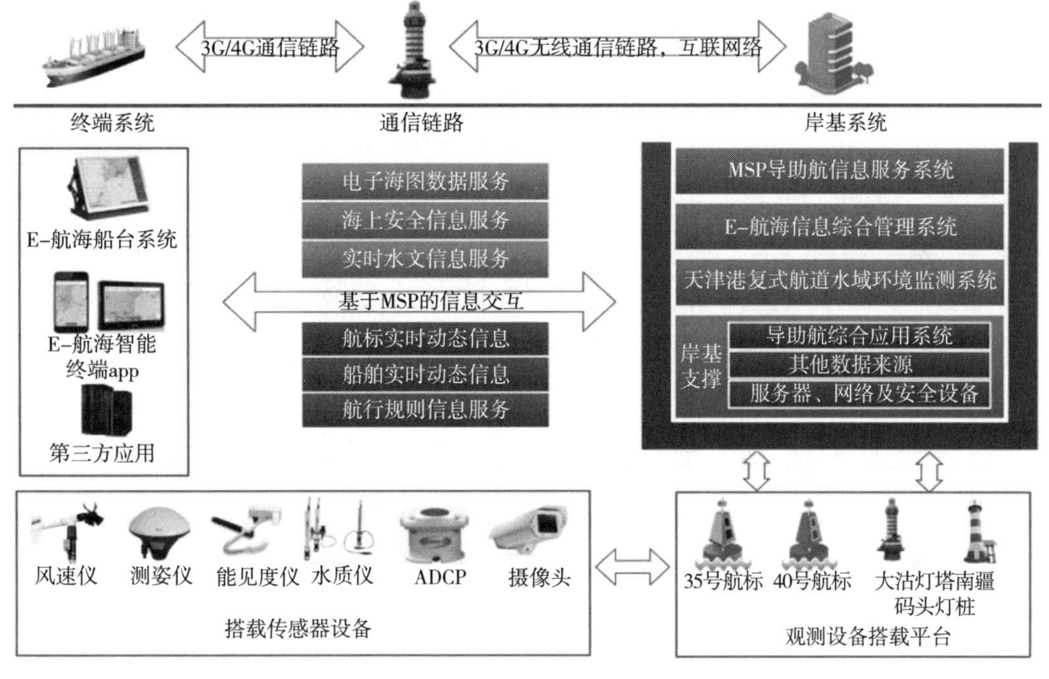

图 8-1　天津港复式航道 E- 航海系统整体架构图

（2）东海航海保障中心长江口 E- 航海建设工程。实现 E- 航海架构下船岸协调导助航服务，统一 E- 航海信息发布平台，搭建船岸通信高速传输网络，提供符合相关国际标准并满足应用需求的综合导助航服务，从而保障长江口超宽船舶交会时保障船舶航行安全，有效提升长江口航道通航效率。主要内容包括：完善岸基基础设施和岸端数据采集系统，建设海上互联互通平台（MCP）；开发 E- 航海门户网站，建设长江口 E- 航海综合信息服务平台；利用 TD-LTE 技术，建设 6 座 LTE 基站和 1 个管理中心，实现长江口水域 LTE 信号覆盖及数据高速传输；研发 ICS 船舶综合无线电通信系统，完善船舶综合导助航设备，提供基于高精度定位的智能导航终端；在 MSP 方面，建设航路信息服务系统、航标服务系统，将推荐航线及助航动态信息提供给船舶用户。

（3）南海航海保障中心 E- 航海试点工程。基于 E- 航海技术架构和标准，制定了 E- 航海标准规范体系，构建了 8 类数字海事服务；建设了岸基数据中心和服务系统，实现了通航环境感知、智能导助航、航线推荐、船舶报告、海上空间信息服务和交通组织服务等；建立了国际通用的 E- 航海技术服务体系，可提供标准化、全要素 E- 航海“大航保”服务。目前，已在沿海和内河船舶、政府部门、港航单位等广泛应用，具有较高的示范推广价值。其功能详见图 8–2。

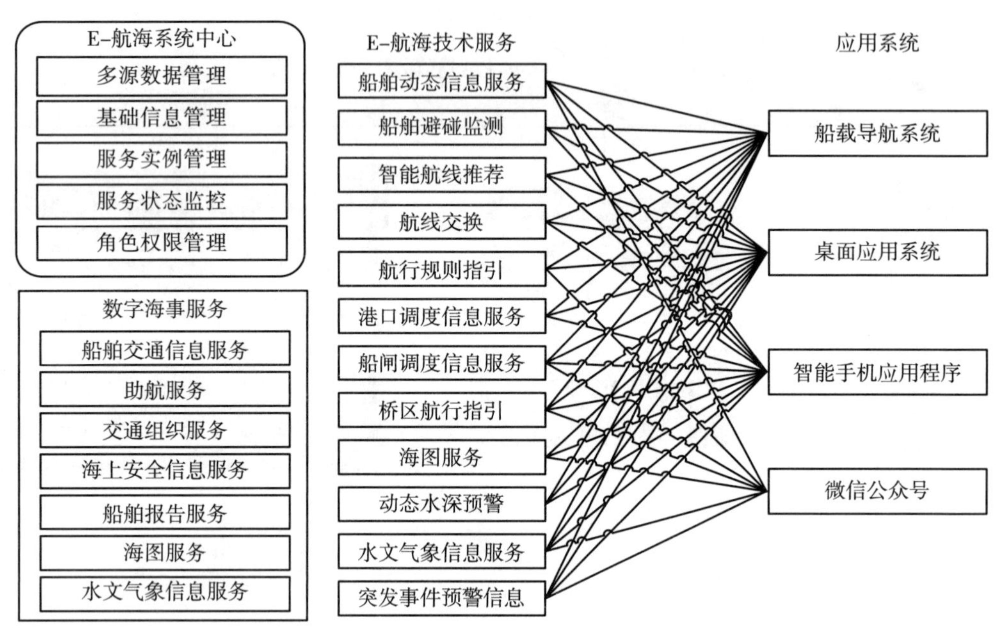

图 8–2　南海航海保障中心 E- 航海功能示意图

8.1.4　智能航保关键技术

兼顾传统航行，面向智能航运生态发展需要，特别是船舶智能航行需要，在加强人工智能、大数据、云计算与服务、边缘计算、区块链技术、数字仿真、信息安全技术、无人技术等关键基础技术应用研究基础上，智能航保关键技术发展主要体现在以下几个方面。

（1）船舶智能航行通信保障技术。这是智能航运领域的基础，也是智能航行的关键和基础。目的是搭建船岸协同的高速、宽带、广覆盖、低延迟的数字通信传输网络。因此，要结合沿海 E- 航海试点建设和智能航行发展需要，进一步开展“陆海空天”全方位、立体化水上通信应用研究，全面构建满足智能航运需要的多网多模、智能融合的水上通信保障体系。

（2）船舶智能航行网络信息安全技术广泛应用。智能航行很大程度上依托于船岸协同，需要高效、可靠、稳定的船岸通信网络支撑。由于网络形态和信息传输的固有特性，容易受到外界干扰和各种非法侵害，给智能航行带来重大风险和灾难，需要深入研究面向智能航行的网络信息安全技术，保障船舶在安全、可靠的环境中实施智能航行。

（3）船舶智能航行高精度导助航服务技术。这是智能航运领域的核心，目的是保障智能航行的安全。目标是完善传统的目视航标、灯塔等导助航设施的数字化改造基础上，大力发展无线电导航技术，全面构建“陆海空天”一体化导助航服务体系，形成以卫星导航及其增强系统为主，岸基增强系统为辅，无线测距模式（AIS-R、RBN-R、e 劳兰等）为备份的定位、导航和授时技术体系。

（4）传统导助航设施的数字化改造技术。目的是实施灯塔、灯浮标、浮标等为主的传统目视航标数字化和信息化改造，突出其自身符合机器语义理解的智能化助航要素特征，以进一步增强智能船舶对导助航设施的感知和认知，充分满足电子航行时代船舶安全航行的需要和远程遥测遥控管理需要。

（5）电子海图服务等数字航海资料服务体系。目的是为智能航行架桥铺路，打造高精度、立体化、即时性的水上数字航路。研究的重点是巩固、完善国际 S-57 技术标准技术上的电子海图和系列航海图书资料，研究建立符合国际 S-100 标准和架构的新一代数字海图及其海洋地理空间信息，以及面向智能航行的海事服务集技术，为船舶智能航行提供更加规范、易于交换和共享应用的数字航海资料服务体系和实时安全信息服务体系。

（6）面向智能航行的岸基支持保障平台。这是面向智能航运的智能航保信息服务的外在直接体现，目的是根据智能航行岸基服务信息需要，研究建立面向智能航行的岸基支持保障平台，全面整合与智能航行密切相关的船舶自动识别系统信息、水文气象信息、船舶交通管理交通组织信息、电子海图更新服务信息、航行警（通）告信息等，建立与船岸协同的智能化融合通信联系，实现基于电子海图平台的信息智能化采集、清洗处理、聚融存储、标准生成和数字验证等全流程管理，并采取基于不同用户群应用的定制式和广播式智能化播发策略，实现智能航行岸基信息的实时服务。

（7）广域海洋水文信息实时预报服务技术。目的是利用已形成的相对完整的水文观测站网，建设海上实时、动态沿岸水文服务系统，实现重点通航水域的船舶智能航行和应急处置的实时水文信息自动化生成、精准化预报和定制式服务。

（8）面向智能航行智能航保应急处置技术。目的是建立智能化的应急处置体系，实现智能航行服务常态化监测和应急状态下的实时动态监测监控、应急性资源调度、信息化应急处置、智能化决策分析等全过程、全要素的智能化管理。主要涉及综合性信息采集、标准化处理、预测性分析和智能化预警和实时性的处置等关键技术，也涉及处置预案的信息化和处置资源的智能化调度管理，是基于大数据和智能技术的智能航保决策分析的典型应用。

8.1.5 技术与产业化环境分析

1. 智能航保发展经济环境分析

当今，世界正经历百年未有之大变局，新冠肺炎疫情全球大流行，国际经济合作和竞争格局加速演进，我国发展的内部条件和外部环境正在发生深刻复杂变化。在此加快构建以国内大循环为主体、国内国际双循环相互促进的经济发展新格局下，航运更加成为连接国内大循环、国内国际双循环的主要方式，是经济发展的晴雨表。航海保障作为航运发展的先行力量，需要充分认清当前形势，找准航智能服务的发力点，既要提供稳定可靠的传统服务，也要以用户需求侧引导供给侧服务改革，将航海保障国家队的职责和使命牢牢扛在肩上，切实履行好保障船舶航行安全的责任。

2. 智能航保发展政策环境分析

国际上，国际海事组织、国际航标协会、国际水文组织等国际组织积极推进 E-航海系统的研究，制定 E- 航海发展战略、海事互联互通平台技术架构、海事服务标准，相关国家积极推进 E- 航海示范建设，目的是使用多种交互手段，实现航标的信息化、统一化与规范化导助航服务。

近年来，国内围绕交通强国建设等，国家相继出台《交通强国建设纲要》和《智能航运指导意见》，着力满足建设现代交通运输体系和人民群众多层次多样化需求。科学技术部启动重点研发计划项目“基于船岸协同的船舶智能航行关键技术研究”等，交通运输部海事局“十四五”时期将全面开展“陆海空天”一体化水上交通运输安全保障体系和全要素“水上大交管”建设，着力构建海事现代化发展新格局。所有这一切，都给航海保障智能发展提供了更好的政策环境，需要我们站在支撑“大海事”发展格局、助力交通强国建设的战略高度，找准自身战略发展和定位，深入开展智能航保建设，加大前沿科技应用研究，加快与智能航运和航保现代化相匹配的“一流航海保障”建设。

3. 智能航保发展社会环境分析

总体来说，智能航运处在非常好的发展环境：社会安定、政治稳定，经济发展正在复苏，法制建设不断完善，文化繁荣自由，尖端技术、高新技术突飞猛进。在此形势下，随着人工智能、云计算、大数据和物联网等技术的飞速发展，智能航运发展如火如荼。由于智能船舶概念的兴起以及智能船舶技术的日益发展，船舶智能化已经成为全球航运的大势所趋。出于通过船舶智能化降低船舶控制和管理难度、减少人为误操作、提高设备及船舶营运的安全、优化船舶航行、控制燃油消耗、降低成本、提高收益等目的，目前智能船舶的研究已在全球范围内开展。因此，为全面适应智能航运发展需要，更好地服务于智能航运、保障船舶智能航行，航海保障智能化发展也势在必行。

8.2 发展态势与需求分析

8.2.1 产业与技术发展态势

智能航保的基本特征，就是运用智能传感、物联网、大数据等技术，自主感知和运用海上交通安全信息、航行环境信息、交通组织信息和水文气象信息等，为船舶安全航行管理和相关用户提供智能支撑和服务，从而实现“布局科学合理、功能配套完善、装备先进适用、运转协调规范、应急响应及时、服务可靠高效”。智能航保的根本体现就是全要素、全过程的数字化、智能化发展和信息化、精准化的保障服务。

总体上讲，国内外智能航保发展的趋势可以概括为：数字化、智能化和精准化。

（1）数字化。随着科学技术发展，全球航海保障领域迎来数字化发展浪潮，比如船舶自动识别系统、E- 航海全球统一海事服务的开发与应用等。

（2）智能化。随着人工智能技术、网络互联互通技术、E- 航海技术、水面自主无人船等技术发展，智能化发展成为未来航海保障技术发展方向。

（3）精准化。智能化时代，精准化服务用户需求越来越成为智能航保服务发展的重要选择，高精度导助航服务、全要素的航路实时地理空间信息服务以及多网多模智能化水上融合通信服务将为船舶智能航行提供更加精准的保障服务，也可以为用户提供满足自我需要的实施定制保障服务，对保障船舶航行安全和促进航运经济发展发挥更重要作用。

1. 智能航保产业与技术主要模式和特点

多年来，在国家主导、市场辅助的模式下，航海保障的智能化发展正蹄疾步稳、加速推进。

与传统导助航方式相比较，智能导助航主要模式归根结底是发展数字导助航技术。其特点有二：一是实施岸基、海基导助航设施的数字化技术改造。未来，不再需要依靠人工观察和研判导助航设施，而是由机器、设备、软件系统或船舶等依靠一定的规则和标准，智能化解读导助航设施自身专用特征信息，包括助航设施服务信息、依托助航设施而搭载的各种传感监测信息以及经过大数据等信息技术计算分析后形成的行为特征信息等，从而更加直观、智能、便捷，全面满足智能航行与传统航行等客观主体和其管理活动所需要的综合导助航需求。二是发展星基无线导航技术及其增强系统，以提供更高精度、更广范围、更加全面和更为标准的全球卫星导航、定位、授时等统一规范的数字服务，充分满足智能航运条件下船舶智能航行的高精度导航发展需要。

随着互联网技术不断发展，在线地图服务炙手可热。移动地图、网络地图因此成为现代地图学领域表现最为活跃、发展最为迅速、应用最为广泛的地图产品形式。而海图作为地图的一个分类，产品服务的内容也在不断丰富，形式也更加多样，文化创意产品也在不断推陈出新，各种个性化产品不断涌现。近年来，国际组织越来越重视智能化海道测绘服务，充分利用海洋地理信息服务于船舶航行安全和海洋经济发展。国际水文组织积极推进 S–100 系列标准，促进新一代电子海图标准化工作，国际海事组织、国际航标协会等组织积极推进 E– 航海海事服务信息的规范化，明确了海事服务的信息交换模式，为国际智能航运和智能航保的发展提供了标准支撑。可以预见，未来的智能海道测绘将向着多方式、高精度、高分辨率、高效数据采集、三维及更多种信息一体化展示及智能应用技术趋势发展。面向智能航行，测绘服务将呈现更加实时、规范和立体的海洋空间地理信息服务，全方位保障船舶智能航行。

随着通信技术的发展，特别是智能化网络建设的逐步深入以及海上智能通信商用进程的不断完善，水上通信产业规模将日益扩大，形成以航海保障的公益性通信为基础，以运营商、卫星应用服务商为补充的商业通信服务产业结构。同时，随着全球海上遇险与安全系统现代化和智能航运发展需要，基于“陆海空天”等移动数字通信、星基宽带和卫星互联网等通信技术于一体的船岸通信融合技术应用将加快发展，水上无线电通信数字化建设率先开展示范应用。由于水上通信具有显著的乘数效应，随着用户应用规模的不断扩大，陆地通信能力不断向海上进行辐射，预计智能水上通信将深度赋能船舶制造、交通运输、大数据分析等领域发展，同时，在深化高轨卫星应用基础上的低轨卫星互联网也将最终决定着海上通信技术的快速发展。可以预见，在"新基建"的强力推动下，智能水上通信将成为新一代信息通信技术与实体航运经济深度融合的产物和载体，未来基于智能通信的船舶辅助航行将率先成熟，而真正的"船岸协同"和"自主航行"仍需较长建设周期。

2. 国内外智能航保产业与技术发展趋势

1）高精度星基增强导航系统发展

卫星导助航是战略性新兴产业发展的重要领域，未来，国家将进一步推动北斗与移动通信、云计算、物联网、工业互联网、大数据和区块链等技术的融合发展，促进卫星导航产业与高端制造业、先进软件业、综合数据业和现代服务业的融合发展，持续推进北斗应用与产业化发展，服务国家现代化建设和百姓日常生活，为全球科技、经济和社会发展作出贡献。

特别是以全球定位系统、船舶自动识别系统和北斗系统等为基础的无线电导航技术及其岸基、星基增强技术发展，可以为船舶智能航行提供更高精度、更大范围和更加完善的智能化导助航服务。具体讲，国际上，星基增强系统因其在完好性方面具有高性能的保障能力，成为当前及未来最重要的时空基准信息增强服务手段之一，已经通过民航等机构认证的包括美国 WAAS、欧洲 EGNOS、日本 MSAS 与印度 GAGAN，而俄罗斯的 SDCM 以及中国的 BDSBAS 正处于测试阶段，尚未向民航提供正式服务。国内，继大力开展岸基北斗增强系统建设和应用基础上，北斗星基增强系统也呈现快速发展态势，发展涉及系统建设、运行维护、标准推进、应用推广等一系列工作。

2）高速宽带通信发展趋势

相比地面移动通信系统，卫星通信系统具有覆盖范围广、通信容量大、地形影响小、灵活性高和能适应多种业务等不可比拟的优点。受环境条件所限，卫星通信仍然是海上信息通信的主要手段。国外的海上通信主要为常态化部署的全球卫星通信系统，主要包括同步通信卫星系统和低轨通信卫星星座。其中，同步通信卫星系统方面以海事卫星应用为主；低轨通信卫星方面则呈现快速竞争发展的特点，全球覆盖、建设性价比较高等特点使其成为未来一段时间内卫星通信发展的主要方向。

5G 技术虽然已开启全球商用，为用户提供高比特率、低延迟、高容量、多新业务和垂直应用的通信服务，但受限于地理环境和商业模式，导致其无法保障远洋与陆地边远地区的网络覆盖。为此，国际电信联盟也启动了 6G 研究工作。业界认为 6G 时代的网络场景，将是卫星网络与地面网络深度融合的一体化网络。由于融合了卫星网络且采用了新一代无线技术，未来 6G 将具备更广阔的覆盖范围、更大的通信容量、更小的传输时延和更多的用户连接能力，辅以人工智能、大数据、云计算和区块链等技术，实现更加泛在、智能、安全、可信的公共移动信息基础服务能力。

3）高精度电子海图发展趋势

目前，海道测绘正经历水深测绘为主向综合探测转型发展，纸海图生产和电子海图向实时地理空间信息综合服务重大变革。在电子海图服务方面，一些发达国家在基于互联网的海图信息发布与维护更新方面的技术已经基本成熟。国内，海道测绘产业发展趋势主要表现在四个方面：一是创新能力不断提升，与互联网、大数据、云计算、人工智能等深度融合，催生了新产品、新服务、新业态；二是空间基础设施建设驱动作用明显，测绘基准服务能力稳步提升，卫星遥感影像数据获取来源不断加大，在线海图制作快速普及；三是产品服务转型升级初见成效，“智能 + 地理信息应用”发展迅猛，基于大数据、人工智能技术的海图类应用程序，为海事监管、港口发展、应急抢险等提供空间地理信息服务；四是智慧服务领域不断拓展：智慧航道、智能交通、共享经济、自动驾驶等。

4）国际 E- 航海发展趋势

（1）海上互联互通平台。海上互联互通平台是国际海事组织认可的 E- 航海通用岸基系统架构（图 8-3），是 E- 航海发展的关键技术，是船岸数据传输、岸基各类异构系统互联、各种 E- 航海应用系统和服务得以实施的重要的数据传输基础平台，其研究目标是实现全球通用的海上互联互通平台技术框架标准。

海上互联互通平台三大关键技术，即：海事服务注册系统、身份注册系统和海事电文服务，以提供标准化的通用的 E- 航海岸基服务。

（2）VDES 通信技术发展。VDES 是船舶自动识别系统加强和升级版系统，可有效缓解现有船舶自动识别系统数据通信的压力，满足船对船、船对岸、船对卫星、岸对卫星相互之间的所有数据交换服务的需要，属于第三代海事通信系统。国际航标协会在船舶自动识别系统基础上提出了 VDES 通信技术方案，支持在 156.0125~157.4375MHz 和 160.6125~162.0375MHz 频段内（地对空）和（空对地）引入新的频率分配，以支持海上通信的数字化。未来，在全球海上遇险与安全系统现代

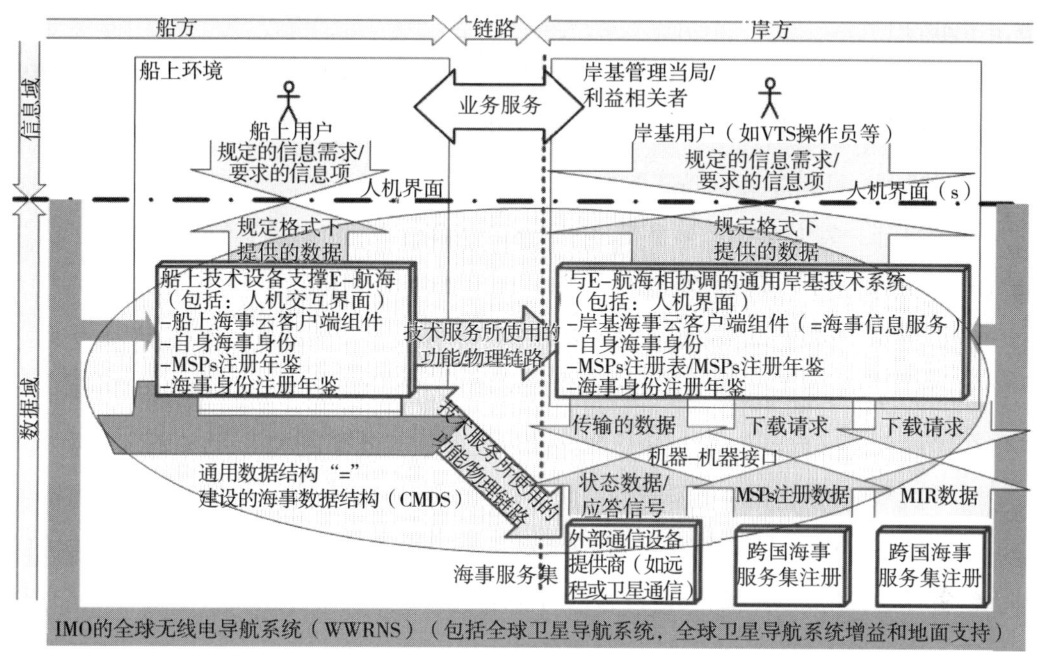

图 8-3　海上互联互通平台技术架构示意图

注：不同的船上环境有不同的操作和技术交互。为简单起见，这些在该图上未显示。

化和智能航运背景下，水上无线电通信领域的数字化已经成为大势所趋，超前开展 VDES 技术研究，并依托 VDES 成果着手制定相关标准，向国际海事组织提交规则建议案，以争取我国在国际海事通信领域的话语权。可以预见，VDES 必将在我国智能航运保障服务中大显身手。

（3）海上数字广播技术发展。海上数字广播系统是国际航标协会根据 E- 航海要求而制定的《海上无线电规划》中的重要组成部分；其基本技术构架、频率资源已经由国际电信联盟（ITU）划定。2017 年开始，国内外厂商都在对海上数字广播相关技术标准设备研制，明确一些重要的技术参数，如信息流的调制速率、能量扩散的编码方式、纠错编码方式和各类数据播发的格式等。我国在现代数字通信技术领域已经取得很大进步，已完全开发海上数字广播试验系统并提交相关标准提案，未来，将在沿海试点建设基础上，广泛建设沿海水域数字广播通信系统，促进智能航运下智能航保和 E- 航海系统的广泛应用。

（4）通用海道测量数据模型（S–100）发展趋势。《通用海道测量数据模型（S–100）》是经国际海事组织认可的，用于提供航行相关数据服务的基础框架。随着S–100 框架的成熟，相关国际组织先后开发了一系列产品规范，用于指导基于 S–100 的系列数字产品的生产。

从现有航海产品向基于 S-100 的新一代数字产品迁移是一项漫长而复杂的工程，为此，国际水文组织制定了 S-100 实施路线图，其中重要节点如下：

- 2022 年，正式发布支持实时数据的 S-100 第 5 版；
- 2023 年，发布 S-101 第 2 版（基于 S-100 第 4 版），各国官方海道测量机构开始生产新一代 S-101 电子海图；
- 2026 年，完成国际海事组织《ECDIS 性能标准》和国际电工委员会《61174 电子海图显示与信息系统（ECDIS）操作和性能要求、测试方法和测试结果》的更新；
- 2030 年，完成由 S-57 ECDIS 到 S-100 ECDIS 的过渡。

5）综合定位导航授时体系发展趋势

鉴于数字时代无线电导航技术易受干扰的脆弱性考虑，国际与国内正大力推进陆基无线电导航备份系统的研究建设，以增加船舶定位导航授时系统的可靠性，实现高可靠性（鲁棒性）船舶定位导航授时服务。主要内容包括 e 劳兰增强系统、测距模式（R 模式）下的船舶自动识别系统、差分全球定位系统等测距模式的备份定位导航和授时服务研究。未来，定位导航授时发展将以全覆盖、高精度、高安全、高智能、高弹性、高效益为方向，建立北斗系统与其他定位导航授时手段融合发展的综合定位导航授时体系，形成基准统一、覆盖无缝、弹性互备、安全可信、智能精准、高效便捷的时空信息服务能力。

8.2.2　市场需求分析

航运业作为对外开发开放的先导性领域，随着经济情势的复杂变化，航运增速放缓、运力过剩、供需不平衡的趋势逐渐显现，但船舶大型化和智能化的趋势没有变化。智能航运所带来的少人船、无人船的趋势在可以预见的将来都还是航运产业发展的方向。

第一，“大变局”要求我们必须坚定市场经济改革方向，坚持科技自立自强，牢牢把握新技术革命的战略机遇，全面增强自身创新能力，用最新前沿技术进一步提升智能航保发展水平，加快实现智能航保高质量发展，确保未来的智能航保继续依托大数据、人工智能、5G 等新技术和新基建，向提升导助航精度和数字助航方向发展，进一步提高其可靠性与坚韧性。加快建设智能航道，缩短重要航道和通航水域的测量周期、保证测量数据的准确性和现势性，并且加强对航道富余水深的测量、应急锚地的规划建设和数字海图的及时更新，确保智能船舶在数字海图的指引下有效避免事故的发生。

第二，智能航运的发展对智能航保通信的需求也随之显著上升，主要表现为智能化管理需要，使得船舶操作、数据统计、航行定位和安全信息等数据量激增，远程监控、多媒体娱乐、视频采集及调度控制等常态化应用，相应地带来船岸无线数据流量的大幅增加。伴随着卫星通信和5G时代的到来，高速度、低成本也成为海上通信服务的基本要求，依靠高速宽带移动互联网、海上物联网和卫星互联网的行业信息化建设和巨大市场需求牵引，发挥大众化应用时代海洋地理空间信息的基础性平台作用。未来在新技术巨大市场空间的推动下，海洋地理信息的企业化、大众化应用之路会越走越宽。

第三，智能航运市场需要我们必须坚持政策导向，加强相关部门合作与协同创新，通过稳定的扶持和政策鼓励，提高企业市场关注度，围绕智能航保技术、装备和设施的国产化研究，开展涵盖全海况、全气候条件的智能航保生产、测试与验证体系等开发和建设。

8.2.3　国家需求分析

1. 国家宏观政策导向

作为航运大国，我国正在积极推动智能航运技术的发展。在《交通强国建设纲要》《国务院关于印发新一代人工智能发展规划的通知》的引领下，交通运输部等多部门先后印发了《智能航运发展指导意见》《数字交通发展规划纲要》《智能船舶发展行动计划（2019—2021年）》和《关于大力推进海运业高质量发展的指导意见》，提出突破一批制约智能航运发展的关键技术，基本形成智能航运发展基础环境，构建以高度自动化和部分智能化为特征的航运新业态，成为全球智能航运发展创新中心。

国家"一带一路"倡议建设、海洋强国建设、海洋权益维护等都需要大量的海洋地理信息资源提供保障服务。海洋经济产业的迅速崛起以及海上交通运输安全形势的转变对海道测绘的航海保障能力提出了更高的要求和需求。"一带一路"从倡议变行动，从理念转化为实践，如今已成为当今世界规模最大的国际合作平台和最受欢迎的国际公共产品。交通运输部海事局"十四五"规划指出，在"一带一路"倡议指引下，航海保障部门作为海事的重要力量必须坚持新发展理念，加强改革创新、战略统筹、行业引领，实现各方面工作由数量向质量、从经验向科学转型，有效支撑安全、便捷、高效、绿色、经济的现代化综合交通运输体系建设，为船舶提供优质可靠的通信服务，并在航海安全大数据共享、推动国际区域航海保障合作、加强区域协调联动等方面进一步与沿线国家加强沟通交流。

近年来，全球气温持续变暖，北极冰雪加速融化，北极航线的开通和航行成为全球关注的焦点，对我国建设海洋强国、实施“一带一路”倡议具有重大而深远的意义。全球化贸易促使我国不断加强北极航路航运实力，而与之配套的北极航线通信保障能力所发挥的作用也将日益突出，相关的卫星和岸基通信设施发展建设，将为开发利用北极东北航道提供通信保障。

当前，我国从政策、法规及标准等多方面发力推进网络安全保障体系建设，以关键核心技术、核心基础设施、核心设备的自主研发、创新能力及实际应用构建安全的生态体系。航海保障领域涉及航运安全和航运经济建设，承载运行着涉及船舶航行安全的业务系统，存储处理航运数据的关键信息，是我国网络安全的重点防护领域。根据国家整体部署，在智能航保通信信息领域推动“陆海空天”一体化通信融合发展和国产化进程，实现智能融合通信保障服务和业务系统协同势在必行，是未来一个阶段智能航保通信信息网络建设和安全保障的重点任务之一。

2. 转型升级和高质量发展

在数字、智能化世界里，随着港口自动化和船舶大型化、智能化发展趋势逐渐明晰，为了适应智能航运发展需要，作为智能航运的重要组成部分，航海保障技术手段和方法发生了深刻的变化。其中，航标导助航面临着传统导助航服务向立体综合智能方式转变，以便提供更高精度的导助航服务；海道测绘也面临着由模拟作业方式到数字作业再到实时地理空间信息服务方式转变，以面向智能航运构建以实时化、动态化、智能化、网络化、社会化为特征的智能海道测绘技术体系；水上通信面临着全面建设岸基、海基、空基和星基通信基础设施，以便为用户提供多网、多模、宽带智能融合通信。

因此，在实施一流建设智能航保方面，需要重点瞄准新一代电子信息技术、人工智能技术、物联网技术、卫星导航和遥感等世界科技发展前沿，发展多系统、多网络、互联互通的综合航海保障体系，提供全域覆盖、层级递进、智能立体和高效可靠的导助航服务、海上空间地理信息服务和水上安全通信服务，最终为船舶航行安全和区域经济社会发展乃至于人民越来越高的安全出行需要提供智慧化的保障服务，满足传统航行和智能航行长期并存下的船舶安全、智能航行需要。

3. 双循环发展

我国已经成为世界航运第一大国，远洋运输船舶遍布全球海域。随着智能航运的迅猛发展，国际国内 E- 航海框架的形成以及智能化发展，都不可避免地对我国智能航保发展产生巨大影响。当前，经济全球化发展进程受阻，逆全球化发展趋势有所反弹。加快构建以国内大循环为主体、国内国际双循环相互促进的新发展格局，是对“十四五”和未来更长时期我国经济发展战略、路径作出的重大调整完善，是着眼于我国长远发展和长治久安作出的重大战略部署。智能航运是连接国内大循环、国际国内双循环的主要方式，是经济发展的晴雨表。航海保障作为航运发展的先行力量，需要充分认清当前形势，找准航海保障智能服务的发力点。要以用户需求侧引导航海保障服务供给侧改革，坚决将航海保障国家队的职责和使命牢牢扛在肩上，充分运用现代信息、通信、大数据、云计算、互联网和人工智能等科学技术，依托互联网 +、智能航运和 E- 航海等框架，打造新一代数字化、网络化、可视化、自动化、智能化的综合智能信息保障服务，为智能船舶、智能航道、智能码头提供实时、便捷、准确、全面的航行保障信息，保障传统船舶和自主航行船舶的海上航行安全和海洋环境保护。

8.2.4　技术瓶颈分析

面向智能航运，智能航保高质量发展还存在诸多技术瓶颈和关键技术难点，特别是当前国际环境的变化带来的新的矛盾和新的挑战，未来需要智能航保突出技术研发重点，着力打通科技研发堵点，解决各类“卡脖子”瓶颈问题，及时调整关键技术发展路径，贯通智能航保服务的产品需求、技术研究、生产应用和智能服务等各环节，推动智能航保技术创新和产业化结构升级。面向智能航运，影响智能航保发展的主要技术瓶颈概括如下。

1. 船岸协同高速宽带通信技术

海上无线通信网络受到覆盖范围、传输带宽、价格资费等多方因素影响，成为制约智能航保乃至智能航运船岸协同整体数据交换和信息服务的主要瓶颈。目前，传统岸基中短波、甚高频通信信道带宽窄、传输速率低；岸基移动互联网络（4G）覆盖范围约为近岸 10 千米，近海存在一定的信号盲区；移动通信受通信技术和海洋环境条件限制，难以向海上广泛迁移；现有高轨卫星通信受链路租费等因素限制，使用效果仍不理想；低轨卫星建设正在缓慢推进中。随着智能航运的快速发展，船舶智能航行保障以及水上诸用户对“船－船”“船－岸”之间的高速、宽带通信和实时获取各种“互联网＋”信息服务具有迫切需求，因此，应加快开展无线通信技术研究，提出分类、分区、分级覆盖和融合通信建设方案，实施“陆海空天”多元融合通信系统应用建设，以充分满足智能航运发展需要。

2. 智能航保服务信息共享不足

一是岸基数据智能汇聚融合滞后。满足智能航行安全所涉及的航海保障数据信息不仅包含传统航保业务所生产的电子海图、导助航和安全服务信息，还需要获得船舶、船员、货物、海洋环境、气象水文等实时船舶和海洋环境数据。目前，各类涉海数据分散存储于不同的业务部门和信息系统，彼此缺乏交互和关联，造成岸基涉海信息孤岛，亟须开展顶层设计推进融合共享。

二是基于涉海数据的大数据分析应用目前还处于起步阶段。航海交通数据的整合分析尚处在起步阶段，对于智能船舶信息服务的需求分析还不完全到位，适应智能船舶数据需要的信息服务模式和产品仍需不断升级迭代，对智能船舶提供数据支持保障的能力仍需要通过测试进行不断完善。

3. 智能航保服务标准缺乏

无论传统船舶还是智能船舶，船岸协同所需的多元信息通常采用不同的体系、结构、技术和标准。目前，基于航海保障各种业务搭建的信息管理和应用系统自成体系、相互独立，还不能在系统之间展开有效合作和信息共享，使跨部门和系统间的数据共享与访问都异常困难，并且与智能船舶的实际需求存在一定差距，无法实现与智能船舶的全天候互通互联。另外，面对智能船舶、智能港口、智能海事等不同用户群体，需要实时连接各自特色的应用系统，以提供不同需求、不同格式的航保服务信息，缺乏统一的交换标准顶层设计，难以保障信息交换和服务共享。

4. 实时空间地理信息服务不足

船舶智能航行离不开高精度的电子海图服务，也离不开实时水文、气象等信息服务。需要围绕智能化地理信息数据获取、处理、管理、服务与应用，丰富新型航海图书资料等地理信息产品，构建实时海洋地理信息服务系统，提供水上实体三维等时空化的海洋空间地理信息服务。因此，必须确保测绘地理信息数据的精度更高、现势性更强，克服现有的二维地理信息数据表达存在信息缺失、要素及属性不全、空间关系粗略等局限，满足智能航行、应急管理等智能航运必然需求。

5. 高端技术装备国产化率低

目前，智能航保核心技术和高端装备制造与国外差距较大，装备的国产化程度不高，除传统的导助航设施外，自动识别设施、测绘技术装备等满足智能航运需要的主要服务产品所依赖的生产、维护装备等基本依赖于进口，维修、升级和改造非常不便，装备的基本性能和功能作用等优势一般难以充分发挥。尽管在卫星通信、VDES、海上数字广播核心技术上我国已有突破，但核心基础元器件、整体技术标准体系仍存在受制于西方发达国家，存在一定的信息和安全风险。

8.2.5　研发需求分析

智能船舶、海上自主航行船舶的出现和发展为航运业带来了深远的影响，更安全、更环保、更经济、更可靠成为未来智能船舶生态系统发展的主旋律。按照“用户主导、需求驱动”的基本原则，面向智能航运的智能航保技术研发的需求主要表现在两个方面，一是船岸协同的信息共享需要，二是保障智能航保健康持续发展的智能化技术、装备和设施的研究开发需要。

1. 岸基服务信息需求

智能航保的核心要义是信息保障和服务。因此，首先要解决的是深入开展面向智能航运的用户需求和差距分析，从而为船岸协同智能保障技术研发提供支撑。

1）智能航行船舶信息服务需求

“沿海船舶自主航行关键技术与系统研发”课题组根据船舶智能航行研究需要，提出以下需要提供的我国沿海典型航线覆盖海域范围内的岸基服务信息（特别是要包含青岛海上测试场海域）。

（1）海上安全信息。主要包括航行警告信息，如航路及其附近海域发现的危险沉船残骸、军事演习区等临时限航区、对船舶航行安全构成威胁的新的碍航物、水下拖带及存在潜水活动的区域、航道周围建立的新设施等。

（2）海图更新信息。重点包含对船舶航线设计有影响的海图更新信息，如新增碍航物等。

（3）海上交通状况信息。如渔船密集区、船舶会遇频繁区、水上赛事活动、险情事故发生区等。

此外，对于远程遥控船舶，需要通过船岸宽带通信方式及时传送船舶航行态势感知和船舶运行状态监控信息，实时重构智能航行船舶运行场景，方便远程操纵管理。

从船东角度出发，相对于传统船舶运营，智能船舶借助自动感知和智能分析技术，将船舶自动识别系统数据、船舶航行报警信息等基本信息，船舶能效、机电设备运行状态和预估寿命、全船态势感知数据、货物（人员）状态信息等智能船舶数据信息通过船岸通信递交给航运企业，为航运企业管理提供数据基础。同时，在航船舶基于智能船舶集成信息平台，对全船数据应用大数据、人工智能和深度学习技术，生成船舶航行数据见解和决策建议，为船东管理提供参考。智能航行船舶在船上少人值守的工作条件下，通过对场景感知信息进行综合分析决策，实现航路优化和自主航行、自主靠离泊、货物自动化装卸等高级功能，在提高航运企业经济效益的同时也对管理水平提出了更高的要求。

2）智能航保船舶等用户调研

为了全面了解用户对航海保障服务需求、服务质量和用户满意度等基本情况，特别是了解用户对智能航保发展的需求，以航海保障服务对象相关单位、船舶和船员为主体，开展了专门的线上、线下调查。

调研结果表明，用户对高精度的导助航信息（包括航标、航道、锚地、港口、水上平台等）、综合信息服务平台、实时海上（航路）交通信息等的需求和关注度最高，位列前三。同时，对实时水文气象信息服务、三维立体空间地理信息服务、实时航行警告播发等信息服务、方便快捷的航线规划服务、海上渔区养殖区域信息、港口精确靠离泊服务、可视化的实时航道通航服务、船与船和船与岸的交互活动以及个性化辅助服务（资料查询、气象查询、海盗信息、风险区域、疫情或高风险区域等）也较为关注（图 8–4）。

3）国际 E– 航海建设用户需求分析

国际海事组织提出海事服务集（后发展为海事服务，简称海事服务）的概念，目的是提供标准化的通用 E– 航海岸基服务。国际航标协会一致致力于海事服务研究，并对每个海事服务总体描述、目的、性能、处理的信息、用户需求、所关联的技术服务、使用示例和该海事服务开发的责任组织进行了说明。主要包括船舶交通管理信息服务、船舶交通管理助航辅助服务、船舶交通管理交通组织服务、本地港口服务、海上安全信息服务、引航服务、拖船服务、船岸报告、海上远程医疗服务、海上援助服务、海图服务、航海出版物服务、冰区助航服务、气象信息服务、实时航道水文和环境信息服务、搜救服务、航标服务和定位导航授时及增强服务等。

综上，结合传统海上航行服务，我们认为智能船舶与非智能船舶将长期并存，智能

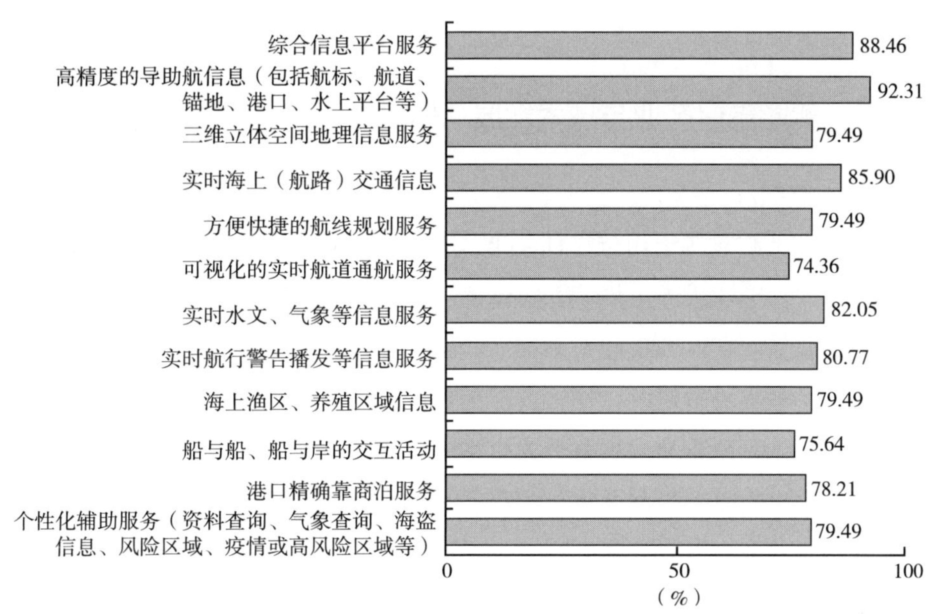

图 8-4 智能航行信息服务需求用户意见统计

航行直接或间接均与 E- 航海海事服务所描述或涉及的信息有关。所不同的是，智能船舶更需要的是上述各类信息符合机器理解的语义表述和信息标准的实时信息。

2. 智能航保技术研发需求

技术研发需求是在深入总结市场需求、国家需求和技术瓶颈分析基础上，确定需要突破技术壁垒与产业关键技术难点的研发需求，并找出现实与目标的实际差距，进一步明晰需要培养和提升的技术能力，从而形成技术发展方向。

面向智能航运的快速发展，作为其重要组成及支撑服务的智能航保，概括起来就是为智能航运各组成部分提供统一、协调的信息保障服务，由此所涉及的信息采集、处理、播发服务中的装备、设施和系统等关键技术、信息、标准等，均体现智能化发展的研发需求。

具体讲，面向智能航行的完整的岸基信息服务技术需求，更多地表现在以下几个方面：更加可靠的水上高速宽带通信手段；更高精度的陆、海、空、天一体化导助航服务；更为全面的实时海洋立体空间地理信息服务；更为标准的水上安全信息服务、实时海图更新信息服务；更加全面的海洋气象、水文信息服务；更加及时的航线航路信息、航行规则、交通组织信息、港口泊位等信息服务；更为强大的智能助航实施感知、认知和信息交互服务；更加标准化和自动化的报告设施和服务；更大范围的航行船舶识别和目标监测等服务；更加科学的船岸协调服务和分布式技术架构；更加有效的水上应急救助信息服务；等等。

8.2.6 智能航保产业与技术发展总体目标

1. 指导思想

坚持以习近平新时代中国特色社会主义思想为指导，深入贯彻党的十九大和十九届历次全会精神，围绕统筹推进“五位一体”总体布局和协调推进“四个全面”战略布局，立足交通强国建设和智能航运发展，坚持以人民为中心，坚持需求为导向，全面加强智能航保基础装备建设，完善智能航保服务体系，拓展智能服务范围，深入推动智能航保现代化、高质量发展，着力打造人民满意、保障有力、世界前列的一流航海保障，为现代化交通强国建设和智能航运发展提供强有力支撑服务。

2. 智能航保产业与技术发展总体目标

至 2025 年，“陆海空天”一体化智能航保服务顶层设计全面完成，智能保障创新能力显著提升，突破一批制约智能发展的关键技术，船岸协同的分布式服务技术架构和标准体系基本定型，智能技术装备国产化水平显著增强，沿海和内河水域试点建成智能航保示范区；深化导助航设施数字化技术改造，增强船舶的智能化感知服务；深化测绘地理信息系统技术研究，强化 S–100 国际标准研究应用；建成结构完整、功能完备的无人技术装备体系，智能化、无人化成为新常态；完成智能通信数字化升级改造，覆盖中国沿海和内河的“HF/MF/VHF/VDES/NAVDAT/5G”融合通信网络初步建成，积极推进星基通信技术广泛应用；建成基于大数据应用分析的智能航保数据中心，研究智能信息服务互联互通平台，初步形成定制化、标准化的信息服务产品，有效支撑智能航运高质量发展。

至 2030 年，“陆海空天”一体化综合智能航保顶层设计进一步完善，全面建成覆盖我国沿海和主要内河水域的智能航保示范区，基本建成岸基智能服务平台和分布式自主服务网络，实现泊位到泊位全覆盖无缝隙智能信息服务；拓展多时空导助航服务范围，提供星基、岸基层叠协同的定位导航授时保障；全面建成符合 S–100 标准要求的实时海洋空间地理信息智能数字服务体系，智能设施国产化率显著提升；强化岸基宽带研究应用，星地融合高速宽带通信覆盖率不少于 90%；智能航保总体服务水平达到国际领先，实现沿海港口、近海、远海和相关国际重点水域分区分级分类有效覆盖。

到 2035 年，全面构建“陆海空天”一体化综合智能航保服务体系，人工智能等先进技术深度赋能智能航保基础设施；建成覆盖我国沿海和内河干线水域的智能航保示范区，充分实现分区分级分类多维感知、全域抵达、高效协同和智能服务；高精度数字导助航技术全面应用，导助航设施智能化、数字化率达 100%，岸基、星基融合宽带通信覆盖率达 100%，航海图书资料数字化率达 100%，智能应急救助保障及时率达 100%，软硬实力居国际领先水平，站稳交通强国和智能航运服务排头兵位置。

到 2050 年,"陆海空天"一体化综合智能保障体系健全完善，智能保障设施装备布局合理、运行高效；智能航保装备设备技术先进、自主可控，深远海及复杂海的综合智能保障能力显著增强，产业与技术发展水平位居世界领先水平；智能助航设施立体全面，实现全时域、高精度智能助航服务；数字航海图书信息覆盖全球航路，实现全要素、多元化实时空间地理信息服务；宽带通信立体多元、技术成熟可靠，实现全球船岸多网多模、融合智能通信服务；智能航保岸基服务成效显著，有力支撑交通强国建设和智能航运发展。

8.3　路线图制定

8.3.1　产业与技术发展重要程度排序

1. 深化智能航行船舶通信保障技术应用研究

研究建立面向智能航行的星基、岸基设施和海上平台等为基础的立体多元融合通信技术保障体系。立足于"陆海空天"多元通信战略，通过自建、合作，引进必要的设施和装备，建立和运营智能海上多元通信网络。以海岸电台改造为载体，持续加大通信技术设备建设投入，推动通信核心设备及关键技术国产化，积极开展相关验证试验，提升关键装备自主可控能力。优化通信技术装备布局，着力构建满足智能航运要求的通信技术装备体系，为智能船舶提供分区、分类、分级保障的通信保障服务。

研究基于 HF/MF、VHF、VSAT、VDES、5G/6G、海上数字广播、微波、北斗短报文，以及低轨卫星等技术为手段的多网多模船岸通信技术路线，主要包括：VDES 组网及应用技术研究，即 VDES 发展路径、数据传输优化、信道管理、数据处理服务、运营技术、VDES 卫星组网技术、卫星有效载荷、系统行业建设标准、设备管理规范及使用规定、工程建设策略等领域的研究，以及试点项目实验验证；海上数字广播组网及应用技术研究，信息整合、信息管理、信息处理与传输、组网优化等技术研究；

岸基宽带通信网 4G、5G、LTE 海上通信网建设及应用研究，海上毫米波和太赫兹传输技术研究；VSAT、IMMASAT、海事卫星、铱星以及低轨道卫星物联网等通信技术水上应用与智能化组合研究等等。

现代化 GMDSS 的遇险和安全通信技术研究，包括海上数字广播、VDES、铱星、北斗、SAILOR FBB 等系统在 GMDSS 系统中的应用技术研究。

研究通过海上石油平台、专用通信中继设施、船舶中继站等通信节点进行辅助中继及管理的高效组网技术。

研究船 - 船、船 - 岸间自组网的网络组成、通信模式和通信协议，以及标准化通用交互数据文本。

按照国际一流的标准配备智能化海上通信履约所需通信设备和应急通信装备，集中开展水上应急通信技术研究，建设应急通信平台，配备通信车、无人机等专用设备，提高水上应急通信保障能力。

研究编制船岸协同通信、船舶自组网相关技术标准和使用规范等。

研究建设智能通信监测维护体系，基于海上和实时动态监测、巡检，实施通信环境、通信质量、通信干扰的监测，岸基定点、海上移动目标的监测，航保设备运行状态的监测检测。研究建立系统监控、设备检测、技术支持、备品备件四个层面的通信导航设备检测中心，实现水域航保电子系统的一体化智能运维检测服务。

研究建立智能通信信息服务体系，充分利用智能语音和数字交互技术，梳理现有语音通信（实时语音通信）、报文通信（标准化生产报文通信）、数据通信等业务，通过对语音通信进行语音甄别、分类存储、精准应用，对报文信息进行标准化生产和数据化转换、数据信息标准化处理和应用等，形成完整的智能语音信息服务体系。

2. 完善智能航行导助航技术与服务体系

研究面向智能航行的“陆海空天”一体化高精度导助航及其增强技术应用体系。主要包括：星基导助航服务体系，重点是北斗、全球定位系统等高精度星基导航及其增强系统应用技术服务，实现全球水域智能航行广域星基增强导航、定位服务。

研究岸基无线电指向标差分北斗增强系统（RBN-DGNSS）、岸基北斗连续运行参考站系统（BD-CORS）、船舶交通管理、船舶自动识别系统等导助航服务体系，实现沿海区域米级、分米级和厘米级导航定位服务。重点优化沿海北斗基准站布局和系统功能，升级北斗数据处理服务中心，建立智能航运框架下基于沿海北斗地基增强系统的全国沿海广域精密定位实时定位系统，在中国沿海全覆盖范围内为用户提供精度介于 DGNSS 和沿海北斗 CORS 之间的高精度定位服务，提升全国沿海北斗广域无缝高精度导航定位服务能力，满足船舶全天候全海区无缝高精度导航需要。

研究岸基、海基智能导助航服务体系，重点是基于传统灯浮标、灯船等设施的数字化、现代化改造，实现海上浮标等助航标志的实时、主动式播发助航信息服务，增强智能船舶和助航设施的数字交互和智能感知认识，提高智能航标的自主导助航服务。此外，研究建设智能航标，利用人工智能、5G 通信等技术，搭载各类传感器及电子模块，使平台具有各类海洋信息的感知能力，为船舶智能航行提供更全面、更丰富的导助航信息和海上环境信息服务。

3. 建设智能航行公共服务信息管理与体系

深化面向船舶智能航行岸基信息需求分析，建立满足智能航运环境下智能船舶、港口、监管、服务等各环节、全方位信息服务体系。

根据公共服务信息内容相关性、相互耦合关系，确定信息分类、分级方法，基于信息源特征、数据传输量级、服务频次、响应时限、传输可靠性和网络安全等多方面需求，研究云计算、边缘计算等方式对船舶智能航行的公共信息服务适应性，提出异构网络信息汇聚、智能信息融合方法、应用服务群搭建方式、公共信息服务保障机制等方面的智能航行岸基信息服务整体技术方案。

研究面向智能航行的公共信息海事服务集，形成智能信息服务语义词典框架、数据结构和服务集技术规范等，建立与国际接轨、面向全球智能航行的信息数据模型、交换标准等，明晰信息标准表示方法、数据交换模型和交换范式，规范智能服务接口和服务注册方式，形成包括航行安全信息、海图更新信息、水文气象信息、交通组织信息、远程监测控制、航线交换信息、高精度助航、航行密度、智能航标、港口泊位以及应急救助等关键服务信息的海事服务集。

4. 研究面向智能航行的岸基支持服务平台技术

根据智能航行岸基服务信息需求和智能化通信选择与实时播发岸基信息实际，研究船岸协同多元服务信息边缘计算、智能采集、融合汇聚、标准化处理等技术，实现基于电子海图平台的信息智能化采集、清洗处理、聚融存储、标准生成、可视化验证等全流程管理，并采取基于不同用户群应用的定制式和广播式智能化播发策略，实现单一港口的智能航行岸基信息的实时服务。

研发智能航行公共服务信息集成服务平台，结合异构数据聚融、数据标准化转换、时空大数据处理等关键技术，研究基于时空位置服务的实时地理空间服务、公共信息集成和服务平台，主要包括：面向智能航运特色的基于实时地理空间信息服务的智慧航道、智慧航路、智慧码头等空间地理信息，航行警告、水文信息、交通组织信息等公共服务信息，为智能航行提供全要素、标准化、实时性水上地理空间位置和航行环境服务。

根据全球智能航行发展需要，研究泊位到泊位的全航程、多港口、无缝隙的岸基支持保障服务平台的分布式部署技术架构和统一的服务模式等，确保面向全球智能航行的岸基服务的广域化、实时性覆盖。

5. 研究基于时空位置服务的实时海洋空间地理信息服务技术

研究符合国际 S-100 技术标准电子海图发展要求、面向智能航行需要的实时地理空间信息技术，为智能航运提供全要素、标准化实时水上地理空间位置服务。充分应用“互联网 +”、大数据和区块链等技术，整合沿海海洋基础地理信息、智能航运专题地理信息、多源遥感影像信息、星基导航定位服务信息、应急保障数据信息，以及实时海洋气象水文环境信息、交通组织信息等，建设海洋空间地理信息数据库，依托时空信息服务平台空间地理信息数据为基底，融合其他信息数据和技术，积极推进大数据服务和产业发展，形成标准统一、实时精准的空间地理大数据综合服务体系。

6. 提供智慧航道（路）等立体助航服务

探索开展面向智能航运且符合 E- 航海框架体系的智慧航道建设研究，在研发应用符合 S-100 国际标准的电子航道图基础上，研发应用高精度三维电子海图、实景三维港口数据库、河流湖泊水下地形数据库等面向新型数字产品，并利用智能传感器、物联网、自动控制、人工智能等技术，自动获取实施观测的航道系统要素信息，包括智能航标导助航信息、实时水深观测信息、水文气象和溢油监测信息以及交通状态信息等，通过融合处理与深度挖掘，实现有助于船舶智能航行的智能航道、智能航路的二、三维实时信息服务、助航导航服务、辅助决策服务和监控管理服务，全面提升全天候分区分级的定制化导助航、航行辅助、信息互通、通航环境查询等服务能力。同时，也有助于智能化航道建设维护，为智能航运安全、绿色和高效发展提供实时、精确、便捷的智慧航道服务。

7. 研究广域海洋水文信息实时服务技术

聚焦智能航运服务，加大沿海水文观测站网建设力度，扩展水文观测站功能，建设多功能海上环境观测站，实现水文、气象、水质、地质、地貌等环境信息的一体化观测，推广虚拟验潮站技术，提高远程潮位预报能力。

建设自动化水文业务产品生成系统、水文服务产品智能制作系统、水文服务信息智慧发布系统和综合水文信息共享与管理系统，实现潮汐预报、虚拟验潮站、实时动态海图、数据应用程序接口等业务产品的自动化生成和服务产品的智能化输出。

建设海洋水文信息服务数据库，研究面向智能航运的海洋水文信息服务体系，建设海上实时、动态、广域、高精度潮汐预报体系，实现全域潮汐预报、虚拟验潮站、实时动态海图、数据应用程序接口等业务产品的自动化生成和服务产品的智能化输出，实现覆盖中国沿海及全球重点航线水域的水文信息实时服务以及海洋潮汐预报服务。

8. 研究船舶智能航行网络信息安全技术

针对船舶智能航行远程驾驶、自动靠离泊、自主航行等典型智能航行场景，围绕智能航行船岸协同的“感、传、智、用”的核心业务节点，开展全链条、全过程的网络安全风险监测和信息安全技术研究；船舶智能航行的网络信息安全体系架构及安全等级研究；全链条网络和信息安全监测体系架构研究、安全防控等级研究；智能航行相关网络链路和软硬件系统、数据传输安全和信息安全评价等标准研究；岸基、星基等多元融合通信网络安全监测技术研究；船岸通信和数据链路抗干扰和反窃听等安全技术研究；船岸协同应用系统防非法访问、篡改和违规操控等防护技术研究；船岸协同和智能航行数据防泄露、防篡改等加密技术研究；船岸协同网络信息安全测试、验证技术和标准研究；等等。

9. 研究建设智能航保技术标准体系

开展适应智能航行发展需要、符合机器语义理解的智能航保标准体系研究，特别是基于S-100标准的产品、服务规范与智能航保服务相关性研究，建立智能航保标准化服务产品和服务规范，实现统一的船与岸、船与船和船与标等互联互通与信息共享。重点开展S-101《电子海图产品规范》、S-102《水深表面产品规范》、S-104《水面航行潮汐产品规范》和S-111《表面流产品规范》等E-航海服务规范，以及S-127《海上交通管理数据规范》、S-129《富裕水深服务规范》、S-131《港口设施数据规范》、S-211《停靠港数据规范》、S-212《船舶交通数字信息服务》、S-201《航标信息产品规范》和IEC-TC80 S-421《航线信息服务规范》研究，在研究E-航海云数据中心、开发标准化E-航海服务和国际通用的船岸协同服务基础上，为全面促进智能航保数据中心建设、船岸信息交换和共享服务奠定坚实的标准基础。

10. 研究智能航保大数据分析应用技术

加强智能航保大数据分析及应用研究，包括智能航保数据采集、数据整合、数字化标准化处理、大数据挖掘算法、智能信息服务需求、定制化智能化信息服务产品等，建立基于 WEB 应用的船舶自动识别系统大数据应用平台，同时整合各类智能航信服务支撑数据，形成面向智能航行的智能航海保障服务平台，实现有助于智能航行实时航保效能评价、智能航线规划、船舶交通状态监控与预测分析、网络安保等相关信息服务，实现与岸基智能航保数据中心的实时信息交换，更好地实现智能航行的安全、可靠、高效的智能保障。

加强智能航保数据服务中心建设方案、数据资源池架构、数据服务平台搭建、数据服务体系及标准等内容研究，构建有利于智能航保服务的数据中心。

11. 构建综合定位、导航和授时服务体系

推动建立适应多元、异构船岸协同定位导航授时服务体系，解决全球卫星导航系统的脆弱性问题，实现高可靠性（鲁棒性）的船舶定位导航授时服务，特别是满足智能航行众多系统之间统一协调的授时体系，确保各种信息在统一的时间基准下交换应用，越来越成为智能航运的安全、精准运行的关键所在。

研究星基导航系统脆弱环境下，以岸基无线测距模式（AIS-R、RBN-R、e 劳兰等）为备份的导航、定位授时服务体系，以便为智能航行船舶提供精准统一的定位导航授时服务，进一步增加智能航行定位导航授时系统可靠性。

12. 研究智能航保应急保障体系

依托现代智能和信息技术，实现应急保障体系数字化、智能化改造，实现智能航行服务常态化监测和应急状态下的实时动态监测监控、应急性资源调度、信息化应急处置、智能化决策分析等全过程、全要素的智能化管理，真正体现智能化保障服务水平。

13. 研究智能航保服务评价体系

面向智能航行用户，研究基于人工智能、大数据挖掘等技术和风险管理理念的智能航保服务评价体系，建立智能航保基础设施、数字助航服务信息、用户实时在线综合效能评价系统，透过辨识、衡量（含预测）、监控、报告来管理智能服务风险，为提高航海保障智能化服务水平和社会满意度提供决策依据。

14. 提升航保船舶智能化作业水平

探索研究集成智能航标作业、海道测绘和海上通信保障的智能航保船舶，将逐渐

发展覆盖远海、抗冰、稳性更高的智能航保船艇系列，并辅以搭载无人机起降平台、动力定位、水下机器人等功能和设备，满足单一航标或测绘船舶从“人力主导”的传统作业模式向“人力主导 - 船舶智能协作”的智能航保综合性、机械化、自动化作业模式转变。

8.3.2 预计实现时间

根据智能航保战略发展和五年规划，结合智能航运发展趋势，智能航保产业与技术课题实现时间大致分为四个阶段，即：自课题开始至 2025 年为第一阶段，2026—2030 年为第二阶段，2031—2035 年为第三阶段，2036—2050 年为第四阶段。

第一阶段，结合智能航保“十四五”战略发展，按照智能航运发展指导意见及相关基础研究，重点开展智能航保战略、标准体系研究、智能航保服务体系研究、沿海宽带通信体系建设等基础性工作，突破一批关键技术，推进 VDES、海上数字广播、5G-700M 试点研究建设，以及智能航标、智能航道、智能海事服务集以及相关岸基支持平台研究等，建立基本适应智能航运的高度自动化和部分智能化基础设施建设，为智能航保全面发展奠定坚实的理论基础、技术和试点基础。

第二阶段，全面构建适应智能航保的法规体系和技术标准，全面形成“陆海空天”一体化智能航保体系，广泛建成沿海岸基、星基高速宽带通信体系，建成满足智能航行需要的星基综合智能导助航系统、高精度时空地理信息服务系统，满足智能航运健康发展需要。

第三阶段，掌握国际领先、高度自动化、智能化的智能航保核心技术，在充分实现以智能化服务为主要特征的智能航保基础上，全面建成“陆海空天”一体化智能航保现代化服务体系，充分满足智能航运自主航行阶段的全时域、智能化多元通信、导航和信息保障服务，成为交通强国和智能航运发展的排头兵。

第四阶段，实现高度智能化的智能航保，为船舶自主航行提供全面、智能的航海保障服务，成为全球智能航保发展的引领者。

8.3.3 目前领先国家和地区

在交通运输部和部海事局的大力支持下，航海保障部门大力实施传统航标的数字化、信息化改造，全部实现远程遥测，同时大力发展无线电航标，包括船舶自动识别系统航标和差分全球定位系统的北斗、全球定位系统双模改造等，大力推进北斗地基增强精密定位系统建设应用，实现无线电导助航设施和手段发展新的跨越。积极推进基于多功能航标的港域环境监测系统研究应用，通过新助航技术的拓展研究和应用，进一步增强了智能航标导助航的发展，也使我国数字导助航技术应用位居世界前列。

纵观世界，在智能化导助航方面，特别是多功能航标方面，美国、英国、加拿大、挪威、日本、韩国等海洋科技强国已形成功能多样化系列成熟产品。欧洲EfficienSea2正在进行新型智能浮标方案测试，以增进船舶导航服务；波兰格丁尼亚海事处2017年进行了新型智能浮标方案测试。国内，北海航海保障中心“天津港复式航道E-航海试点工程”研发多功能航标，搭载ADCP、能见度仪、气象仪、水质仪、闭路电视、北斗测姿等设备，监测参数达12种；东海航保中心在长江口深水航道布设五座水文气象灯浮，南海航海保障中心与海洋、气象部门合作，在灯浮和灯船上搭载监测设备，助推航海保障服务内容和范围更深、更广发展。

卫星导航技术，是智能航行的关键。近年来，国外呈现多系统融合的发展态势。一方面，以美国为首的导航大国持续推进导航卫星的研发与部署，不断提升导航系统精度；另一方面，为确保全球定位系统拒止环境下的导航功能，各个国家积极开发新型导航技术及相关替代导航技术。作为世界前沿技术发展的标杆，美国发布《国防部定位、导航和授时整体战略》报告，目标是利用现代化全球定位系统基础功能及多种附加定位、导航、授时信息源，以模块化开放系统集成方法为美军联合部队提供精确、可靠和弹性的定位、导航、授时能力，维持并强化美军及其盟军在所有作战领域的军用定位、导航、授时优势。同时，欧盟、俄罗斯、印度、日本等国家和地区纷纷效仿，不断推动卫星导航、惯性导航、视觉导航、量子导航、定位与授时等技术发展，并取得一定成果。同时，为了提升全球导航卫星系统的性能，需要相应增强系统满足不同用户对高完好性和高精度的需求。国际上已经建成并开始服务的星基增强系统有美国的广域增强系统（WAAS）、欧洲地球同步卫星导航增强服务系统（EGNOS）、日本的基于多功能运输卫星的增强系统（MSAS）、印度的全球定位系统辅助型静地轨道增强导航系统（GAGAN）；计划建设的星基增强系统有俄罗斯的差分改正监测系统（SDCM）和韩国增强卫星系统（KASS）。中国的星站差分定位系统利用北斗星系统的通信链路，向中国以及周边地区播发差分定位信息以及卫星可用性等信息，标志着中国在建立卫星导航定位领域的发展已步入世界的先进行列。

卫星互联网是关键空间信息基础设施，已成为国际科技竞争重要制高点，全球迎来了卫星互联网的建设热潮。全球各国也在大力发展本国的空间信息基础设施，尤其以打造低轨卫星星座为主，建设卫星互联网。诸如美国 SpaceX 公司的 Starlink 卫星互联网星座、加拿大的 TeleSat LEO 星座、英国收购的 OneWeb 星座等。表现突出的星链（Starlink）计划，计划于 2019—2024 年批量发射卫星进入地球轨道，建立覆盖全球的卫星网络，向地球提供高速互联网接入服务。2020 年，国家发展和改革委员会将包括以 5G、物联网、工业互联网、卫星互联网为代表的通信网络基础设施纳入新型基础设施，推动发展。

测绘信息服务方面，以美国为代表的发达国家在测绘地理信息技术创新及应用中处于领先地位；英国海道测量局则是全球航行船舶绝大多数使用的海图及其相关产品，也是全球电子海图和航海图书资料的主要供应者；日本海上保安厅提供的服务则以“信息”而展开，通过各种有效方式为用户提供及时有效的海上安全信息、应对自然灾害信息、海洋信息等。应急测绘服务方面，一些发达国家在风险评估和应急测绘方面都已相当完善成熟。美国配有专门提供船舶灾难、搁浅或大西洋飓风等造成灾难的应急测绘队伍，应急测绘反应相当迅速；加拿大水道测量局建立了完善的风险评估机制，对高风险区域配备更多的应急测绘资源，测量周期会更短，并及时更新海图信息，以保证航海交通的安全。与此同时，世界主要航海大国纷纷加强地理信息资源建设，加快卫星导航定位、高分遥感卫星等技术的进步升级，推动云计算、物联网、移动互联、大数据等高新技术与测绘地信技术深度融合，抢占未来发展制高点。

在 VDES 方面，欧美等国已经先后发射了多颗符合国际标准的船舶自动识别系统卫星，瑞典 SAAB 公司开展了星基 VDES 的详细论证，提出了有关卫星星座和星座中典型卫星的设计建议；荷兰 Inovation Solutions In Space 公司设计了一款专门针对 VDES 系统的星载高效发射装置，初步验证了 VDES 通信系统的效能；美国卫星运营商轨道通信公司（Orbcomm）等联手建造一颗海事通信验证卫星，向用户分发 VDES 数据；澳大利亚海事局开展了地面 VDES 试验，英国 CML 公司研制出 VDES-1000 模块，为船用 VDES 提供基于软件无线电的一体化解决方案。国内，国防科技大学开展了“天拓五号”卫星的研制，实施了 VDES 等新技术验证；上海航天技术研究院开展了 VDES 卫星载荷研究，研制了 VDES 卫星天线和卫星终端；大连遨海科技有限公司完成了地面 VDES 研制，是目前国内唯一一家涵盖物理层、协议层及网关层的系统级整机产品，达到国内领先、国际先进水平；上海翊臻科技有限公司研发完成了 VDES 基站，实现了船舶自动识别系统、ASM、VDE 全部功能，目前部署于大连老铁山开展接收性能测试。此外，部分高校如东南大学针对 VDES 组网协议开展了研究，北京交通大学针对 VDES 物理层、链路层开展了研究，开发了原理样机，并在国家重点研发计划项目得到验证。

海上数字广播系统方面，法国自 2008 年开始研发海上数字广播系统，在波罗的海进行了测试，验证技术的可行性，比利时、法国、德国和罗马尼亚共同提出了《在 500kHz 上（海上数字广播系统）播发航海安全和保密信息的数字系统》的提案（COMSAR 16/4/3）。我国上海埃威航空电子有限公司在现代数字通信技术领域已经取得很大进步，自主开发了 NAVDAT 验证测试系统。

5G 作为下一代移动通信技术，具备高带宽、低延时、大连接特性。当前，美国、欧盟、日本、韩国等全球主要国家和地区都已经开始提前布局 5G 试验计划和商用时间表。我国政府对 5G 产业高度重视，从 2009 年就已经开展 5G 产业相关研究，目前，5G 研发已进入商用阶段。与国外相比，我国对于 5G 的研究比较成熟，关键技术加速突破，2016 年，华为提出的中国方案入选 5G 全球标准，整体行业处于领跑地位。

8.3.4 产业与技术发展的制约因素

1. 技术制约

智能航保属于技术密集型行业，目前，人员技术素质和技术能力还不足以支撑智能航运快速发展和智能航保可持续发展的挑战，面临技术升级的问题。技术装备的国产化水平低，智能保障数据做不到实时化、信息处理不能完全自动化、服务应用不能完全数字化，因此迫切需要利用人工智能、大数据等新技术，把智能航保所涉及的各项专业知识整合起来，产业相关政产学研用全链条有效联合，共同围绕智能航运深入发展智能航保。

2. 资金制约

随着经济增速放缓，中央财政对航海保障的预算经费保障率逐年走低，交通运输部海事局要求全系统做好长期“过紧日子”准备，对于智能航保建设服务等方面的影响将会日益凸显。目前，在智能航保建设、维护、运行、管理上，尚未建立统筹谋划、统一归口机制和经费保障机制，特别是在百年未有之大变局新形势下，智能航保基础设施建设资金投入不足，先进装备和船舶总量及智能化作业能力不能满足实际需求，各层级的智能化研究建设经费保障力度有限，难以系统化、多元化资源整合与经费保障。可以预见，未来一段时间，航海保障部门需要积极正确应对，在集中保障重点业务领域和人员经费资金需求的同时，进一步拓宽资金保障来源，主动争取上级和各方支持，积极稳妥和科学推进智能航保发展和建设，强化科技创新，努力适应智能航运发展形势要求。

3. 政策制约

随着各国重视程度及研发力度的不断增强，智能船舶的发展所面临的阻碍将从技术层面逐渐转向法律、政策等制度层面，并对现行海事公约、规则提出巨大的挑战。针对智能航保信息服务相关立法目前还缺乏系统的政策指导，致使航海保障部门在履行交通水域智能保障信息服务上缺乏有效的法规和标准依据，难以有效规范履行行业国家队公益性保障职能。只有尽早启动智能船舶航行保障方面的法规政策应对工作，健全智能航保的支持政策及相关法规标准制定，才能在新一代智能航运革命中抢占先机，也在国际智能航运乃至E-航海领域提高话语权和影响力。

4. 市场制约

智能航保技术于产业化市场制约主要体现在：一是科技含量高、技术密集，但主要核心技术大多掌握在国外，技术装备往往依靠国外进口，所以其主要技术的产业链和供应链途径相对简单和集中；二是智能航保行业公益服务领域用户群相对集中、产品覆盖面窄，社会参与度也相对集中，围绕智能航保的技术发展应用研究市场整体活力不足，核心技术产品种类少，国际、国内市场占有率低，不能满足智能航运越来越广泛的需求，与发达国家相比也有较大的差距，制约着未来智能航保的高质量发展。

8.4　总体路线图制定

8.4.1　产业与技术发展的总体思路

1. 巩固现有基础

立足智能航运服务，根据不同港口、水域的通航风险程度，通过数字化、智能化改造，积极打造数字化航标，加载水文、气象信息采集设备、闭路电视等监控设备和船舶自动识别系统、北斗遥测遥控设备，提供不同层次、差异化的实时、全天候的智能助航信息服务，实现智能监控和维护管理，保障智能船舶和其他船舶的航行安全。

紧紧围绕智能航运和国家经济社会发展大局，深化供给侧改革，加快建立现代测绘信息公共服务体系，拓展智能测量覆盖范围，增加测绘保障服务总量，积极探索构建新型智能海道测绘体系，确保从港口、航道走向航路，着力丰富基础海洋地理信息资源，持续不断提高智能测量能力智能化、信息化测绘产品丰富性和现势性，适应现阶段各类海上活动实时测绘信息需求和智能航运发展需要。

加快沿海通信设施建设，实现沿海海岸电台互联互通。实施海岸电台联网工程，实现通信资源整合和设备设施统一集中管控，实现沿海 HF 完全覆盖、MF 连续覆盖、VHF 交叉覆盖的通信保障格局。升级改造现有沿海 VSAT 主站系统，推广海上宽带系统建设成果，提供业务数据传输、航道视频监控、应急保障通信等服务，逐步提供互联网接入、水上安全信息、北斗 CORS 信息等服务，以增强多元化海上通信服务保障能力。在成功试点建设基础上，进一步推广应用 VDES、NAVDATA 数字通信系统，全面建设沿海和内河 VDES、NAVDATA 系统，为智能航运提供完善的数字信息服务。

2. 健全产业链

产业链是各产业部门之间基于一定的技术经济关联，并依据特定的逻辑关系和时空布局关系客观形成的链条式关联关系形态，向上游可延伸至基础产业环节和技术研发环节，向下游可拓展至市场环节。

智能航保产业链涉及智能保障的技术、装备、产品、信息、标准、服务等全链条、全要素的研究、生产、供应、服务环节。健全智能航保产业链，需要加大“政产学研用”全链条科技创新要素的整体合力，进一步强化以下相关举措，确保智能航保能够健康和可持续发展。

（1）健全智能航保研究组织机构，提高智能发展研究能力，促进智能发展顶层设计和规划实施。

（2）健全智能航保产业链标准体系，补齐智能航保融合、共享发展短板。

（3）打造智能航保全产业链生产、服务模式，增强政产学研用的战略协同，形成可持续的智能化公共保障模式。

（4）健全智能保障新的信息产品和服务体系，丰富产品内容，不断满足智能航运日益增长的服务安全保障需要。

（5）创新和优化智能航保生产服务的资金解决方案，拓宽智能发展的资金渠道，为智能航保提供充分的资金支持。

（6）打造完备的智能航保产业服务平台，智能航运服务发展保驾护航。

总体上，为适应智能航行需要，不断培育智能航保发展新的增长点，满足智能航运日益增长的多元化安全保障和服务需求。第一，积极支持国产技术装备的研发应用，将核心技术牢牢把握在中国人自己手中；第二，重点丰富和发展基于“陆海空天”一体化的智能航标高精度导助航信息、基于实时地理空间服务的智能航道和航路等综合信息、基于多元通信手段的智能融合通信；第三，加大智能航保服务新产品研发力度，特别是基于国际 S–100 系列标准的新一代信息产品的开发力度，全面构建多元异构、分布部署、无缝衔接、全程服务的智能航保服务平台，助推智能航运新时代的高质量发展。

3. 突破关键技术

智能航保关键技术，关乎航海保障的技术装备、保障信息、服务产品和服务平台等现代化发展水平，也关系到智能航保的国际竞争力和话语权。因此，结合航海保障业务特点和工作性质，突破一些制约智能发展的关键技术，产生一些新理论、新方法、新技术乃至于新的技术装备、新的产品和服务，需要我们瞄准新一代信息技术、人工智能、新材料、新能源和新装备等世界科技发展前沿，全面夯实智能航保发展基础，为智能航运提供层级递进的立体导助航服务、多元化的海道测绘产品、高效可靠的水上安全通信服务及海上空间信息服务。

在智能导助航服务方面，围绕卫星导航系统以及相应的岸基、星基增强系统的最优组合以及导助航设施的数字化改造和智能化服务，所涉及的智能航标智能灯器技术、绿色节能技术、助航信息的标准化、多功能航标平台观测技术、航保智能作业技术、智能导助航效能评估技术、智能维护巡检技术等，对于提供面向智能航运的全时域、立体化、多层次的智能导助航服务具有最为基础的现实意义。

智能测绘服务关键技术主要体现在“测绘信息服务”，即围绕智能航行所需的高精度电子海图信息，以及智能航道、泊位等海洋地理空间信息、实时水文信息、海图改正信息等采集、处理、生产和服务等环节的主要关键技术，以及相应的服务平台技术架构和实时推送服务技术等。完整的海道测绘智能发展相关的关键技术主要包括：测绘技装备核心技术国产化研究、海上无人艇无人机智能测绘技术、沿岸和岛礁测绘技术、海上综合探测技术及智能融合处理技术、基于航路的海洋地理空间信息实时观测和智能处理技术、岸基海基空基远距离水文观测处理技术、基于 S–100 国际标准电子海图和数字航海图书资料的制作显示和更新技术、智能导航电子海图平台及应用技术等。

水上通信关键技术主要体现在：面向智能航运所涉及的水上高速宽带通信技术及其智能化选择方案和组网技术。其中，综合考虑通信技术、传输速率、覆盖范围和使用资费等诸多因素，岸基主要涉及 VDES 的通信技术和设施研究、岸基 5G 技术沿海应用部署，VSAT、海事卫星、低轨卫星互联网技术的应用，以及基于北斗、船舶自动识别系统报文传送的多元数字通信的融合技术和智能选择。另外，还包括基于VDES、VSAT、5G等技术的海上智能航行船舶自组网技术研究与实现，由岸基、近海船舶、中距离大型船只、远洋船舶组成的多级自组网系统，且配合海上石油平台、专用通信船可以进行辅助中继及管理的高效组网技术研究；海上云和无缝漫游机制——海上信息交互云以及在不同海域、不同通信条件下的通信方式无缝漫游机制的研究，实现船舶在海上的不间断顺畅通信；高空通信基站搭建技术研究与实现，高空长耐久平台（HAP或HALE）技术，重点突破高空气球、大型无人机、高空飞艇为平台平流层长时间飞行与续航技术、有效载荷携带、卫星中继、海域覆盖、远程飞行控制等技术等。

4. 完善发展条件

随着信息化、智能化、大数据等新技术赋能传统航运，全球航运业态正在快速变革升级。为深入落实《智能航运发展指导意见》，确保智能航保可持续和高质量发展，需要我们着力完善智能航保发展条件，夯实智能发展基础，包括技术、装备、标准、信息、人才和资金等基础，努力形成智能发展的良好生态氛围，以便形成智能航保中国方案和中国智慧，在全球智能航运大潮中取得话语权。

一是加强智能航保顶层设计，精心统筹规划，科学合理布局，形成完整的智能航保发展战略、规划和行动计划，科学指导智能航保发展决策；二是加强政产学研用协同合作，形成跨区域、跨领域的智能融合发展产业链，打造相互合作、优势互补的良好创新生态，促进关键技术和装备的国产化、智能化，从而提高整个产业链的核心竞争力；三是加强标准化工作，促进智能航保产品和信息服务的智能融合和共享服务水平；四是加强智能航保资金保障和高层次人才培养，强化核心技术装备研究和智能航保产品研发，为智能航运发展保驾护航。

5. 建设示范工程

1）海上宽带通信示范工程

顺应船舶智能航行发展需要，有效融合卫星通信/VHF/4G（5G）/微波/船舶自动识别系统/北斗/VDES，形成智能化自适应的通信系统，满足不同智能航行方式下的分区、分级、分类信息传输需要。利用4G、5G、VDES、海上数字广播、微波等宽带通信技术在沿海建设海基、岸基宽带通信专网基站和交换中心，利用海事卫星、VSAT、低轨卫星等构建星基宽带卫星通信网，智能航行船舶配备专用终端，构建适应智能航运发展的海上宽带通信网，提供海上数字安全信息通信，雷达和红外感知沈北多媒体视频通信，以及船舶机舱监控数据、综合业务数据等传输，实现近海 50 千米范围重点水域、港口、航道、锚地多重通信覆盖、远海星基多元通信覆盖等，为船舶智能航行提供可靠的通信技术支撑。

（1）VDES 工程。积极响应国际海事组织 E- 航海与水面自主航行船舶发展要求，满足船 - 船、船 - 岸信息高效交换需求，根据国际 VDES 发展进程，统筹规划 VDES 岸基网络系统构建。结合国际 VDES 技术标准发布进程，在验证并确认岸基 VDES 核心网基本成熟的情况下，试点开展岸基 VDES 示范工程。待 VDES 纳入相关国际公约后，建设海区级岸基 VDES，在天津、上海和广州分别设立海区船舶自动识别系统数据中心，对辖区船舶自动识别系统进行数据管理与设备管控。同时，试点开展星基 VDES 系统应用研究，建设 VDES–R 模式示范工程，为船舶提供陆基备份定位手段，进一步保障船舶航行安全。

（2）海上数字广播系统工程。突破国外的技术壁垒和垄断，通过对海上数字广播整体框架和关键技术的研究，首先形成符合国际标准框架的海上数字广播信息播发和接收的国内技术标准，并通过关键设备研制，在国内进行测试和演示验证，填补国内空白，增强我国在 GMDSS 现代化中的地位。在总结试点经验，在全国沿海三大海区开展海上数字广播系统建设，为沿海船舶智能航行实时播发数字安全信息。

（3）5G–700M 系统工程。通过与相关移动公司战略合作，在青岛董家口沿海利用移动 5G–700M 频段，建设沿海 5G 高速宽带通信网络，可满足距离海岸线 15 千米范围内，加 CPE 等工业网关最远可达 50 千米的海上宽带业务使用。在此基础上，进一步加强战略合作和试点建设，重点是覆盖青岛智能航行测试区和青岛主航道等重要通航水域的 5G 通信系统建设，全面构建青岛沿海水域的宽带数字通信系统，为沿海船舶智能航行提供成熟可靠的宽带通信方案，也为建设全国沿海 5G 通信系统奠定坚实的技术支撑。

（4）沿海水域交通通信系统联网工程。面向智能航运，以现有航海保障通信组织架构为基础，研究建立沿海数字海岸电台运维调度平台，统筹整合甚高频、中高频等所有通信资源统一于同一平台体系，实现通信资源的集约管理，“一个平台、两级运行”，实现海岸电台内部各系统“互联、互通、互操作”等问题，实现遇险报警联动、通信资源共享、安全信息播发协调统一。

（5）北斗短报文安全通信系统工程。建设基于北斗短报文的水上遇险安全通信系统示范工程，并着力构建基于北斗的水上遇险安全信息资源数据库。推动船舶配备具备北斗短报文报警功能的通信终端，提升应对自然灾害、溢油污染、海盗等方面的能力。大力推动北斗短报文安全通信纳入 GMDSS。

2）智慧航道系统工程

适应国内智能航运和国际 E- 航海发展需要，试点开展智能航道建设，选择重点航道，全部采用新技术、新材料、新能源和高技术含量的助航设施，实时监控导助航设施的助航效能，同时实现助航设施的数字化、智能化、定制化的导航服务，以及高精度定位、水文气象信息、航行警告实时发布及海图信息实时更新等服务，能够满足无人船的航行需求和智能航运的发展需要。试点成功基础上，以沿海天津港、长江口、珠江口等为示范，结合前期 E- 航海试点工程基础上，通过完善基础设施、深化技术架构、智能整合信息、拓展信息服务，建立全面感知、广泛互联、深度融合的基于航道的助航信息采集处理体系，实时感知航道密切相关的各种导助航要素，实现面向智能航运的各类要素信息的实时智能监管和智能服务。

3）海洋地理空间信息服务平台

健全“一张图”电子海图数据服务平台，推动建立沿海全要素海洋信息的及时采集发布与交换共享机制，从涉海相关单位获取更为丰富的海洋信息，构建较为健全的“一张图”电子海图数据服务平台，实现海洋地理信息的资源收集、融合、加工和管理，提供符合国际标准的海洋地理空间信息服务。建设从数据管理到专题产品生产和服务用户一体化的服务体系，将各种应用系统、数据资源和互联网资源集成到服务平台进行信息管理，并且以统一的用户界面提供给用户，建立统一的社会信息服务机制。

4）沿海水文系统建设工程

建设覆盖沿海通航水域的标准水文站网，在石油平台、灯船或大型灯浮标等海上设施建立动态水文观测系统，同时，研究建立远距离实时潮位预报体系，形成岸基、海基和预报分析等较为完整的水文信息服务体系，及时发布到智能航保服务系统，满足船舶智能航行实时水文信息需要。

5）助航设施数字化智能化升级工程

通过分析智能航运发展中国内外无人船舶、智能港口、E- 航海等与智能航保建设相关的国际国内先进技术和经验，收集航标导助航相关技术热点和发展动态，系统研究智能导助航实施的基本功能、智能感知设备组成、技术结构和性能指标，以及智能化维护管理。探索智能航标两项功能：一是通过船舶自动识别系统航标和遥测遥控技术应用，实现航标的自我感知、自我识别及自我管理，并实施航标助航属性的标准化、智能化服务，增强船舶对航标导助航的智能感知和认知；二是打造智能化平台，将航标作为一个多功能的海上通信中转平台和环境监测平台，监测和传递航行辅助数据信息，以此让陆地与船舶进行数据信息的实时共享。

6）高精度北斗系统完善工程

结合北斗三号建设服务进度，综合运用北斗高精度定位服务、北斗短报文通信服务、北斗船舶自动识别系统等多种技术，研究建设以北斗系统导航、定位、通信手段为基础的海上用户综合导助航服务系统。重点采用北斗、VDES等新型数据传输手段，提升基于北斗的多元数据海上传输的可靠性、广泛性、准确性。

7）打造智能航保应急指挥中心

根据智能航保发展需求，研究智能航保应急保障体系总体架构，完善资源调度与应急响应机制；建设智能化应急指挥系统，实现应急全过程信息化处理和可视化监控；建立全海区智能航保应急指挥预案，打造“一海区一预案”体系，形成集约化管理、智能化调度和高效化运行的一体应急体制，推进沿海智能航保应急指挥现代化管理。

8）智能航保风险评价工程

针对航标全业务流程核心要素，基于人工智能、大数据挖掘等技术对风险进行域定义、测评及应对策略研判，建立完整的风险管理评价系统。透过辨识、衡量（含预测）、监控、报告来管理风险，有计划地辨识和处理可能产生的风险，预测各种风险发生后对资源及营运造成的负面影响，为船舶智能航行和智能监管、智能港口运营等提供决策参考数据。

9）综合智能航保船艇建设

突破智能船舶基础共性技术和关键核心技术，重点围绕智能感知、智能航行系统等研制需求，着重提升船舶总体、动力、感知、通信、控制、人工智能等多学科交叉的集成创新能力。

10）建设智能航保数据中心

面向智能航运服务，建设国家级智能航保数据中心和海区级智能航保数据中心，汇集与智能航保密切相关的各类业务数据，并与海事数据中心互联互通，根据实际需求接入海事船舶交通管理、船舶基础数据、闭路电视数据等行业数据。获取港口调度、海况信息、灾害天气、环保信息等外部数据，并收集重要水域的航行规则、管理信息、服务资源等船舶进出港常用信息，为智能航运服务提供数据支撑。对外提供标准化访问接口，在合理范围内积极推进智能保障数据共享共用。

11）建设综合航海保障智能服务平台

聚焦智能航行用户需求，汇聚智能航保信息资源，构建综合智能服务平台，研制“智能＋航保”系列应用系统，实现航海保障数据的采集、传输、分析与服务，对外提供一站式标准化的信息保障服务，推动建成中国智能航保综合服务对外的门户。优化北海航海保障中心保障门户网站，构建一站式综合服务窗口，为智能航运各有服务系统功能注册、信息发布提供良好的技术交互统一接口。拓展基于终端应用、小程序等途径的智能航保信息服务手段，提升面向智能航运各用户的专业信息服务与保障能力。

8.4.2 产业与技术课题的总体路线图

智能航保产业与技术路线图制定，主要以当前—2025—2030—2035—2050年为时间横轴，以发展愿景目标、关键技术、重大工程项目等为纵轴，关键技术为突破点，重大工程项目为标志性进展，各要素统筹谋划，分重点、分阶段、分步骤、分层次向全面实现智能航保服务方向发展（图8-5）。

1. 智能船舶通信保障技术

建设智能海上通信服务体系，充分利用智能通信技术、传感技术、互（物）联网技术、大数据技术和人工智能技术等，为船舶安全航行提供高速宽带、低延迟等通信保障，智能化的安全信息、海洋环境信息以及实时、可视的船岸通信和应急通信保障等。多元化组成、适用不同范围、不同场景的通信解决方案。

智能海上通信，主要表现为“陆海空天”，其中：①“陆”，基于岸基的多元通信、手段、作用、覆盖范围，GMDSS岸基系统现代化发展、模拟向数字化转型发展，岸基VHF/MF/HF、NAVTEX等系统向VDES/HFDES、海上数字广播系统的发展演进；②“海”，基于海上设施提供的通信，包括基于灯塔、石油平台、船舶、大型航标等平台的多元通信，利用成熟的岸基通信技术在海上站点做局部覆盖，满足局部高带宽低延迟通信需求，还包括在船舶密集区域进行基于5G的船舶自组网通信等，另外，未来也包括水下的水声通信，激光通信、水下有线通信以及水下水面一体化集成通信；③“空”，基于空基的如在平流层利用无人机、飞艇、气球等搭载的通信中继系统；④“天”，星基通信，如海事卫星、铱星、北斗短报文、VSAT、中低轨卫星等。

智能航保通信产业与技术总体路线共由2条主线组成，分别为岸基通信技术组成

	2025年	2030年	2035年	2050年
发展愿景	智能保障新技术应用研究、试点和示范建设成效明显，“智能航保+服务”新模式基本形成，国际影响力有明显提升，智能服务接近国际先进水平	智能保障技术协同发展，关键核心技术取得突破，基本实现自主可控；智能航保服务成效显著，国际影响力显著提升，智能服务总体达到国际先进水平	智能保障关键核心技术完全自主可控并得到广泛应用；智能服务水平处于世界一流，部分领域基本达到国际领先水平	智能保障总体形成较强的创新和集成优势，关键核心技术完全自主可控，智能服务总体达到国际领先水平

主要关键技术

智能船舶通信保障技术

发展目标：建设“多元、融通、泛在”的海上通信保障体系，通过岸基通信组网联动和卫星通信系统智能融合应用，形成港口近岸水域高速通信多重覆盖、沿海重点水域宽带通信可靠覆盖、远海和相关国际水域卫星通信全面覆盖，全面促进智能航行感知认知、互联互通和共享协同

- 岸基、星基VDES通信研发、试点应用 → 岸基、星基VDES广泛应用
- NAVDATA系统研究建设和试点应用 → NAVDATA通信系统广泛应用
- 沿海5G-700MHz试点应用 → 5G-700MHz广泛应用，6G通信应用研究试点应用 → 6G通信广泛应用
- VSAT通信系统应用示范 → VSAT通信系统广泛应用
- 亚太6D通信系统应用示范 → 亚太6D通信系统广泛应用
- 低轨卫星及互联网跟踪应用研究 → 低轨卫星及互联网试点应用 → 低轨卫星及互联网技术广泛应用

智能航行公共信息服务与体系构建技术

发展目标：面向智能航行，建设“实时、多源、标准”的全要素智能航行公共信息服务体系，实现多元异构信息聚融和全时多维实时智能服务，构建基于大数据分析的智能航行态势辅助感知、预测预警及价值分析，促进智能航行数据共享服务、应急保障服务和智能服务评价

- 智能航行海事服务集、岸基支持服务平台研发和广泛应用
- 实时水文、气象信息服务系统和远距离广域实时水文模型构建与预报
- 智能航行大数据应用需求分析、系统建设和广泛应用
- 智能航行应急保障系统研发和广泛应用
- 智能服务评价系统研发和广泛应用

船舶智能航行网络信息安全技术

发展目标：聚焦智能航行网络和数据安全保障，有效对数字空间与物理空间安全风险挑战，形成全维防护、全程监管、全时运营的“自主、可控、可信”的智能航保安全保障体系

- 通信网络和数据链路抗干扰、防阻断、反窃听等安全防护技术研发和广泛应用 → 通信网络和数据链路安全防护技术广泛应用
- 智能航行系统防非法访问、程序篡改、违规操控等安全防护技术研发、示范应用 → 智能航行系统安全防护技术广泛应用
- 智能航行数据加密、防泄露、防篡改、数据恢复等安全技术研发和广泛应用 → 智能航行数据安全技术广泛应用

续图

	2025年	2030年	2035年 2050年
船舶自主航行助导航与服务体系	**发展目标**：加快沿海航标数字改造和高精度星基增强助航应用，打造“立体、绿色、智能”的助航保障服务体系，实现从远海到近岸的“立体多维监测、绿色智能网联、分区分级助航、精准协同服务”，有效增强高精度星基导航应用和智能航行船、岸、标三向智能感知认知		
	全球卫星导航及岸基增强系统建设应用	北斗等高精度星基增强系统广泛应用	北斗等高精度星基增强系统升级完善应用
	传统航标数字化改造、虚拟航标和多功能航标广泛应用	智能航标建设和广泛应用	智能航标升级改造和服务
	AIS-R模式和e劳兰系统等综合PNT系统研究和试点建设	AIS-R模式和eLoran系统等综合PNT系统建设和广泛应用，中频R模式研究、试点建设应用	综合PNT备份系统完善建设和广泛应用
海洋空间地理信息服务体系	**发展目标**：建设“全域、全息、实时”的数字海洋空间地理服务体系，实施全要素高精数字海图产品服务和实时动态海洋地理空间服务，实现“全域智能感知，全息数字孪生，实景动态重构，即时分级服务”，有效增强智能航行海洋空间地理信息实时服务现势性		
	基于S-57的面向智能航行全要素电子海图及更新研究	基于S-100的新一代全要素电子海图应用研究	基于S-100的新一代全要素电子海图等广泛应用及实时更新服务
	基于S-100的海洋空间地理信息服务技术研究	海洋空间地理数据库和平台建设与广泛应用	海洋空间地理实时在线更新服务
	AR/VR/MR技术及海洋实景三维技术应用研究	海洋环境实景三维地理空间模型构建研究应用	海洋实景三维地理空间广泛应用服务
设施装备体系 主要设施装备	**发展目标**：加快“陆海空天”一体化设施保障体系建设，构建“布局合理、先进适用、自主可控”的智能航保设施格局，积极培育智能航保服务新技术、新设施和新系统，有效促进智能保障技术迭代和数字服务转型升级，为智能航行奠定建设的智能物质基础		
	岸基VDES通信设施建设；星基VDES通信设施建设		
	NAVDATA通信设施建设		
	5G-700MHz基站设施建设；卫星互联网等地面接收设施建设		
	智能航标基础设施建设		
	智能航道基础设施建设		
	基于S-100标准海洋空间地理信息平台建设		
	面向智能航行的智能航保岸基服务平台建设		
	智能航保服务数据中心建设		
	中远海智能航保技术装备建设		
	智能航保无人机、无人船设施与装备建设		

图 8-5 智能航保产业与技术路线图

的岸基通信发展路线、星基通信技术组成的卫星通信发展路线，时间跨度为2021—2050年，重点是2021—2035年。

1）岸基通信

2021—2022年，重点是开展智能航保通信需求分析和通信技术研究建设方案制定，相关系统的理论建构、试点研究和示范建设。

到2025年前后，完成全部重点港口水域范围内的岸基宽带网建设，包括4G/5G-700MHz服务以及VSAT岸基服务部分；完成海上数字广播海上安全广播系统试点建设；完成区域性VDES地面通信系统建设工作，国产核心元器件研制水平接近国际发达水平；船岸融合通信关键技术完成突破，开展融合通信测试。

2026—2030年，初步完成我国沿海水域范围内的岸基宽带网建设，重点是完成我国沿海VDES应用建设和海上数字广播海上安全广播系统建设并全面投入试用，充分满足所有船舶智能航行宽带通信服务需求，为智能海事监管、智能港口服务等提供稳定高速的宽带服务；完成我国沿海及内河VDES地面通信系统建设工作，国产核心元器件研制水平等同国际发达水平；建成船岸融合通信关键技术示范工程。

到2035年前后，全面完成我国沿海水域范围内的岸基宽带网建设，可为所有沿海用户提供高速稳定低价的宽带通信服务；完成我国沿海海上数字广播海上安全广播系统建设，并全面投入使用；全面完成我国沿海及内河VDES地面通信系统建设，国产核心元器件研制水平国际领先；船岸融合通信技术成熟，无缝衔接、互操作、最优自适配等机制成熟完善。

2）星基通信

到2025年，在推广应用VSAT宽带通信、北斗短报文数字通信基础上，深入跟踪星基通信如高轨通信卫星、低轨卫星和卫星互联网的研究应用，初步探索水上可行性应用方案；完成北斗数据传输示范应用开发；完成近地轨道卫星VDES示范应用研究，推动建设航海保障VDES卫星数据关口站。

到2030年，推进覆盖沿海重点水域小规模星座组网建设，进一步优化建设方案，初步形成水上可行性应用方案；初步完成基于北斗通信的智能船航保服务体系研究与设计和体系标准建设，开展试点应用；完成智能航保VDES卫星数据关口站建，全面实现星基VDES卫星数据的地面接收，以及岸基、星基VDES业务的资源整合。

到2035年，完成全球海域星座组网建设，推进全球低轨道卫星水上高速通信服务；完成基于北斗通信的智能船航保服务体系建设，完成北斗功能深度挖掘服务；完成航海保障 VDES 卫星数据服务应用建设，服务水平成熟。

至 2050 年，建成以卫星通信为主、岸基通信为辅，“陆海空天”一体化通信全面发展的更加智能、更加泛在、更加融合的多元通信保障体系，实现沿海、中远海和全球水域的高速、宽带通信全面、多重有效覆盖，船舶智能航行和海事监管、港口服务、船公司管理等可享受到完善的分区、分级、分类通信信息服务。

2. 船舶智能航行网络信息安全技术

船舶智能航行网络信息安全技术，是保障智能航行的安全、可靠运行的基础。智能航行很大程度上体现在船岸协同，迫切需要高效、可靠、稳定的船岸协同多元高速通信网络支撑。因此，面向远程驾驶、自动靠离泊、自主航行等智能航行典型场景，需要紧密围绕“感、传、智、用”的核心业务节点，开展船舶智能航行全链条、全过程的网络信息安全技术研究。

鉴于船舶智能航信网络信息安全技术不断发展、突破、再发展的基本特征，各项网络和信息传输的安全呈现不断持续的过程，因此，该专项技术的路线图主要以 2021—2030 年为重点核心，2030 年以后的一段时间内，结合未来的安全、风险的实时防护技术和船舶智能航信面临的软、硬件等技术设计、链路干扰、非法介入等，制定产业与技术路线图。

至 2025 年，主要是编制网络信息安全顶层设计方案，研究制定网络信息安全评价标准、研究网络信息安全技术架构设计，以及网络信息安全测试与验证技术研究等。

至 2030 年，主要研究符合船舶智能航行的网络信息安全体系架构及安全等级要求；研究船舶智能航行网络与链路、系统硬件与软件、数据信息的安全及评价标准；研究自主可控、全球覆盖的交通安全应急卫星通信系统和交通 VDES 等通信信息系统的网络信息安全技术；研究船舶智能航行通信网络和数据链路的抗干扰、防阻断、反窃听等安全技术；研究船舶智能航行应用系统的防止非法访问、程序篡改、违规操控等安全防护技术；研究面向船舶智能航行数据应用的加密、防泄露、防篡改、数据恢复等数据安全技术；开展船舶智能航行网络信息安全测试与验证技术研究。

2031—2035 年，通过持续跟踪完善等，研究建立智能化网络信息安全系统建设，全面促进各项安全防护措施得到广泛应用。

3. 智能航行公共信息服务与体系构建技术

至 2025 年，此阶段主要根据智能航运主要智能船舶、智能港口、智能监管、智能服务和智能航保自身等发展需要，在全面研究分析面向船舶智能航行的岸基信息需求和差距基础上，确定公共服务信息内容相关性、相互耦合关系和信息分类、分级方法，并基于信息源特征、数据传输量级、服务频次、响应时限、传输可靠性和网络安全等多方面需求，研究提出异构网络信息汇聚、智能信息融合方法、应用服务群搭建方式、公共信息服务保障机制等方面的智能航行岸基信息服务整体技术方案。

研究面向智能航行的公共信息海事服务集，形成智能信息服务语义词典框架、数据结构和服务集技术规范等，明晰信息标准表示方法、数据交换模型和交换协议，规范智能服务接口和服务注册方式。

总结现有 E– 航海服务系统建设经验，研发智能航行公共服务信息集成服务平台，结合异构数据聚融、数据标准化转换、时空大数据处理等关键技术，研究基于时空位置服务的实时地理空间服务，初步构建公共信息集成和服务平台，为智能航行提供全要素、标准化、实时性水上地理空间位置和航行环境服务。

至 2030 年，重点建立基本完善的智能航保服务体系，持续提供智能航保岸基支持保障。主要包括：智能航保服务内容和海事服务集；深入研究泊位到泊位全航程、多港口、无缝隙的岸基支持保障服务平台的分布式部署技术架构、服务模式等，建立基于港口的服务模式和全航程的协调服务关键技术架构，确保智能航行岸基服务统一协调；完善岸基、海基实时水文采集站点布局和信息采集，突破大范围、远距离实时水文预报分析技术难点，实现水文潮汐精准预报服务；研究构建智能航行大数据分析系统，建立智能航保服务实时在线评价系统，为智能航行服务决策提供相关专题数据分析服务。

2030 年后，持续建立完善智能航行公共服务体系，实现面向智能航运的全要素公共服务。

4. 船舶自主航行导助航与服务体系技术

充分利用智能传感、互（物）联网、大数据、人工智能等技术，全面打造“陆海空天”立体综合导助航体系，为船舶智能航行提供完善的智能导助航服务。

（1）建设业务协同、运行高效的“陆”基设施平台。结合智能航运各种用户定制化服务需求，对传统灯塔、灯桩、导标等导助航设施进行数字化、智能化升级改造，强化北斗、船舶自动识别系统等无线电导航设施；逐步建设完善智能航保基地、智能检定实验室，实现设施、装备的智能化运维、数字化管控；利用大数据、区块链和数字孪生技术等，充分整合航保基础数据，注重分类分层布局，推动跨部门、跨层级数据资源汇聚、融合和共享，形成规模、体系的智能航保大数据集，为智能航保服务奠定数据基础。

（2）打造技术领先、智能完备的“海”基装备系列。兼顾航保船舶技术要求及性能特点，开展船舶自助航行、效能监控与优化控制、作业状态监控与无人船艇在航保巡检、应急智慧等领域的应用；对浮动标志进行智能化改造，进一步推广新型智能化航标应用场景，建设导助航服务感知网络，推动导助航信息数字化监控；融合发展北斗、工业互联网、5G、区块链技术，实现船舶交通流等多元数据采集、管理和服务。挖掘无限延展、应用灵活的水下导航资源。开展水下导助航系统研发，结合浮标研发海底信标、北斗卫星导航系统水下拓展、高精度水声传感器，解决自主式水下航行器关键技术需求，为智能化应急搜救提供水下智能航保服务。

（3）形成立体机动、调配灵活的“空”基处置平台。推广应用模块化无人机平台，集合航保作业、巡检、海上应急处置等任务要求，配置高清航拍相机、无人机作业臂、5G 中继站等设备，形成快速机动的空间智能航保技术手段，实现陆海空天智能联动服务等。

（4）打造多维感知、多源融合的“天”基资源体系。开展多元全球导航卫星系统卫星导航定位融合和星基增强系统的研究应用，结合沿岸地基增强系统以及陆基备份系统的研究应用，共同构成现代化的高精度的一体化融合发展的卫星导航系统及其备份系统，为船舶智能、安全航行提供及时、准确、多层次、全覆盖的导助航体系。

2021—2025 年，立足智能航运服务，兼顾传统船舶导助航服务需求，基本完成传统目视航标多功能数字化、智能化改造，形成较为完善的海基导助航服务体系，根据不同港口、水域的通航风险程度，提供不同层次、差异化的助航服务；在完善多功能航标基础上，开展智能航标技术研究，除在重点水域浮动和固定助航标志上加载水文、气象信息采集设备、闭路电视等监控设备和船舶自动识别系统、北斗遥测遥控设备等，深入研究符合船舶智能航行机器语义感知认知的智能航标，提供数字式实时、全天候的助航服务信息，实现航标智能服务、智能监控和远程维护管理。同时拓展通信中继、水文溢油信息采集、处理等平台功能；完善沿海高精度北斗地基差分综合信息服务系统，实现沿海水域全覆盖。结合北斗三号建设服务进度，综合运用北斗高精度定位服务、北斗短报文通信服务、船舶自动识别系统等多种技术，研制建设以北斗系统导航、定位、通信手段为基础的海上用户综合导助航服务系统；试点 e 劳兰系统工程、船舶自动识别系统 R- 模式工程，以便卫星导航服务失效情况下，为船舶智能航行提供备份的综合定位导航授时服务。

2025—2030 年，完善“陆海空天”多源融合导助航体系，重点加强高精度星基导航增强系统应用研究、基于北斗三号的陆基卫星导航增强系统建设研究和智能航标的广泛推广应用，形成较为完善的船舶自主航行导助航与服务体系技术。

2031—2035 年，实现全球水域智能航行高精度导航、定位和授时服务。

5. 智能航保设施装备体系

至 2025 年，“十四五”期间，在全面开展智能航保顶层设计基础上，深入推进智能航保海上基础设施智能化建设。

（1）加快具有全要素、模块化的智能航标建设、数字航道实时构建、深远海智能测绘设备应用、现代数字通信设备技术改造、星基导航定位通信系统建设。

（2）推进智能化船舶建设。开展智能航保船舶体系架构研究，推进新型航保智能船和无人船（艇）建造，深化智能作业配套装置研究，形成结构合理、技术领先、作业智能的船艇序列。

（3）开展传统设施装备升级改造。推进海上基础设施智能感知、数字改造和信息共享，开展先进基础工艺、关键基础材料和共性关键技术应用研发。加强现代化航标维护保养车间、堆场等建设，提升智能维护管理水平。

至 2030 年，全面夯实沿海、近海智能保障服务基础设施，在实现多手段、多重覆盖、可靠保障的基础上，重点围绕深远海智能保障服务完善智能化技术装备和基础设施，同时适应深远海船舶智能航行发展需要，充分利用智能传感、互（物）联网、大数据、人工智能、遥感测绘、星基导助航和专用多功能航标等技术，智能感知、处理和发布相关的导助航信息、航海图书资料数据信息和综合海洋环境信息等，如海道测量、海图服务、电子海图等数字图书资料信息，水文气象等海洋环境监测信息等，以便形成面向中远海特点的智能航运服务。

至 2035 年，构建全球智能航行的“陆海空天”全要素、立体化、多层次技术装备和设施体系，建立和运行完善的全球智能航行岸基支持保障服务的实时在线服务平台，为船舶全球智能航行提供中国智能航保方案。

6. 智能航保数据服务和应急保障体系

到 2025 年，完成智能航保数据源整理，完成环境信息、安全信息等信息的数据采集研究；完成智能船舶遇险信息处理技术研究，完成智能船状态监控信息以及传输链路安全监控技术的研究；完成异构数据的标准化研究，形成格式标准，初步完成航保数据汇聚平台及数据库架构的设计研究，完成数据中心硬件设施建设；开展大数据分析应用开发研究、标准化数据资源池建设设计、信息服务体系建设设计。

到 2030 年，在深化智能航行环境信息、安全信息等基础上，深度完成大数据挖掘及分析研究，开展大数据服务体系研究与试点项目建设；完善智能船舶管理服务体系建设，建设船舶及链路状态监控示范应用；完成大数据分析应用开发研究、标准化数据资源池建设设计、信息服务体系建设设计，形成智能航保信息服务集体系，建立完善的服务集标准，建设一批智能数据服务示范应用。

到 2035 年，数据中心运行成熟，大数据分析、挖掘与应用完善，可全面提供标准化智能船舶数据服务、智能船舶救助与监管服务、航行安全大数据预测分析服务、智能定制化航线规划服务等定制服务。

8.5　促进发展的政策建议

8.5.1　政策建议

一是健全科技创新体制。统筹推进智能航保研发中心、技术中心、训练中心、维修中心等科研相关机构高质量运行，凝聚行业优势技术资源形成科研攻关合力。二是完善科技创新制度体系。根据国家科技创新相关管理规定要求，加强科技创新制度建设，健全科技创新组织架构、流程管理、成果转化、激励考评等制度文件。畅通科技创新从技术研发到成果推广应用的全链条渠道，推动科技创新成果的落地应用。三是要坚持市场在资源配置方面起决定性作用的原则，通过深化智能航保发展的研究决策，努力营造良好的创业创新生态环境，不断激发创新服务市场活力，促进产业联盟间良性创新竞争与合作。此外，要持续加大智能保障服务的基础设施建设，搭建智能保障创新服务平台，为相关产学研提供便利条件和信息，鼓励产业联盟走出国门参与国际智能发展竞争。

进一步加强智能航保法律法规和标准建设，以现有上位法规、标准等研究分析为突破点，结合国际组织的相关技术、标准或规定，全面开创智能航保建设服务的新局面。进一步梳理、分析智能航保相关法律、条例内容，明确航海保障部门的法定职责，制定相应的管理办法，使海智能航保的行业发展走向更加规范化、法制化的发展道路。

积极引进、消化和吸收国外先进技术，进一步增加高水平的科技创新自立自强，拓宽现代智能技术、数字通信技术、星基增强技术和物联互通技术等先进技术的研究应用，尤其是要在智能航保服务的信息快速高效获取、实时智能处理、标准规范服务等方面加大投入，努力实现智能航保技术的深刻变革。

8.5.2　资金建议

在国家财政资金总体趋紧的大环境下，航海保障应认真谋划智能发展的重大工程和重点研发项目，突破关键技术和关键理论，及时做好项目前期基础研究，深入落实建设条件，推动项目科学规范实施。此外，航海保障工作是服务社会的公益性事业，需要广泛寻求智能航运产业技术协同单位的参与和支持，努力拓展投资渠道，形成由中央、行业、地方、社会等多方面共同推动航海保障现代化发展格局。建立完善的多元化资金投入保障机制，加强预算管理和资金使用，将产业与技术发展建设任务纳入中长期发展战略、五年规划和专项计划。争取国家预算专项资金，依托重点规划项目，建立符合国战略规划的项目库，争取国家层面设立专项资金支持，保障重大基础设施建设。争取国家重点研发计划资金等，依托重大科技项目，强化智能发展的前沿关键技术、基础理论体系研究，奠定智能发展的资金基础。争取企业专项资金，依托业内企业智能发展，加强技术装备研究，并促进成果转化应用。

8.5.3　人才培养建议

智能航保发展离不开高素质人才保障，需要进一步加强航海保障创新型骨干人才队伍建设，以政治素质提升、专业能力培养、岗位实践锻炼为重点，大力推进人力资源体系建设，完善人才培养、评价、流动和激励机制，强化具有国际视野、战略思维、行业领先的专家型人才和高层次、复合型人才的引进与培养，全面夯实智能航保事业长远发展的人才基础，推动科技人才总量、结构和素质适应智能航保高素质人才队伍建设需要。研究建立以创新能力、质量、贡献为导向的科学的人才评价机制，完善重大科研任务人才和团队薪酬绩效激励制度，赋予事业单位领军人才项目研发决策、经费使用和创新团队管理等更大自主权。积极开展科技奖励和表彰等活动，激发科技人才队伍建设活力。创新人才培养方式，增强人才战略全球视野，持续提升综合素质，促进优秀人才脱颖而出。聚焦国际一流人才，选派优秀人才到国际组织学习锻炼，强化国际化人才梯队培养。

第 9 章 航运服务智能化产业与技术发展路线图

9.1 国内外发展背景与现状

9.1.1 背景与意义

1. 智能航运服务发展背景

当前，经济全球化推动我国与世界经济的联系和相互作用日益加深。短期内，受欧美经济疲弱的影响，我国与发达国家的贸易增长会有所放缓，与新兴经济体以及发展中国家的贸易增长会成为新的亮点，贸易格局的变化带动国际航运业及相关服务业的变化调整。中长期看，我国国际贸易仍将有相对较高增长，带动我国国际航运业及相关服务业的继续发展。虽然疫情不会改变中国经济长期向好的基本面，但仍会给各产业带来一定阵痛，融资及投资环境将面临较大压力。对于航运及相关服务业，疫情考验着许多细分领域的生存能力，也可能会引发产业链、供应链发展速度和竞争格局的改变。

全球经济正在经历新一轮大发展、大变革、大调整，中国经济正由高速增长阶段转向高质量发展阶段，传统行业向以现代供应链为代表的新业态、新技术转变深入展开，云计算、大数据、物联网、人工智能、区块链、数字孪生等新技术应用蓬勃兴起。随着新技术不断渗入传统产业，加速了每一个旧产业的升级和迭代，实现了产业链上、中、下游的连接，打破产业边界，击穿利益分割的重重壁垒，进而重构全产业链，提升全产业链的生产实力。

对于航运企业而言，发展立足于航运的航运服务及综合物流越来越成为实现可持续发展的重要途径。一是航运服务及综合物流抗周期性强于航运业，更有助于航运企业对抗全球经济发展的不确定性和波动性。就利润率而言，合同物流稳定在 2%~5%，货运代理稳定在4%~5%，而集装箱航运业务的利润率跟随经济周期波动明显，负利润率时有发生。二是第三方物流业务多为轻资产运作，资产比重普遍低于航运业，能为航运企业提供更高的资本回报。就资本回报率而言，合同物流稳定在3%~5%，货运代理一直高于10%，而集装箱航运业务的资本回报率波动明显，大部分时间低于3%。三是航运服务及综合物流业务将对客户提供多元化和供应链延伸的可能，与更广泛的客户群有着更深层的理解与黏性。

互联网时代下，智能航运服务与互联网结合，改变了航运服务原有的市场环境与业务流程，推动出现了一批新的航运服务商业模式和运营模式。基础运输条件的完善及信息化的进一步提升，激发了海铁联运、海公联运模式和综合供应链服务的快速发展。新的运作模式正在形成，与之相适应的智慧航运服务也呈现快速的增长。受益于联盟合作、数字化平台、自动化以及大数据带来的收益管理提升，集装箱班轮公司的经营效率将持续增长，更多的中小船舶将投入区域化市场运营。行业领先班轮公司通过大数据、物联网等技术应用，以达到降本增效、客户服务升级和生态体系构建的三大目标。

2. 智能航运服务发展的重要意义

1）满足制造业转型升级迫切需要

推进制造业信息化是促进中国制造业转型升级的必然选择，也是必由之路。信息技术已经成为促进经济社会发展的核心动力，成为全球产业结构优化升级的核心推动力和加速世界现代化的重要力量。制造业信息化随着信息化与工业化的深度融合而不断创新，已经成为制造业推进产品创新和管理创新的重要手段，成为整合资源、打造全球产业链的有力工具。而航运服务特别是航运服务及供应链是融合海上运输及其他运输、仓储、货代、信息等产业的复合型服务业，是支撑制造业转型升级发展的基础性、战略性产业。加快发展智能航运服务，对于促进产业结构调整、转变发展方式、服务于制造业转型升级具有重要意义。

2）应对国际航运服务及供应链竞争的要求

中国航运服务企业应对国际航运竞争中存在一定的问题，整体呈“弱”“散”局面，对智能航运服务应用较少，与现代服务的要求相差较远，难以应对国际化的挑战。发展中的国有航运服务企业应该充分利用国家对国有航运企业的特殊优惠政策，审时度势，冷静分析自身的优势和劣势，正确定位，制定应对策略和发展战略，如“立足核心主业，拓展全程物流服务”“实行规模经营，提高整体效益”“加强科技、知识含量，培育新的核心能力”“强化国际业务能力，建立和完善国际网络”等。总的来说，航运服务企业应该顺应国际化趋势，应用智能航运服务来为企业节省成本，提高效益。如中国远洋海运集团计划在2021—2025年，聚焦于“降本增效”“客户服务升级”和“生态构建”三大主题，推动数字化、智能化实现飞跃，保持航运及相关服务业国际领先优势。

3）转变经济方式的重要举措

随着科学技术的不断进步，知识经济、网络经济等新经济的形成，围绕新产品的市场竞争日趋激烈。技术进步和需求多样化使产品的寿命周期越来越短，航运服务业必须改进服务、降低成本、对快速而多变的市场做出快速反应，以满足客户的个性化需求。在新的竞争环境下找到立足之地，航运服务业必须不断提升核心竞争力，必须把航运服务智能化作为首要的任务来抓，通过数字化推动业务标准化、集约化与智能化运作，实现对全局客户、业务的穿透可视，最终提升端到端竞争力。通过“数字化新产品服务、数字化客户营销、数字化精益运营、数字化管控”等关键举措实现在客户、运营、管控和数字化产品的关键突破，构建“数智航运服务”核心竞争力。

9.1.2 智能航运服务业的关键技术

随着数字科技的发展，以全云化、区块链、大数据、人工智能、物联网、全程控制塔、增强现实等为代表的新兴数字技术，在航运服务业的应用越来越广泛。

1. 大数据技术

大数据针对在采购、供应、生产、销售的供应链全过程中所产生的海量物流数据，进行处理与分析，挖掘出运营特点、规律、风险点等信息，从而更科学合理地进行管理决策与资源配置。对数据共享、销售预测、网络规划、库存部署、行业洞察等典型应用场景都可以进行挖掘研究。通过分析大数据物流企业可以在一定程度上预测对未来市场发展状况和竞争手段，及时改变发展的方向和策略，规避风险，尽量避免运输空载等问题的出现，将损失降到最低。

在航运服务管理方面，使用大数据收集从业者和机构绩效进行分析，得到可视化的流程和表盘，开放信息交流与信息共享，促进信息公开化、透明化。在此基础上客户做决策更容易；有助于建设主动、透明、开放、协作型企业，这也将帮助企业提高物流服务质量。为了提高总体绩效，企业也将不遗余力，从各方面提升自身的核心竞争力。

大数据在航运服务业的应用模式有以下四种模式：

一是“大数据＋物流配送方案优化”模式。大数据包含了存储、管理检索和使用等新技术。这些高新技术影响着航运服务业发展的每个环节。例如传输信息中移动互联网技术，采集信息端的识别、定位和感知技术，以及越来越多的数据中心将出现在数据应用开发等方面。在这些环节中，充分运用大数据，可以帮助物流企业在员工管理上更加有效，在物流配送方案上的选择和实时监控更加快速高效合理，从而达到降低物流配送成本和提高物流配送效率的最终目的，更好地服务客户，实现企业的双赢局面。

二是“大数据＋互联网供应链”模式。互联网发展迅猛，航运服务业作为一个新兴的复合型产业，有着跨部门、跨行业、跨区域、渗透性强等特点。大数据的应用再造了整个供应链系统的业务和管理流程，使流程更贴合客户与实际需要。智能航运服务在大数据时代面临各种各样的发展方向，但是无论发展得如何多元化，网络和流程两个基本问题是核心。数据挖掘和建模在很大程度和很多环节上优化了企业流程，加快了资金流转，提高了作业效率，减少了人力成本。

三是“大数据＋物流个性化服务”模式。大数据的价值关键在于服务，航运服务大数据的充分利用，可以针对每个客户量身定制产品和服务。在大数据的时代背景下，数据就意味着机遇。通过打造物流数据应用平台，利用物联网、云计算、数据挖掘等技术，筛选、分析、整理与分类有效客户信息，建立数据仓库；并将其共享给商务企业、仓储企业、第三方物流服务商等，促进整个供应链中的各个对象根据客户信息对客户需求做出快速反应，然后有针对性地对客户开展个性化服务，让消费者感受到信息时代带来的便利，提高客户满意度，从而实现企业的业绩增长以及整个市场的良性发展。

四是“大数据＋物流信息化”模式。航运服务信息化在企业中的实现，减少了人力，使得误操作现象减少，在降低错误率的同时提高了挑拣快递和配送效率，节省了人力、物力成本。使用大数据、人工智能、云计算等技术实现网络管理物流平台，实时共享所有的资源，规范和细化了物流环节和业务流程，实现了自动化、智能化，从而节约公司运营成本，提高整体服务水平。然而就当前来看，我国的航运服务行业问题很多，规模化程度低，发展速度跟不上时代需要。随着工业 4.0 时代的到来和服务行业的飞速发展，从政策、技术方面都应大力推动航运服务业的信息化发展，不断改革和创新传统模式，提高企业的服务质量，以促进现代化航运服务的全面发展。此外，航运服务相关行业协会和政府职能部门也应尽到职责，成立大数据管理机构，制定并完善相关法律法规，完善数据治理体系，在需求分析、规划、设计阶段确保可行性，推动航运服务业发生质变。

大数据技术航运服务业的应用场景有以下四个方面：

一是需求预测。通过收集用户消费特征、商家历史销售等大数据，利用算法提前预测需求，前置仓储与运输环节。目前已经有了一些应用，但在预测精度上仍有很大提升空间，需要扩充数据量，优化算法。

二是设备维护预测。通过物联网的应用，在设备上安装芯片，可实时监控设备运行数据，并通过大数据分析做到预先维护，增加设备使用寿命。随着机器人在物流环节的使用，这将是未来应用非常广的一个方向。如沃尔沃在物流车辆设备上安装芯片，可通过数据分析进行提前保养。

三是供应链风险预测。通过对异常数据的收集，对贸易风险、不可抗力因素造成的货物损坏等进行预测。

四是网络及路由规划。利用历史数据、时效、覆盖范围等构建分析模型，对仓储、运输、配送网络进行优化布局，如通过对消费者数据的分析，提前在离消费者最近的仓库进行备货。甚至可实现实时路由优化，指导车辆采用最佳路由线路进行跨城运输与同城配送。

对于航运服务企业，在大数据时代的服务创新更多体现在利用数据仓库、数据挖掘等技术，推进新服务的提供，创造差异化的市场供给。航运服务企业可通过客户对服务使用情况的数据分析，了解服务的市场反馈，精确调整服务以符合市场需求；并能根据具体用户需求，提供一对一的个性化服务。比如，对于高端客户委托运输高价值货物时，可以提供基于大数据技术的射频识别扫描服务和定位服务。在仓库收货时便在每件货物上贴上特制的射频识别标签，每装一件货物即扫描记录一次并将扫描结果第一时间传给客户。在装箱完毕后，在集装箱上安装定位系统，这样客户就可以全程监控货物的具体位置和运输状况，确保货物安全。

2. 物联网技术

物联网技术通过射频识别、全球定位系统、激光扫描器、红外感应器信息传感设备，按指定的协议标准进行信息交换，从而可以智能地对物品进行跟踪识别以及监控维护等操作。物联网可以单独进行局域网通信，也可以接入互联网，甚至可以和移动通信网络等融合，直接实现人类社会与物理世界的信息整合。图 9-1 为 2020—2025

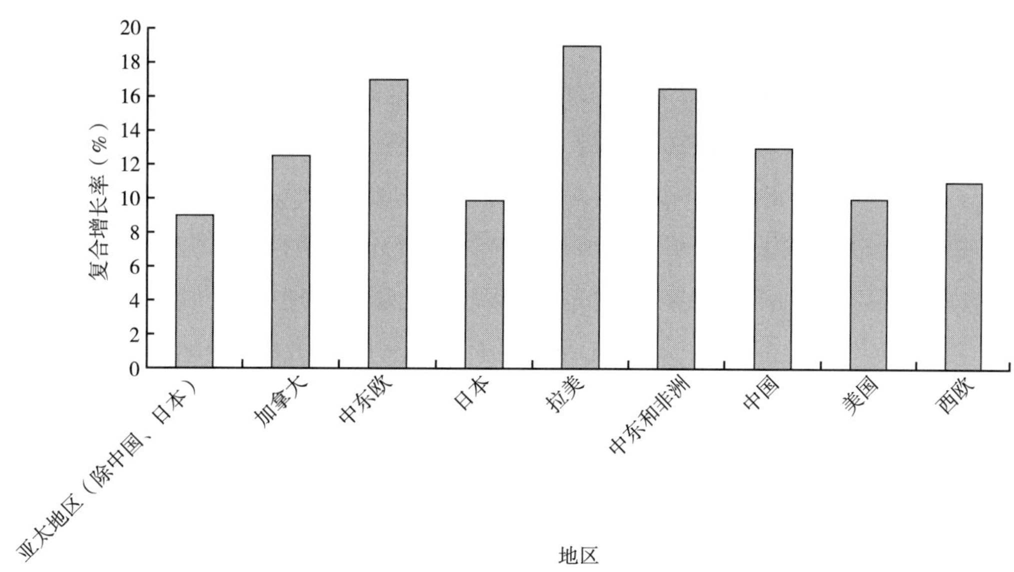

图 9-1　2020—2025 年全球物联网市场分区域年复合增长率预测

资料来源：IDC。

年全球物联网市场分区域年复合增长率预测。

结合射频识别、低功耗传感器、二维码、智能传感等随时随地获取物体的信息；通过广电网、通信网、传感网与互联网融合，结合近程通信、5G 等技术，将物体的信息进行实时准确地传递；利用云计算、网格计算、模糊识别等智能计算技术，将实时计算和边缘计算、雾计算结合，对海量数据进行分析处理，可以智能化控制物体。

物联网技术作为当前的一种高新技术，在智能航运服务中的应用主要包括四个步骤：一是标识，航运服务企业通过采用传感设备能够对编制物品对象的具体 ID 号与属性标准化，把静态属性标准化，同时有效储存在标签内，这样一来就能够方便管理人员运用相关设备进行科学识别工作；二是识别，航运服务企业在内部管理应用物联网技术过程中，通过使用先进的识别技术和配套设备能够有效识别出物品对象的实际属性信息，同时在第一时间将获取到的信息转换为能够传输的格式进行传输；三是通信，当识别后的物流信息成功转化为可传输信息后，企业就能够利用自身建立的网络系统将各项信息传递到各个信息处理中心，从而实现不同区域信息服务管理中的通信与数据传输处理。

在航运服务中，由于需要对运输货物进行大量的信息管理，因此提高物联网技术在航运服务中的运用具有重要的意义。首先，互联网技术的建立能够帮助航运服务提高信息安全。一般而言，航运服务可以进行大量的航运信息管理，而对这些信息的管理以及处理是十分困难的，并且存在一定的管理风险。把物联网技术应用到货物管理上，不仅能够提高货物信息处理能力，还能提高物流管理的安全性。其次，互联网技术能够促进信息数据传输的高效性。由于在货物运输过程中会牵扯到大量的运输记录，这些记录如果不能及时地进行传输则会为整个物流运输状况造成一定的影响。物联网技术具有较高的数据传输速度，因此对于航运服务信息的传输效率具有很好的促进作用。最后，互联网技术的应用也是有效降低航运服务管理成本的重要举措。物联网技术以互联网技术为基础，具有较高的数据传输能力和便捷的操作性，在这样的前提下，航运服务流需要更少的管理人员进行物流信息管理，从而降低管理费用。互联网技术能够高效、快速、准确地进行货物分配，并能够促进整个供应链的实时通信，极大地减少了因信息交流不畅而造成的物流延迟，节约了货物运输的周转时间，降低了物流运输成本。例如，通过物联网可强化集装箱冷链管理。冷冻箱在物流工作过程中一直受到重点关注，由于各种运输途径中温度的变化，会对冷冻箱的保存造成一定的影响，所以格外重视对运输过程中温度的掌控。通过物联网能够将电力载波技术应用到冷冻箱的运输中，借助供电电缆对温度进行全程的采集，掌握温度的变化。通过射频识别能够及时对温度的变化数据进行标记，掌握温度变化的时间，进行信息的准确确认，从而确定运输过程中问题出现的负责单位，从而实现问题的解决，从而实现对集装箱冷链物流的高效管理。

3. 区块链技术

从狭义上说，区块链技术是一种按照时间顺序将数据区块以顺序相连的方式组合的一种链式数据结构，是以密码学方式保证的不可篡改和不可伪造的分布式账本。从广义上说，区块链技术是利用块链式数据结构来验证与存储数据，利用分布式节点共识算法来生成和更新数据，利用密码学的方式保证数据传输和访问的安全，是一种全新的分布式基础架构与计算范式。由于区块链具有共享账本、智能合约、隐私保护、共识机制几个关键特点，使得该项技术能够被应用在各个行业。区块链技术具有去中心化、时序数据、集体维护、可编程和安全可信等特点。曾有研究机构认为，区块链技术将对从金融到制造、医疗和公用事业等诸多行业产生重大影响，预计到 2027 年，区块链技术将为全球经济每年贡献 3000 亿 ~4000 亿美元。区块链技术将重构社会在线上和线下的价值信用体系，以便捷、流动、互认为特征和标尺，通过广泛共识和价值分享，推动形成人类社会在信息文明时代新的价值度量衡，构建一套经济社会发展以及人们生产生活各类活动的新的诚信体系、新的价值体系、新的秩序规则体系。区块链技术发展到今天，已经涌现许许多多、形形色色的区块链项目，这些区块链项目在技术上都拥有一系列相同的共性：区块、账户、共识、智能合约。

在航运服务业，目前没有任何一方能够掌控所有的环节，因此也没有任何一方有能力来对整个供应链进行优化，而区块链技术的成熟运用将势必完美解决这个问题。航运服务业发展已经较为成熟，想要进一步的发展、优化、升级，区块链技术将是一个完美的解决方案。如果航运服务业能成功将物流链中的所有通信连接到一个或多个集成的区块链技术平台上，这不仅将为本行业节省数十亿美元的费用，还将进一步推动全球贸易增长。

2017 年 8 月，商船三井、日本邮船、川崎汽船等 14 家日本企业成立了基于区块链技术的贸易数据共享平台企业联盟；2017 年 8 月，太平船务、新加坡国际港务集团、IBM 签署了合作协议，使用区块链技术研究供应链商业网络创新；2017 年 9 月，现代商船在釜山至青岛航线上的一艘集装箱船载运的冷冻货物测试了区块链技术，并将其与物联网技术相结合，实现了对船上冷冻货物的实时监控和管理；2017 年 11 月，以星航运与 Sparx Logistics、Wave 进行合作，利用区块链技术解决了数据信息流转过程中无纸化操作；2017 年 11 月，森罗商船联合其他几家航运服务企业共同完成了基于区块链技术的首次试航，该试航到达曼谷和胡志明市；2017 年 11 月，鹿特丹港、荷兰银行、荷兰代尔夫特理工大学等机构组成了物流业的区块链联盟，测试物流合同信息共享应用；2017 年 11 月，香港首创企业 Chain of Things 研究将集装箱和船舶上传感器采集的物联网信息通过区块链共享给相关方；2017 年 12 月，商船三井、IBM 等企业共同推出了区块链概念认证项目，旨在使国际贸易流程无缝化。

2018 年 1 月，马士基集团和 IBM 宣布组建一家合资公司，通过区块链技术为开展全球贸易提供更为高效、安全的方式，同年基于区块链技术开发的供应链平台——TradeLens 上线，平台旨在让所有的参与方——托运人、船公司、货代、港口和码头运营商、内陆运输及海关当局可以更加高效地交流，通过物联网、传感器数据进行温度控制、集装箱称重等，让相关利益方获取实时数据和运输单证，同时帮助企业通过数字化的方式实现跨境货物运输和追踪，进一步促进参与者之间的信息共享，简化航运业供应链的协作。

2018 年 11 月，全球 9 家行业领先的航运公司和码头运营商，共同签署了股东协议，同意加入全球航运业务区块链网络，标志着航运巨头和港口之间将加强数字化共享和合作，包括达飞集团、中远海运集运、中远海运港口、赫伯罗特、和记港口集团、东方海外、青岛港集团、新加坡国际港务集团和上港集团。全球航运商业网络作为非营利组织运营，旨在为所有航运供应链参与者提供一个数据交换共享平台，助力各利益相关方之间的数字化连接和协作，提高数据可视化，提升运营的可持续性和可靠性，打造数据基础设施，协助所有参与方解锁数字化转型的价值，改善航运业的弹性能力，其股东包括全球运营商和终端运营商。

4. 全云化技术

航运服务中使用的全云化框架由云请求端、应用服务平台以及云提供端 3 个重要部分组成。应用服务平台以大数据和云计算为支撑下的操作平台，可以提供核心服务，也可以向云提供端提供管理和维护等相关功能。

航运服务全云化是结合了云计算与电子商务平台理念发展起来的一种新型的商业模式。其独特性在于它提供了“平台开放，资源共享，服务集成，终端无限”的运作模式，使企业通过一站式产业服务以较低的费用获得较高级别的 IT 服务和业务支撑，也使终端消费者能够更容易地获得所需的数据、内容、应用和服务。

“云物流”主要是云计算在物流业中的相关运用服务，也就是说“云物流”在“云计算”的基础上派生而出。“云物流”通过非常强大运算、通信以及匹配能力集合了各种用户需求，建成一个物流需求平台，用户通过这一平台，极大地简化其应用流程，完成了相关信息的交换、传递以及处理，用户只需组织物流业务即可。此外“云物流”还可以对物流资源进行整合，促进物流效益最大化。

当前，航运服务领域及整个供应链很多工作已经显示出了“云”的特征，比如，货物运输监控、船舶与车辆配载等。通过“云物流”更加高效地采集船舶、车辆以及货源信息，同时提前发布航运供应链信息，加快船舶运输、车辆运输及物流配送效率。此外，“云存储”需要进一步发展相关技术，通过移动终端实现在途货物的虚拟存储，随即实现货物信息的交流，货物可直接出入库，同时可以直接送达用户手中。

所谓云物流，是指基于大数据、云计算等技术融合应用而形成的服务平台，通过对该平台的应用，起到促进航运服务企业、产品制造商、行业管理组织、产品代理、行业协会等结构融合的作用，并以此为依据进行资源系统合成。所以，通过对云物流平台的构建，可以实现对资源利用率的大幅度提升，帮助各个组织机构通过相关信息的交换来获取所需信息，进而达成自身相应发展目标，在降低各个组织机构所消耗成本的同时，实现工作质量和效率的不断提升。与此同时，云物流平台构建过程中，涉及通信技术与大数据技术的结合应用。所以用户可以依据大数据技术所具备的资料多、处理效率高、种类繁多等特点，进行所需信息的快速、高效获取，进而满足用户的实际信息使用需求，促使航运服务质量得到有效提升。

推行云物流可促进航运服务经营模式的变革。例如，在推行虚拟无水港模式中，可在 A 港与 B 港之间进行虚拟港 C 的构建，而虚拟 C 港此时作为 A、B 港的平台，以此实现港口电子口岸、政策和空间的一体化。而针对虚拟 C 港的构建，其中涉及的核心技术包括：网络信息技术、地理信息系统、无线射频技术、大数据技术、卫星定位技术、移动通信技术等。而在具体发展中，A 港和 B 港所具备的港口功能都会朝着虚拟 C 港进行延伸，而虚拟 C 港虽然不具备具体的港口、码头、堆场、船舶、仓库等，但是具备港口所具备的功能。在实际运行中，利用大数据、网络等技术，用户可以实现在网络平台中进行口岸服务、货物追踪、在线订舱等活动的开展，并进行相关增值活动的提供，如金融、酒店、物流、保险、货代等服务。当然，虚拟 C 港会进行共享通用及其政策一体化的有效体现，进而促进 A、B 港的协作发展。并且虚拟 C 港可以进行 A、B 港空间融合的体现。因为联动海港与无水港之间具备较好的交通条件，包括公路、航空、水运、铁路等，进而实现对空间联动网络的有效构建。此外，虚拟 C 港还可以进行电子口岸一体化的体现，基于虚拟 C 港平台，可以实现无水港与海港的电子口岸进行有效衔接，进行外部资源信息的电力联网，例如税务、银行、代理公司、船公司、物流公司、外汇、企业、铁路部门等信息，实现对信息服务综合平台的有效构建，进而将无水港与海港综合服务平台进行有效对接，起到系统集成、信息共享的作用。

5. 数字孪生技术

数字孪生是充分利用物理模型、传感器更新、运行历史等数据，集成多学科、多物理量、多尺度、多概率的仿真过程，在虚拟空间中完成映射，反映实体装备的全生命周期过程。它可被视为一个或多个超越现实的、彼此依赖的装备系统的数字映射系统。数字孪生技术是一套组合技术，是走向人工智能的必要准备，任何体系级的人工智能必须要生长在数字孪生之上。

目前，数字孪生尚未在航运服务及供应链中获得广泛应用，至少未实现航运服务供应链全流程的数字孪生。但在特定环节，许多关键的支持技术已经到位，例如利用仓库和分拣中心的数字孪生来实时监控厂区内环境变化；在仓库拣货和叉车装载场景，利用增强现实或者混合虚拟现实应用程序来快速完成工作；利用传感器来追踪货物等。菜鸟物流、京东物流都在应用机器学习和高级分析技术来优化其供应链。但是，将各个环节的数据整合到一个完整的数字孪生系统中是一项非常复杂、具有挑战性的工作。想要真正实现航运供应链全流程的数字孪生，需要大量的资金投入，及创新研发团队的人力投入。此外，数字孪生本身的特性也决定它将面临诸多挑战，包括如何处理庞大的数据量，如何推进企业内部甚至全链参与者的数字孪生教育，如何在数字化的同时保证网络安全。数据支撑起数字孪生体的运行，而事实上并不是所有数据都是有效的。这就要求企业需要另外开发系统来识别和剔除不好的数据，并能对产品数据流进行标准化管理。

值得注意的是，数字孪生可借助互联网云平台，向航运经营与监管人员、船员、政府管理人员同时提供服务，只需根据不同的需求定制业务即可，从而实现“云上的船舶与港口”。其核心意义在于：为航运监管方提供了高度整合的信息平台（以大型客户端程序存在）；为船舶提供直观、易用的辅助终端（以手机应用程序方式存在）；为人工智能提供承接平台。例如，可通过数字孪生技术，构建船载应用程序服务体系。船舶通过下载应用程序获得数字孪生支持下的船舶靠泊信息服务；船主不用添加任何额外设备可提前得到装卸信息；驾驶员可得到岸基感知网络的辅助以改善体验；海事管理人员可通过应用程序辅助其进行监管。利用基于数字孪生技术，可以实现港口、船舶、航混物流企业的“船岸协同”，打造“船舶智能信息服务”生态与产业集群。由此，航运服务企业可借助高效、同步的数据为航运参与的各个单位提供精细化衍生服务，从而带动航运与互联网经济的深度融合，带来新的“化学反应”。

6. 增强现实技术

增强现实技术的特点是能够将全息图像和指令叠加显示在现实世界中，这为操作大型机器或专用设备的工作人员提供了非常有价值的操作指南，通过优化整个供应链来提高仓储和运输的效率。

在仓储领域，仓库工人在管理订单时通常需要进行多项操作。他们得找到正确的商品，对其进行扫描，然后将其交付给装货码头。新兴的计算机视觉和机器学习解决方案能够自动识别物品的位置，并核对目标商品，速度远超人类。如果使用得当，这一技术可能会显著降低仓储业务的成本。

在航运服务供应链整个领域，增强现实应用可以减少包裹识别和分配运输线路所需要的时间。举例来说，移动端增强现实应用程序或可穿戴设备可以将货物类型、包裹重量以及是否属于易碎品等相关信息直观地显示在员工面前，极大地方便工人操作。随后，设备还可以计算包裹所需要占用的空间，并在货车车厢中找到适合放置的地点。当司机开车上路，设备还可提供实时的路线指引。遇到路线缺失的情况，司机可以手动向数据库中添加信息，通过这种方式，路线数据库也将不断完善。增强现实将显著改善物流，其潜在应用领域非常广泛，包括仓库运营、运输优化以及“最后一公里”的交付。

在船舶驾驶中，碰撞事故多由于值班人员未能及时采取相应措施而导致。为给船舶驾驶员提供实时有效的信息，降低海上事故发生的概率，一些航运机构将增强现实技术应用到船舶辅助驾驶上。在应用中，针对当前船舶驾驶员从船载设备，如雷达、电子海图等获取信息方式，为改进船载设备信息传递信息的局限性，采用基于增强现实技术的导航辅助系统，确定必要且关键的导航数据、数据的呈现方式和呈现数据的位置，设计增强现实用户界面，将本船前方的视景与带有导航信息的虚拟图像融合，通过独立的电脑屏幕呈现给驾驶员。2019 年，日本商船三井和古野电气有限公司共同研制了基于增强现实的导航系统。该系统通过使用增强现实技术来叠加实时视频图像和航行信息，为船员在其值班和船舶运作期间提供视觉支持。吃水度深的大型油船需要在诸如马六甲海峡（一条高度拥挤的大洋航线）等水域进行非常谨慎的运作。如果发生碰撞或搁浅，其可能导致漏油和严重的环境灾难。在拥挤的海上航路，该增强现实导航系统也能在驾驶台显示器上显示来自航海仪器的实时视频图像和船舶航向信息。通过该增强现实系统，船员一目了然，提醒他们附近有可能造成危险的船舶、浅海地区和其他潜在危险。此前，商船三井与冲电气工业公司就使用 OKI 的鸟瞰图监控系统监视拖船周围 360°视野开启了一项联合研究。该系统安装在 AsakaMaru 号拖船上，并进行了初步试验。

7. 人工智能

人工智能解决一个优化问题，而运筹学正是研究优化理论的学科，所以企业在人工智能时代的终极目标是智能决策，背后蕴藏的是运筹优化和机器学习算法的支撑。处理大数据的能力，还有深度学习所带来的算法，加上运筹优化学，正好结合起来，使人工智能突破了以前的瓶颈，对高度复杂而不确定的实际决策问题转化为数学模型，用高效的优化算法求解。运筹决策方法结合大数据和人工智能，将发挥巨大的作用。但国内对于运筹学的研究和推广尚不完善，但随着企业大数据和人工智能进入深入阶段，运用运筹学方法来优化大数据驱动的决策，越来越成为企业的研究重点。

人工智能主要由电商平台推动，尚处于研发阶段，除图像识别外，其他人工智能技术距离大规模应用仍有一段时间。

受到新冠肺炎疫情影响，2020 年以来，全球经济不振，但是集运业却迎来好光景，班轮公司业绩逆势增长。在智能化大潮下，航运业与人工智能的有机融合，会积极、有效贡献智慧航运。人工智能当下炙手可热，已与诸多行业深度融合。航运业可谓人类经济发展中非常古老的行业，近年来凸显与人工智能的深入融合，通过全自动码头、智慧船舶配载、智能调度等各领域的应用，以及未来可能朝着无人驾驶船舶、智能解决方案设计等趋势，不断从信息化到智能化演化发展。

以上海洋山港的出口集装箱调运为例，自动化码头的作业流程大致分为 6 个步骤：①使用自动化轨道吊起重集装箱；②自动化轨道吊自动将集装箱堆叠至集装箱堆场；③自动化轨道吊将集装箱从堆场自动运送至自动引导运输车运输点；④自动引导运输车将集装箱运送至岸桥起重点；⑤岸桥起重；⑥远程控制及调度中心将集装箱起重运至运输船。在自动化码头作业中，人工智能渗透到了各方面，解决了传统码头作业中的难题，极大提高了自动效率。例如，在码头上，轨道吊从集卡车上抓取集装箱时，如何安全高效地进行全自动化交互作业，是全球港口一直未解决的行业难题。因为集装箱与集卡车的托盘锁销一旦没有完全分离，轨道吊卸箱时容易造成集卡被吊起事故，存在安全隐患。对此，通过用人工智能、图像识别等技术研发了机器视觉集卡防吊起系统，实现集卡防吊起自动识别。这项新突破，让自动化码头的全自动化范围再次延展，从码头卸船作业一直延至陆侧区域。这样一来，码头收箱作业避免人工介入，进一步提升了安全性，解决了行业难题。

此外，人工智能在船舶配载方面也进入应用阶段。宁波港大榭集装箱码头是国内首个使用智能配载技术的集装箱码头。截至 2018 年 12 月，应用智能配载船舶（装载量大于 300 集装箱的船舶）千余艘次，其中，大型超大型船舶应用率约占 90%。该码头应用智能配载技术的船舶平均单机效率比往年同期显著提升，平均作业路数比往年同期有所减少。智能配载技术大幅提高了配载计划的编制效率，1000 集装箱积载时间可以在 10 分钟内完成，公司吞吐量达 300 万集装箱时，计划岗位人员编制仍保持不变，特别是针对短截关期状况下的大型船舶，该技术可以平均将装船作业开工时间提前 3~4 小时，节能减排的同时显著降低码头生产运营成本。

9.2　发展态势与需求分析

9.2.1　产业与技术发展态势

中国航运服务智能化发展运输日新月异，随着物联网时代的来临，给航运服务智能化发展创造了巨大发展机遇。

1. 物联网技术推动航运信息系统集成

应用先进的物联网技术和手段，可使航运中的运输、航运装卸、航运仓储、包装、流通加工、航运配送及航运信息处理等活动实现全面集成，做到全程的可视化、自动化、无纸化和智能化。航运服务智能化主要包括信息跟踪系统、信息处理与编辑系统、航运信息综合分析系统等，物联网技术发展，推动了这些信息系统的集成应用。将原本仓储、运输的单一功能扩展为仓储、配送、包装、流通加工等多种功能，通过统筹协调，合理规划形成物流信息大系统，覆盖拆装箱、仓储、再包装、组装、贴标、分拣、测试、报关、集装箱堆存修理以及向各收货点配送等各个环节，发挥港口物流智能化系统功能，提供一体化服务，形成智慧港口物联网。

2. 航运服务智能化推动陆海空一体化物流发展

智能化是实现航运业发展的重要手段，而现代信息技术可以满足航运服务及航运供应链对信息流控制的需求，借助智能化技术，可以整合航空运输资源、水路与海洋运输资源、公路运输资源，为企业提供陆海空一体化物流服务，进而集中优势，整合资源，提升效率，提升效益。

3. 数字航运建设将取得巨大成就

目前，国家非常重视航运一体化的信息系统建设。数字航运建设是一项大型系统工程，任务繁重而艰巨。例如，“长江航运物流公共信息平台工程”项目建设，切实抓好“长江干线水路交通应急指挥平台建设工程”的工作，大力推动推进了航运信息资源集成和共享；通过采取多种手段扶持港航企业的智能化建设和发展，有助于提高港航企业装备数字化水平；经过一段时间努力，数字航运建设将取得重要进展。

9.2.2 智能航运服务市场需求分析

1. 智能航运服务市场需求的主要特点

目前，中国正处于全面推进产业结构升级、新基建等的信息化、智能化建设进程之中，在全球经济一体化、知识经济、网络经济的大背景下，中国智能航运服务市场需求有以下几大特点：

一是市场需求进入加速发展的时期。目前，中国航运服务供给市场信息化程度总体较低，不能满足客户需求。而当前中国航运及相关供应链、相关物流市场规模快速增长，航运服务智能化的市场需求将加速扩大。

二是需求的特点以信息化为主。相当长的一个时期内，需求的特点仍以信息化为主，即在规范流程中实现信息的采集、传输、存储、共享，建立决策、控制依赖于信息技术的机制。

三是财务核算和控制仍然是信息系统的主要内容。相当长的一段时期内，财务核算和控制仍然是信息系统的主要内容，这些要求将深入流程的各个环节和时时刻刻。

四是基础较好的企业成为现实需求。流程改造和运行优化的要求在一些基础较好的企业成为现实的需求，并成为提升企业竞争力的主要措施。企业在利益机制的驱动下，不断追求降低成本和加快资金周转，将系统论和优化技术用于物流的流程设计和改造，融入新的管理制度之中。

五是需求从局部环节提出。流程改造和运行优化的需求，多数是从流程的某些局部环节提出的。一般来说，流程的改造必然会涉及企业组织结构和制度的变革，难度比较大，所以经常是一个个环节分步实施、逐步完善的。

以协同业务流程和建立企业之间战略合作伙伴关系为特点的供应链，目前成功案例尚较少见。但是供应链的思想已经广泛影响到各类信息系统的建设和流程设计，近期主要的表现形式是合作企业之间的信息共享。如果有意识地宣传、探索供应链理论和实践，可以加快中国航运服务和供应链管理的发展。

2. 智能航运服务需求的影响因素

1）“互联网 +”升级传统服务走向智能服务

“互联网 +”升级传统航运服务产业，建设新的航运服务行业规则和行业标准，使其成为智慧型信息化服务，充分发挥服务资源供应方的效率，也能够让服务需求方快速获得相匹配的服务创新模式，不但节约大量的时间和人力成本，还拥有培育大量新市场的潜力和机遇。在新常态经济发展下，依托信息技术整合 O2O 线上线下资源，航运服务业将成为航运发展的热点。现代信息技术支撑体系正在逐步完善，以达成航运智能化服务竞争新优势，实现智能产业链、供应链的升级换代发展。

2）“一带一路”促进智能航运服务快速发展

“一带一路”将推动中国航运服务产业链、供应链的国际化发展，“一带一路”正努力架构丝绸之路沿线发展中国家的基础设施工程基建项目，以服务于中国“走出去”的全球贸易和构建中国国际化的营销网络。中国企业将在“一带一路”的大平台中收获主要包括建筑工程、装备制造、交通等方面的大笔业务订单，这些都需要有跨国的智能化的高效航运服务产业链、供应链的支撑。以国内“一带一路”承载区域产业链、供应链的发展作为先锋，打开突破口，推动“一带一路”整体区域内产业的梯度转移，实现区域内整体经济的大串联、齐发展。

3）跨境电商提升航运服务的智能升级

随着跨境电商在国内如火如荼快速发展，国内的各大企业也都加快了向外走的脚步，特别是航运供应链网络战略布局率先向家门外延伸，以服务于跨境电商，使得国际航运供应链成为新的经济增长点。为适应国内制造业、电子商务等其他产业跨境发展的需要，将开始启动海外物流自动化仓储中心的战略性布局，构建覆盖全球的国际智能物流的高效服务网络，提高供应链的信息透明度，打造中国航运服务产业链、供应链智能化、区域化、国际化竞争的新优势。

9.2.3　国家需求分析

1. 把发展航运及相关服务业作为建设交通强国的重要组成部分

党的十九大提出建设海洋强国、交通强国的战略要求。2019 年 9 月 19 日，中共中央、国务院印发了《交通强国建设纲要》。纲要指出，建设交通强国是以习近平同志为核心的党中央立足国情、着眼全局、面向未来作出的重大战略决策，是建设现代化经济体系的先行领域，是全面建成社会主义现代化强国的重要支撑，是新时代做好交通工作的总抓手。规划提出，到 2035 年，基本建成交通强国。现代化综合交通体系基本形成，人民满意度明显提高，支撑国家现代化建设能力显著增强；拥有发达的快速网、完善的干线网、广泛的基础网，城乡区域交通协调发展达到新高度；基本形成“全国 123 出行交通圈”（都市区 1 小时通勤、城市群 2 小时通达、全国主要城市 3 小时覆盖）和“全球 123 快货物流圈”（国内 1 天送达、周边国家 2 天送达、全球主要城市 3 天送达），旅客联程运输便捷顺畅，货物多式联运高效经济；智能、平安、绿色、共享交通发展水平明显提高，城市交通拥堵基本缓解，无障碍出行服务体系基本完善；交通科技创新体系基本建成，交通关键装备先进安全，人才队伍精良，市场环境优良；基本实现交通治理体系和治理能力现代化；交通国际竞争力和影响力显著提升。

《交通强国建设纲要》在智能化建设方面，提出三项措施：

一是强化前沿关键科技研发。瞄准新一代信息技术、人工智能、智能制造、新材料、新能源等世界科技前沿，加强对可能引发交通产业变革的前瞻性、颠覆性技术开展研究。强化汽车、民用飞行器、船舶等装备动力传动系统研发，突破高效率、大推力/大功率发动机装备设备关键技术。加强区域综合交通网络协调运营与服务技术、城市综合交通协同管控技术、基于船岸协同的内河航运安全管控与应急搜救技术等研发。合理统筹安排时速 600 千米级高速磁悬浮系统、时速 400 千米级高速轮轨（含可变轨距）客运列车系统、低真空管（隧）道高速列车等技术储备研发。

二是大力发展智慧交通。推动大数据、互联网、人工智能、区块链、超级计算等新技术与交通行业深度融合。推进数据资源赋能交通发展，加速交通基础设施网、运输服务网、能源网与信息网络融合发展，构建泛在先进的交通信息基础设施。构建综合交通大数据中心体系，深化交通公共服务和电子政务发展。推进北斗卫星导航系统应用。

三是完善科技创新机制。建立以企业为主体、产学研用深度融合的技术创新机制，鼓励交通行业各类创新主体建立创新联盟，建立关键核心技术攻关机制。建设一批具有国际影响力的实验室、试验基地、技术创新中心等创新平台，加大资源开放共享力度，优化科研资金投入机制。构建适应交通高质量发展的标准体系，加强重点领域标准有效供给。

"十四五"及未来更长时期，中国的工业化、信息化、市场化、城镇化、全球化、绿色化进程将深入推进，航运及相关服务业发展的需求、技术供给、时空分布、制度、资源环境以及国际格局会发生重大变化。推动航运及相关服务业由大变强，对于提高经济运行效率和国家竞争力、调整经济结构和转变发展方式、扩大内需和市场繁荣、推进国际化、保障民生，乃至改变地区和世界发展格局等，均有重大而深远的意义。中国航运及相关服务业中长期发展的战略目标是：到 2030 年，中国成为世界海运强国与物流强国。2050 年，中国成为世界领先的海运强国与物流强国。中国航运及相关服务业中长期发展应根据服务于经济社会发展全局、统筹国际国内、统筹城乡的要求，紧紧把握新科技革命和产业变革的时代机遇，以“完善体系、优化网络、调整结构、整合资源、联动发展、一体化运作、价值创造、节能环保、惠及民生”为着力点，以更好的体制和政策为保障，构筑起中国面向未来的航运服务特别是供应链服务体系，着力构建“强大、智能、绿色的国家物流系统”，打造中国连接世界的全球航运及相关服务体系，推进中国的航运即相关服务业现代化。

2. 打造中国连接世界的全球航运服务及供应链体系

全球航运服务及供应链体系是中国连接世界各国各地区的载体，服务于中国的全球生产网络和贸易网络及世界各国的发展。打造中国连接世界的全球航运供应链体系，应牢牢把握全球化和国际格局变化的新特点，紧紧围绕新时期中国的全球化战略和全球生产、流通、贸易需要，本着“利他共生，共创共享，互利共赢”原则，加强与全球相关国家的战略合作，以“一带一路”建设为契机，逐步构建起一个“以中国为重心、连接世界各大洲、通达主要目标市场”的全球航运服务和供应链服务体系，提升全球连接、全球服务、全球解决方案的能力，支撑中国实现“全球买、全球卖、全球造、全球运、全球递”。全球供应链体系由“四梁”“八柱”构成。“四梁”即全球供应链信息系统、全球供应链标准体系、全球供应链政策体系及全球供应链运营体系；“八柱”即国际海运网络、国际铁路网络、国际公路网络、国际航空网络、国际管道网络、国际邮政与快递网络、国际仓储网络、国际配送网络。全球供应链体系特别是全球航运供应链体系建设，将大大增强中国连接世界的能力。

3. 政府出台鼓励政策推动智能航运服务业发展

自 2015 年以来，国家各级政府机构出台了多项鼓励供应链向智能化发展的政策，并积极鼓励企业进行服务模式的创新。主要方向包括：大力推进“互联网 +”航运服务发展，发挥互联网平台实时、高效、精准的优势；鼓励航运管理模式创新，重点发展多式联运、共同配送、无车承运人等高效现代化供应链模式；加强供应链信息化和数据化建设，运用北斗导航、大数据、物联网等技术，构建智能化物流通道网络，建设智能化仓储体系、配送系统。

2018 年 4 月，商务部等联合发布《关于开展供应链创新与应用试点的通知》，通过试点打造“五个一批”，即创新一批适合我国国情的供应链技术和模式，构建一批整合能力强、协同效率高的供应链平台，培育一批行业带动能力强的供应链领先企业，形成一批供应链体系完整、国际竞争力强的产业集群，总结一批可复制推广的供应链创新发展和政府治理实践经验。通过试点，现代供应链成为培育新增长点、形成新动能的重要领域，成为供给侧结构性改革的重要抓手，成为“一带一路”建设和形成全面开放新格局的重要载体。

2019 年 7 月 25 日，交通运输部发布《数字交通发展规划纲要》，提出到 2025 年，交通运输基础设施和运载装备全要素、全周期的数字化升级迈出新步伐，数字化采集体系和网络传输体系基本形成。交通运输业成为北斗导航的民用主行业，第五代移动通信（5G）等公网和新一代卫星通信系统初步实现行业应用。交通运输大数据应用水平大幅提升，出行信息服务全程覆盖，物流服务水平和一体化进入新阶段，行业治理和公共服务能力显著提升。与此同时，大力发展“互联网 +”高效物流新模式、新业态，加快实现物流活动全过程的数字化，推动海运及水运、铁路、公路等货运单证电子化和共享互认，提供全程可监测、可追溯的“一站式”物流服务。

2020 年 8 月，交通运输部发布《关于推动交通运输领域新型基础设施建设的指导意见》，提出到 2035 年，交通运输领域新型基础设施建设取得显著成效。先进信息技术深度赋能交通基础设施，精准感知、精确分析、精细管理和精心服务能力全面提升，成为加快建设交通强国的有力支撑。基础设施建设运营能耗水平有效控制。泛在感知设施、先进传输网络、北斗时空信息服务在交通运输行业深度覆盖，行业数据中心和网络安全体系基本建立，智能列车、自动驾驶汽车、智能船舶等逐步应用。科技创新支撑能力显著提升，前瞻性技术应用水平居世界前列。

9.2.4 智能航运服务发展瓶颈

1. 关键技术的标准规范问题有待解决

包括航运供应链在内的智能航运服务是建立在物流信息标准化基础之上的，这就要求在编码、文件格式、数据接口、电子数据交换、全球定位系统等相关代码实现标准化，以消除不同企业间的信息沟通障碍。目前，我国由于缺乏信息的基础标准，不同信息系统的接口成为制约信息化发展的瓶颈，导致服务标准化体系建设很不完善。在航运服务方面，从目前我国航运服务信息服务平台的基础建设和发展使用情况来看，航运服务业大多以上市公司和企业集团为经营单位，他们之间相对独立，这就难以尽快形成我国航运服务所必需的行业大数据应用环境，所以如何尽快让行业统一和开放共享信息服务平台是当下我国航运服务业发展亟须解决的重大问题。在推广航运电商方面，管理流程相对复杂也是制约平台发展的瓶颈。例如，虽然通过集装箱班轮方式进行运输已经解决了标准化的问题，但是由于过长的运输链以及期间存在着多种运输方式相互切换，不同运输方式在货物属性、检验标准以及信用证方面具有不同的要求，因此给标准化运营带来了一定的挑战。同时由于航运电商平台与经营实物的电商平台具有一定的区别，所以在服务订单的确认上需要人工操作。

2. 运营模式及服务方式滞后于发展要求

目前，我国航运服务企业大多采用传统运营模式及服务方式。为了获得更多的客户，航运服务企业通常选择打价格战的方式进行竞争，即所谓“红海”竞争模式。然而，航运服务企业如果不能通过智能化、数字化服务提高订单处理的效率，不能提高应急处理能力，无法为客户提供准确的代理服务，最终都会因损伤客户利益而使得客户流失。从供应链角度进行分析能够发现，不论哪一个环节出现问题所造成的损失，都远不能弥补以价格优惠吸引客户带来的利益。应该说，航运服务企业能否通过智能化服务为客户提供稳定的专业化服务将显得越来越重要。在推行智能航运服务特别是推广航运电商中，无法准确区分客户群体是一个较大制约因素。互联网的发展提高了航运供应链方面的信息透明度，仅仅通过价格差的方式已经无法进行竞争。但是，为了自身利益，很多航运服务企业不愿主动公开运价，因为对不同客户的报价往往是不一样的，针对规模较大或者具有稳定货源的客户，航运服务企业往往会给予更低的价格，因此如果使用统一的平台进行订舱，将会影响到客户群体的利益。所以，如何有效区分出不同的客户群体，就成了航运服务企业需要解决的问题。

3. 缺乏完善的信息化平台

总体上看，除个别超大型企业，我国航运服务企业信息系统功能还不完善，缺乏必要的货物追踪、仓库管理、运输管理等物流服务系统。物流信息资源整合能力尚未形成。条形码、射频识别、全球定位系统、电子数据交换技术应用还不理想，多数航运服务企业设施落后，缺乏条形码自动识别系统、自动导向车系统、货物自动跟踪系统，与发达海运国家智能航运服务比较还有不小差距。此外，由于传统航运服务公共平台缺乏有效的产品技术支撑，应用功能仅停留于信息发布，且发布的信息又缺乏有效审核与监管，因而平台作用发挥受限，这也是传统平台“叫好不叫座”的根本原因。由于航运服务业与海关、民航、铁路、公路等打交道，公共物流信息平台建设滞后。导致航运服务信息分散，条块分割，资源不能共享，使得航运服务企业信息化进程受阻，导致物流成本高，不能有效发挥航运服务业信息化的优势。

4. 国际供应链体系不完善

新冠肺炎疫情全球蔓延破坏了各国正常的生产生活秩序，对各国供应链安全带来重大冲击，链条的传导效应还在延续。船舶服务、综合物流、航运电商等业务对中国经济、中国制造的韧性发挥着强有力的支撑作用。但目前，我国的对外贸易国际供应链体系还不完善，需深挖航运服务的基础性、先导性、战略性、引领性产业价值，加快发展智能航运服务特别是航运电商业务，以增强我国供应链的韧性。同时，还需加强数字供应链体系建设，构建“数字丝绸之路”，促进“一带一路”沿线国家和地区的核心生产要素、区域资源优势、产业链山下游环节的便利连接与整合，降低交易成本。

5. 航运服务数据质量难以保证

企业之间发展程度不同，所积累的数据资源结构也不相同。因此，如何从复杂资源中准确获取有效数据是航运服务企业面临的一大难题。首先，企业需要采集到最新的数据，来应对快速流动数据的较短有效期；其次，航运服务企业可以自己建立专门的数据库系统来实时存储所需数据；此外，数据库制造商应依据已有的数据生产系统，来搭建行之有效的数据框架，完善数据库的机能，使大数据的技术基础得到保障。最后，虽然大数据技术已经在我国得以应用且持续发展，然而目前我国具有大数据技术的专业人员较少，利用大数据技术促进海运服务业进行业务决策的人才更是短缺，对大数据技术的应用形成了障碍。在智能航运服务发展趋势下，就要求航运服务人员掌握更高的专业技能，综合培养大数据技术人才，打造海运服务企业专属的技术团队。

9.3 路线图制定

9.3.1 智能航运服务技术课题

1. 船舶服务集

1）智能船舶对船舶服务智能化的新要求

一直以来，航海运输作为外贸物流、大宗商品运输的主要形式，以其成本低廉、全球可达的优势在国民经济中发挥十分重要的作用。随着全球经济发展和分工协作的形成，社会资源供应、加工生产的互补带来了人口、物品等资源位移，航运需求也更加广泛、复杂。作为航运的承载工具，船舶也随之经历了变迁，呈现尺度大型化、种类多样化、管理智能化的发展趋势。这些变化，使航运安全、水域污染风险增大，对船舶管理提出了更高要求。此外，随着信息技术不断进步，大数据、物联网、云计算应用已势不可挡，人工智能、虚拟现实、量子通信呼之欲出，无人船也将在不久的将来成为可能。如何用好新技术，融合现有手段，使管理水平迈上新台阶，是目前船舶智能化管理面临的重要挑战。

海面智能航行船舶是智能航运的核心。在规则研究制定层面，国际上对"船舶智能化管理"的研究主要集中在海面智能航行船舶领域：在海上安全委员会第 99 届会议上，国际海事组织成立了海面智能航行船舶工作组，致力于研究、制定相关公约，促进海面智能航行船舶健康、安全发展，公布了海面智能航行船舶自主化的 4 个层级：

一级：船舶拥有自动化处理以及决策支持功能：海员在船操作和控制船上系统及功能，有些操作可以是自动化的，有时可以无人监督的，但海员在船可随时接管。

二级：海员在船但实现远程遥控：从其他地点控制和运营船舶，海员在船可以操作和控制船上系统和功能。

三级：实现远程遥控但海员不在船：从其他地点控制和运营船舶。无海员在船。

四级：完全自主船舶：船舶操作系统可自行决策并采取行动。

国际上关于船舶智能化管理的研究仍处于"船舶"自身，处于智能船舶的设计建造以及船舶、船员、驾驶、港口码头的"单一要素"阶段，其主旨是服务于船舶商业营运、提升港口码头营运效能、降低航运成本。而关于船舶的综合智能化管理，用于实施管理的大数据融合，包括海事管理当局对船舶的智能化管理，以及因智能船舶而产生船舶动态管理、船舶安全管理等一系列管理工作的改变，及其规则的改变，并无过多涉足。因此，这是航运业界需要深入研究的问题。

2）船舶管理信息化

在船舶管理智能化方面，目前应用最多的是船舶管理信息系统建设，主要是通过对船舶运行过程中各种信息的收集、存储，以及对相关数据进行精准的信息化分析，从而更好地为船舶管理人员提供翔实的数据，是船舶现代化管理的一种重要实现手段和发展趋势。随着信息技术、人工智能领域的发展，智能船、无人船成为船舶设计制造的热门方向，对船舶管理信息化的要求越来越高。传统的船舶信息管理系统将渐渐无法满足新型智能船、无人船运营的需求，在现有基础上更智能、更高效的船舶信息管理系统将成为主流。

船舶管理信息系统主要包括船岸管理与船舶管理信息系统。船岸交通管理信息系统智能化主要是指在传统的船舶交通管理系统上结合大数据、数据通信、人工智能等技术，在船舶交通组织、船舶安全航行等方面实现智能化决策和管理。船舶管理信息系统智能化主要指利用传感器、通信、互联网和人工智能等技术，自动感知和获取船舶自身、海洋环境等方面的信息和数据，基于计算机技术、自动控制、大数据等技术，在船舶航行、管理等信息系统实现智能化，使船舶更加安全、环保和经济可靠。

3）船舶服务智能化的基本项目

（1）航行安全服务。平台为船舶提供航行警告、依据配载情况的搁浅预警、智能避碰服务、实施和环境信息服务等，提高船舶航行安全水平。雾航、夜航条件下增强瞭望辅助及海盗预警防控。如海上航行安全保障服务平台“海上丝绸之路”海洋环境预报保障系统，采取“7+2”建设模式，除大气、海浪、风暴潮、海啸、搜救、溢油和海洋温盐流 7 个预报分系统，还包括海上航行安全保障服务平台和中国海洋预报网“海丝路”专题频道。

（2）本地港口服务。通过港口服务系统和相关主管部门系统的接入，为船舶提供船舶交通管理系统信息服务、助航服务、交通组织服务以及拖轮服务、引航服务、泊位信息、港口生活服务设施信息等，提高船舶在复杂航道的安全保障水平与作业效率。

（3）电子海图服务。提供海图自动在线更新服务，保证使用最新的电子海图，并减轻海员的工作任务。

（4）气象信息服务。通过与气象在航服务公司、国家海洋环境预报中心、国家气象局等部门的公共服务平台进行信息交互，为船舶提供当前位置的天气预报和海洋环境预报。现阶段已有相关服务，可继续远洋化。

（5）船队视情维修。整个船队的主机、辅机、主轴等设备的故障诊断与视情维修，横向与纵向对比不同厂家、不同型号、不同历史时期的设备状态，为故障诊断积累数据样本，以及未来船舶设备选型提供依据。

（6）海上应急搜救服务。在智能穿戴设备上集成全球定位系统与北斗信号收发系统，实现求救报警信号接收、落水人员高精度定位与轨迹预测等功能。

（7）船舶物料采购服务。通过对船舶、港口设备的运营情况监测和管理人员的人工录入，对物料采购管理与物料消耗预估，提供物料采购建议等。

（8）船舶检验、维修和证书管理。通过视情维修和船舶运行记录，提供船舶检验和维修建议，并对船舶证书电子文件等进行管理记录。

（9）船型优化服务。依据船舶航行数据、能效数据和运营数据，提供多方位、多角度的图表，提供不同船型的对比分析报告，为新造船提供船型运行设计依据。

（10）航线调度服务。根据物流平台接口和宏观经济发展趋势，提供航向调度参考和建议。例如，集装箱船舶的航线实时调度过程中，需要充分考虑集装箱船舶在不同港口的装卸货时间、航线的长度等，包括：一是大吨位集装箱船舶将货物运输至关键的枢纽港口，然后由中型或小型运输船将枢纽港口的货物运送至终点港口。整个航运过程需要经过多次的货物装卸，在考虑运输船的航线实时调度过程中，需要统计航线内的运输时间、货物装卸时间。二是多航线实时调度的目标函数是集装箱船舶完成整个货物运输过程所需要的时间成本和经济成本，因此在该过程中不考虑港口的设备成本。三是中小型集装船在货物转运过程中，为了尽可能地降低船舶空载的概率，需要对中小型船舶的停靠时间进行限制。

2. 船员服务集

随着智能船舶的发展，船舶配员将不断减少，直至实现无人在船，船员职业也将面临颠覆性变化。因此，针对智能船舶的发展需求，研究如何开展船员培训与教育、培养符合智能航运新业态的航海人才，培养高素质的新型船员，是智能航运及航运业可持续健康发展的有力保障。

1）智能船舶发展不同阶段对船员职业的影响

如前所述，对船舶实现自主航行过程的阶段划分可知，船舶智能化是一个循序渐进的过程，不同发展阶段对船员的综合素质也有不同要求。

海上自主船舶发展的第一阶段，即现阶段，船舶具有自动化流程和自动化决策支持，船员只需满足《海员培训、发证和值班标准国际公约》要求的职业素质就能胜任工作。但是，为确保先进的自动化设备物尽其用，船员在英语应用、网络通信、智能控制系统操作，尤其是自动化无人机舱管理方面，仍需不断“充电”。

第二阶段为“船上有海员的远程控制船舶”。此阶段，岸基通过智能感知、远程通信等系统，实现对船舶航行环境的监控，并操纵船舶航行。船舶开始减员，但在船工作以确保系统故障时船舶安全的船员依然不可或缺。传统船员的职责将分为两支：船端辅助和岸端操控。此阶段船员都应充分了解人工智能、物联网、智能传感、控制理论等学科基础理论知识，随船辅助人员在第一阶段的基础上，还要具备船端智能设备操作及智能系统故障排查能力，岸基遥控人员则需对智能化技术有更深层次的掌握与运用能力。

第三阶段为“没有海员的远程控制船舶”。此阶段将实现船岸信息高度融合，船舶航行、靠泊、货物装卸、港口管理等经由智能系统实现一体化无缝衔接，彻底舍弃对于“人”的体力劳动的需求，船端辅助及安保工作将由机器人代劳，“船员”全部转移到岸上。该阶段船员无须再掌握船体维护保养、航海仪器操作等传统航海技能，而需深刻理解物联网、人工智能、控制理论等学科理论，以正确辨识系统运行情况，及早排查故障，以及确保船舶安全航行、港口正常运营的全时段监管。

第四阶段，智能船舶发展实现终极目标，船舶配备的智能系统拥有可媲美人脑的自主学习能力，可实现完全自主的航行、靠泊及港口操作。“船员”一词将成为历史，取而代之的是岸端监控中心从事监管工作的高新技术人才。“船员”这一古老的职业将在新时代的洪流中演变出全新的姿态。

当前，船员的常规职业发展路径为：在航海院校接受教育或通过船员培训及其他专业培训，经船上实习后，获得相应职务的船员适任证书，成为正式船员。之后，一部分船员通过积累工作资历以及再培训，实现由操作级（或支持级）船员职位上升至管理级；而另一部分不愿继续在船上工作的船员将转移到陆地，进入航运相关企业、院校、管理部门等从事航运相关工作，也有部分船员转行从事其他职业。

随着智能船舶的逐级推进，对船员传统技能的需求将会逐步降低，而对船员综合素质的要求会越来越高，对船员“数量”的需求将让位于“质量”，掌握智能船舶操控技术的人才将更受青睐。因此，现有船员，无论是航海经验丰富的高级船员还是初入行业的年轻船员，都需要积极进行智能航运理论知识和实践技能的更新学习，以适应智能船舶船上工作，或转移到岸基从事远程操控等相关工作。

2）智能航运所需人才结构对船员职业的影响

从古至今，尽管船舶制造和航海技术经历了翻天覆地的变革，船上工作人员职位划分却未发生根本性变化。随着智能航运的发展，自主航行船舶出现，传统船员职位中的驾驶员、轮机员、电子电气员等职位均将被淘汰，并向岸基操作支持岗位转移。岸端将兴建起保证船舶安全运营的完整机构，需要远程操控员、数据监控人员、维护人员和其他后勤保障人员等，职业将更加专业，分工更加明确，以避免发生事故时陷入相互推责的困境。根据罗尔斯・罗伊斯公司预测，未来在陆上控制中心能够实现一人监控多条船舶，且只有在特殊情况下，诸如狭水道航行、应急会遇等情形才需要人为干预。因此，要求远程监控人员有足够的经验和能力以处理突发情况，拥有丰富航海经验的高级船员正是胜任此类工作的不二人选。

3）智能航运新业态对船员职业的影响

新的业态将催生新的职业，原有船员除了逐渐向岸基监控中心转移，也可能步入其他与船舶、航运相关的新生职业。举例来说，船舶航行超过安全运行期限后需进行保养维护，智能船舶需要与其船载系统及设备配套的维护保养基地，进而会产生相关的工作岗位，成为航运服务业的一个新门类。除此之外，还将围绕智能船舶服务划分出更精细化、专业化的新职位，如智能船舶设备维护工程师、船舶网络安全工程师、船舶人工智能工程师、远程自动化工程师等。

4）智能航运对船员工作环境的影响

远洋货运船舶工作条件艰苦，船员患生理、心理疾病的概率远高于陆地职业，且在航行期间未必能得到有效救助。在全球新冠肺炎疫情肆虐的背景下，海员的工作环境更加危险，人身权益更加难以得到保障。当自主航行技术进一步成熟，无人船舶得到普及时，原本船上从事的体力劳动转变为岸端智能化集成平台的操纵，船员将从枯燥乏味、脱离群体、资源匮乏的工作环境中解脱出来，工作环境得到质的提升。

智能航运的发展，需要更多掌握智能化、数字化技术专业知识，既要能从事传统船舶船载系统操纵与维护，又具备出色的独立思维能力，能够从事智能船舶系统优化等技术含量要求较高的工作，具备通用性、融合性技能的高端精英人才。

5）船员服务智能化的基本项目

（1）海员健康监控。在船工作的海员通过佩戴智能穿戴设备，采集船员的心率、睡眠、工作时间疲劳程度等健康监测，实现海员健康船岸两端的在线服务。中远海运船员应用程序上，船员个人健康信息和疫情防控信息申报的功能已发布。该功能可用于船员每日填写个人健康情况，其结果将同步至中远海运船员管理信息系统，便于管理人员监控和掌握船员健康状况。

（2）实船教培服务。基于数字孪生技术与虚拟现实技术，实现模型云端结算与船岸两端可视化展现与同步模拟训练的实船教培服务，提高教培训练效果。

（3）船员移动体验。集成生活、健康、新闻、娱乐等信息，通过网络定期更新内容，丰富船员在船的业余生活。

（4）船员远程医疗服务。在船端配备超高清摄像设备、显示终端和必要的医疗监测设备，通过卫星通信与地面专业医院相连，实现远程医疗会诊、救治等船岸两端的服务。

（5）船上咨询服务。集成航海读物服务，例如英国海道测量局发布的电子航海出版物（*Admiralty e-Nautical Publications*）、英版数字出版物（*Admiralty Digital Publications*）等，通过网络定期与船端系统同步更新，保障船员及船舶航行安全。

3. 航运客户服务集

目前，客户服务智能化主要形式为航运电商，包括航运企业电商平台（如中远海运集运、马士基、OOCL、赫伯罗特等领先集装箱班轮巨头）、第三方（由物流企业、货代企业、港口服务等提供，如 Flixports、DHL、运去哪等）电商平台、细分领域电商平台（大宗散货平台、拖车平台、航运物资服务平台、船员服务平台）以及物流撮合及咨询电商网等。

1）航运专业电商

马士基于 2019 年发布全新在线产品 Maersk Spot，进一步扩大了为客户提供的产品范围，新的在线产品完全实现数字化订舱，客户以固定价格支付运费，并在订舱的同时获得舱位保证。随着新产品的推出，通过解决整个行业存在的一些根本性的低效问题，采取进一步措施简化客户的供应链。线下的订舱流程最多可以包含 13 个单独的步骤，通常涉及运费表、条款、附加费等大量的沟通和文书工作。使用 Maersk Spot，这个烦琐的流程在线上经过优化，精简为 5 个步骤，当客户确认订舱时，马士基承诺舱位，并确保运营执行。客户与马士基之间的共同承诺，能够解决超额订舱的恶性循环。如果客人取消订舱，则需收取相关费用。如果货物被甩，马士基会对客户进行补偿。该产品使马士基与客户双方都做出承诺，拥有更高的航行可视性和运费确定性。通过 Maersk Spot，完全实现数字化订舱，2019 年已有超过 3000 名客户进行了试点，当年第二季度已实现超过 5 万个 40 英尺集装箱通过平台进行订舱。截至 2019 年年底，Maersk Spot 使用比例已占即期合约订单总量的 24%。

马士基建立了一个只开放该公司航运服务的单一平台，便于货主在平台上直接进行订舱，并提供“门到门”的服务。他们声称这将简化运输，并为受益货主提供更大的供应链可视性和透明度。对于这些货主来说，货代在与船运公司进行价格谈判和为他们提供拼箱服务等方面，发挥了很大的作用。除了与船运公司的议价能力，货代提供的更细致的服务，是船运公司目前无法做到的。

2014 年，中远海运集运已实现泛亚电商平台上外贸产品上架。2015—2017 年，泛亚电商平台在增加产品线、促销和加入增值服务等方面不断提升。在此基础上，2018 年，中远海运成立外贸电商工作组，Syncon Hub 于 2019 年 9 月上线，作为船东垂直电商平台，Syncon Hub 提供网上订舱、保舱保柜、在线结算、灵活签单、中转衔接、延伸服务等服务。同时，在系统集成性上实现了重大突破，不仅与中远海运内部交易系统，如 IRIS2（IRIS4）、CBS、拖车系统等实现实时数据交换，同时与外部结算平台、报关平台也进行无缝衔接，实现了全流程在线闭环操作。

2020 年以来，中远海运通过增加进口产品、新开平台门店等方式，拓展 Syncon Hub 产品线，以满足客户更多元化的需求。4 月，拓展进口产品线，首批提供西北欧五大基本港——荷兰鹿特丹港、比利时安特卫普港、英国菲利克斯托港、波兰格但斯克港和德国汉堡港，至中国进口 FOB 电商产品。7 月，在东南亚和南亚地区 5 国——新加坡、菲律宾、印度尼西亚、巴基斯坦、印度的门店同步上线。9 月，Syncon Hub 正式开放客户外部系统可接入的应用程序接口，在扩大平台规模的同时，为中小客户提供更优质的服务。

2020 年 1 月，为协助客户更有效率地安排海运作业，长荣海运携手美国硅谷新创公司 BlueX Trade，推出 GreenX 电商平台，提供线上询价、订舱及付款的功能。未来更将进一步扩展附加服务范围，结合国际运送服务链中的第三方供应商，打造线上海运生态圈。客户可于 GreenX 电商平台查询长荣海运从亚洲出口至全球各地所提供的产品、服务资讯，范围包括北美洲、欧洲、拉丁美洲、大洋洲、非洲及亚洲近洋航线，并即时取得运价，享有保障舱位及优先领柜的服务。经过一个月试运行，已有近 2000 家客户申请注册，货主无须与海运公司签订运送合约，承诺固定货量，即可享有舱位保障，大幅提升货运作业的便利性，让货主更能因应市场脉动，掌握商机。除了海运作业相关的报价、订舱，GreenX 未来也将为客户提供运费融资、货运保险、海关申报、拖车运输及仓储管理等延伸性服务，透过贸易媒合，提供一站式物流供应链的解决方案，满足客户在海运流程中的相关需求。

2）第三方航运电商

Flexport 2020 年实现销售额 12.74 亿美金，比 2019 年增长约 1.9 倍；平台上已超过 1 万户的买家和卖家，包括成熟的全球品牌和新兴创新者，连接 116 个国家服务，实现货物流转的价值超过 50 亿美金；2020 年第三季度，平台用户数量增长了近 55%。2021 年 3 月初，Flexport 宣布推出订单管理系统（Order Management，简称 OM）。Flexport OM 的发布是 Flexport 向其技术愿景迈出的重要一步，打造一款一站式国际贸易平台，为用户提供从产品采购到产品运输再到最终交付的端到端体验。

截至 2021 年 6 月，在六年多的时间融资达到 7 轮，融资总额达到了 2.5 亿美元。

平台的供应商包含100多家船公司，1000多家报关、保险公司，服务覆盖159个国家和超过300个港口，平台上集装箱运输量已超过100多万标准箱。

鸭嘴兽成立之初主营外贸集装箱公路运输服务，以平台化的方式整合市场运力，通过智能运输系统实现集装箱运输的数字化，从国际货运代理企业处接单，分包给平台上加盟的集卡司机，司机通过应用程序，独自完成接单、作业、结算、加油等工作。鸭嘴兽公司从上海港起步，随后在宁波港、太仓港上线，2020年开始进入深圳港和青岛港。在华东市场，鸭嘴兽已经成为集装箱卡车运输市场份额占有率最高的平台，在深圳港和青岛港增长迅速。融资后主要用于产品研发、全国主要港口业务扩张和核心人才招募，未来将围绕核心港区和重点线路，为客户进一步拓展新的运输服务产品。目前，鸭嘴兽服务了包括行业头部公司在内的货代、航运公司近6000家，2020年完成运输70万标准集装箱。

3）细分领域航运电商

2015年，中远海运散运与中远海运科技联合打造的沿海干散货运输电商平台“船货易”上线，主要是基于船货交易的基本功能，围绕货主和船东需求，基于大数据、云计算、人工智能、区块链，不断开展智能化、增值化、场景化建设。按照企业真实身份—船货真实成交—船货服务跟踪—船货服务评价—船货增值服务的核心业务条线，从基础功能、船货匹配、船货竞价、市场分析等交易服务，不断拓展到金融保险服务、船员管理应用、船舶管理应用、船舶物资管理供应、大数据应用等增值服务，逐渐引入支付和融资服务，建立一个完整的垂直领域电商平台及其生态圈。2019年，实现系统多租户支持，围绕系统核心交易功能、行业小工具和微信公众号3个维度对行业用户提供服务。

船服务平台于2016年年底正式使用，平台围绕船舶供应服务的业务特点，应用“物联网 + 互联网”的技术，打通供应链上下游数据的标准交换壁垒，实现船舶/船公司、平台服务公司、供应厂商三者间数据的闭环管理，计划开创船舶物资供给行业“新零售”服务模式，使行业大数据有可靠、完整的载体。通过智能批量搜索匹配、离线数据采集等行业应用核心技术的研发及应用，推动航运行业数据从“分散”到“集中”；同时，将航运企业用户的需求从“海选”转向“智推”，推动“新零售”理念在“航运行业”的落地。

4）物流撮合及咨询电商网

锦程物流电商网成立于2003年，目前，整个平台为货代贸易提供线上营销、交易撮合、支付结算、交易保障、物流展会等产品和服务，拥有来自全球200多个国家和地区近百万的企业用户。搭建了中国物流行业排名第一的电子商务平台，是中国物流行业最大的网络传媒。目前，锦程物流网已经成为汇聚全球物流提供商资源、贸易商资源以及行业相关资源的最大的行业资源集中地，拥有近千万的企业用户，在全世界拥有来自200个国家和地区的数百万物流提供商和行业相关者，每天均有几十万家的物流供需双方企业发布供应、运价、招标、代理等重要信息。锦程物流网已经发展成集信息查询、物流交易、金融结算于一体的物流行业综合服务平台。

锦程国际物流集团未来战略发展的总目标，是依托全球实体服务网点和在线服务电子商务信息平台，整合客户资源进行集中采购，为客户提供在线即时、低成本、全方位的“一站式”综合物流服务，成为在全球最具实力和竞争力的现代综合物流服务商之一。

5）航运客户服务智能化基本项目

（1）移动用户服务。平台为客户提供移动服务支持，实现基于移动终端的自助下单、货单跟踪等全程服务。目前的航运电商平台包括泛亚航运、九爪鱼、掠食龙、运去哪、运哪去、航运城、货代助手、壹联网、运道网、海运订舱网、一海通、乐舱网、快舱网、易舱网、咖狗网、二贷网、维运网、海空网、锦程物流网、宁波航运订舱平台、大掌柜、运易通、Youship（境外）、INTTRA（境外）等。

（2）电子订舱与物流交易服务。客户通过系统可进行物流付费、获取货单、信用审核、滞期费等交易。

（3）货物追踪服务。为客户提供货物运输轨迹、货物状态、预估运输时间等服务，便于客户作出相应的决策。

（4）人工智能客服服务。系统为客户提供人工智能客服服务，实现非工作时间内的普通问题及时解答处理。

4. 航运供应链服务集

1）各地纷纷打造智慧港口发展航运物联网

中国航运服务业正处于一个十分重要的物联网发展时期，对于航运服务企业而言，物联网发展机遇已经成为当代航运供应链最重要的标志和特征。中国航运服务业自觉或不自觉地进入全球物联网体系，随着全世界物联网的迅速发展，中国各类航运物联网正在逐步覆盖全国，延伸至全球。目前，蛇口集装箱码头SPARCS软件系统顺利升级至最高版本，为码头实施拖车全场调度、船舶自动配载以及今后智能堆场计划等先进的智能化功能打下良好基础，标志着蛇口集装箱码头向打造先进智能化港口目标又迈出了坚实的一步。

2）物联网技术应用在航运业应用率走在世界前列

中国在物流和物联网领域的技术走在了世界的前列，对推动中国现代服务业发展、提高物联网和物流领域的技术进步，无疑会产生积极的作用。港口物流领域已在通向物联网“理想”的道路上迈出了关键的一步，集装箱码头依靠信息技术产生的效益会越来越大，也是实现集装箱物流信息从被动告知到主动感知的变革，如今该系统在国际、国内相关领域的应用已经颇为广泛。

3）开拓创新成为航运服务智能化的关键

随着物流网络的发展，对航运智能化业务流程的管理提出了更高、更新的要求，尤其是在经济全球化、供应链业务国际化条件下，航运服务企业需要不断进行航运智能化管理创新，在精细、专业、特色、高效、新颖等方面下功夫，加强供应链管理、航运智能化网络管理；努力加强航运智能化成本费用控制，不断提高经济效益。航运智能化业务创新，扩大了供应链企业服务功能，使大部分供应链服务从生产性服务延伸到生活服务。供应链服务对象、服务方式均出现多元化的趋势，航运服务企业根据市场需求、客户要求，努力进行业务创新，在完善技术装备和物流网络的基础上，不断开发新的业务品种，进行品牌建设，以质优价廉和多种多样的服务品种赢得客户、赢得航运市场。

4）航运服务公共信息平台建设取得重大进展

物流公共信息平台是建立在现代软件工程的概念上，实施最大限度的软件和系统资源的整合与集成，通过数据共享工程，把真正与领域业务需求有关的部分提取出来，把信息基础设施与公共应用支持开发成平台。一个有效集成的物流关键技术应用随着数字科技的发展，以全云化、区块链、大数据、人工智能、物联网、全程控制塔、增强现实、数字孪生等为代表的新兴数字技术，以及绿色包装、新能源应用等绿色科技，在物流行业的应用越来越广泛。

5）航运供应链服务智能化基本项目

（1）仓内技术。主要有机器人与自动化分拣、可穿戴设备、无人驾驶叉车、货物识别 4 类技术，当前机器人与自动化分拣技术已相对成熟，得到广泛应用，可穿戴设备目前大部分处于研发阶段，其中智能眼镜技术进展较快。

（2）陆岸干线。陆岸干线运输主要是无人驾驶卡车技术。无人驾驶卡车将改变干线物流现有格局，目前尚处于研发阶段，但已取得阶段性成果，正在进行商用化前测试。

（3）“最后一公里”。“最后一公里”相关技术主要包括无人机技术与三维打印技术两大类。无人机技术相对成熟，目前包括京东、顺丰、DHL 等国内外多家物流企业已开始进行商业测试，其凭借灵活等特性，预计将成为特定区域未来末端配送重要方式。三维打印技术尚处于研发阶段，目前仅有亚马逊、UPS 等针对其进行技术储备。

（4）三维打印。三维打印技术对物流行业将带来颠覆性的变革，但当前技术仍处于研发阶段，美国 Stratasys 和 3D Systems 两家企业占绝大多数市场份额。未来的产品生产至消费的模式将是“城市内三维打印 + 同城配送”，甚至是“社区三维打印 + 社区配送”的模式，物流企业需要通过三维打印网络的铺设实现定制化产品在离消费者最近的服务站点生产、组装与末端配送的职能。

（5）物流末端技术。末端新技术主要是智能快递柜。目前已实现商用（主要覆盖一二线城市），是各方布局重点，但受限于成本与消费者使用习惯等问题，未来发展存在不确定性。

（6）智慧数据底盘。数据底盘主要包括物联网、大数据及人工智能三大领域。物联网与大数据分析目前已相对成熟，在电商运营中得到了一定应用，人工智能相对还处于研发阶段，是未来各家研发的重点。物联网技术与大数据分析技术互为依托，前者为后者提供部分分析数据来源，后者将前者数据进行业务化，而人工智能则是大数据分析的升级。三者都是未来智慧物流发展的重要方向，也是智慧物流能否进一步迭代升级的关键。

5. 其他航运服务集

航运服务业涉猎范围十分广泛，内容十分庞杂，除包括船舶管理、船员管理、航运综合物流外，还包括航运教育、船舶贸易、航运咨询、海事法律、船舶融资、船舶保险、船舶检验、船舶租赁、海事会展等诸多供应链高端服务业。如前所述，本报告的智能航运服务业主要聚焦航运供应链服务以及船舶与船员管理，其他业务不做重点研究。

但需要提及的是，在其他航运服务业务中，由智能船舶引发的船舶保险与海事法律服务创新，是当前引人关注的新问题。

近年来，无人自主船舶技术或无人半自主船舶技术取得了重大进展。海上无人船舶因其有利于提升航运安全、促进环境保护、减少运输成本的优势，得到世界各国以及国际航运业的支持。可见，海上无人船舶的商业化运营已然成为大势所趋，且会在不久的将来成为可能。相较于技术的稳步推进，智能船舶在法律适用以及风险规制方面却处于空白状态。海上保险作为分散风险、弥补损失的有效机制，对于海上无人船舶船东的保障以及鼓励无人船发展与推广具有重要的积极作用。

1）改变风险格局

虽然现今没有关于有人船明确的统计数据，例如他们可能采取的行动以避免潜在的事故或减轻其后果，但人为错误是造成海上人员伤亡的最常见原因。因此，如果人为错误导致海上人员伤亡，那么我们经常面临的一个问题是，剥离了人类是否会降低保险费。Gard 保赔协会认为人的因素并不会消失。人的因素将从船端转移到岸端，也就是远程操作员。鉴于船与人之间的通信联系，网络通过这种转变获得了突出地位。与船舶价值、法规、管辖权和运输中的所有其他风险相关的不确定性仍将存在。因此，尽管风险评级的方式可能会发生变化，但很大程度上取决于尚未看到的转变方向。

2）人的因素被纳入国际航运法规

大多数国际公约，包括国际海事组织或国际海事委员会的职权范围，都是基于有人驾驶的船舶。例如，1972 年《国际海上避碰规则》需要通过视线和听觉来了解情况。《1974 年国际海上人命安全公约》涉及配员水平和船长所需的行动。而且，很明显，无人驾驶船舶是对《海员培训、发证和值班标准国际公约》的一项重大挑战。从保险公司的角度来看，处理这些风险问题或需重新界定“船员”。例如，可发布一项政策认定“岸上操作员也是船员”。当然，就险种覆盖而言，如果没有船员，则就不需要船员险。关键是保险公司可以使用定制的措辞，这种法规修订需在技术变革之前进行。

3）过失责任

从保险公司的角度来看，修订涉及过失责任的国际公约是更紧迫的问题。例如，1910 年“碰撞公约”是一个基于过失的制度，其设想的责任与船舶的致使故障成比例。那么，当两艘自主船只发生碰撞时会发生什么，人工智能是否“有过失”且应受到哪些指责？如果载人船和自主船之间发生碰撞，那么这个又将如何处理？假设计算机没有出错，载人船只会受到指责吗？如果一艘船本身不能“有过失”，则是否有必要扩大对无人驾驶船舶行为负责人员的范围？是否应该引入严格责任制度？所有这些都是需要研究的新问题。2015 年 12 月 1 日，沃尔沃首席执行官宣布，如果任何车辆在完全自动驾驶模式下发生车祸，公司将承担全部责任。这样的思路能否简单套用智能船舶，都是需要深入研究的。

4）网络风险

网络可能是正在进行的海上变革中最具破坏性的组成部分，尽管鉴于目前船上技术，所有船只都存在风险；尽管船体和设备险保险商可能会提供额外保险费，但大多数海上财产保赔条款措辞都排除因网络威胁造成的损失。除非在一般战争和恐怖主义背景下发生的重大事故，否则标准保赔协会保险不排除网络风险本身。如果根据某些国际公约对保赔协会提供的保险凭证提出索赔，则不适用战争和恐怖主义排除条款。国际保赔协会集团内部有一个单独的条款，适用于战争风险，其中包括网络作为造成伤害的手段，但这仅适用于船员和人身伤害索赔且总额限制为 3000 万美元。

5）产品责任

现有的国际保赔文书组合条款向船东提供第三方责任险。在上面的例子中，船东对由于船上人员的过失引起的碰撞后果负责。持久性油类、燃油、危险有毒物质和清除船舶残骸造成的污染责任由船东承担。因此，整个海上保险结构的设计都考虑到了这些。财产保险公司承保船体，保赔协会负责向第三方承担包括污染在内的损害。这是基于传统上，船东“责任止于此”，除非可能存在对制造商或软件制造商的追索。追索案件是例外而非“常态”。不过，随着智能船舶的发展及其重要性，这可能会发生变化。智能船舶系统涉及硬件，即空间传感器、软件、算法、通信和集成部件。虽然业界对今天的电子导航系统如何运作有一个合理的理解，但对于复杂的导航算法和支持人工智能的系统来说却不能如此。欧盟产品责任法，通过欧盟指令 85/374，一般情况下是设定在私人使用环境中进行保护，如果缺陷是由于遵守公共机构颁布的强制性法规或当时的科学技术条件不足以发现缺陷的存在，则可能难以提出索赔。在侵权行为中确定产品责任也可能很困难。因此，产品责任路线可能仅提供有限的舒适度。

9.3.2　智能航运服务技术课题重要程度

表 9–1 为智能航运服务技术课题重要程度排序。

表 9–1 智能航运服务技术课题重要程度排序

	航运服务技术课题	重要程度排序
船舶服务集	航行安全服务	★★★★★
	船舶物料采购服务	★★★★★
	本地港口服务	★★★★
	船舶检验、维修和证书管理	★★★★
	航线调度服务	★★★★
	电子海图服务	★★★
	气象信息服务	★★★
	船型优化服务	★★★
	船队视情维修	★★★
船员服务集	海员健康监控	★★★★
	船员远程医疗服务	★★★
	海上应急搜救服务	★★★
	船上资讯服务	★★
	实船教培服务（SETT）	★★
	船员移动体验	★★
航运客户服务集	电子订舱与物流交易服务	★★★★★
	货物追踪服务	★★★★★
	移动用户服务	★★★★
	人工智能客服服务	★★★
航运供应链服务集	“最后一公里”技术	★★★★★
	仓内技术	★★★★
	智慧数据底盘	★★★★
	陆岸干线	★★★
	三维打印	★★★
	物流末端技术	★★

9.3.3 国外智能航运服务的发展

1. 日本及欧洲的航运服务智能化

1）日本

日本是传统的航运大国，航运服务智能化具有很高的水平。以船舶及航运服务智能化为重点，抢占市场先机，打造日本航运业乃至日本经贸的核心竞争力，是日本始终坚持的方向。

日本在航运服务智能化方面的主要做法和特点：

一是利用数字化技术加强现场管理。利用传感设施将个人动作和作业数据化，实现作业实绩实时监控与管理；优化基础设施，运用互联网及大数据等技术打造可视化船厂。通过革新相关软件及技术，将工人的工作内容可视化、数据化。

二是利用智能化减少生产过程中零部件及材料在订货、制造、交货等环节中的浪费，推动地区配套供应商之间的订货、制造、采购实现网络化、一站式化；推进“智能船舶集群”建设，并将零部件及材料的设计、订货、制造、采购等环节纳入其中。

三是升级现有设备进一步优化建造流程，提升模块精度、舾装效率。包括引进激光电弧焊接技术、船体分段三维激光扫描，引入适合造船工作的可穿戴式机器人技术提高舾装等复杂环节的工作效率。

四是加强产研结合，提高先进生产设备应用率。鼓励航运及造船企业与研究机构合作开发、引进自动化程度高的设备，如焊接机器人等，税收上支持船舶企业设备更新。

五是加强船舶技能工人培训。进一步扩大技能培训的范围以及建设技能评价系统；通过采取适合的监管措施，增加外国人就业率。日本国土交通省把当年定为生产性革命的元年，对“i–Shipping”给予了大力支持。“i–Shipping”计划即将物联网、大数据技术运用到船舶运营和维修中，通过及时反馈信息达到设计、建造、运营和维护一体化的效果，全面提升产品的竞争力。

2）欧洲

欧洲的航运服务智能化主要集中于航运供应链服务上。

20 世纪 80 年代，欧洲开始探索一种新的联盟型或合作式的供应链服务新体系，即综合物流供应链管理。20 世纪 90 年代以来，欧洲一些跨国公司纷纷在国外，特别是在劳动力比较低廉的亚洲地区建立生产基地，故欧洲供应链服务企业的需求信息直接从顾客消费地获取，采用在运输链上实现组装的方式，使库存量实现极小化。信息交换采用电子数据交换系统，产品跟踪应用了射频标识技术，信息处理广泛采用了互联网和物流服务方提供的软件。目前，基于互联网和电子商务的供应链服务正在欧洲兴起，以满足客户越来越苛刻的需求。近几年来，欧洲在供应链服务上具有明显的特色。

一是出台整体船舶运输安全计划。提出一项整体船舶运输安全计划，目的是监控船舶状态。通过测量船舶的运动、船体的变形情况和海水的状况，就可以提供足够的信息，避免发生事故，或者是在事故发生之后，确定造成事故的原因。

二是政府监督控制供应链管理。以德国为例，德国货运管理的部门是联邦货运交通局。《联邦货运交通法》中规定联邦货运交通局的任务就是监督和控制。为了更好地实行监督功能，联邦货运交通局对所有参加运输的人员不仅在办公室内而且在室外（公路、高速公路、停车场）进行监督，其中也包括发货人、中介人或运输公司。联邦货运交通局规定，如违反规定，要受到主管局的惩罚或联邦货运交通局制裁。

三是政府兴办、民间经营货运基础设施。以德国不来梅市货运中心为例，除德国政府设立海关负责进出口货物验关外，政府在货运中心不再设其他管理机构，企业自主经营，照章纳税，政府亦不再从中心成员那里征收除法定税费以外的任何税费。货运中心自身的经营管理机构采取股份制形式，市政府出资 25%，中心 50 户经营企业出资 75%，由经营的企业选举产生咨询管理委员会，推举经理负责中心的管理活动，实际上采取了一种企业“自治”的方式。

四是统一物流标准协调发展。为提高欧洲各国之间频繁的物流活动效率，欧盟组织之间采取了一系列协调政策与措施，大力促进供应链服务体系的标准化、共享化和通用化。如：由全欧铁路系统及欧盟委员会提出的“在未来 20 年内，努力建立欧洲统一的铁路体系，实现欧洲铁路信号等铁路运输关键系统的互用”就是这一努力的具体体现。

2. 马士基：向智能化转型升级

马士基是全球最大班轮公司。马士基集团于 1904 年第二次工业革命中成立，总部位于丹麦哥本哈根，历经 100 多年的发展已经成为在航运、物流、码头及相关制造业方面具有雄厚实力的综合性集装箱物流公司。

目前，在 130 个国家 / 地区设有 300 多个港口、超过 8 万名专业团队，在集装箱运输、物流、码头等业务线中均为客户提供一流服务。作为集团的集装箱海运分支，是全球最大的集装箱承运人，运输网络遍及六大洲，截至 2021 年 3 月，公司集装箱船队规模为 713 艘，运力达 413 万标准箱，占世界集装箱航运市场的 17%。

马士基通过收购与自建子公司的方式布局集运、物流、港口、拖轮等业务板块。目前，集运板块包括马士基航运、Seago Line、海陆马士基、萨非航运、汉堡南美在内的品牌业务，物流与服务板块包括丹马士的物流与供应管理服务、内陆运输金融贸易服务及内陆集装箱服务，码头与拖轮服务涉及 APM Terminals 及施韦策拖轮服务，制造及其他板块包括马士基冷藏集装箱工业等。

马士基业务分为海运、物流与运输、码头与拖轮和制造业务四大板块。海运业务作为供应链战略的核心，每年海运运量超过 1200 万 FEU（40 英尺标准箱），长期和短期合同之间的比例大约为 45∶55。物流与运输业务是核心增长要素，物流与运输服务寻求通过集成物流产品满足客户在其供应链各个环节的需求，通过数字平台实现的关键产品包括卡车和铁路的陆上运输、并箱、拆箱和配送仓储、配送服务、仓库运营、海关经纪服务、空运代理、货物保险等服务，还包括冷链物流和电子商务物流以及针对区块链平台施韦策的垂直特定解决方案。码头和拖轮业务包括在 APM 码头品牌完全或部分控制的港口中的码头经营活动，主要收入来源是港口装卸，以及海上拖曳和打捞服务提供商施韦策品牌的拖轮经营活动。制造业务包括集装箱制造、供应服务与其他服务。集装箱制造主要是中国工厂的冷藏集装箱制造，供应服务拥有庞大的锚式拖船供应船和海底支援船，为全球能源行业提供海洋服务和综合解决方案，其他业务包括马士基培训公司，为海事、石油和天然气、海上风电和起重机行业提供培训服务，作为收购汉堡南美公司的一部分而收购的油轮业务以及其他与航运相关的业务。

1）智能航运服务及物流驱动公司战略转型

国际金融危机后，在全球航运市场持续低迷的冲击下，马士基处境艰难，因此不断抛售资产。公司先后关闭了欧登塞造船厂，出售了丹麦超市集团与丹麦银行的股份。2016—2017 年，是马士基从国际超大型集装箱公司向智能物流转型的关键时期。公司通过产业结构调整和业务整合，逐步聚焦供应链物流业务。2017 年，收购汉堡南美航运公司，提高南美市场份额。2018 年，出售马士基石油公司。2019 年，分拆石油钻探公司，在纳斯达克哥本哈根证券交易所独立上市，并于同年剥离施韦策的打捞业务。2020 年 9 月 2 日，公司宣布将旗下丹马士的空运及拼箱业务和萨非航运整合至马士基，旨在为客户提供更为简化、快捷的体验和规模化服务。现阶段，马士基提供综合的集装箱航运供应链服务，为客户提供端到端的供应链解决方案。

战略转型取得明显成效，收入利润实现强劲增长。2020 年营收为 397 亿美元，同比增长 2%，其中海运业务增加了 3.93 亿美元，物流和服务业务收入增长了 6.32 亿美元。受疫情影响，码头和拖轮、制造及其他业务收入分别下降了 1.41 亿美元和 1.22 亿美元。2017 年后，EBITDA 不断增长。2020 年 EBITDA 增长 44% 至 82 亿美元，利润率为 20.7%，EBITDA 超预期（55 亿美元）增长主要来自海运业务增长，主要原因是运力管理和燃油价格降低了成本基础，同时运价高企拉动收入端增长。物流与服务业务的 EBITDA 增长了一倍以上，而码头和拖轮虽然受到疫情影响，但通过运力管理保持了灵活性，实现了 8% 的增长。受到 EBITDA 大幅提升的拉动，2017 年后 EBIT 也不断上升。2020 年 EBIT 为 42 亿美元（2019 年为 17 亿美元），EBIT 的提升主要受到 EBITDA 改善以及集装箱、船舶运量提升的积极影响。转型后，净利润扭亏为盈，迅速上升，2020 年净利润升至 29 亿美元。

马士基的物流与运输板块包含五项主营业务：供应链管理、多式联运、内陆服务、货运代理和其他服务。供应链管理业务：马士基为客户管理其供应链流程。多式联运业务：是指马士基及其子公司萨非航运和海陆马士基所有的运营活动，其主要收入来自将集装箱从卖方（发货人）运至装运港，再从卸货港运至卸货点（收货人）通过卡车和 / 或铁路运输。内陆服务：在内陆服务设施中的经营活动，主要收入来源是集装箱存储、保税仓库、空仓库和当地运输。货运代理：包括海运代理和空运代理，2020 年 10 月起，将丹马士品牌货运代理业务整合到物流与运输板块，丹马士停止运营。其他服务：包括仓储、配送和其他增值服务以及贸易融资。

多式联运以及供应链管理是拉动物流与运输业务收入增长的关键因素。2020 年，物流与运输业务营业收入增长 10%，达到 70 亿美元。营业收入的增长得益于空运代理、多式联运、仓储和配送收入的增长。2020 年，毛利润增长强劲，增长至 16 亿美元，毛利率为 23%，这得益于对北美业务的持续关注、联运业务利润率的优化以及北美仓储和配送设施盈利能力的提高。尽管由于终止丹马士品牌而产生的重组成本为 4000 万美元，但由于利润率优化和对利润率的关注，EBITDA 增至 4.54 亿美元，EBITDA 利润率为 6.5%。

从各项子业务的毛利率来看，内陆运输的毛利率高达 38.1%，供应链管理的毛利率高达 36.4%，多式联运的毛利率提升至 10.8%，这些均是马士基未来重点发展的方向。

2）马士基数字化进程与产品架构

在宏大的业务战略之下，马士基将数字化转型作为强有力的战略支柱；马士基强调通过数字化为其主业实现持续的价值创造，而这些价值创造将成为马士基抓住货主的利器。马士基数字化转型的众多举措均致力于在全球集装箱物流服务中为货主提升便利性（数字化一站式服务平台）、透明度（内部数字供应链）和高效率（基于区块链的全球贸易数字化平台 TradeLens）。

马士基拥有丰富的数字资源，并将持续投资于数字技术。一艘马士基远洋班轮每天产生大约 2GB 的数据。马士基网站在搜索、预订和跟踪数据方面的贡献很大，该网站是全球十大 B2B 网站之一。当马士基决定改变客户的行为时，比如将所有的订舱和修改都推向数字化，他们的庞大规模使之比较小的公司容易得多。另外，马士基可以在未来两年轻松投资 45 亿 ~55 亿美元进行重大收购，而不会影响它们的信用评级。

马士基与微软企业服务部合作，实现了云端数据和本地数据的智能化高效集成。将全球 5 个数据中心、80 个业务应用程序和 1440 万用户文件成功转移至微软 Azure，利用基础设施即服务（IaaS）模型，可以根据相应业务部门的需求轻松扩展和收缩，提高了数据中心性能和可伸缩性。在迁移到 Azure 之后，马士基找到了一种将云端数据（原来存储在区域数据中心内）和本地数据集成到一起的方式，可以更全面地掌握整个公司的信息，通过实现更集中化的业务结构，能够标准化业务流程，降低运营成本，并获得一个更全面的信息视图。

（1）Twill Logistics（针对小型企业）。马士基需要根据客户的需求去订购集装箱，作为运输中介，需要从代理商处获取价格，并把运输费用、到达日期等信息反馈给客户，这中间往往需要两周的时间，并且货物交付运输的过程也很难跟踪和管理，Twill 可以解决这些问题。

Twill 是一家国际规模的线上物流网站，为中小型企业提供在线预订和管理海运、联运、报关和保险等服务，旨在让货运变得简单，为客人提供在线货物管理平台，以便于管理运输文件和追踪货物信息。Twill 遍布全球 154 个国家和地区，2020 年业务量超过 10 万 FEU，2500 个新增客户，同比增长了 13 倍。

（2）Maersk Spot（在线预订平台）。马士基的 Maersk Spot 是一个在线平台，于 2019 年 6 月启动，可简化集装箱预订流程，提高效率。以往托运方必须计算费率并在系统中进行预订，过程漫长，使得超量预订达 30%的情况时有发生，这常常导致货物无法被运送。借助 Maersk Spot，托运方可以像在网上订购机票一样，简单地在线或通过移动设备进行点击和预订。

费率在预订时锁定，同时保证货物装载，避免突然违约。2020 年 3 月至 6 月的 3 个月中 Maersk Spot 增长显著，整个平台的预订量增长了 49.9%，2020 年最后一个月，Maersk Spot 的订单量约占马士基短期订单总运量的 51%（2019 年为 20%）。

（3）马士基官方网站。为了改善用户和客户的体验，马士基重新投资建设了官方网站，目前，马士基近 60% 的订舱是通过他们的网站在线完成的。全球每 12 个运输集装箱中就有一个是在马士基的网站上预订的，这使其成为世界上最大的 B2B 网站之一，并且大约 98% 的订单是通过电子方式完成的。这意味着该网站每年有超过 200 亿美元的销售额。此外，这个网站还提供额外的服务，比如 2019 年在 22 个新国家开展的海关经纪业务。

（4）马士基应用程序 Maersk。马士基应用程序提供预订、聊天、信息共享等功能，可以获得实时跟踪信息，可以在手机移动端选择港口、船只、端到端的解决方案。既可以在移动端预订、获取装载保证和价格，随时随地下单，也可以通过手机获得货件的达到、离开、待处理状态，还提供日历提醒。跟踪和共享信息、聊天功能为客户提供了与其他客户和客服的互动。

在 2020 年的 1—6 月，该应用的使用量和活跃度增加了 460%。2020 整年 Maersk 应用程序使用量同比增加了 300%。

（5）Maersk Flow（为中小型企业提供数字化供应链管理）。2020 年 7 月，马士基推出 Maersk Flow，为中小型企业提供数字化供应链管理平台，客户及其合作伙伴可以从 Maersk Flow 上获得从工厂到市场的供应链的全部信息，从而更好地了解和控制托运人、承运人和货运代理来改善供应链。

（6）物流中心 Logistics Hub。Logistics Hub 是马士基推出的新的集中式供应链解决方案，旨在用最精简的方式呈现全面运输数据。以交互式地图的方式为客户提供预测到达时间。这个平台运用机器学习预测性 ETA 系统，基于历史信息和定位数据计算船只到达时间，人工智能驱动预测使预测准确性提高了 45%~60%，通过交互式地图可以获取港口、集装箱堆场等详细信息，并且跟踪船舶路线实时信息。Logistics Hub 还提供马士基最新价格、交货单等信息。

（7）Maersk NeoNav（第四方物流解决方案）。2020 年 12 月，马士基推出了 Maersk NeoNav，大大提高了马士基在供应链规划和协调领域的能力。Maersk NeoNav 能够将客户的需求数据、库存和货流数据联系起来，从而可以实时优化供应链的这一部分，为客户创造价值。这一产品已经获得具有大型、全球供应链客户的好评，目前正处于实施阶段。

（8）转型管理系统平台。2020 年 10 月，针对具有复杂供应链的大客户推出了新的基于云的供应链管理平台。新平台将取代马士基现有产品，并提供更多集成服务和解决方案，更高水平的自动化、自助服务机会以及改进的分析功能。

（9）“彼得船长”服务（针对冷链服务）。2020年2月6日，官网宣布，将通过一个名为“彼得船长”（Captain Peter）的虚拟助理，增强其远程集装箱管理平台服务，这一虚拟角色将帮助客户完成他们的货物运输。他是一个移动虚拟助理，用于远程管理冷冻箱的集装箱。

客户可通过虚拟助理监视运输中的冷藏货物以及远程集装箱管理数据，获得货物端到运输端的透明性，避免供应链的海关和其他环节出现意外，了解最佳的物流管理。

3）Portbase系统与物联网实现高效运营

（1）Portbase系统。2009年，马士基在鹿特丹港口启动了Portbase系统，40多个基础港口服务实现数字化，能够显示船舶抵达和装运状态信息等。另外，2015年，马士基在鹿特丹马斯2期建造了一个全自动化集装箱码头。

2018年，马士基副总裁曾表示，目前正在采取从3个不同层面系统化地将自身港口业务数字化：一是资产层面，马士基正在努力将所有的起重机、场桥、跨运车和码头卡车连接到物联网，并对每项资产的性能、效率、维护等各个方面的数据进行数字化；二是单码头层面，马士基正在努力对整个系统流程中的所有资产进行数字优化，以推动运营效率、资产部署和决策支持等方面的改进；三是码头网络层面，马士基在全球拥有78个码头，网络将使用数字化数据提供KPI报告。

马士基在北美最大的集装箱码头——洛杉矶码头引入了半自动化操作，目的是提高效率和安全性，并减少排放。项目完成后，卡车司机在码头的进出时间从105分钟缩短到35分钟。

（2）远程集装箱管理。远程集装箱管理有实时温度、湿度、氧气和位置的数据，将集装箱内部环境数据与地理位置信息集中在一起，是“彼得船长”的技术支持。远程集装箱管理为端到端的物流服务提供了透明度，特别是水果等易腐食品以及对温度和空气要求很高的物品，如果货物在海关或者路上出现损失，就能提前预知并作出挽救措施。马士基迄今已在400多艘船舶上配备了27万个冷藏集装箱，利用数字化设备通过卫星向管理办公室、港口和供应商传递冷藏集装箱状态的实时数据。

（3）仓储与配送——JDA仓库管理系统。马士基于2019年四季度起在欧洲和美国启用JDA仓库管理系统，并逐步向其全球仓库设施推广。JDA基于云的解决方案将进一步增加马士基交付服务的范围和灵活性，帮助客户改善仓储流程和效率，同时降低库存成本，还可以在整个供应链中提供可视性和准时性。

（4）人工智能辅助装箱。2020 年，马士基成功完成了人工智能辅助装箱系统的试验，该系统可以根据参数快速确定最优装箱方式，最初的试验结果显示效率提高了 9%。通过访问精准的实时数据，新的人工智能模型可以在状况发生之前进行预测，从而使企业可以主动管理运营。该系统仍在持续学习中，随着系统的改进，会产生更大的收益。展望未来，这种人工智能辅助装箱有望成为常态，95%的集装箱将以这种方式装箱。

4）端到端与数字化成为公司发展重心

马士基正在逐步成为一家提供真正的端到端物流解决方案的公司，帮助客户管理并简化其全球供应链。为大小型企业提供包括海运、内陆、洲际铁路在内的针对性运输方案，完善供应链管理、仓储和配送、供应链发展服务，以简化集装箱运输流程，还能为客户提供完善的支付、保值、保险等金融服务，同时提供冷链物流、电商物流、报关服务等第四方物流解决方案，进一步满足客户对端到端的供应链需求。马士基还倾力打造数字化个性服务，提供即时预订、管理和跟踪货运、质量检查等个性化服务简化货运流程。通过开发在线网站和多款数字化软件，为客户提供在线查询价格、订舱、提交单证、跟踪货物、管理交易、在线支付等服务，为客户提供更透明、更有效率的物流运输服务。

2021 年，马士基将继续专注于发展陆上物流服务，通过向客户交叉销售[①]海运和陆地综合服务和向上销售[②]更个性化的服务实现盈利增长。还将继续通过收购弥补短板，特别是在仓储和配送、空运以及报关服务方面。在海运业务方面，未来的发展重点是进一步开发现有产品和在产品组合中添加新的个性化产品。此外，还将把关注点放在优化运输网络和成本结构方面，从而稳定收入并提高资本回报率。在码头业务方面，未来的发展重点依旧是在财务和运营方面，增强码头业务与海运业务在财务和运营方面的协同作用，同时会加快洛杉矶码头的自动化建设和象牙海岸的阿比让新码头建设，制定成熟的自动化建设方案。

3. 商船三井：航运服务的智能化发展

商船三井（MOL）是日本的大型海运公司，总部位于日本东京都港区。长期以来，商船三井与日本邮船及川崎汽船并称为日本三大海运公司，以纯利润及市价总值

① 交叉销售：是企业向已经购买产品或服务的客户，销售其他类型产品或服务的过程，满足客户多样性需求。

② 向上销售：是企业向客户销售更高价值的产品或服务，满足客户更高层次的需求。

计算居日本第一位，而销售额则仅次于日本邮船。商船三井的主要源流有二，分别是成立于 1884 年的大阪商船和 1942 年的三井船舶，分属日本的两大财团住友财阀和三井财阀。1964 年，大阪商船与三井船舶合并为大阪三井，开创了日本跨财阀大公司合并的先例。1999 年 4 月，大阪三井与当时日本排名第四位的海运公司 Navix Line 合并，改名为商船三井。

不同于马士基航运等以集装箱运输为主的海运公司，商船三井的经营范围涉及各个船种。截至 2008 年 3 月底，商船三井共计拥有各类商船 845 只，5434 万重量吨，是世界最大的船队。同时，商船三井拥有业界第一位的液化天然气船队，以及强大的干散货船和汽车滚装船，而集装箱运输领域则居世界第 10 名左右。

近年来，商船三井大力推进航运服务智能化发展，主要包括以下几个方面。

1）开展“智能船舶项目”

商船三井于 2016 年 11 月宣布推出的“智能船舶项目”（ISHINNEXT – MOL SMART SHIPPROJECT）。该项目是商船三井基于 2009 年推出的 Senpaku ISHIN 项目而推出的新技术研发项目。通过该项目，商船三井将同用户和其他股东共享其技术发展策略，从而收集更多样的需求和各种技术起源。通过信息匹配，商船三井开发出船舶安全操作和减少环境影响这两个技术领域的智能船舶。根据该项目理念，商船三井在新造船上采用“安全操作船舶的支持技术”和“降低环境影响的技术”。在船舶投入运营后，每年定期验证这些技术的实际效果。

由此可以看出，让实际用户，如商船三井等航运公司参与甚至主导是日本发展无人船舶、智能船舶的重要特点，这些公司参与并开展了大量研究开发工作，最大限度地确保了技术开发的可行性和实用性，同时为标准的制定提供了有保障的基础和输入，很大程度上推动了日本在科研和标准化领域的协同发展。

2）推进“自主远洋运输系统技术概念项目”

商船三井联合三井造船株式会社、国家海事研究所、港口和航空技术协会、东京海洋大学、日本船级社、日本船舶技术研究协会以及三井造船昭岛实验室等单位组成研究联合会，于 2017 年开展了“自主远洋运输系统技术概念项目”的研究，该项目入选了日本国土交通省的“FY2017 交通运输研究和技术推广计划”。该研究联合会利用各参与公司的优势，发展自主海运的技术理念，为实现可靠、安全、高效的海运自主船舶提供所需的技术基础。其中，商船三井从船舶运营的角度进行分析，以便在操作中提高船舶性能；三井造船株式会社从造船的角度对船舶进行系统集成；日本船舶技术研究协会负责对该合作研究项目进行协调；东京海洋大学负责开展船舶导航研究；日本船级社则从船舶分类法规的角度定义自主船舶的入级规则和有关产业化实施不可或缺的规定；国家海事研究所从评估的角度开展自主船的安全技术评估等。研究联合会通过各公司的优势发展自主船舶技术概念，并力争明确自主船舶技术的发展路径，促进自主远洋运输系统技术的发展。此外，该项目还分析有关无人自主远洋运输的商业理念、系统、基础设施以及产业化实施之间的关系。

3）利用大数据进行船舶监测

2017 年 6 月，商船三井还与三井造船就共同开发基于实时数据的下一代船舶监测和支持系统达成合作。该系统基于实时数据构建，数据来源包括导航信息数据和由三井造船制造的设备机械信息数据等。双方还就短周期数据和采集的大数据分析方法进行研究。同年，商船三井还与罗尔斯·罗伊斯公司达成协议，进行智能感知系统合作。罗尔斯·罗伊斯公司表示，该智能感知系统通过为船员提供对船舶周围环境的感知，使船舶能够更安全、轻松、高效运行。该系统将一系列传感器的数据与现有船舶系统，如自动识别系统和雷达信息融合实现。同时，其他来源的数据，包括全球数据库的信息也将发挥作用。这项合作选择在商船三井旗下的 Sunflower 号客船上进行。

商船三井还于 2017 年 11 月与旭化成株式会社（AEC）达成协议，合作进行振动传感器预测船用设备异常情况的验证研究。该研究利用分析软件和振动传感器，对正在建造的汽车运输船和超大型原油船上的关键辅助机械，如泵和净化器状况进行监测。作为船舶物联网系统的一部分，项目参与者预计该项目将不仅创造一个独立的船载监控系统，而且有助于将数据与船岸之间的实时通信监控平台合并，以便一旦发生异常就进行分析。此外，日本船级社将开展产业和学术合作伙伴联合研发计划，使用商船三井技术研究中心拥有的发电机发动机，对船舶推进主机、电力发电机和螺旋桨轴承振动传感器进行磨损试验。

4）升级增强现实船舶导航系统

2020 年，商船三井宣布对增强现实导航系统进行升级，这使该系统能够自动显示有关船舶可安全航行的深海区域和可能造成风险的较浅区域之间的边界。以前，需要通过手动设定来显示浅水区域，但这次升级允许以红色、黄色或橙色自动全时地显示安全轮廓，以支持驾驶员视觉感知。用户可设置任意的颜色，他们可很容易嗅到风险。该增强现实导航系统已安装在 24 艘商船三井经营的超大型油轮上。商船三井计划在未来将该系统的安装扩大到更多的船舶，并正在其能源运输船队的船舶上进行试验，包括液化天然气运输船以及干散货船。该增强现实导航系统通过使用增强现实技术从驾驶台获取的图像和航程信息叠加起来，为船员在其值班和船舶运作期间提供视觉支持。

5）引入人工智能驱动船舶分配支持系统

据 2021 年 7 月《航海》期刊最新报道，日本商船三井开始运作一项新的基于数学优化、有关车辆运输船分配计划的支持系统。目前，商船三井经营着世界上车辆运输船中的船队之一，拥有约 100 艘船舶。连接全球汽车制造厂和市场的海运路线多种多样，保持整个船队以最高效率运营来满足全球客户的需求至关重要。这意味着商船三井集团需要提前几个月模拟每艘轮船的运输路线，并从理论上涉及其所有船舶数百万种可能的组合中获得最佳的全船队解决方案。

商船三井与大阪大学的梅谷俊治教授合作，开发了一种利用数学优化从大量组合中得出最优分配计划的算法，并开启了基于该算法系统的运作。该系统的引入使其能够迅速作出决定，并在满足运输需求变化方面有更大灵活性。此外，船队整体效率的提高降低了每单位批次运输的燃料消耗，减少了船队运营对环境的影响。商船三井结论称："通过以积极方式推进数字化转型，不断提高运输服务质量，旨在作为物流业务合作伙伴而成为客户的首选。"

9.3.4　智能航运服务发展制约因素

1. 技术制约

智能航运服务发展需要人工智能、大数据、区块链、无人机等技术支撑。随着各项技术不断突破和深度应用，高技术壁垒逐渐成为企业的核心竞争力，进入智能航运服务的门槛随之提高。智能航运服务及航运服务领域的基础技术应用如通信网络、条码、射频识别、全球定位系统、物流自动化系统、物流管理软件等核心信息技术已经被广泛应用，不存在明显的技术制约；但现代信息技术应用如一体化软件研发、人工智能、物联网、大数据等技术门槛较高，国内缺乏智能航运服务一体化解决方案服务提供商，导致存在众多的小作坊，这些不具资质和规模的企业通过复制别人的产品并以低廉的价格扰乱市场，形成行业内的恶性竞争。

2. 资金制约

随着新兴技术在航运服务业的深入应用，对于技术研发的资金投入逐渐加大，智能航运服务设备的资金需求也进一步扩大。目前，企业信息化建设和维护成本高，大部分企业资金投入不足。硬件方面，国内厂家仅能为企业信息化提供附加值较低的PC机、硬盘、显示器、终端等产品，而高性能、技术含量高的服务器、路由器、交换机等产品供给能力明显不足；软件方面，中国软件发展水平也较落后。因而，企业实现航运服务智能化多从国外购买价格高的产品和系统。

3. 市场制约

目前，我国传统航运服务业集中度较低，市场竞争激烈，企业多以降低服务价格为主要竞争手段，行业整体缺乏差异化的产品和服务。不过，随着新一代信息技术在航运服务领域的应用，使得航运服务及供应链集中度逐步提升，一些龙头企业如京东物流、菜鸟网络、中国远洋海运集团等优势逐步显现，通过各自企业的核心技术在智能航运服务领域进行多方布局，使得智能航运服务的竞争壁垒提高。

4. 人才制约

中国航运服务企业智能化中所采用的模式或系统（如ERP等）都是人机统一的系统，它需要大量既精通信息技术，也熟悉掌握管理知识的复合型信息人才进行开发和维护。在中国，由于目前教育培训的滞后、理论与实践的脱节，使得信息化人才的数量、质量满足不了信息化建设的要求。特别是跨境航运供应链的发展速度很快，知识和技能更新较快，但高素质人才和复合型人才的培养需要一定时间，这就形成了我国航运服务业人才需求的短板。

9.4 总体路线图制定

9.4.1 智能航运服务总体发展思路

1. 总体发展定位

以《国家创新驱动发展战略纲要》《中国制造2025》《关于推动物流高质量发展促进形成强大国内市场的意见》《交通强国建设纲要》等国家战略规划为指导，以支撑航运服务业务高质量发展为总体要求，以现有航运服务信息化体系为基础，借助全云化技术、区块链、大数据、人工智能、物联网、全程控制塔、增强现实、数字孪生等高新技术，打造以“互联网+”为支撑的智航运服务生态体系，全力推进“国际全程物流链与供应链服务平台”的技术创新、服务创新、模式创新，助力航运服务业务板块的高质量发展。

2. 总体目标

1）总体目标

全面贯彻落实党的十九大精神，以习近平新时代中国特色社会主义思想为指导，按照党中央、国务院科技创新重大决策部署要求，发挥科技创新和制度创新的支撑推动作用，面向世界科技前沿、面向经济主战场、面向国家重大需求，围绕航运服务及综合物流供应链服务，以科技创新和技术创新为推动力，结合高新技术发展成果与航运服务发展态势，深度融合航运服务新技术研发与应用，提升中国航运服务企业科技创新能力。

2）产业规模发展目标

2019 年 5 月，交通运输部等有关部门联合公布《智能航运发展指导意见》，以培育航运新业态为主线，全面深化航运供给侧结构性改革，积极推动产业协同创新与发展，努力提高我国航运和相关产业竞争力，加快推动交通强国、创新型国家和现代化经济体系建设，对中国智能航运发展提出具体的规划目标。

3）智能航运发展阶段目标

2025 年：突破一批制约智能航运发展的关键技术，成为全球航运服务及智能航运发展创新中心，具备国际领先的成套技术集成能力，智能航运法规框架与技术标准体系初步构建，智能航运发展的基础环境基本形成，构建以高度自动化和部分智能化为特征的航运新业态，航运服务、安全、环保水平与经济性明显改善。

2030 年：较为全面地掌握智能航运服务核心技术，智能航运技术标准体系比较完善，形成以充分智能化为特征的航运新业态，航运服务、安全、环保水平与经济性不断提升。

2035 年：全面掌握智能航运服务核心技术，智能航运技术标准体系进一步完善，航运服务、安全、环保水平与经济性进一步提升。

2050 年：形成高质量智能航运服务体系，为建设交通强国发挥关键作用。

9.4.2　总体技术布局

1. 航运物联网

目前，我国航运在物联网建设上处于国际领先水平，在感知层上，许多航运服务的集装箱上已经加装射频识别、全球定位系统、温湿度传感器等用来采集集装箱的轨迹数据、运输状态数据。通过网络层实现数据的实时传输。在应用层上，通过物联网技术做到了货物与船只的实时监控、无纸化电子作业等应用。但是现有物联网技术应用在航运业仍面临许多挑战。大量的物联网设备作为一种分布式架构，每个物联网节点都有可能是一个故障点，黑客往往能利用多个故障点对整个物联网网络发起分布式拒绝服务攻击，物联网节点下面如果有一个或者多个传感器被黑客发起攻击可能会迅速崩溃进而导致整个网络的崩溃。现有的航运物联网系统大多由一个运营商维护，集中化的数据存储，数据的安全性与身份权限管理难以得到保证。一旦出现法律纠纷，很难保证已经上传到中心。难以判别服务器的物联网数据是否真实（没有被篡改），无法防止中心服务器运营商造假。因此，可防注入攻击对于航运物联网建设非常重要，物联网数据如何与参与航运经营的实体之间建立可信关系，保证多方信任物联网数据已经成为制约物联网技术在航运业发展的一大难题。

1）集装箱从智能化走向生态链化

物联网技术在集装箱运输的应用，更多赋予了集装箱智能化，让传统集装箱运输中彼此几乎成为“孤岛”的物与物之间，基于智能化而产生了联系的可能。具体看来，物联网技术通过赋予智能集装箱一个个电子标签，便可以帮助集装箱自动实现记录开关箱信息、具体地理位置、内部温湿度及压强等信息，并能够实现信息的实时传输，从而达成集装箱货物运输的全过程监控。实际上，中远海运集运、马士基等在世界范围内遥遥领先的一些班轮船公司，早已基于物联网技术对其冷藏集装箱进行了相关改造，实现了集装箱智能化，以及对智能化集装箱冷链运输的全过程监控和管理。

2）基于物联网的智慧港口

应用射频识别、红外感应器、激光扫描器等物联网前端技术，能够为物流行业的各个主要作业环节实现自动识别与数据采集，从而实现实时货物跟踪、海量信息共享及大幅物流效率提升。在物联网技术还没有在港口得以应用之前，一般而言，货物查验需要由班轮船公司向海关申请派员押运并承担费用。这一过程耗时较长，人与人之间的联系过程中难免在一些必要环节有摩擦，从而导致通关效率的降低。而物联网技术则能够帮助港口作业人员完整记录每一个集装箱的动态信息，分析集装箱在运输供应链之中的流转情况，且便于信息的储存和分享，能够在很大程度上简化相关流程，或者更准确地说是简化人与人面对面的必要程序动作，从而在很大程度上提升通关效率、降低集装箱货运成本。与此同时，又能够保障集装箱货运的安全，维持港口高效稳定的运转。高雄港在“转口柜免押运计划”中所建设的电子封条监控系统，便是物联网技术较好的应用。

3）航运信息系统（航运监控系统）

物联网综合航运信息系统的建立，也有助于提升船舶航行的安全监控水平，降低船舶管理和运营成本，同时还能提升相关信息服务质量。换言之，物联网对港口的升级，表现为从船舶与船舶之间、船舶与管理运营相关人员之间、船舶管理运营相关人员之间、集装箱与集装箱之间、集装箱与集装箱运输相关人员之间、集装箱运输相关人员之间、信息与信息之间、信息与相关人员之间等的广泛联系。在国际海事信息网对自动化、智能化码头的调查中，有 3/4 的码头运营商认为有必要对港口进行自动化、智能化改造。

4）物联网感知技术——用于数据处理、信息化、可视化

（1）多源感知进行数据传输。航运中，不管是河流还是海域，都存在航道多、水域密的特点，传统所使用的有线线路需要很高的维护成本，而现在除了可以使用特定的设备，还可利用有限网络进行数据传输，传输时需要注意利用无线接入的方式。目前，无线数据传输面临很多的挑战，比如：能源感知节点的限制、同步多数据传输、敏感性数据时间、具有限制的网络宽带等。正是由于这些原因，我们还需要对物联网中的数据结构和数据层次进行单独的整合。随着航运中感知节点的不断攀高，低能耗设备被大力推广，传统的航运数据传输模式得到改变，主要从直接传输向多条无线感知传输过渡。

（2）感知数据的处理与融合。航运感知具有异构性强、数据来源和分布广的特点，涉及数据融合技术算法、大量数据的及时处理以及图像实时处理技术作为支撑，航运进行数据感知时将同和多维度进行数据感知，并结合数学方法进行运算，对感知到的数据进行及时处理、及时清洗、及时规约。

（3）感知数据的可视化。感知数据可视化在航运中的应用主要体现在两个方面，一方面，将物联网感知技术在航运中的应用与传统文字表格显示进行比较，前者已发展到了可将航运的地理信息进行可视化的程度，在这之中地理信息系统是重要的载体，航运中的各个航道图可利用二、三信息电子航道图进行显示，并及时展示航道周围的建筑信息数据和环境感知到的数据；另一方面，在对数据进行可视化感知时，充分利用多种手段的数据分析方法，例如数学建模、曲线和图形等对数据进行挖掘，再将最终的结果进行展示。

（4）数据感知的应用。数据到信息、信息到知识、知识到智慧的转变，这一过程就是航运大数据分析的整个过程，将航运中各种感知数据并结合签证等业务系统所包

含的衍生知识进行深度挖掘，而航运船舶的交通量的预测分析、航运市场发展情况分析以及航运服务的发展情况分析都可利用其结论来进行预测。就以航运船舶交通量的预测分析而言，它需要船舶航行中的轨迹数据和航运过程中交通量等感知数据，并在感知样本数据中建立神经网络预测的模型，并预测分析不同时期的航运船舶的具体交通量，对今后航道服务区的航道调度与疏导、规划和设计提供坚强后盾。

2. 面向航运服务的通信技术

自 20 世纪中期到今天，卫星技术得到了迅速的发展并逐步影响到社会活动的各个领域。特别在航运业，随着货物运输集装箱化高速船和大型船舶的发展船舶自动化控制程度越来越高，船舶与卫星技术的关系也越来越密切，如全球海上遇险与安全系统、综合驾驶台、电子海图系统和卫星电话等。在航运业，现代卫星技术主要应用在船舶卫星定位、海上遇险通信、船岸和船舶间通信、船舶监控和业务管理、船员休闲通信等方面。

3. 5G 技术

1）智能造船

打造国际化的船舶工业大脑，建设船舶设计、制造、运维一体化平台。推动新一代信息技术应用，改造企业内网络，搭建高效可靠的 5G 通信和工业互联网网络基础设施。进一步与信息技术企业合作，探索 5G 通信、工业互联网如何在工艺设计、智能管控、智能决策等方面指导产品生产制造。实时监控现场状态参数，实时掌控生产流程；优化船舶核心零部件制造周期，有效降低不良品率，提升生产效率；保障制造流程精益化、实时化和生产过程的有序、流畅，降低制造成本。

2）造智能船

正如乔布斯以 iPhone 重新定义手机，中国亦有能力以“5G + 工业互联网”打造智能船。2017 年，国务院出台《新一代人工智能发展规划》，着重提出要大力发展“无人船”。这需要在船舶部署大量传感器，通过 5G、物联网自行识别并获得海洋环境、船舶、港口、物流等各方面的相关数据、信息，同时在计算机技术、大数据处理分析技术及自动控制技术等专业技术支持下，在船舶行驶、维保、管理等层面达到智能化运作，从而确保船舶运行的可靠性、经济性、环保性、安全性。

3）船联网

基于 5G 及卫星通信技术打造空天地海一体化网络的船联网平台，可为船舶与航运全产业链、全生命周期提供更好的技术服务与产业服务，促进船舶的智能化建造，港口的智慧化运营，汇聚船端、岸端的各类航行大数据，实现航运的安全、高效、环保、节能。而进一步基于船联网平台打造云港口平台，可实现上海与海岸线上其他大中型港口、内河口岸联动，为异地通关、货物航线串联等服务提供便利。

4）港口 5G 龙门吊远程控制

传统龙门吊的作业存在三大痛点：设备利用率低，只有 30%，转场难；司机长期低头弯腰作业，颈椎、腰椎等容易患上职业病，工作环境恶劣，招人困难；高空作业，存在安全风险。通过将传统龙门吊进行 5G 远程改造，将驾驶台后移至办公室，实现远程控制，能够使港口企业减少 2/3 的驾驶员，节约 70% 人工成本，提高 30% 生产效率。对轮胎式龙门吊实施有线通信链路向 5G 无线网络的替换，将工业控制协议和视频数据承载在 5G 网络，实现在中控室远程完成集装箱抓取和搬运，极大改善龙门吊操控员作业环境，减少安全风险。依靠 5G 网络的低时延、大带宽以及边缘计算能力，实现龙门吊的远程作业控制。通过 5G 技术，实现智慧港口业务在 5G 网络的专用隔离；通过多接入边缘计算部署，实现用户端口功能下沉并提供工程实践手册转发功能，使业务数据本地处理转发，进一步降低数据转发时延；采用 5G 网络切片技术，满足隔离性、按需定制和端到端网络保障。

5）5G 智能理货

基于 5G 网络，将岸桥处摄像机拍摄的高清视频实时传回至中控室理货业务系统，系统利用人工智能视觉识别技术对视频数据进行分析处理，实现对岸桥下关键作业信息的智能识别。主要包括作业箱号识别、拖车车顶号识别、国际标准化组织码识别、作业状态自动确认、异常作业处理情况记录、存储作业视频录像等，同时保存五面完整箱体图片以供集装箱验残等功能。通过智能理货应用，以信息一站式、数据自动采集智能比对、可视化影像等新技术实现船边集装箱作业全程监控、装卸信息实时比对、自动核销、验残电子化、查询追溯、统计分析等功能，并通过数据接口实现与智慧港口综合业务管理平台的数据实时交互。

6）5G 内集卡自动驾驶

基于 5G + 车路协同 + 高精度定位等技术，在路口部署路侧通信单元，与 5G 基站配合实现港区内集卡自动驾驶。将现有成熟卡车平台改造成为无人驾驶卡车，成本相较自动引导运输车低廉，且由于其导航方式不需要对港区进行基建改造，相比自动引导运输车方案具有投入少、运行灵活、适用面广的特点。

4. 航运大数据

1）航运大数据的采集应用

航运大数据的质量对于后续的分析和应用都起到了决定性的影响，为了确保数据全面、准确、及时、一致，数据采集最好是在业务发生过程中同步进行。传统依赖人工的数据采集方式和事后统计的工作方法都无法取得高质量的数据。比如，让船代企业填写船舶压载水加注地点坐标，填报者往往会随意乱填，真实性也无法验证；集卡司机填写拖单，也往往为了省事简化或者错填内容等。遗憾的是，在整个航运业相关业务环节来，依靠人工采集的数据依然比比皆是。数据维度和数据质量是与时俱进的，不同时代对数据的维度要求也不同。因此，谈不上数据的全面性以及准确性。针对不同应用场景，需要不同的数据维度，还需要不同的数据精度和颗粒度。在没有应用场景之前，数据不可能自发产生，谁也不可能预先知道需要什么样的数据、用什么工具采集数据。所以，航运大数据不可能进行规划，是在实践中不断产生并与用户进行不间断的进化和相互塑造的。脱离场景谈数据的全面性、准确性、即时性和一致性没有意义。

2）数据采集共享

在大数据时代，很多人已经形成了数据具有价值的意识，将数据视为资产。既然如此，我们就不该责怪资产的所有者不主动分享数据，而应该鼓励更多商业化的数据交易合作，有偿的数据交易也是一种共享。当然，也提倡政府和国际组织出于社会和行业管理而采集的数据可以进一步开放共享。目前，船舶自动识别系统数据是整个航运业中应用最为普遍的大数据，因为船舶自动识别系统数据是国际海事组织出于安全考虑以公约形式要求大家安装设备并共享的，并且其轨迹数据完全基于物联网技术采集，数据质量较好。

3）搭建海事大数据云服务平台

搭建海事大数据云服务平台时，需要一个规范的平台运行机制。这时候，就要分析海事服务对象的流动性，积极地运用大数据技术对现有的数据资源加以整合。当然，也要结合海事管理的目标，把握海事业务现有的特点，从平台架构、平台的功能及应用模式等设计规划顶层。唯有如此，才能建立起海事数据共享交换平台，即部门—云平台—部门的交换模式。结合公共数据和部门的实际情况，在数据集聚、关联、深度挖掘及共享下，为相关部门提供精准数据进行预测和作出相应的决策，使得云平台可作为海事数据的供应方，也能作为海事数据需求方的数据载体。值得一提的是，应在海事建设、应用、运维及安全等方面对平台运行机制进行完善，以便于海事云服务作用可以充分地发挥出来。要想延伸海事数据的社会价值，就要把握好海事大数据应用的创新视角，突破船舶动态监控数据中心现有的局限性，实现海事数据资源的整合、聚集和深度应用，这就使得海事大数据的社会价值得到了全面的延伸与拓展。

4）基于大数据分析的运营风险预测与管理

随着大数据时代的来临，大数据技术已经在政务、实体经济等各个领域进行了应用，也正从传统非智能化的管理模式向更精准、具有更大决策力、洞察力的新型管理模式转型。就航运业而言，畅通的电子数据交换文件传输系统加快了航运供应链的信息传递速度，港口现代化水平增强，船舶的通信导航自动化，都为航运业的发展带来了巨大的变革。目前，全球经济增速放缓，依赖于国际经济发展的航运业面临着巨大的挑战与压力，许多不可预知的风险也变得不可控。大数据分析，不是简单的海量数据，而是其高质量的数据和有效的数据管理及预测性的分析，使其在各行业中大显身手，航运业运用大数据技术在化解或降低航运风险上也大有可为。

5. 航运云计算服务：含 SaaS、云数据存储

SaaS（软件即服务）助力航运信息化、搭建平台核心是通过软件简化流程、增加透明度、降低成本，针对中小型航运企业信息化的特点，提出了“基于 SaaS 模式的物流信息平台”的解决方案，对平台关键技术进行了研究和设计。公共信息平台的建设应分为试点、推广、深化 3 个主要阶段。在试点和推广阶段，平台应将大型港航企业纳入系统应用范围，扩充平台数据信息，并验证系统可行性。待到推广阶段，再面向中小型航运企业推出基于 SaaS 模式的物流信息管理系统，提高中小型航运企业的信息化水平，满足现代海运供应链的要求。通过数字化生态平台打通航运服务数字化生态链，实现货主、货代、船代、船公司、码头、车队等角色在线互动的航运服务生态链数字化体系。

6. 区块链

一种基于共识协议的数据账本系统，其不可篡改、独立、去中心化、可审计性的特性有助于解决航运互联网的架构问题，是航运互联网的技术基础。探索区块链技术应用于港口提货场景，建立无纸化放货的业务模式，实现提货单的电子化流转，构建去中心化的信任体系，确立数据隐私保护机制，通过安全便捷的电子验证机制识别提货人合法身份，组建可靠、稳定、具备公信力的电子放货联盟链，确保数据的安全

性、完整性和一致性，实现区块链电子放货平台与船公司系统和码头系统的无缝对接，推动传统生产组织形式向供应链创新模式转型，为区块链技术在港口大规模应用做出示范。

目前在航运业内，有几大船东，如马士基、以星、CMA 等都宣布研发基于区块链技术的无纸化提单试点项目，并且已取得一定的试验效果，但尚无大规模应用推广的报道。归纳起来有以下几种模式。据周昱成介绍，首先是区块链 + 港口模式，一个知名的项目就是比利时的安特卫普港，2017 年该港口就开始利用区块链来进行整个港务系统的港务分件上链，然后利用物流区块链项目给整个安特卫普港的区块链集装箱运输提供了一个更好的信息传输系统，基于这个系统，大概可以降低 40% 左右的流转费用。

区块链与航运的结合，有以下 4 种。

（1）基于区块链的多式联运协同无纸化。在进出口贸易中，围绕货物提单组织着大量的供应链信息，包括贸易、关检、运输、物流等一系列的信息，多达数十种的业务单证，牵扯销售、采购、贸易商、承运人、口岸部门、港口、仓储等一系列的主体角色。当前，由货讯通（CargoSmart）发起的全球航运商业网络和马士基与 IBM 主导的 TradeLens 平台，都将目光锁定在了提单电子化的问题上。这种应用有一些显而易见的价值，例如可以减少纸质单证流转成本、加快提单传递、更方便地开展包括提单质押等金融服务，以及提升供应链的透明度、减少瞒报风险等。但是笔者认为，此类应用目前的“格局”还不够大，对于“门到门”的多式联运服务而言，海运只是其中的一个环节，真要实现电子化提单，一定是指多式联运提单，而非海运提单，因此这类区块链项目应当大量吸收航空、铁路、物流等海运以外的主体加入，才有可能真的撼动现有的商业模式。

（2）基于区块链的海运资产和航运供应链金融化。通过将运输工具、物流设备场地资产化，还有可能涌现创新的金融服务模式。通过区块链将资产化的航运资源以数字形式放上云端后，交易、融资都更加灵活，资产的追踪和管理更加便捷。甚至可以将重资产分拆成小颗粒，然后通过众筹模式进行融资，再以融资租赁模式进行运营，而这一切不再需要一个交易所来完成，而是通过 P2P 的模式来完成。由于船舶工业的订单制造周期较长，现有模式往往是银行承担了船舶融资的大量风险，未来可以通过锁定新造船的价格指数来控制造船风险，并利用区块链将造船订单的一部分以金融投资产品的方式拆分发行。与此同时，区块链技术还可实现应收账款权力向交易上游转移的金融服务，解决集装箱、船舶等资产的分销、租赁追溯、质押等问题。

（3）基于区块链的海运证书无纸化。在全球海运贸易背景下，船舶证书、船员证书、货物证明文件等往往都还需要各国口岸查验纸质证书原件。以港口国监督为例，各国船舶在国际航线航行需要随船携带大量纸质证书以备各国政府查验，这些证书包括船舶国籍证书、国际吨位证书、国际载重线免除证书、最低安全配员证书、船员证书、健康证书等。大量纸质证书，不仅对运营船舶提出了证书携带和保管的要求和负担，也对各国政府执行检查提出了登船检查原件的要求，使得执法人力成本居高不下。若能基于区块链技术建立合作的电子证书平台，并以签署公约方式认可平台保管的电子证书与纸质证书原件具有同等法律效力，在实际检查过程中采信电子证书，即可打破这一现状。类似方案，亦可解决低硫燃油检验书、货物原产地证明、公证书、担保书等电子单证方面的问题。

（4）基于区块链的监管互认、执法互信，应对欺诈与瞒骗。监管互认、执法互信的问题可以从两个层面来看。一个层面是多个政府职能部门之间，如何互认、互信，比如海事局有船舶登记信息、水运局有港口经营信息，双方在各自领域都是权威的信息中心，但当调用对方信息时能否100%采信就可以利用区块链来保障。

7. 远程医疗

1）视频压缩技术

为了保证医生与患者、医生与医生、各会诊单位之间实现端对端“面对面”无延迟、高保真的视频交流，需要有效的压缩算法在不影响音视频质量的前提下，将音视频文件大小压缩到最低。使用最新的H.265高清视频处理技术，提高视频压缩效率，在有限带宽下传输更高质量的网络视频，仅需原先的一半带宽即可播放相同质量的视频，支持4K和8K超高清视频，满足远程医疗各个应用场景的需求。

2）医学影像信息系统技术

医学影像信息系统（Picture Archiving and Communication System，简称PACS），将医疗影像的采集、传输、存储和诊断作为主要目的，具备影像采集传输与存储管理、影像诊断查询与报告管理、综合信息管理等功能，主要任务以数字化的方式将医院影像科日常产生的各种医学影像（包括核磁、CT、DR、超声、各种X光机等设备产生的图像）保存，方便使用时可以从数据库当中快速调出。医学影像信息系统作为远程医疗中一项重要内容，可以做到较低投入，广泛覆盖。医学影像信息系统的建立对远程医疗推动基层医疗发展具有重要意义。

3）网络通信技术

远程医疗涉及公共安全、社会管理、应急通信等重要领域，特别是在高连接数密度、高移动性、高流量密度的应用场景下，对信息接入和传输的安全性、可靠性、及时性都有较高的要求。而专网通信是指在特定的区域进行信号覆盖的专业网络，可以有效弥补公网通信无法涉及的领域，是远程医疗信息化建设中重要的一项。当专网、互联网、4G 网络等多网融合后，远程医疗体系网络铺设更加广泛，可形成省 – 市 – 县 – 乡 – 村（社区）的服务体系，为更多地区的群众提供更高质量的健康服务。

8. 航运增强现实

近年来，虚拟现实技术与增强现实技术已经广泛应用于医疗、军事、航空、航天等领域。对船舶工业而言，虚拟现实技术和增强现实可在船舶设计、建造以及服务等产业链带来颠覆性变革，大幅提高生产效率。虚拟现实技术是一种高度逼真地模拟人在自然环境中视、听、动等行为的人机界面技术。增强现实，是一种实时地计算摄影机影像的位置及角度并加上相应图像的技术，是一种将真实世界信息和虚拟世界信息“无缝”集成的新技术。虚拟现实 / 增强现实技术综合了计算机图形技术、仿真技术、传感器技术、显示技术等多种信息技术，可在多维信息空间上创建一个虚拟信息环境，使用户具有身临其境的沉浸感，具有与环境完善的交互作用能力，并有助于启发思维。这种模拟具有两种基本特征，即“沉浸”特征和“交互”特征。“沉浸”特征要求计算机所创建的三维虚拟环境能使“参与者”得到全身心置于该环境之中的体验；“交互”特性主要是指参与者通过使用专用设备实现用人类自然技能对虚拟环境中的实体进行交互考察与操作。因此，虚拟现实 / 增强现实技术将从根本上改变人与计算机系统的交互操作方式。虚拟现实 / 增强现实技术对船舶工业领域产生了变革性影响，其视景仿真可用于产品方案评审与市场营销，运维仿真可用于售后仿真培训及可视化运营管理，工程仿真可用于工程设计评审、虚拟装配及人机供销分析，系统集成可用于虚拟现实系统搭建。目前，虚拟现实 / 增强现实技术已经逐步在船舶设计建造、教育培训、船舶运营等领域开始应用，如迈尔船厂的船舶虚拟制造计划，康士伯的船员培训系统等，大大提高了船舶设计制造水平，降低了相关成本。

1）船舶设计的应用

将虚拟现实 / 增强现实技术应用于船舶研制，可以有效克服目前国内船舶研制中设计方法、手段和管理流程存在的问题。国外船厂应用虚拟现实 / 增强现实技术开发出三维虚拟场景，可以实时查看、修改船舶设计方案，管理船舶配件，对国内船厂具有较大借鉴意义。

船舶虚拟设计是船舶工程领域中信息化技术应用的较高层次。设计师通过建立船舶产品三维模型来实现产品的并行设计，在计算机中先“造”一艘“完整的船”，设计师就可以“进入”船体内部参观，科学分析工人建造是否方便、人在船上是否舒适等，并进行故障模拟，全方位验证设计思路，供船舶数字制造过程进行分析校验、评估评审、汇报演示等，让船东对产品设计产生直观感受。2017 年 8 月，七一九所建成船舶行业首个沉浸式虚拟现实系统（CAVE 系统），该系统能够为设计人员提供高分辨率三维立体影像、完全沉浸式体验，为设计人员、客户、建造厂技术人员提供一个共同参与设计的协同环境，在设计阶段就能够“走进船里”并在船里漫游，对设计合理性进行评估和检查，提出改进意见。

通过对面向船舶全生命周期的虚拟设计，可大大提高船舶设计的质量，减少船舶建造成本，缩短船舶建造周期。迈尔船厂在 2004 年开始实施船舶虚拟制造计划，该项计划采用 IBM 公司开发的产品全寿命期管理系统，船舶设计时间缩短 30%，建造时间下降 20%，产品目录减少 50%，并于 2006 年在迈尔船厂全面投入使用。

2）船舶建造的应用

虚拟制造可增强制造过程中各环节的决策与控制能力。虚拟制造是实际制造过程在信息系统中的映射，即采用计算机仿真与虚拟现实 / 增强现实技术，利用网络各专业协同工作，实现工艺规划、加工制造、性能分析、质量检验等造船业务的管理与控制，增强制造过程中各环节的决策与控制能力。

在船舶建造过程中，通过虚拟现实技术能够大幅提高生产效率。通过对船厂厂区、船舶内部结构和布置、船体建造工艺流程等进行逼真的三维可视化虚拟展示，模拟船厂实际建造情况，及时发现并解决在实船建造中可能出现的问题，真正实现壳舾涂一体化与设计、制造、管理一体化，提高生产效率，提升安全性，减少建造费用并缩短船舶建造周期。例如，富士通开发了一款用于管件安装的增强现实技术系统，该系统通过智能手机和平板电脑对安装管件进行拍摄，系统画面上可以呈现管件的安装位置、安装顺序等指导安装作业的信息，预计应用该系统可以将管件安装效率提高十倍；2016 年日本多家船厂与日本船舶技术研究协会合作开发基于虚拟现实 / 增强现实的现场工人行动分析系统和虚拟涂装作业系统，该系统能分析工人最优作业模型，可缩短约 40% 的作业时间；国内企业方面，江南造船集团有限公司完全通过数字化建造的船于 2019 年 3 月正式下水，该船先由三维体验平台进行设计和虚拟现实技术建造模型，提前进行评估，使得这条船的建造效率提高了 30%，返工率下降了 60% 以上。

3）船舶运营维护的应用

虚拟现实 / 增强现实技术还有助于船舶进行虚拟航行仿真。通过虚拟现实 / 增强现实技术和卫星、闭路电视、雷达、无人机等获取影像的结合，可以将来往船舶通航情况更为直观地展现出来，及时为来往船舶提供海况，为航海人员和海事管理人员更好地提供助航建议等，保障船舶通航安全。

国外船舶航运企业率先将虚拟现实技术应用于船舶导航、操作、检修维护等环节，提高了船舶运行安全性和管理效率。2017 年 12 月，商船三井等开始联合开发一款使用增强现实技术的船舶操作系统，并于 2019 年在 2 艘船上安装了增强现实导航系统，提高了船员的决策能力和船舶的安全性；成功完成试验后，决定开始在 21 艘超大型油轮 VLCC 上安装增强现实导航系统。

2019 年 5 月，江苏移动南通分公司联合招商局邮轮、爱立信（中国）三家单位共同开始探索基于船舶智慧设计及维护的 5G + 增强现实辅助生产应用，即在 5G 网络下，进行远程设备安装维护、快速巡检、设备交互等操作。

对于航道长度、宽度、深度，锚地位置范围、码头泊位等数据信息，也可以通过虚拟现实 / 增强现实技术与测绘数据的结合，直接将数据转化成影像，供海事管理者和航海人员直观感知船舶航行环境，快速做出操作反应。2019 年 4 月，加拿大皇家海军实现了基于增强现实的船舶运营维护，专家可以在岸基通过交互式三维全息图以及实时物联网数据观测船舶和航道情况并提供操作建议，为无人船的运营奠定基础。

4）海事培训的应用

虚拟现实 / 增强现实技术不仅仅运用于船舶制造的设计、工艺、虚拟航行，还可以运用于开发船舶模拟器，主要应用于船员培训，船厂技术人员培训、机构考核认证等。评定模拟器仿真环境中学员的实际操纵水平，是船员和船厂工作人员教育培训最核心的任务。模拟器可以模拟多种船型以及多种海况下的驾驶以及工作过程，并能够对多人协作操船团队和个人驾驶过程合理性进行综合评分和评价。通过模拟器进行虚拟仿真实验解决了大型装备实验难以开展、高危实验无法操作、外地实习不易操控、学生学习兴趣不高、优质教学资源匮乏等问题。

国外在船舶模拟器中应用虚拟现实技术的研究时间较早，其中著名的有挪威康士伯海事和 KMSS 公司、英国船商公司和 BMT 公司等。英国船商公司在 ERS-4000 型轮机模拟器中加入虚拟现实技术，使其具有机舱场景漫游及重要设备的交互功能；美国诺福克海军造船厂已与亨廷顿英格尔斯工业公司合作，对船舶进行激光扫描并为诺福克海军造船厂员工进行虚拟培训模拟，工程师能够在不离开办公室的情况下，在船上进行船舶检查和培训。国内大连海事大学基于虚拟现实技术自主开发了航海、轮机模拟器，为国内众多驾驶操控设备、自动舵系统、导航雷达、综合船桥系统、船舶机舱等提供了仿真验证平台，学生利用模拟器能够自行检验学习效果，不受时间、空间和实验条件限制；南通中远海运川崎通过对虚拟现实喷涂作业培训系统的开发应用，对采集数据的统计、存储和分析，实现了对喷涂作业培训者技能状况、成长轨迹建档，并对整体的喷涂技能水平进行分析和评估的功能。

5）船舶检验的应用

虚拟现实 / 增强现实技术以及数字孪生技术在船舶领域的发展为船舶远程检验提供了可能。船级社可以通过数字手段远程获取船舶设计的数字模型进行设计的检验认证，也可以远程获取船舶建造以及运营过程中的数据，监控船舶的建造及运营状态，简化船舶检验发证的过程，提升检验认证效率。随着智能化、数字化技术在造船工业的普及应用，以虚拟现实 / 增强现实技术为代表的新一轮科技革命将推动船舶设计、建造、运营维护、船员培训、船舶检验等全生命周期的发展变化。我国作为造船大国，应该积极关注虚拟现实 / 增强现实等先进技术的发展前景，积极推进相关技术在造船领域的深度应用，实现我国船舶工业的高质量发展。

9. 网络信息安全

目前，航运企业的信息安全面临四大挑战：一是企业大数据可能成为网络攻击的目标；二是大数据时代的隐私泄露风险；三是企业信息储存的安防风险；四是大数据技术是一把双刃剑，既可以为企业带来变革的收益，也可以成为黑客的攻击手段。

1）航运企业信息安全风险

（1）服务中断风险。这是各类风险中最为明显的一种，属于业务层面的风险，马士基、地中海航运遭遇的网络攻击即属于这类风险。主要表现包括：网络攻击造成航运企业的网络平台无法正常访问；无法实现询价、订舱、运输进度查询等一系列操作，即通过网络平台开展的业务出现中断。此外，由于一些传统航运公司的业务依靠电子邮件开展，因此针对电子邮件系统的攻击往往也会导致业务无法正常进行。

（2）船舶运营风险。这是航运企业特有的一类风险，属于操作层面的风险，这类风险的产生主要是因为信息的不透明，这也是长期困扰航运企业的风险之一。例如，危险化学品的瞒报、误报导致这类货物无法按照安全规范进行码放和管理，造成风险。2018 年 3 月 6 日，马士基航运的 Maersk Honam 轮货舱发生严重火灾，造成 4 名船员死亡，调查结果显示火灾是由危险品起火爆炸引起的。此外，随着船舶系统自动化程度的提高，船舶操作系统也面临蠕虫病毒的风险，波罗的海国际航运公会曾报告新造干散货船由于电子海图显示与信息系统感染病毒而推迟航行数天并导致数十万美元损失的案例。

（3）信息泄露风险。航运作为国际物流供应链的核心环节，与货主、货代、港口、仓储、海关等各个环节都有大量的数据交换，航运企业也因此掌握了大量具有商业价值的信息，成为国际供应链信息流的“枢纽”。一旦敏感信息泄露或丢失，将给上下游相关方或客户带来重大损失，导致业务流程停滞或中断，也将严重影响企业声誉。自 2017 年开始肆虐全球的勒索病毒，就是这类攻击的典型，航运企业往往需要为此支付高额赎金，以换回对数据的正常访问。

基于上述事实，运营信息安全、航运企业的应变之道需聚焦于企业内部管理与信息安全技术两方面，两者缺一不可。同时，既要兼顾传统的信息安全风险和应对手段，也要积极识别新一代数字化浪潮带来的新的安全威胁，利用新技术寻求新的解决方案。

2）传统信息安全领域的防范

航运企业需要分别从管理制度、技术手段、法律约束三个维度建立和维护信息安全体系。

（1）管理制度。在集团总部或者企业层面建立权威的信息安全管理制度。

制度建立：从船、岸两方面确定用户、关键人员和管理人员的角色及相应的责任；识别发生在服务或功能中断时可能导致船舶运营和企业业务安全受到威胁的系统、资产、数据，提高风险识别能力；制定并实施防范网络攻击、确保业务连续性的技术方案和程序措施。

数据共享：要打通集团各业务板块之间、企业之间的数据壁垒，实现数据共享，做好敏感数据的脱敏和保护工作，做到事先预防、事中管控、事后追溯，保障执行落实到每个环节、责任落实到每个人。

对外合作：要尽可能多地对接公共数据和行业数据，同时要站在促进行业发展和客户服务的角度，对数据共享保持开放的态度，在政府和行业的指导下进行数据的公开和共享。

（2）技术手段。采取如下技术手段维护信息安全。

信息安全技术防范措施架构设计：由于技术发展的局限性，过去在设计硬件和软件过程中难免存在技术缺陷，导致软硬件存在漏洞，使黑客利用漏洞侵入企业系统，窃取企业的核心数据，相关数据显示来自电子邮件的网络攻击事件占比达90%以上。因此，要增加信息安全投入，解决因投入不足、缺乏相关经验和专业人才导致的安全事故频发问题，并做好顶层设计，从技术架构上改变传统的简单化一的网络结构、技术架构和信息系统，做好不同信息系统间的隔离，避免病毒入侵从一个局部突破最终造成全局瘫痪的严重事件。

内部授权：企业内任何工作人员只能访问到授权范围内的数据信息，非法访问授权外的数据信息会触发监控系统报警机制，并保留操作记录。即使按照公司的管理机制授权接触的数据，所有需要外传的数据均需经过对应负责人的签字同意并留下可追溯痕迹。

审计追溯：对于集团级的数字化项目，数据访问中的任何操作都需要进行相应的记录并对日志信息采取严格的保护措施，确保所有的数据操作可以被追溯和审查。终端安全审计要实现对包括业务人员电脑、运维人员电脑在内的所有接入系统终端进行集中统一监控与审计，强制安装管控软件，严格限制包括物理设备使用权限在内的所有可能途径，并记录所有的操作过程，做到过程可用、事后可追溯、管控系统可访问。

（3）法律约束。通过如下法律手段约束维护信息安全。

政策法律安全保障法律体系：企业数字化转型要体现各种数字信息的财产权属性，主要体现为知识产权。知识产权法律体系的开放性为各种知识信息、事实信息等数字信息的权利保护提供了可能。首先，未公开的技术信息和经营信息在符合经济性、秘密性、保密性的条件下构成商业秘密，信息主体对该信息享有商业秘密权；其次，公开的知识信息既可以是享有专利权的技术信息，也可以是享有版权的数字化作品；再次，经整理编排的事实信息可享有相应的数据库权利，在我国选择编排具有独创性的数据库可以获得版权保护；最后，根据已有的司法判例，企业对自有的大量数据信息（如用户数据）享有竞争利益，受反不正当竞争法保护。综上所述，以知识产权为核心的非物质财产权是企业数字化转型不可或缺的法治资源。

政企合作：航运企业作为B端的古老行业，信息化建设普遍落后，面对数字化大潮，要积极行动起来，加强交流与合作，加强行业内及跨界的数据共享，推动行业的可持续发展。同时，还应与政府相关部门紧密对接，加强法律、法规、规章的制定参与工作，从法律上确认数据资产的财产属性，加强对数据的保护和对破坏数据安全、危害企业信息安全的惩罚力度，维护良好的数字化环境。

3）新一代数字化新技术强化数据安全

区块链在信息存证、传输等方面有技术优势，与航运服务形成良好的契合性，应该加快利用。要想解决传统航运产业链中各主体的相关数据存储在独立系统中的丢失、篡改、伪造等风险，须从数据源头做起，保证航运全链条数据的原始性、准确性和不可篡改性，对于提单、订舱单、接收单等重要单据，必须通过双方加密，提升各相关主体之间的信任度，保障数据信息安全性。利用新技术完善运营安全：综合运用物联网、5G、人工智能等技术，将提高物流各环节的运营效率与安全性。例如：2020 年 5 月，中远海运、中国移动、东风公司联合在厦门远海码头开展了 5G 智能化操作试点，通过发挥 5G 大带宽、低时延、海量信息传输等优势，保证了信息传输的安全稳定，实现了对设备的精准控制，节约了大量成本，提高了港口生产效率，提升了运营的安全性。在全球数字化浪潮下，解决信息安全问题比以往任何时候都更加迫切，航运企业需要充分认识信息安全在减少运营风险、提升客户服务、增强企业竞争力方面的巨大潜力和关键作用，综合运用传统与最新技术手段，从管理、技术、法律等角度综合发力，构筑信息安全的可靠屏障，确保数字化转型行稳致远，促进航运企业的可持续发展，进而为企业自身及客户创造更大的价值。

9.4.3 未来需重点突破的关键技术及重要问题

根据 9.3.1 提出的智能航运服务技术课题划分的 5 个服务集，以及本章前述的总体技术布局，提出以下 16 个关键技术及重要问题，需要在未来中长期（2021—2050 年）重点研究并突破。

1. 船舶航行安全信息与智能监测技术

从现在起到 2025 年，开展基于物联网感知技术与航运云计算服务的航行安全服务平台建设与技术研究。力争于 2030 年前通过物联网感知技术实现对现有重要航线典型船舶开展实船航行性能与海洋环境监测，充分考虑风浪、浅水、洋流等海洋环境对船舶航行性能的影响，分析得到客观、可靠的船舶能效数据；结合雷达与视频监控，完成对船舶周围环境的实时监控；经由航运云计算服务完成数据处理，突破现有船舶计算平台的算力限制，完成船舶航行数据资源的整合、聚集和深度应用，提供船舶航行状态监测、能效管控，智能装载、合理避碰、海盗预防等航行安全服务。计划在2025—2050年通过增强现实/虚拟现实技术将服务信息直观化、可视化，及时为船员提供船舶航行信息、海盗预警信息和助航建议，提高船员的决策能力，降低船舶运营风险，保障船舶航行安全。

2. 面向船舶的港航物流服务技术

至2025年，开展物联网、移动互联网、云计算等高新技术与港航物流业务深度融合研究，在2025—2035年建立港航物流服务平台。同时通过集成5G通信技术与人工智能视觉识别技术，实现码头龙门吊的远程作业控制、智能理货与集卡自动驾驶，以信息一站式、数据自动采集智能比对、可视化影像等技术实现货物作业全程无人化、智能化。基于航运物联网和5G通信技术等前沿技术手段，于2025年以前实现港口服务系统和相关主管部门系统的低延时、高稳定接入，为船只提供船舶交通服务信息以及港航物流的相关实时信息，提高船舶复杂航道的安全保障水平与作业效率。同时，利用大数据分析等技术手段，深入挖掘港航物流业务数据资源，实现智慧化物流综合服务，实现船、车、人的行为与港口业务系统的无缝连接和高度协同联动。

3. 气象航路预测与综合服务技术

至2025年，开展基于船岸卫星通信技术、航运大数据和数据融合等技术的气象海路服务平台建设。同时，通过国家海洋环境预报中心、国家气象局等部门的公共服务平台之间的信息交互，为船舶提供当前位置的天气预报和海洋环境预报。2025—2035年，基于船岸卫星通信技术，实现岸端预报气象信息与船端实测气象信息的实时共享和电子海图的自动在线更新。2050年以前，通过数据融合技术，打通电子海图与气象数据服务平台之间的壁垒，实现电子海图与气象数据同屏显示，更直观地展示船舶周边海况情况，优化船舶导航，简化显示设备，减轻船员的工作任务。同时，基于增强现实技术和卫星通信传输，岸基海事管理者可通过交互式三维全息图对船舶航行状况、周边环境进行实时监测，为后续的船舶无人化奠定基础。

4. 船舶能源供给、设备远程运维与视情维护技术

在船舶能源供给方面，面向自主无人船主要港口码头提供自助加油、自动电池换电、岸电供电/充电等清洁能源服务，并在船舶靠港后应当优先使用岸电，减少船舶

靠泊时对港口城市造成的大气污染。在维修保养，现在开始至2025年，开展船舶设备数据共享、航运云计算服务和智能化监测、运维等技术的研究。同时通过大数据分析，建立船舶设备数据共享机制，进行数据的打通与融合；于2030年前实现在航运云计算技术、历史数据分析、未来数据预测三方面基础上对整个船队的主机、辅机、主轴等设备的故障进行实时诊断。通过对船舶设备数据的分析，分类与管理，建立船舶设备档案，横向与纵向对比不同厂家、不同型号、不同历史时期的设备状态，为故障诊断积累数据样本，以及未来船舶设备选型提供依据。至2035年，通过增强现实技术、卫星通信技术和数字孪生技术，实现船舶运营状态的远程监控和船舶故障的远程实时检验。

5. 基于全球航运商业网络的航运供应链商业服务技术

到2025年，开展基于区块链技术和大数据的航运供应链商业服务技术的整合。利用区块链在信息存证、传输等方面的优势，推动全球航运供应链商业网络建设，解决客户需求的个性化与大规模运输的统一化之间的矛盾，提升航运供应链各相关主体之间的信任度，保障数据信息安全性。到2030年，实现基于区块链的多式联运协同无纸化，联合国际航运、物流、港口企业和方案提供商，推出数字化海运单据管理系统，实现安全可靠的数据共享，简化交易和审批流程，大幅提高效率，降低安全风险。到2035年，推出并应用基于区块链技术所建立的政企合作的电子证书系统，实现海运证书的无纸化，降低运营船舶对证书携带保管的要求与负担，降低各国政府执行检查的人力成本，同时解决各类电子单证方面的问题。

6. 船舶远程医疗服务技术

到2030年，基本实现以计算机、卫星通信、遥感遥测、全息摄影等高新电子技术为基础，依托陆地或卫生船舶上的医疗技术优势，对缺少医疗技术支持的远航船舶或海岛提供以数据、图像传输为特征的医疗服务。2030—2040年，建设为船舶提供应急远程医疗服务的信息平台，建立船员“大健康”数据库，依托平台的数据分析决策功能，学习推广专家经验，形成航病诊断新模式。同时，探索建立远程医疗诊疗指南、服务标准体系，进一步满足船员远程医疗咨询、心理疏导等需求，改善船舶医疗条件，保障船员身心健康。

7. 面向航运服务企业的云计算服务平台技术

到2030年，参照《信息技术　云计算　参考架构》（GB/T 32399—2015）建设，利用云计算技术，重构传统数据中心的基础架构，以提供高效、安全、稳定的云计算服务作为主要核心云服务能力，服务于航运产业链上下游企业，同时满足“稳态”和“敏态”架构的多云资源服务。在稳态方面，针对不同业务场景定制化提供各种基础云主机资源、基于传统云主机的 aPaaS 服务；在敏态方面，平台提供开源技术架构的 Kubernetes 容器服务。到 2050 年，在提供基于容器服务的 aPaaS 基础上，结合微服务和新一代 P0 微服务开发框架，实现容器环境的业务持续发布（CI/CD），提供符合实际业务场景的全生命周期服务，同时与阿里云等公有云互联互通，集私有云、公有云及容器云于一体。

8. 基于虚拟现实的船员远程教育技术实现

该项技术是借助计算机及最新传感器技术创造的一种崭新的人机交互手段，利用电脑模拟产生一个三维空间的虚拟世界，可及时且没有限制地观察三维空间内的事物。虚拟现实沉浸式教学是一种多人同步、实时互动、让参与者完全置身于虚拟世界之中的教学方式，可突破地域限制逼真地复现教育场景，提供多层次、趣味性强的实践性教学模式，整个过程完全不受教具数量、场地的限制，使被培训者掌握技能的速度极大提升。基于船员流动性强的特殊性，无论是船员的岗前培训还是在船培训，无论是基础培训还是专业培训，实施虚拟现实技术远程教育，都能突破地域与时间限制，给船员培训带来极大便利，特别是可以突破船员跨国际边界的诸多制约，同时也免去船员长途旅行的成本支出并降低交通碳排放。建议在 2025—2030 年对技术进行研究和论证，争取在 2050 年以前实现并应用于实船。

9. 通过船舶自动识别系统、北斗、物联网等技术实现货物端到端跟踪

到 2030 年，实现基于船舶自动识别系统和船舶全球唯一编码体制，即以国际海事组织识别码来作为识别手段（以 MMSI、呼号等作为补充），对船舶在港到港之间的运输进行跟踪，结合船舶自动识别系统历史数据对船舶航线和预计抵达时间进行预测，为客户提供后续安排辅助决策，同时在集装箱货物运输设备上部署物联网传感器，实时采集与回传数据，结合北斗卫星导航系统对船舶港到港之间运输轨迹进行修正补充，实现更及时和准确的货物和船舶跟踪；通过统一的通信规则，实现港区物联网设备和集装箱物联网设备的自动匹配识别，自动跟踪货物在港区的作业流转，集装箱在港区之外与集卡物联网设备的自动识别，通过车辆自身的全球定位系统信息对货物内陆运输进行实时跟踪，最终实现货物端到端基准跟踪。除了简单的位置跟踪传感设备，可部署带有虚拟现实技术的物联网设备，对于货物形状、湿度、体积等状态进行监控，做好防风险措施。

10. 通过自然语义识别和专业知识图谱提供航运智能服务

对于航运服务业务中传统的定时客服工作，因正常工作时段外服务不完善、及时性不足、存在服务盲区以及错漏频出等问题，因而不能满足越来越复杂的客户服务。为解决上述问题，建议在2030年以前引入人工智能服务机器人，通过自然语言处理和图像识别技术接收大量客户所需的专业服务指示，通过自我学习和机器训练过程，逐步模拟、延伸和扩展航运服务相关专业知识图谱和知识库，与相关业务系统进行对接，通过语音发布指令，更快速准确地实现系统查询和操作服务，根据业务关键节点主动推送提醒和通知服务。至2040年，实现结合大数据技术分析客户行为，提前预判客户需求偏好，进而通过客户行为生成客户需求画像，为航运服务企业提供精准营销辅助决策，同时提供“7天 ×24小时/天”全天候服务，提升客户体验，同时节约人工成本。

11. 基于大数据分析技术的海上预警和应急搜救服务

依托VUE、React等先进前端技术，结合大数据采集、存储、分析技术和人工智能算法，形成地理信息系统电子海图显示与信息系统可视化展示的航运数据服务，至2030年，通过融合万维网地理信息系统、卫星影像图等地图信息和台风气象、风场、浪高、洋流、气压、冷暖锋线、潮汐、冰区等级等水文气象信息，构建海洋环境高精度模型，对海洋环境实时感知及监测，实现船舶在恶劣天气和异常工况下预警服务。到2040年左右，实现当海上事故发生时通过5G和物联网技术实时采集和回传船舶位置、海洋环境、船舶设备工况相关数据，再结合历史大数据和人工智能算法对海上搜救目标落水位置和漂移轨迹进行预测，缩小搜救范围，提高搜救准度。

12. 基于物联网的船岸互通船舶配套物料管理服务

船舶物料不能及时采购配套、物料配套规格不合理、物料配套表存在错误等因素，都将直接影响营运船舶设备的更换和升级，最终影响船舶的正常营运。为此，规划在2035年前建立统一的船岸互联的船舶物料数据库，通过物联网、互联网技术实现物料信息实时共享，提高船舶物料消耗更换等信息传递速度；实现物料清单汇总、台账记录、物料配套等物料采购计划、库房管理和物料配套业务处理的信息化，提高物料配套效率；至2040年，建立物料配套业务流程管理和船岸信息互联的传递机制，实现无纸化、轻量化、便捷化流程管理，提高物料申领和物料配套效率；2050年前，集成装配物料管理流程，实现业务处理和流程统一数据源，以船舶航行计划驱动物料申领和物料配套，整合物料申领流程和物料配套业务，最终实现信息处理和流程管理的高度集成。

13. 基于数据链共享的船舶检验管理技术

现在起至2025年，开展基于船岸协同的检验数据链贯通研究，构建基于行业数据安全共享的船舶检验管理服务平台。到2030年，通过船端移动视频设备，利用船岸数据通信渠道和岸端数据管理中心数据服务，打通船端、航运公司、检验机关的信息隔断，实现远程视频检验功能。到2050年，利用船端信息化系统实现维护记录的数字化，通过岸端数据中心实现记录数据的可靠管理和安全共享，实现设备检修状态MMC和船级社证书状态的实时数字化共享和协同认证，满足船管和船检业务的数据化转型升级。

14. 基于运营大数据的船型优化辅助决策系统关键技术

到2030年，基于物联网、移动互联网、大数据等技术建立涵盖船舶能效、船舶运营、港口调度、航线气象的船队营运大数据分析平台，开展船舶性能、能效、营运等多个维度的特征识别、智能对比技术研究，同时建立基于航运大数据的决策系统，实现船舶能效薄弱环节的自动识别以及船舶营运水平的自动分析，为旧船改造优化提供针对性的指导及优化措施，提升营运船队碳强度和能耗分级水平，为船队节能运营和实船竞争提供技术支撑，为新造船船型优化提供方向和依据。

15. 基于大数据背景下的船舶航线调度技术

到2030年，基于船岸卫星通信技术、航运大数据和物流平台，开展大数据背景下的船舶航线智能调度服务。通过对船舶航行线路大数据分析，构建多航线目标函数下的船舶航行线路优化数学模型，根据这些优化模型开展船舶航线调度服务，解决传统的船舶航线数据实时调度方法存在线路数据调度速率低的弊端，降低船舶空载率，最大限度上利用好船舶的运行能力，从总体上提高船舶营运的经济效益。

16. 航运供应链智能仓储平台技术

到2025年，借助物联网设备、仓储管理策略、人工智能、机器人等新兴技术，实现仓储环境、储位资源、库存状态和仓储作业等信息的实时采集，实现智能动态盘点、智能动态库存、智能单据管理、智能射频识别管理、智能库位管理、智能质检管理等智能化应用，形成仓储数字化管理能力。至2035年，构建融合仓储作业策略、智能化布局设计、人工智能算法、射频识别集成的智能仓储管理模型，优化仓库资源、优化仓库布局、提高仓库作业水平、提高仓储服务质量、节省劳动力和库存空间、降低运营成本，实现仓储智能化管理。2035 年后，继续探索物联网设备、智能机器人与人工智能技术、云计算、物联网、大数据、5G 等新兴技术的深度融合，形成智能仓储管理策略、智能仓储管理模型、智能仓储算法等智能化仓储应用。

9.4.4 智能航运服务发展路线图

基于智能船舶而推行的智能航运服务发展路线图包括时间轴及资源要素。时间轴由过去、现在、将来（远景引导）构成，资源要求由市场、产品、技术研发、资源积累构成，见图 9-2。

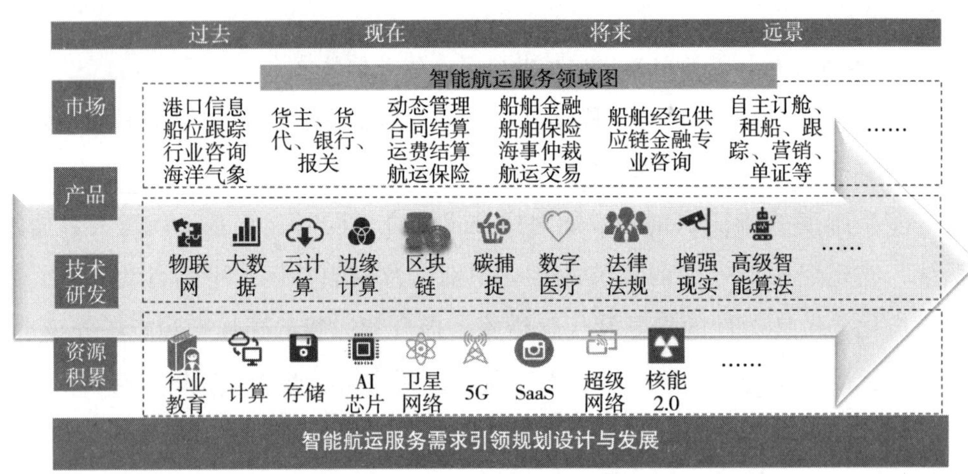

图 9-2 智能航运服务发展路线图

根据前述 16 个未来需要重点突破的关键技术及重要问题，按 2025 年、2030 年、2035 年、2050 年四个阶段，对其研究推进分阶段、分步骤进行初步设计，具体见表 9-2。

9.5 促进发展的建议

9.5.1 政策建议

1. 进一步完善税收优惠政策

科技创新活动具有成果高、风险大、周期长、正外部性的特点，市场失灵造成配

表 9-2　关键技术时间节点

序号	技术名称	2025年前				2026—2030年					2031—2035年					2036—2040年					2041—2045年					2046—2050年				
		2022	2023	2024	2025	2026	2027	2028	2029	2030	2031	2032	2033	2034	2035	2036	2037	2038	2039	2040	2041	2042	2043	2044	2045	2046	2047	2048	2049	2050
1	船舶航行安全信息与智能监测技术																													
2	面向船舶的港航物流服务技术																													
3	气象航路预测与综合服务技术																													
4	船舶能源供给、设备远程运维与视情维护技术																													
5	基于GSBN的航运供应链商业服务技术																													
6	船舶远程医疗服务技术																													
7	面向航运服务企业的云计算服务平台技术																													
8	基于虚拟现实的船员远程教育技术实现																													
9	通过AIS、北斗、物联网等技术实现货物端到端跟踪																													
10	通过自然语义识别和专业知识图谱提供航运智能服务																													
11	基于大数据分析技术的海上预警和应急搜救服务																													
12	基于物联网的船岸互通船舶配套物料管理服务																													
13	基于数据链共享的船舶检验管理技术																													
14	基于运营大数据的船型优化辅助决策系统关键技术																													
15	基于大数据背景下的船舶航线调度技术																													
16	航运供应链智能仓储平台技术																													

注：■ 表示开展相关研究，■ 表示开展相关实验验证与测试，□ 表示基本实现技术的相关功能。

置不足，是政府采取直接或间接激励的原因。相对于直接补贴而言，税收优惠政策具有间接性，不仅可以覆盖所有纳税人，还充分尊重了企业的市场主体地位，具有明显的市场中性。目前，发达国家在促进本国企业科技创新投入方面均有税收优惠政策。我国可以借鉴发达国家做法，不断完善对科技创新的税收优惠政策。

一是实施财税激励政策，强化政府在科技创新与成果转化中的引导作用。坚持以科技服务经济发展为目标，通过财政拨款、政府采购、政府风投等方式引导科学创新走向，围绕产业部署助推科技成果孵化，推进我国产业结构的升级与优化，转变经济发展方式。基于建设创新型国家需要与科技发展战略，政府要对未来科研方向开展早期布局，下好“先手棋”，对自主创新主体、战略性新兴产业领域营造科技成果转化环境，引导社会投入，加快完成科技成果落地转化，打通科技和经济社会发展之间的通道。

二是用好财税扶持政策，优化科技成果转化的内部机制与外部环境。加强科技成果转化内部建设，以财税政策推进科技管理体制改革，为科技成果转化提供“软保障”。应加大财政投入，建设线上科技成果交流平台、信息发布平台，线下科技园区，对接供给侧、需求侧和服务侧，构建科技成果转化通道。建立财税共享机制疏导要素流通渠道，打破区域条块分割，鼓励人才、资本、信息、技术等要素跨区流动，为科技成果转化落地提供基础。

三是针对企业不同类型不同状况，对企业实行有效激励。对于大企业而言，采取增量扣除方式。目前，我国税收优惠制度基本是以基期的科技创新支出或成果为考察标准，在企业临时增加大额研发投入时则显得支持力度不足。因此，建议除了对科技研发投入实行总量优惠，还可以在科技创新考评中增加持续增量指标，对新增加的科技创新投入或产出按照比例给予更大力度的优惠。对于中小企业，则应加大特惠力度。特别对于初创期或科技型中小企业，可以扩大研发费用的种类范围，实行更加宽松的税收优惠政策，培养科技创新的源泉。由于小微企业大多处于起征点之下，可以允许对小微企业现有的亏损结转弥补年限暂时延长 1～2 年，或借鉴国际经验，将亏损弥补政策现金化，实行财政性返还或现金补贴。

四是建立健全科技创新财税政策绩效考核机制。财税政策关乎科技成果转化，关乎国家重大项目建设，因此，财税政策更要加强绩效管理，做到花钱必问效，无效必问责。财税政策绩效考核应把视角放在中、长期，紧密贴合未来发展和国家经济发展战略。建议根据“全方位、全过程、全覆盖”绩效管理要求，以科技成果转化率、重大领域科技成果占比等关键指标建立分行业、分领域、分层级的指标体系，分析财政资金使用中存在的问题，提高财税政策质量和效益。

2. 进一步完善知识产权保障政策

知识产权是智能航运服务创造价值不可缺少的特有资源，既是知识创新的基础，又是创新产出和创新过程的调节因数。一般的知识资产包括以下四类：人力资产、顾客资产、知识产权资产和基础结构资产。人力资源指的是就职人员所具有的管理能力、领导能力、工作技能、创造力、解决问题的能力等，员工的上述技能和企业的兴衰发展息息相关，只有企业员工具备以上能力并在工作中兢兢业业，航运供应链运转才得以保障，并能最大限度地增加效益。

智能航运服务项目指标包括知识产权指标，项目成果应及时形成知识产权。因此，需加强知识产权成果运用，重视知识产权转让和许可，提高知识产权成果的资本化运作水平。知识产权资产，是国家与单位所拥有的无形资产之一，包括专利权、版权、商标权、商业秘密、技术秘密等，国家与单位要充分保护这些自有的无形资产，形成相对应的资产库，从而保障被市场长久而持续的接受。基础结构资产，是指国家与单位得以运行的技术、工作方式和程序，包括管理哲学、管理过程、信息技术系统、网络系统和金融关系等，从维护角度，航运供应链要确保这些机制制度的良好运作，才能进一步保证供应链整个链条的有序执行。

3. 进一步完善产学研协同创新政策

党的十九大报告明确提出，要深化科技体制改革，建立以企业为主体、市场为导向、产学研深度融合的技术创新体系。互联网时代的到来促进了知识网络的形成，企业、高校、科研院所以及其他机构的协同创新已经成为新的趋势。从供求角度分析，产学研合作中企业是需求方，高校和科研院所是供给方，合作主体通过对诸多生产要素的整合利用，可以实现优势互补，通过人才协同培养等手段优化资源配置以达到创新效率最优。

对于航运服务企业而言，要充分利用社会技术资源，积极开展与航运服务业前沿技术团队的技术交流与合作，通过与外部科技企业、研究机构合作的方式加强产研协同，提升科技发展的水平。吸引社会有关高校、科研机构与企业进行投资、合作。通过研究开发项目的合作，吸引资金与技术，培养锻炼技术队伍。积极参与各种学术活动，进行学术交流，及时掌握科技信息，了解新技术的动态变化。

9.5.2 资金建议

1. 完善金融支持科技创新的机制

金融作为经济的血脉，不仅为科技创新提供了资金支持，更为技术、人才、设备等创新要素的有效融合发挥引领作用，帮助科创企业实现科技成果的转化。因此，我们应当有效运用政策工具引导金融更好地支持科技创新。应扩大支持科技创新的财政资金规模，降低政策扶持门槛。加大对金融支持科技创新业务的补贴力度，建议对金融机构在资本充足率、存款准备金率等方面给予优惠政策，充分发挥政策扶持对金融资金的杠杆撬动作用，提升金融机构支持科技创新的内生动力。加大金融精准支持力度，鼓励金融机构支持高新区、产业园与科技孵化园等创新示范区的基础设施、研发平台和创新服务平台的建设，加大对高新技术企业的金融资源投放。给予科创企业政策倾斜，在当前金融风险积聚、风险防控压力较大的环境下，严格落实国家对科创企业的扶持政策，在资源调配、普惠政策、金融服务方面给予科创企业大力支持。应努力构建企业科技研发、政府政策扶持、金融服务支持相互融合的高质量发展模式，引导金融服务深入科技研发前沿，为科创企业提供多元化的金融支持。金融机构不仅为科创企业提供资金支持，更可以调动金融机构在科技产业链条上的资源，在企业科技研发的关键节点为企业提供技术指导、研发支持与供应链援助，实现金融与科技的深度融合。

2. 设立创新创业投资基金与平台

对于大型国有企业而言，应根据国有企业改革精神，按照国有资本创业投资基金制度，联合地方政府、金融机构、社会资本成立专业化创业创新投资基金，多方式筹措创新投入，采取有限合伙制等形式，分担创新风险，推动科技成果的转移转化和产业化。授权基金管理团队在一定额度范围内可直接决策投资项目。探索建立创投平台（CVC），以资本为纽带，以智能航运（海上运输、港口、航运服务及航运供应链）应用场景为基础，助推技术升级、生产方式升级，提升生产力水平；为航运“数字化、网络化、智能化”发展提供智力和资本引导服务，促进产业资源、资本资源与知识产权、科研成果、智力成果等知产资源交流互融，提升产业价值。CVC 平台项目业态主要包括直接投资业务（持有项目公司股权）及基金投资业务、母基金投资业务。①直接投资及基金投资业务：关注境内外大交通产业领域优质企业及航运产业链上下游需求业务板块，寻找标的公司与航运服务产业契合方向，开展直接股权投资或采用基金形式投资；②母基金投资业务：母基金投资业务主要投资于其他优秀基金，以财务回报及资源网络并取为目标，与社会资金实现优势互补，互利共赢。

9.5.3 人才培养

在智能航运服务科技创新工作中，应加强科学规划、系统推进科技人才队伍建设，重点聚焦关键人才、首席专家、青年科技英才等科技队伍的培养，充分发挥其引领带动作用。遵循人才成长规律，破除束缚人才发展的思想观念和体制机制障碍，在市场化选拔、精准化培养、科学化考核、多元化激励等方面创新实践，最大限度地激发广大人才创新、创效、创业活力，形成一定规模、梯次合理、领域完备、战斗力强的科技人才队伍。

1. 完善人才激励机制

建立完善航运服务科技人才特别是智能科技人才分类评价体系，形成技术层级明晰的专家体系；加强科技领军人才激励机制，提升领军科技人才成就感和荣誉感；完善科技人才中长期激励机制，建立与贡献相匹配的创新收益制度；建立良好的激励环境，推进科研机构实施绩效工资，重点向关键岗位、业务骨干和作出突出贡献的人员倾斜，探索制定与实施创新型科研成果的考核加分政策，免除成果试验的风险因素，从人才长线晋升和发展规划方面，明确科技人才的发展晋升路径，激发每位科技人才成长。

2. 建立健全科技人才培养体系

加大智能科技领军人才培养力度，在航运服务领域、信息技术领域及相关产业领域打造一支首席技术专家队伍。健全智能科技人才培训体系，注重专才培养，强化与实践结合能力；完善科研人员职业发展路径，探索建立领导职务序列和技术职务序列“双通道”模式，探索以专利成果、项目报告、工作总结、工程方案、设计文件等成果形式替代论文要求，全面评价应用研究和技术开发人才。

3. 完善智能科技人才引进与使用机制

落地智能科技人才引进机制，形成梯次合理、布局完善的专业技术和研发人员队伍；建立市场化人才选聘机制，大力引进具有重大技术革新能力的专业领军人才；支持企业科研机构和业务板块企业设立海外研发机构，加强国际研究网络构建，吸引国外高层次创新人才从事研发活动。遵循规律科学用才，探索智能科技科研人员与业务生产部门的流动机制，通过业务锻炼提升科研水平；用好“存量”智能科技人才，发挥其知根知底、熟悉业务及本单位情况的优势，创造条件鼓励智能科技人才为事业作出贡献。

4. 加大青年智能科技人才培养力度

加快青年科技英才培育，在航运服务重点业务领域选拔培养一批专业素质高、进取心强、发展潜力大、忠诚事业、具有示范带动作用的青年科技英才和专业学科带头人，进行重点培养。探索建立系统稳定的培训机制、建立青年科技英才学术组织、积极对接产业板块生产一线促进科研与生产的结合、组织参与科技研发和技术攻关。对承担国家级项目负责人向青年科技人才倾斜。形成科研和生产“导师制”传帮带机制等措施，采取跟踪培养、单位督导等方式，加快青年科技人才成长。

9.5.4 创新文化

1. 加强科技创新学习活动

全球新一轮科技革命和产业变革正在发生，航运服务领域的智能科技发展同样日新月异，颠覆式创新层出不穷，催生新经济、新产业、新业态、新模式。为及时掌握智能航运服务科技动态，提升对科技创新、市场需求和行业竞争趋势的预判能力，统一对科技创新的认识，树立科技创新第一生产力意识，积极开展多种形式的集体学习。学习科技创新政策，了解科技创新最新成果、商业模式应用。邀请科技创新专家、业务一线专家、航运服务上下游的战略合作伙伴、重要客户、科研院所专家、企业家等，进行不定期的先进科技应用经验交流以及前沿科技市场分析。

2. 加强科技创新文化宣传

积极开展全员性创新文化建设活动，鼓励全员性技术革新和技术发明，调动职工积极性，群策群力，解决生产中的技术难题。大力弘扬敢于创新、勇于竞争、诚信合作、宽容失败的精神，着力营造尊重知识、尊重人才、尊重劳动、尊重创造的文化氛围。结合“科技活动周”“双创活动周”弘扬科学精神，普及科学知识，提升科学素质。丰富科技创新宣传方式，突出对重大科技创新工程、重大科技活动、优秀科技工作者、创新创业典型事迹的宣传，营造崇尚科学、尊重创新的文化氛围和价值理念。

3. 设立科技创新奖励制度

搭建智能航运服务创新平台，设立科技创新激励机制和荣誉体系，激发全员创新的动力，把鼓励创新作为文化建设的重要内容，发扬企业家开拓创新精神，培养研发人员潜心研究、甘于奉献的精神，激发科技工作者创新热情和活力。设立智能航运服务科技创新成果奖励制度，遴选优秀科技成果，表彰和奖励科技创新中作出突出贡献的集体和个人，充分调动和发挥广大科技工作者的积极性和创造性。

第 10 章 航运监管智能化产业与技术发展路线图

10.1 发展概述

党的二十大指出要加快建设交通强国，为交通运输领域未来发展指明了方向。同时，二十大报告明确提出要“促进数字经济和实体经济深度融合，打造具有国际竞争力的数字产生集群”。作为人工智能与航运实体经济深度融合的表现形式，智能航运不仅是当前全球航运业发展的前沿与趋势，也是我国推进海洋强国建设的重点领域，更是建设交通强国、构建和完善现代综合交通运输体系的重要内容。

10.1.1 智能航运发展概述

1. 智能航运定义与内涵

交通运输部水运科学研究院在《智能航运安全监管体系和服务保障体系研究》一文中给出智能航运的定义为一种航运新系统和新业态，是航运业未来的发展趋势。从目前的发展阶段来看，智能航运组成要素至少包括智能船舶、智能港口、智能航保、智能航运监管、智能航运服务（图 10–1），这 5 个要素，基本涵盖了当前航运业发展的各个方面，也可以作为未来智能航运发展的支柱性产业。其中，处在行业前沿的毋庸置疑是智能船舶。作为行业最具代表性的要素，船舶产业的发展一直标志着航运业的发展方向，对其他要素的带动效应显著。

为推导出智能航运更为贴切的定义，我们首先要了解一下航运产业链的内涵和基本构成（图 10–2）。

航运产业链是以贸易需求为导向，以贸易便利化为目的，在一定的时间和空间下，航运及相关企业依据特定技术经济关系联结成的具有价值增值功能的关系网链。

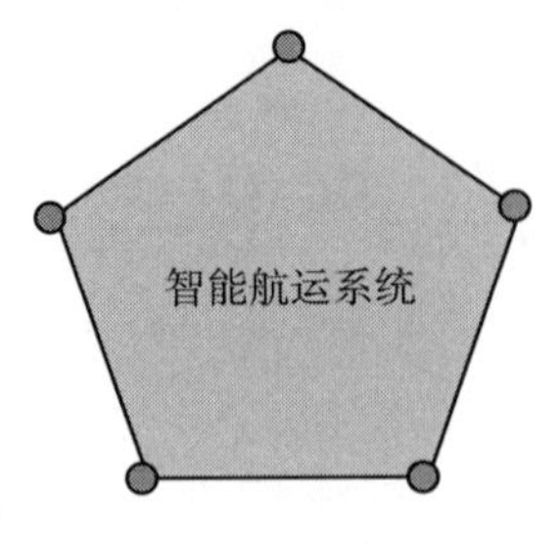

图 10-1　智能航运系统组成

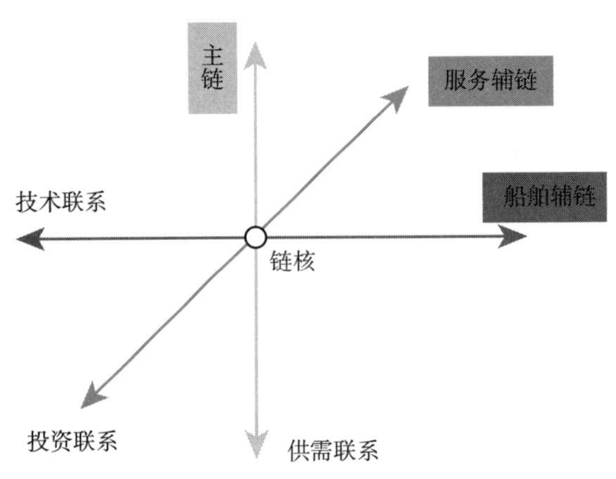

图 10-2　航运产业链关系

从图 10-2 可以看出，产业部门之间因供需关系形成主链，这是产业部门之间最基本的关系。因技术关系和投资关系形成船舶辅链和服务辅链。

从航运产业链架构（图 10-3）可以看出，航运产业链的主链主要由 3 个关键节点串联而成，分别为贸易商、航运公司和码头企业。它们通过货运代理和船舶代理等航运中介相互联系。其中航运公司居于主链的中间环节，是航运产业链价值形成与体现的关键，由于航运产业链的主链和辅链共同作用于航运公司，因此航运公司是航运产业链的链核。

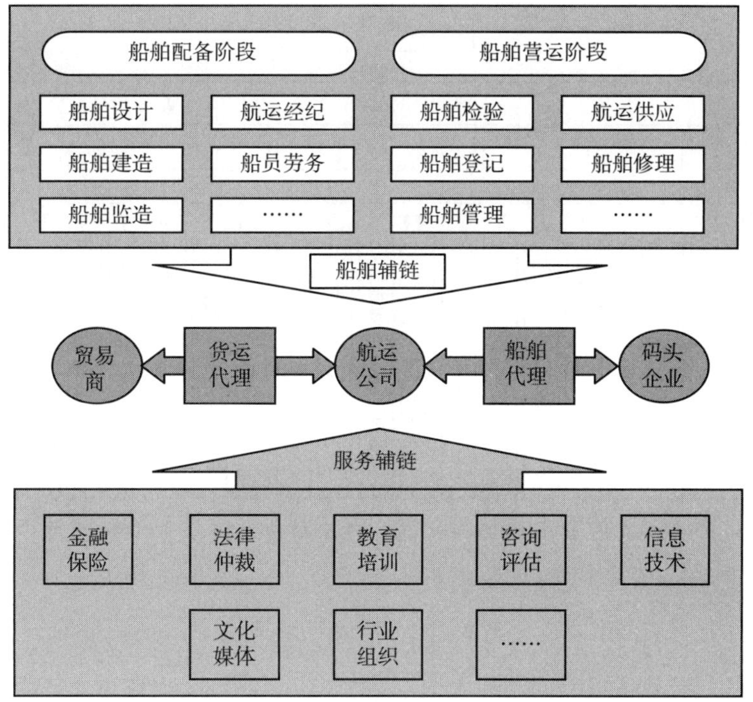

图 10-3 航运产业链架构

船舶辅链直接服务于航运公司，包含船舶配备阶段和船舶营运阶段的各环节，为货物流通提供运输载体，是航运产业链主链有效运转的基本条件。其各项业务以中高端服务为主，具有较高的附加值，其发展水平的高低直接影响主链的运转效率。

服务辅链中的大多数不是专门为航运产业设立的，而是面向社会的所有差异，例如金融、法律、教育和咨询等。随着航运产业链的逐步延伸和扩展，航运金融、海事法律、航运教育和航运咨询等业务逐步从航运产业中独立出来，成为广义的行业产业链的一部分，以更为专业的技术能力，有效推进航运产业链的蓬勃发展。主要包括金融保险、法律仲裁、教育培训、咨询评估、信息技术、文化媒体和行业组织等内容。

图 10–4 和图 10–5 是交通运输部水运科学研究院在智能航运安全监管体系和服务保障体系研究领域的研究成果，图 10–4 为传统航运系统构成，图 10–5 为智能航运系统构成。

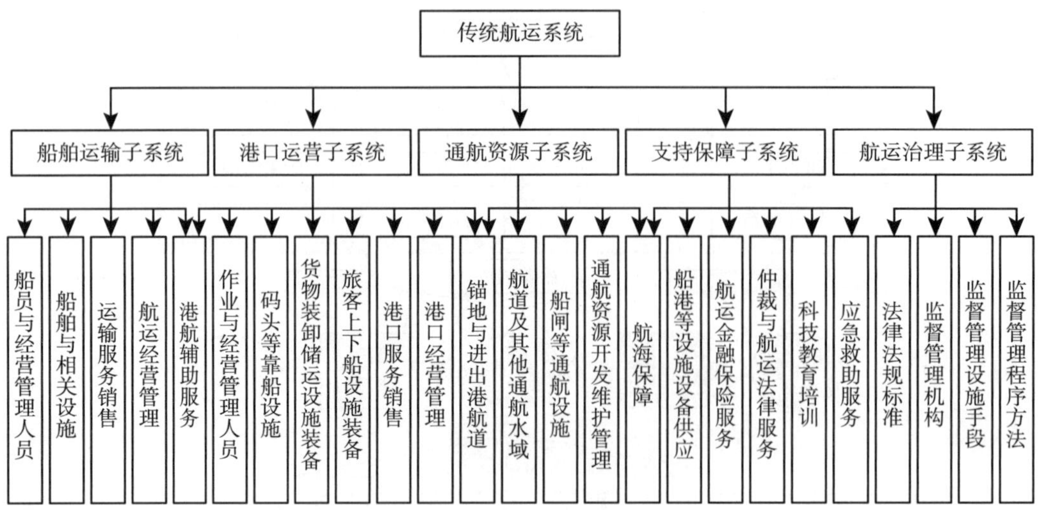

图 10-4 传统航运系统构成

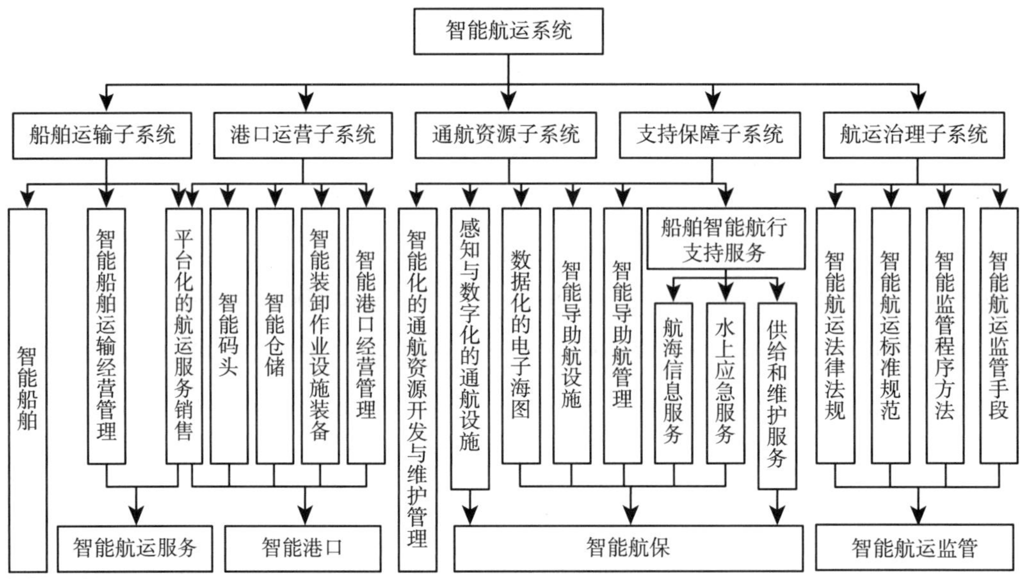

图 10-5 智能航运系统构成

与传统航运相比，智能航运系统的功能（也就是航运产业的主链）没有变化，依然是通过船舶等运载工具实现旅客和货物从甲地到乙地的位移。同时航运产业的辅链及其构成要素也无变化。

因此，智能航运不是新产业，而是传统航运要素与现代高新技术的深度融合，融合后其自动化、信息化、智能化等特征十分明显。

综上，本书给出的智能航运定义是：智能航运是传统航运要素以数字化为基础、以预测技术为核心与现代信息、人工智能等高新技术深度融合的产物，是航运业转型升级、实现高质量发展的必由之路，其主要特征包括自动化、信息化和智能化。

2. 智能航运发展历程

2006 年，国际海事组织就提出 E– 航海的概念，旨在通过电子信息手段，在船上和岸上收集、整理和显示海事信息，实现船 – 船、船 – 岸和岸 – 岸之间的信息互联互通。

2010 年起，韩国实施了“智能船舶 1.0”计划，韩国现代重工集团及韩国电子通信研究院共同开发了船舶通信技术“有 / 无线船舶综合管理网通信技术”。

2011 年，韩国电子通信研究院等研发了“船域网”，对船上 460 余种设备和部件进行了数据收集、船岸信息交互和综合管理，提高了船舶管理效率。

2012 年，欧盟启动的“智能化及网络支持的海上无人导航系统”（MUNIN）研究项目由德国、挪威、瑞典、冰岛及爱尔兰的 8 家研究所共同完成，总预算 380 万欧元，旨在开发和验证无人船舶概念，将着重研究与无人船相关的操作、技术以及法律问题。

2012 年 12 月，日本船舶配套协会和日本船级社等在内的 29 家企业和单位联合组织开展了智能船舶应用平台（SSAP）项目研究。

2013 年，现代重工开启“智能船舶 2.0”计划。基于该计划，现代重工可以把船舶、港口、陆上物流信息一并提供给运营船舶。

2014 年 5 月，韩国大宇造船、韩国 SK 电讯公司联手研发新型智能船舶。该智能船舶可将船上所有信息采集融合到多链接的单一网络，进而实现自动化和无人化。

2014 年开始，中国船舶工业集团公司以绿色海豚（Green Dolphin）38800 吨散货船为平台，开展了 i–Dolphin 智能船舶设计建造研究。

2015 年 8 月至 2017 年 10 月，日本开展了“智能船舶应用平台”（SSAP）二期项目，项目目标包括 SSAP 概念推广、SSAP2 系统和原型设计、相关国际标准的推进、公共关系。主要的关键技术为船岸开放平台的船舶物联网设计，船岸信息开放平台为船舶系统各个单位提供安全、可控的大数据应用。

2015 年 8 月，日本在国际标准化组织主导提出的《船载海上工况数据服务器》和《船载机械和设备标准数据》2 项国际标准正式立项，依托承担的单位有国际标准化组织船舶与海洋技术委员会导航与船舶营运分委会（ISO/TC8/SC6）秘书处。

2015 年，在工业和信息化部的组织下，我国立项开展“智能船舶顶层设计及部分智能系统应用示范”项目，由上海船舶运输科学研究所牵头，主要开展智能船舶顶层规划及设计研究、智能化网络平台、船舶机电设备综合状态评估和健康管理系统研究、全船智能化控制与管理系统研究等，以及部分智能系统在大型集装箱船的示范应用。

2015 年，瑞士凯伏特公司推出了真空式自主系泊系统，将其应用于丹麦港口的大型邮轮，并同瓦锡兰等公司联合开发、融合了充电与系泊功能的岸端设备，在电动船舶充电、系泊的无人化领域展开探索。

2015 年 12 月，中国船级社发布《智能船舶规范》（2015），该规范将智能船舶分为六大功能模块：智能航行、智能船体、智能机舱、智能能效管理、智能货物管理和智能集成平台。

2016 年，工业和信息化部高技术船舶科研专项中又立项开展了“智能船舶 1.0”研发专项，由上海船舶设计研究院牵头，主要开展智能船舶总体设计技术研究、智能系统总体技术及信息平台开发、智能船舶仿真验证评估技术研究、船舶综合能效智能管理系统开发、设备运行与维护智能系统开发、船舶辅助自动驾驶系统开发、船岸一体通信系统研制以及超大型智能矿砂船和超大型原油船示范应用。

2016 年，欧洲各国从解决船员短缺问题和减少人为因素导致的海上安全事故角度，结合欧洲特定的使用场景（如定期、小型化、电动化、点对点运输等）对自主船舶的可行性进行了论证，在国际海事组织提出的相关提案，正式引发了国际关注。

2016 年，荷兰孟拜离岸工业有限公司推出了多自由度、多机械臂融合的电磁式自主系泊系统，能够随船舶动作调整系泊设备在工作中的位置，保护船舶脱离，避免其因发生硬碰撞而造成设备的损坏。

2017 年，由中国船级社牵头，立项开展“智能船舶国际海事公约规则和标准研究”，主要开展智能船舶定义及分类、分级标准研究、智能船舶国际海事公约规则的适用性研究、智能船舶相关标准需求分析研究等。

2017 年，挪威农业公司雅拉国际和挪威康士伯海事开发了全球首艘零排放无人驾驶船舶 Yara Birkeland 号。

2017 年，罗尔斯・罗伊斯与马士基集团的拖轮公司施韦策在丹麦哥本哈根港成功展示了拖船远程驾驶系统，实现了 Svitzer Hermod 号拖船离码头、掉头、航行及驶回船坞的远程控制。

2017 年，挪威船级社启动 ROMAS 项目，研究机械和自动化系统的远程操作，并侧重于将机舱集控室从船舶移至岸基机舱集控中心。

2018 年，采用瓦锡兰自动靠泊系统的渡船 Folgefonn 号首次港口靠泊试验成功。这艘长 85 米的渡船采用混合动力推进，并配备无线充电系统，在自动靠泊系统激活后可实现自动减速操作、全自动对排和靠泊操作，直至安全停入泊位。

2018 年 4 月，国际海事组织第 99 届国际海事组织海上安全委员会明确了发展水面自主航行船舶，并启动国际航运法规的梳理和修订工作。

2018 年 11 月，全球首艘 40 万吨智能超大型矿砂船（VLOC）“明远”正式交付。明远号获得了中国船级社 i-ship（N，M，E，I）符号和挪威船级社 Smart Ship（OE，PE，CME）符号，是全球首艘获得挪威船级社认证的智能船舶。

2018 年 12 月，工业和信息化部、交通运输部、国家国防科技工业局联合发布了《智能船舶发展行动计划（2019—2021 年）》。

2018 年，国际海事组织于提出了 2030/2050 年目标来降低航运业碳排放，并在 2020 年 11 月海洋环境保护委员会第 75 届会议上通过了短期减排措施，即引入现有船舶能效指数（EEXI）及碳排放强度指数（CII），在技术和营运上鼓励与航运业相关的各方共同努力，按时完成脱碳目标。

2019 年 1 月，英国发布“海事 2050”计划，且同步发布了配套的海事技术创新路线图，将推动自主船舶的发展列为重要任务。路线图从基础设施、技术需求、人员培训与法律法规 4 个角度进行了全面阐述。

2019 年 6 月，国际海事组织通过了一套关于自主航行船舶试航的暂行导则，要求在自主船舶试航时至少应具备相关法律所规定的安全和环保等级。

2019 年 5 月，交通运输部、中共中央网络安全和信息化委员会办公室、国家发展和改革委员会、教育部、科学技术部、工业和信息化部、财政部联合发布《智能航运发展指导意见》，谋划了未来 30 年中国智能航运的发展目标。

2020 年 3 月，中国船级社发布了《智能船舶规范》（2020），增加了远程控制船舶和自主操作船舶在设备配备、状态监测与健康管理、设计原则与性能等方面的要求。

2020 年上半年，现代重工在其为韩国 SK Shipping 建造的 25 万载重吨散货船上安装了现代智能导航辅助系统（HiNAS），成为全球第一家将自主航行核心技术应用于已投入运营的大型船舶的船厂。HiNAS 通过人工智能的摄像头分析，自动识别周围船舶，并根据增强现实判断和警告碰撞风险。

2020 年 6 月，非营利性私人机构日本财团推出了“无人船示范试验技术开发共同项目”（Joint Technological Development Programme for the Demonstration of Unmanned Ships）概要。这是一个动员了全国商业和技术力量的大型项目，目的是携手船东、船企、设备制造商等多家日本企业推动无人船技术，以期在该领域发挥领导作用。

2020 年 12 月，由挪威船厂 VARD 建造的全球首艘零排放无人集装箱船 Yara Birkeland 号完工交付。交付后，该船进行了集装箱装载和稳定性测试，然后起航前往位于 Horten 的港口和测试区，为下一步自主航行做准备。这也是 Yara Birkeland 号这一获全球瞩目的自主船舶投入运营前的重要里程碑节点。

2020 年，在两国政府的支持下，挪威和新加坡的海上研究机构共同发布了《智能和自主海上运输系统路线图》。该路线图引入了更智能的船舶和港口、数字数据交换、自动化流程、自动驾驶船舶和先进的机器人技术。

2021 年，三菱造船、新日本海渡船、三井造船等日本知名船企、船东宣布了其无人船项目的具体计划。上述机构将对包括客船、商船在内的 5 种船型进行自主航行试验，以期在 2025 年之前使该技术实现商业化，2040 年一半内航船实现无人驾驶。

3. 智能航运发展趋势

当前形势下，将智能航运作为一种新业态是比较合理的。虽然蓄势待发，但还没有形成完整的产业链，对传统航运业的产业结构冲击力不足，产业生态的建立也处于刚刚起步阶段。航运业的有识之士已经看到了人工智能技术将会在不远的将来给传统航运业带来革命性的变化，区块链、大数据、智能感知等新技术的应用与融合也正在大力推动智能航运向前发展，如：电子提单的应用为航运企业节省了大量的成本和资金，并且确保了提单签发和流转更加高效、安全；又如：卫星通信的发展和普及使船东、货主能够随时掌握船舶动态甚至油耗数据。但不可否认，智能航运的市场需求还没有被完全调动起来，市场的拉动效应不强；产业发展的内生动力还需进一步激发，除个别正在引领行业发展的航运巨头外，多数航运企业自主研发的意愿不强，这些都是导致智能航运尚未进入发展快车道的重要原因。

当前，各大航运公司正在享受规模经济全球化带来的红利，船舶大型化势头正劲，船东们更愿意通过增加船舶运力来抢占市场，获取收益。而在船舶智能化的道路上，各大船东似乎更关注船舶在安全、油耗及碳排放等方面的智能化表现（例如马士基在 2013 年推出的 Triple–E 船型及 2021 年与现代重工订造的 8 艘 16000 标准箱的碳中和甲醇集装箱船），对于船舶减员关注较少。他们在创新领域的尝试也主要集中在航运金融、市场挖掘、物流运输等航运服务领域，对于智能船舶的研发则是浅尝辄止。

作为智能航运发展的核心要素，智能船舶或称无人船舶的发展将引发船舶工业、交通形态、社会分工等方面巨大的变化，同时也必然会对既有的社会秩序、法规标准、政府监管带来挑战。

4. 智能航运发展动力

2015 年 5 月 7 日，著名经济学家林毅夫在《人民日报》上撰文指出：“根据新结构经济学的分析，有效的市场和有为的政府共同发挥作用，才能构建起经济持续发展的基本机制。”可见，能够推动航运产业转型升级实现高质量发展的主要动力来源于有效的市场、有为的政府及他们之间有力的结合。

安全，是现阶段推动智能航运尤其是智能船舶向前发展的最大动力。在市场规模和经济效益还无法有力推动行业发展的时候，为寻求更加安全、有序的产业发展之路，航运安全监管部门有必要采取超前的措施，运用先进的智能化技术，持续提升行业的安全发展水平。在新发展环境中，安全需求和市场需求、技术需求一样，已经成为促进产业发展的第三大动力。航运发达国家如挪威、丹麦、美国、日本等已经开始调动资源启动产业布局，研究出台相关行业标准以抢占发展先机。智能航运监管的发展在一定程度上引导了智能航运的发展。

波罗的海和国际海事理事会 / 国际航运公会《2021 年海员劳动力报告》估计，全球约有 190 万海员在为我们的生活方式提供便利。越来越多的国家将海员指定为关键工作人员。然而，新冠肺炎疫情导致的雇工难、换班难使得仍有大约 25 万名海员滞留海上，航运企业的人力成本大幅提升。这看似将促进智能船舶的发展，毕竟从有人到无人是现阶段发展智能船舶的主要目标，这需要时间来验证。但不可否认的是，新冠肺炎疫情从外部影响了传统航运产业的发展，也对船舶向智能化、无人化方向发展起到了一定的促进作用。

10.1.2　智能航运监管发展概述

智能航运监管的发展是智能航运发展中非常重要的一环。智能航运业既需要新的法律规则，同时更需要新的治理理念和技术，以治理创新推动产业创新，以规则之变促进业态之变，使我国能在未来产业竞争中获得制度优势。

1. 智能航运监管定义与内涵

《智能航运安全监管体系和服务保障体系研究》一文中给出智能航运监管的定义是：智能航运监管是指用现代信息、移动通信和人工智能等高新技术手段，使航运监管模式、手段、方法和取证、应急决策等适应监管对象变化并促进其健康有序发展的航运监管形式。广义智能航运监管应至少包括安全、行业、环保监管，也包括市场秩序和服务质量监管等；狭义的智能航运监管应包括安全、行业及环保监管。本章所研究讨论的均为狭义的智能航运监管。

智能航运监管与其他各关键要素之间，首先是监管与被监管的关系（图 10–6）。监管机构必须有条件及时掌握监管所需要的各种信息，保证必要的信息与数据的互联互通。另外，船舶、航保、港口和航运服务都发生重大变化后，智能航运监管必须与其他航运要素的变化相适应。例如，为落实《交通强国建设纲要》，交通运输部办公厅印发的《海事系统“十四五”发展规划》中，结合当前发展形势要求，设定了推动“陆海空天”一体化水上交通运输安全保障体系建设，到 2025 年，初步形成全要素“水上大交管”动态管控格局的工作目标。其中的核心技术产品包括推动建设与智能航运相匹配的岸基协同系统、安全保障系统和远程操控系统。

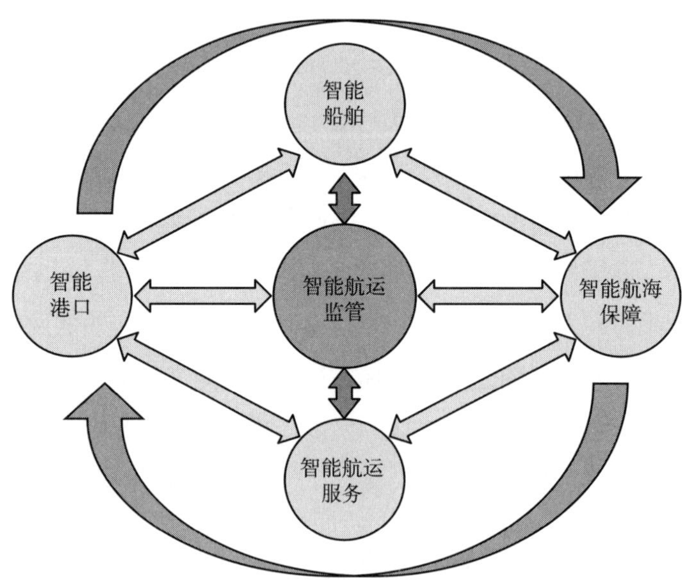

图 10-6 智能能航运监管与其他各要素关系

在著名经济学家成思危看来，市场和政府的结合过程中，政府的作用主要体现在以下几点：首先是要立法，通过制定法律法规，规范和调整市场主体的行为和市场的竞争秩序；其次是制定政策，明确鼓励什么、限制什么，并根据市场形势变化加以修订；再次是培育市场主体，政府不能干预市场，而要为航运企业发展创造能够活动的平台；最后是建设支撑体系，包括信息系统、设备设施、公共服务等。

智能航运监管按照系统归纳方法也是主要分为 5 个要素：法律法规、标准规范、程序方法、设施手段及监督管理机构（图 10–7）。这 5 个要素之间互有联系，但只有通过监督管理机构的有效运行，才能确保其他要素发挥作用。所以，建设智能的航运监督管理机构是建设智能航运监管体系的切入点和关键点。

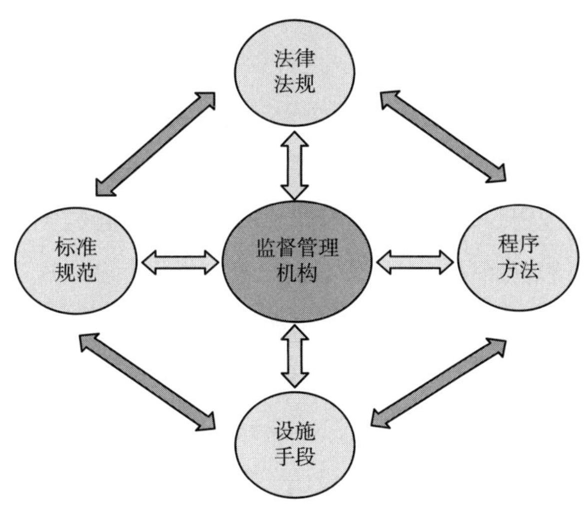

图 10–7　智能航运监管五要素关系

2. 智能航运监管国际现状

1）国际海事组织

在推进智能船应用、清除国际海事规律障碍方面，国际海事组织所属专业委员会开展了立法范围界定（RSE）并通过了《自主船舶试航暂行导则》。

目前，该项立法范围界定工作已经完成并在 2021 年 5 月召开的海上安全委员会第 103 届会议上审议通过，具体成果载于国际海事组织 MSC.1/Circ.1638 号通函以及会议报告。

海上安全委员会第 103 届会议在审议中建议，在国际海事组织立法框架中解决自主船应用的最佳方法可能是通过制定基于目标的自主船规则以整体方式进行，即采用类似《极地规则》的方式，制定一个独立的《自主船规则》来尽可能全面解决自主船在现行国际海事组织法规框架内的适用问题，这样就不需要对现行的国际海事组织文书进行修正。

另外，为了规范主管机关和利益相关方确保安全、可靠地进行自主船系统和基础设施的试验并注意环境保护，在国际海事组织海上安全委员会第 101 届会议上通过了《自主船舶试航暂行导则》（MSC.1/Circ 1604）。

在国际海事组织文书完成更新之前，该暂行导则的规范作用主要体现在风险管理、对强制性文书的遵守、参与自主船试验人员的配备和资格、人为因素、实施安全试验的基础设施、试验的意识、沟通和数据交换、对报告的要求和信息分享、对每次试验范围和目标的规范以及网络风险管理等。

2）国际标准化组织

国际标准化组织是各国编制和推广国际标准的主要平台，其下设的船舶与海洋技术委员会（ISO/TC8）在 2017 年 6 月设立智能航运工作组（WG 10），并同时开始编制智能航运标准化路线图，旨在明确智能航运发展过程中各方关切的关键问题，寻找标准缺失，以满足船舶智能化带来的市场、技术和国际海事法规变化的需求。自成立以来，该工作组已开展大量工作，具体成果如下。

（1）ISO/TC8/WG10 智能航运标准化路线图体系框架。根据智能船舶的发展阶段与关键技术，ISO/TC8/WG10 智能航运标准化路线图中将潜在标准化领域分为概念、船舶及船上系统、信息与通信技术基础设施、船舶运营、服务与支撑等几个范畴，每个领域内包含进一步细分类别。与此同时，ISO/TC8 的 WG4 海上安保工作组将网络安全问题列为重点关注方向之一。

（2）各国持续关注相关国际标准工作。自 2017 年 6 月 ISO/TC8/WG10 智能航运工作组第一次会议以来，国际各方对智能航运标准化工作的关注与参与力度持续升温，日本基于其 SSAP 项目已成功形成围绕“船舶数据中心”概念的系列国际标准；韩国积极参与智能船舶国际标准化工作，在多个领域提交提案，但尚无工业实践案例支撑，仍处于探索阶段；欧美目前提案数量有限，但对于 WG 10 工作的关注程度已逐渐提升；我国依托 ISO/TC8 平台优势，在智能航运国际标准化领域积极布局，近期又成功获得两项网络安全相关国际标准立项，取得重要突破。

3）国际海事委员会

2015 年，国际海事委员会（CMI）成立了首个智能船舶国际工作组（IWG）。工作组的目的是查明涉及海上自动船舶的法律风险，并对有关风险防范提供法律观点。2017 年 3 月，智能船舶国际工作组发布了一份立场文件《智能船舶与国际监管框架》，指出了《联合国海洋法公约》和其他国际海事公约的特定部分需要修改。工作组还向国际海事委员会的协会成员分发了一份调查表。调查问卷就各国法律和《联合国海洋法公约》提出了若干问题，包括在国内法体系下海上自动船舶是否构成船舶、船舶登记、民事责任、《海员培训、发证和值班标准国际公约》和《国际海上避碰规则》的法律适用等。

4）欧盟

欧盟“智能化及网络支持的海上无人导航系统”于 2012 年启动，由德国、挪威、瑞典、冰岛及爱尔兰的八家研究所共同完成，旨在开发和验证无人船舶概念，着重研究与无人船相关的操作、技术以及法律问题。

5）其他国家

为了支持与引导本国的船舶智能化发展，日本政府给予了极大支持。日本政府在 2016 年推出了一项新的船舶产业创新政策——“i-Shipping”，计划从提升产品和服务能力、开拓商业领域、提升船舶制造能力、加强人力资源储备 4 个方面助推日本船舶工业进一步创新做强。

英国于 2019 年 1 月 24 日发布“海事 2050”计划，且与之相配合发布了海事技术创新路线图，将推动自主船舶的发展列为重要任务。

2019 年 11 月，英国海上自主系统监管工作组编写了《英国海上自主水面船舶行业行为准则和实践规范（第三版）》（以下简称《准则和规范》），并由英国海事协会通过海事业协会发布。《准则和规范》由两部分组成，第一部分是一套行业行为准则，第二部分是实践规范。《准则和规范》旨在为小于 24 米的自主船和半自主船的设计、建造和安全操作提供实用指导，同时根据英国《1995 年商船运输法》制定了更详细的自主船监管架构。

2019 年，俄罗斯联邦工业和贸易部起草了一份联邦法律草案，启动因自主船的应用而对《俄罗斯联邦航运法典》的修改以及其他立法措施，并起草了一份“关于提供悬挂俄罗斯联邦国旗的海上自主水面舰艇的原型测试”的政府法令草案。

韩国贸易、工业和能源部以及海洋和渔业部联合设立了名为“智能自主船舶开发和运营服务”的研发专项，共包含 73 个子项目，项目计划将自 2019 年持续至 2024 年。

3. 智能航运监管国内现状

1）政府主导的相关工作

2018 年 12 月，工业和信息化部联合交通运输部和国家国防科技工业局发布了《智能船舶发展行动计划（2019—2021）》；2019 年 5 月，交通运输部等七部门又联合发布了《智能航运发展指导意见》。这两个文件的发布，标志着我国就发展智能船舶、智能航运作出了重要的战略选择，同时也吹响了航运智能化的号角。

2020 年，交通运输部提出全面打造“陆海空天”一体化水上交通运输安全保障体系，实现陆海空天多维度高效深度融合，打造“多维感知、全域抵达、高效协同、智能处置”的陆海空天一体化水上交通运输安全保障体系，形成“经略全球、布防要域、立体掌控、精准服务”现代化、智能化水上交通动态管控新格局。

2021 年，交通运输部海事局在全国海事系统启动建设全要素“水上大交管”相关工作，作为“陆海空天”一体化水上交通运输安全保障体系的重要组成部分，实现“船舶航行到哪里，海事服务就到哪里”的远景目标。

此外，广东海事局从 2015 年开始试水“互联网 +”，按照“全面感知、广泛互联、深度融合、智能应用”的智慧海事目标，建立“广东智慧海事监管平台”，积极运用“云计算、物联网、大数据”新技术新理念，全方位提高广东海事监管、服务、应急反应等能力。

山东海事局于 2015 年开始“智慧交管”品牌建设，提出了“全面感知、广泛互联、智能融合、人性化服务”的建设理念。2017 年起开展了海事现代化示范区建设，开展试点示范，出台《现代化建设三年行动计划》和《高质量发展三年行动计划》，着力推动监管理念、监管模式、监管手段的现代化升级和高质量发展，提升海上全面感知和智能化管控能力。2018 年，研发了“海上船舶异常行为自动检测系统”，探索海上船舶异常行为自动监测，更早、更好地发现海上船舶的异常行为，从新的视角去探索新的船舶交通管理模式。

上海海事局不断开展交通协同管控模式研究，在管理模式和管理制度方面先行探索。2019 年，结合船舶交通管理系统升级改造，落实长三角区域一体化发展工作要求，与相邻直属海事局船舶交通管理系统管理规定协调一致；与江苏海事局开展《沪苏船舶交通管理区域一体化运行机制》研究，签署水上交通组织一体化联动协议，有力提升了区域整体管控效能。

宁波海事局建立“深蓝智享”综合指挥平台，将水文气象、船舶交通管理系统数据、港口作业数据、船舶动静态信息进行整合，融合协同执法、宁波－舟山船舶交通组织区域协同等功能，综合性的智能化指挥平台已初见雏形。

2）社会团体及企业主导的相关工作

在船舶检验方面，近年来，中国船级社紧密围绕“智能船舶 / 无人船舶技术”方向，积极开展相关研究，在智能船舶风险评估、关键技术研究、规范标准编制、测试验证平台研制、实船检验验证、实验室建设等方面积累了丰富的经验，取得了重要成果。编制发布了如下规范及指南文件：①《智能船舶规范》2015 版、2020 版；②《船舶网络安全要求及评估指南》2017 版、2019 版；③ 2017—2018 年先后发布智能船舶系列指南:《智能机舱检验指南》《智能能效检验指南》《智能集成平台检验指南》《智能货物（液货）检验指南》；④ 2017 年发布《无人水面艇检验指南》；⑤ 2018 年发布《自主货物运输船舶指南》。

10.2　发展环境分析

10.2.1　法规环境分析

1. 法规适用性分析

1）行政执法

随着智能航运船舶产业的发展，区块链、大数据、云存储等技术的普遍应用，通信、网络、设施设备都将会更新换代，对于电子数据的调查取证、调取、保存以及证据的先行登记保存都将会发生变化，证据收集的种类和手段中，应增加对云存储的电子大数据的内容规定，相应部分将予以修订。

《交通运输行政执法程序规定》中关于收集电子数据的内容和规定将会进行修订；《中华人民共和国行政处罚法》中关于证据的种类会随着新技术的应用而进行修订；《海上交通安全法》中关于拆封、拆解、初始化、再设置航行数据记录装置的部分将会随着新技术的应用而增加岸基操控装置的内容。

2）船舶管理

船舶管理涉及船舶的检验、登记、安全检查等方面。法定检验是政府为保证船舶安全而强制实施，目的在于通过有效的控制，防止不合格的船舶投入运营，造成海上事故。考虑到国际公约与国内法并没有针对无人船制定相关法定检验规则，应参考现有法律规范对传统船舶的检验，并适当进行解释与类推适用。在船舶登记方面，《船舶登记条例》规定船舶要想取得中国国籍，需配备持有适任证书的中国船员，而无人船并不配备船员，因此需要修改有关条例，以适应无人船取得国籍的条件。

《中华人民共和国海上交通安全法》《船舶登记条例》《中华人民共和国对外国籍船舶管理规则》《国际航行船舶进出中华人民共和国口岸检查办法》《中华人民共和国船舶和海上设施检验条例》涉及船舶检验、船舶登记、船舶引航等多项内容。

具体而言，2025年之前，《中华人民共和国船舶登记条例》中涉及船舶登记制度、国籍、登记港、船名的规定依然能够适应智能航运的发展，但是对船舶登记簿、船舶证书的格式等的规定也会随着新技术在海事监管的应用而调整。对中国籍船员的要求也需要修改。在智能航运发展的中期阶段，随着智能船舶结构、船舶管理公司模式的变化，需对涉及船舶标志、烟囱标志、公司旗等具体规定做出调整。长期来看，登记条例仍然需要保留。

《中华人民共和国对外国籍船舶管理规则》和《国际航行船舶进出中华人民共和国口岸检查办法》中涉及的航行、停泊、航道保护、防止污染、消防救助等有关规定会通过智能船舶的统一技术标准予以明确，但是对外国籍船舶进出港报告、载运危险货物的要求，随着信息交互技术的发展失去必要性；长期来看，《中华人民共和国对外国籍船舶管理规则》和《国际航行船舶进出中华人民共和国口岸检查办法》都没有单独存在的必要。

《中华人民共和国船舶和海上设施检验条例》需要根据检验技术的发展及时做出调整：在2025年之前，明确远程检验等新技术手段在船舶和海上设施检验中的可用性，进而在中远期考虑将远程状态感知等内容纳入检验方式。

《中华人民共和国船舶安全监督规则》规定了船舶安全监督工作的开展方式，包括现场监督、安全检查等内容。2025年之前，需要考虑新技术在船舶安全监督中的可用性，远期来看，船舶状态可以远程实时感知，对船舶进行现场监督已无必要。《游艇安全管理规定》《海上滚装船舶安全监督管理规定》《中华人民共和国高速客船安全管理规则》《液货船水上过驳作业安全监督管理规定》《中国籍小型船舶航行香港、澳门地区安全监督管理规定》分别是对特定船型的规定，与之类似。

短期来看，《港口和船舶岸电管理办法》仍将在促进船舶使用岸电方面发挥作用，但是随着清洁能源技术在船舶上的普及和推广，其适用范围需要随之调整。另外，信息通报机制也逐渐过时。

《老旧运输船舶管理规定》中，目前对各种船型的老旧标准将逐渐不能适应智能航运的发展趋势。

《中华人民共和国国际船舶保安规则》需要较大调整，增加船舶信息安全方面的保安要求。减少对自主航行船舶在船员应对劫持演练方面的具体规定。这些调整亟须在 2025 年左右考虑完成。

《中华人民共和国船舶识别号管理规定》《船舶升挂国旗管理办法》《中华人民共和国交通部拆解船舶监督管理规则》等尚能适应智能航运发展趋势。

3）船员管理

在现行国际海事法律体系下，船长是船舶和船东的代表，负责船舶的航行和适航、管理船员和客货运输、海上安全和海难救助等重要事项。船长和船东共同构成船舶法律关系的核心主体。在智能船舶上，对“船长”概念需要重新界定，其具有的指挥、司法、公证、代理等多项职权和职责也需要相应修订。

智能船舶的远程操作人员和普通船舶的船员相比，主要工作任务是相同的，工作方式也与船上值班船员相似，但其本人不在船上任职，所以是否构成法律意义上的船员亟须界定清楚。

无论智能船舶的远程操作人员是否被界定为“船员”，这些人员都需要像普通船员那样熟悉船舶的装置、设备、程序和特性，并熟练掌握航海技能等知识，当无人船面临碰撞、触礁、搁浅、危及人命财产安全和环境危险时，操作人员才有可能发挥良好判断力和决策力，才能正确履职；另外，操作人员应对计算机、通信软件等先进高科技产品及其相应的知识具备一定的理解和熟练，这样才能在技术层面进一步保障遥控操作无人船的航行安全。因此船员类法规中应当要求这类操作人员的适任资格培训和认定，明确其适任要求标准和权益保障方式。

在船舶配员方面，从历史上看，随着船舶自动系统和设备的进步，船上船员数量已经大幅减少。应当是“安全”本身来决定无人船的最低配员数量，如果先进的通信技术和智能系统能够在没有人员的协助下安全地执行航行任务，也可以认为无人船满足安全配员的目标。

《中华人民共和国内河船舶船员适任考试和发证规则》《中华人民共和国海船船员适任考试和发证规则》中，船长、驾驶员、轮机长、轮机员适任证书的分类部分，船员职能根据分工分为航行、货物操作和积载、船舶作业和人员管理、轮机工程、电气电子和控制工程、维护和修理、无线电通信等岗位，随着智能船舶水平的提高，此分类将会发生修订。《中华人民共和国船员培训管理规则》中，船员岗位适任培训包含的培训项目将会增加岸基操作人员等工作岗位。

《中华人民共和国内河船舶船员值班规则》中关于船舶值班制度部分，值班驾驶人员分别在航行中的值班义务、在停泊（系泊、锚泊）中的值班义务、在作业中的值班义务，以及交接班和驾驶、轮机联系制度将会发生改变。

4）危管防污

有关防止船舶污染的强制性规定是以船员在船准备为前提设立的，无人船不配载船员，这些规定将给无人船防止船源污染应急措施的实施带来一定障碍。无人船也应建立防止船源污染应急措施，这种措施的执行需要岸基操控人员与远程控制中心承担与传统船舶中船长与船员程度相当的责任。对智能船舶防污染方面的监管，将更加侧重于船舶防污染设备运行情况的远程监控，设备意外情况发生时船舶或者岸基对该意外情况的智能或人工应急处置。

具体而言，《防治船舶污染海洋环境管理条例》中对防治船舶及其有关作业活动污染海洋环境的一般规定、污染物的排放和接收、应急处置、事故调查处理等在智能航运时代仍然有效。随着智能船舶少人化、无人化的发展，对生活污染物的管理需求逐渐降低，对其他污染物处置全流程的监控监测，事故调查中应体现对有关电子记录的认可方式。

《防止拆船污染环境管理条例》旨在防止拆船污染环境，保护生态平衡，保障人体健康，促进拆船事业的发展。智能航运时代仍然需要予以规范，但是需要关注智能船舶的机械电子设备所使用的材料特性。

《中华人民共和国海洋倾废管理条例》《中华人民共和国防治海岸工程建设项目污染损害海洋环境管理条例》是关于某一具体业务类型的船舶防污染管理条例，在智能航运发展中仍然需要这些条例予以规范。

《中华人民共和国船舶污染海洋环境应急防备和应急处置管理规定》针对船舶装卸、过驳、清舱、洗舱、油料供受、修造、打捞、拆解、污染危害性货物装箱、充罐、污染清除以及其他水上水下船舶施工作业等活动。这些活动对智能船舶而言同样适用，也将仍然是管理机构的监管内容。但是有关报告、适运申报等内容应当进行重新评估。另外，应急能力建设和应急预案的要求也要充分考虑智能航运的发展趋势。

《中华人民共和国船舶载运危险货物安全监督管理规定》《海运固体散装货物安全监督管理规定》《港口危险货物安全管理规定》《危险货物水路运输从业人员考核和从

业资格管理规定》涉及船载货物有关要求，有关报告管理等内容应当根据技术的发展进行重新评估，船岸检查制度在智能航运发展到一定程度时，也可能被传感和信息交互技术替代。

《中华人民共和国海上船舶污染事故调查处理规定》《中华人民共和国船舶油污损害民事责任保险实施办法》需要考虑在智能航运发展的不同阶段，智能船舶与非智能船舶之间发生事故时的责任判定，其具体依据应当以航行规则、标准和技术规范为基础。

5）通航管理

船舶通航中，对智能船舶的交通管制会迎来新的挑战，对无人船进行纠正或采取惩罚措施存在困难。由于无人船没有值班驾驶员完成靠离泊，因此无人船是否需要强制引航成为法律法规继续解答的问题。在搜寻救助方面，无人船船上缺少船员的属性并不能成为免除救助义务的正当理由。但是其救助形式应充分考虑船舶设计、设备配备和船体构造。

《海上交通安全法》第三十条规定强制引航，第三十一条不免除引航期间不解除船长指挥和管理船舶责任。当未来实现岸基引航时，船舶指挥权如何交接，还须在本法中进行修订。

《中华人民共和国海上航行警告和航行通告管理规定》《中华人民共和国航标条例》《中华人民共和国航道管理条例》中涉及的航行警告、航行通告、航标、航道管理在近期需要考虑智能船舶的航行需求，以及航海保障新技术应用，在中远期则需要通过建立统一的信息管理系统，实现航行警告、航行通告、航标、航道管理智能化，并将这些要求体现在具体规定中。

《中华人民共和国船舶交通管理系统安全监督管理规则》目的在于加强船舶交通管理。随着智能船舶的发展，在2025年、2035年、2050年前后，有必要对船舶报告的内容和方式、交通管理组织形式、交通服务的内容与发布进行梳理和完善。

《中华人民共和国水上水下活动通航安全管理规定》《通航建筑物运行管理办法》《航道通航条件影响评价审核管理办法》都是关于通航安全的规章，随着智能船舶和智能航保的发展，这些具体规定可以融入统一的交通管理平台。

《水上移动卫星通信管理规则》和《外国籍船舶在中国领海、内水和港口使用国际海事卫星船舶地球站规定》在卫星通信技术出现较大变革之前，对卫星通信的有关要求仍将存在。

6）事故调查

随着遥控操作无人船以及完全自主航行无人船的出现，普通船员经常出现的疲劳、沟通不足、知识储备不足情形可能会因工作任务的转移而得以显著改善。此外，船舶智能驾驶系统的设计制造人员、通信系统和网络的供应人员都将影响船舶的航行，并有干预和控制船舶航行行为的可能性。因此，当无人船航行引起船舶碰撞、油污污染以及货物损害的民事责任承担问题，可能在船舶所有人、远程操作员、智能驾驶系统的设计制造人员等多方当事人之间分配责任。

海上交通事故的等级划分涉及三个元素：人身伤亡数、船舶溢油致水域污染数、直接经济损失数。随着智能航运船舶及其相关产业集群的发展进步，船舶及其船上设施设备、岸基设施设备的成本与造价将会发生变化，因此，涉及交通事故的等级划分和调查权限与管辖也将需要进行修订，相应的违法事实涉及的金额、违法事实的情节、违法事实造成的后果等也会相应发生变化，罪与非罪的标准也可能将会发生改变。

《中华人民共和国海上交通安全法》《中华人民共和国海上交通事故调查处理条例》《水上交通事故统计办法》《中华人民共和国海上船舶污染事故调查处理规定》中关于海上交通事故的分类和等级划分标准、组织实施责任主体等内容，将需要进行修订。

《行政执法机关移送涉嫌犯罪案件的规定》中关于涉嫌构成犯罪，需要追究刑事责任向公安机关移送。随着智能航运的发展，违法事实涉及的金额、违法事实情节、造成的后果、罪与非罪的标准可能会发生改变。

7）公司管理

航运公司要制定安全和防污染的目标、方针，并为实现这一目标建立和实施安全管理体系，明确管理架构，明确责权利，并落实到每一个岗位。针对安全操作和维护保养，船东要建立、实施安全操作和维护保养的程序、须知，保证船舶的操作和维护规范化，满足强制性的国际、国内的规定和规则的要求。

现行的安全管理规定并不能直接给远程控制无人船与自主航行无人船提供建立安全管理体系的实践指导，尤其是涉及船长的责任与权力、资源与人员等部分，需要进行修改以适应无人船情况，重新分配岸基操控人员在新建立的安全管理体系中的责任分担，并制定新的标准和要求，将无人船远程控制中心纳入管理。

《中华人民共和国航运公司安全与防污染管理规定》《中华人民共和国内河交通安

全管理条例》中的相应规定需要根据职能航运发展情况进行修订。

8）通信与网络安全

《中华人民共和国电信条例》《中华人民共和国无线电管理条例》与《中华人民共和国无线电管制规定》要求可归纳为两类：一是要求对电信包括无线电资源“统一规划、集中管理、合理分配”，这是国际电信管理的通行做法；二是对相关设备生产及使用的准入许可或备案管理制度。《互联网信息服务管理办法》则是从网络服务角度对经营性、非经营性信息服务商分别提出了准入许可、备案管理的要求。

总体而言，上述要求并不会对智能航运船舶产生制约，但需要其遵照电信（包括无线电）及互联网相关程序进行；另外，上述要求主要针对常规电信资源及设备提出，智能航运船舶网联化功能所需的电信及无线电频段等需及时确定，对其相应船载电信及无线电设备如何管理也需要结合船舶管理制度及时确定。

智能航运船舶及相关设施设备的生产、运营、服务、维护等均属于《网络安全法》适用范畴，并且属于“关键信息基础设施”，应遵循相应个人信息保护及重要数据境内存储要求。鉴于船舶是一项国际化业务，其数据会向母公司数据库传输并存储，因此，对该类企业会产生相应的制约和影响，需要其在中国境内单独建立或开设网联化数据服务业务，与母公司业务独立运行。

9）水路运输经营管理

未来智能航运发展，国际船舶代理国际船舶管理、国际海运货物装卸、国际海运货物仓储、国际海运集装箱站和堆场业务，都会随着自动化、智能化、网联化而发生集约整合、高效配载，某些业务类型和人工岗位会被机器替代，因此，《中华人民共和国国际海运条例》《国内水路运输管理条例》等法规应随之修订。

10）标准化

智能航运船舶不符合现行的强制性国家标准，《中华人民共和国标准化法》及其《实施条例》不适用智能航运船舶这一特定产品或其功能提出相应的法律要求，因此，《中华人民共和国标准化法》及其《实施条例》需要修订，以对智能航运船舶产生直接约束，包括智能航运船舶的技术、功能和结构的条款和要求，而且不仅是强制性标准，还包括推荐性国家标准和行业标准。

类似地，《中华人民共和国产品质量法》《交通运输标准化管理办法》也是同理需要修订。

2. 法规适用主要问题分析

1）智能船舶检验登记问题

《海上交通安全法》第 10 条、《船舶登记条例》第 3 条均明确规定：船舶需要依法进行登记并取得国籍证书；取得国籍证书，方可悬挂国旗航行、停泊、作业。因此，智能船舶如果需要取得航行权，必须进行国籍登记。依据《船舶登记条例》第 15 条，船舶进行国籍登记的前提是需要取得船舶检验机构签发的船舶检验证书和 / 或船舶技术证书。目前，中国船级社已经发布了《智能船舶规范》《无人水面艇检验指南》《自主货物运输船舶指南》，但并没有形成智能船舶检验的强制性规范，现行有效的《国内航行海船法定检验技术规则》《国际航行海船法定检验技术规则》中并未对智能船舶进行特殊规定，因此在船舶检验中智能船舶与其他船舶无异。智能船舶或许不会成为一个特定的船舶种类，从长远看也没有必要作为一个特定的船舶种类而存在，国际海事组织海上安全委员会第 100 届会议对船舶概念梳理时也持此种观点。智能船舶或许只是一种临时术语，而非清晰的法律概念。

2）智能船舶配员问题

智能船舶取得国籍后，随之而来的就是船舶配员问题。《海员培训 、发证和值班标准国际公约》第三条适用范围中表述“本公约适用于在有权悬挂缔约国国旗的海船上工作的海员”，明确界定适用范围为在船工作的船员。《海上交通安全法》第 13 条第四款规定“船员在船舶上工作，应当符合船员适任证书载明的船舶、航区、职务的范围”，《船舶最低安全配员规则》第 4 条规定“本规则所要求的船舶安全配员标准是船舶配备船员的最低要求”，可以看出我国法律规定船舶“配员”是指在船上工作的船员。无论是国际公约，还是国内法律法规，船员均必须在船工作，海事管理机构对于船员考试、实习和职务晋升的资历要求也是基于船员在船工作的服务资历。

智能船舶如能实现无人驾驶，将会有效降低航运的人工成本，降低人为因素带来的事故风险，以及提升船舶运输能力。虽然《船舶最低安全配员规则》第 6 条规定：确定船舶最低安全配员标准应综合考虑船舶的种类、吨位、技术状况、主推进动力装置功率、航区、航程、航行时间、通航环境和船员值班、休息制度等因素，但通观《最低安全配员表》，船舶最低配员数量仅涉及功率、吨位、连续航行时间、航行区域等因素，唯一与智能船舶关联的只有机舱自动化程度因素，且减配船员数量有限，依据目前规定船舶不存在无船员在船的“0 配员”情况。如果不能解决无船员在船的智能船舶运营模式，那么智能船舶所带来的积极意义将大打折扣。

同时，基于现有法律“船员必须在船工作”的基本前提，对于岸基控制人员（对船舶遥控指挥人员）是否需要取得相应船员资质和技能缺乏规定，存在法律空白。2018 年 Nautilus Federation 开展的问卷调查，76% 的认为岸基操控人员应该具有船长技能，64% 的认为应该具有轮机技能，27% 的认为应该具有其他技能。对于岸基控制人员是否可以认定为船长、船员缺乏明确界定，一般认为岸基控制人员虽然不在船工作，但其对船舶控制行为与船舶运营有直接关联，与损害结果有因果关系，因此需要纳入船舶管理法律责任体系，也必然应当成为海事管理机构监管对象。

3）智能船舶引航问题

《海上交通安全法》第 31 条第二款、第三款分别规定引航员必须登船引航、引航期间不解除船长指挥和管理船舶责任。船舶引航，既涉及国家主权，又与船舶、港口安全息息相关。对于自主等级一级、二级船舶，有船员在船工作，引航员可以按照现有模式进行引航；对于自主等级三级、四级船舶，无船员在船工作，引航员如何履行引航职责值得探讨。首先，智能船舶是否基于船舶引航需要设计有人操作和无人操作两套系统，且在引航员有人操作模式下，无人操作如何发挥作用而体现“不解除船长指挥和管理船舶责任”要求？其次，既然智能船舶可以远程控制 / 自主航行，引航员是否有必要必须“登船”进行引航，是否可以通过岸基获得船舶指挥权 / 向船舶控制终端发布指令方式实现船舶引航目的？再次，智能船舶基于云计算、大数据等人工智能算法控制船舶运营，可以预见其系统操作可靠性会高于引航员的人脑判断和现场识别，强制引航对于保障安全是否还有现实意义？

4）智能船舶海上人命救助问题

《1974 年国际海上人命安全公约》第 V 章第 33 条规定的船长对海上人命救助义务的影响，《联合国海洋法公约》第 98 条明确了“过往船舶的船长对海上遇险人员有提供救助义务的原则”，《海上交通安全法》第 75 条规定船舶对遇险人员的救助义务。对于智能船舶，尤其是无船员在船的智能船舶，存在遇险人员救助义务是否可以免除和在多大程度上可以免除的问题。有观点认为，部分人工智能船舶的自身结构特点、船舶属性及救生设备的配备状况，决定其本身不具备良好的救援条件。从法益衡量出发，立法应减轻或免除岸基远程控制者的救助义务，或者制定替代性解决方案，规定岸基远程控制者应当履行通知义务，将海上人员遇险的信息转移至其他具备救助能力的船舶或救助中心。国际海事组织海上安全委员会第 100 届会议对智能船舶救助义务法规梳理中也认为：无人驾驶船舶可以作为搜索和救援设施，在某种程度上至少可以

发挥警戒站 / 船作用。综上，智能船舶不能完全免除其海上人命救助义务，但可以根据船舶是否配备船员、自身结构及功能设置等因素对公约、法律规定义务予以适当免除。

5）智能船舶海洋环境保护问题

《海上交通安全法》第 74 条、《海洋环境保护法》第 65 条对船舶防止造成海洋环境污染和发生污染事故后减损义务明确规定。该项义务作为船舶法定义务，不会因为是否智能船舶而有所改变和调整。经搜索和查阅资料，智能船舶防止污染的船舶结构设计会有所涉及，但船舶污染发生后采取的减少污染损害功能模块设计却鲜有耳闻。且从船舶污染损害发生原因多样、位置多发、情形复杂看，云计算、大数据等人工智能技术在船舶污染损害减损中发挥作用难度较大。可以预见，智能船舶海洋环境保护问题将会成为其商业运营的重要考量因素。

6）智能船舶现场监督问题

海事管理机构现场监督主要包括现场检查、FSC、PSC、海事调查等。智能船舶的发展，将会对现场监督产生深远影响和重要变革。首先，要实现从人人交流到智能数据交换的转变。与现有船员在船操纵和管理船舶不同，智能船舶通过人工智能算法实现船舶运营管理，系统依据算法和流程管理船舶，传统现场监督方式已经具有不适应性，因此有必要对智能船舶现场监督制定具体规定或特定指南。其次，要实现现场监督向“非现场化”转变。智能船舶可以实现远程遥控、自主航行，海事管理机构可以通过智能数据交换系统实现“非现场化”现场监督，实现航运船舶实时、全程监管，且以系统智能监管为主，人工干预为辅，提升监督效能。再次，要实现对船舶采取强制措施方式的转变。对于有船员在船的智能船舶，现有的对船舶采取强制措施方式可以继续采取并保持有效；对于无船员在船的智能船舶，如何要求船舶控制方履行法律 / 公约对船舶强制措施义务，或者实现船舶控制权由控制方转移至主管当局，需要法律法规作出相适应规定。同时，对船舶法定文书的记载、保存等要求在现场监督中也无法实现，需要法律法规对系统记录、电子数据作为法定文书记载合法性进行规定。

3. 法规适用问题解决思路

国家鼓励和支持先进科学技术在海上交通安全工作中的应用。2017 年 12 月 5 日，在工业和信息化部的支持和指导下，中国智能船舶创新联盟在上海正式成立；2018 年 12 月 27 日，工业和信息化部、交通运输部、国家国防科技工业局发布《智能船舶行动计划（2019—2021年）》；2019年5月9日，交通运输部等七部门联合发布《智能航运发展指导意见》；2020年3月，大连海事大学牵头组建无人船舶系统及设备关键技术交通运输行业重点实验室，成为无人船舶领域首个行业重点科研平台。智能船舶在我国的研究和发展已经取得了一些成绩，在海洋管理、环境监测等多个领域显示应用优势。

海事管理机构依据我国缔结和加入的国际公约、协定以及议定书、备忘录等国际法规定和国内法律、法规、规章和规范性文件，履行保障水上交通安全、保护水上环境清洁、保护船员整体权益、维护国家海上主权的“三保一维护”职责，统一负责海上交通安全监督管理工作。作为维护国家经济社会管理秩序、社会公共利益的行政管理法律法规，往往具有一定的稳定性和滞后性，这也就决定了智能船舶作为一种“存在于现在的未来之物”，在法律规定的适应性、监管制度的适配性上需要进行协调解决。

与现有船舶比较，尤其是无船员在船的智能船舶，几乎彻底颠覆了海事管理机构以“船”和“船员”为基础的监管体系，面对的是一个高度智能化和自主化以及“船－岸”一体化的全新监管对象，需要海事管理机构转变理念、搭建系统，建立与之相配套的法律法规体系、相适应的船舶安全监管机制。对于自主等级一级的“配备自动系统和辅助决策的船舶”，海事管理机构现有法律法规、监管模式和监管手段基本可以满足安全监管需要；对于自主等级二级的“有船员在船的遥控船舶”，海事管理机构需要打造信息化智慧海事监管系统，增强数据获取、信息整合能力，提升海事监管效能；对于自主等级三级的“无船员在船的船舶”，海事管理机构需要建立“智慧海事云”架构，实现雷达对船舶目标的自动提取，整合获取信息与船舶交通管理和信息系统融合，形成智能化的实时多船避碰风险评估系统；对于自主等级四级的“完全自主船舶”，海事管理机构需要建立与之相匹配的智能信息数据交换系统，实现航运船舶的远程、实时、全程监管与服务，实现系统智能监管为主、人员干预为辅的监管模式。

国际海事组织对海面智能航行船舶法规适应研究采取了分步走措施：第一步识别法规条款对海面智能航行船舶的适用性；第二步判定处置海面智能航行船舶操作的最佳方法，并制定统一的梳理模板。海上安全委员会第100届会议成立了相关强制性文件修正案的起草工作组，第101届会议决议通过了《1974年国际海上人命安全公约》修正案对附录进行修正，第102届会议上完成了现有公约法规的梳理，为后续智能船舶的公约法规的修订、规范标准的制订提供了有效的支撑，第103届会议上完成一项监管范围界定工作，分析相关船舶安全条约，评估智能船舶如何进行监管。海上安全委员会对法规梳理和适应性研究，对智能船舶的发展起到了良好的引导作用，对我国智能船舶商业应用和法规完善具有借鉴意义。智能船舶的法律适应性，既要统筹考虑其技术可行性、安全性和可靠性，还面临监管模式、监管理念的巨大变革和深度调整，因此对海事监管法律法规进行梳理和适应性研究实有必要。近日，中共中央、国务院印发《法治政府建设实施纲要（2015—2020 年）》，指出要加强重要领域立法，跟进研究人工智能、大数据、云计算等相关法律制度，以良法善治保障新业态新模式健康发展。鉴于此，海事管理机构应该借鉴国际海事组织做法，立足于智能船舶发展新业态，参照相关国际公约发展趋势，逐步将智能船舶规制纳入法治轨道，为其商业应用提供准入渠道和规范引导。

尽管智能船舶的发展还面临一些困难和障碍，但其必将成为船舶新业态的典型代表和必然趋势，对建设交通强国具有重要的战略意义。海事管理机构作为水上交通安全的主管机关，要统筹协调海事监管和智能船舶的发展，为智能船舶发展保驾护航，不断提升水上交通安全治理体系和治理能力。在促进智能船舶发展方面，海事监管要做好以下几点。

（1）对智能船舶海事监管要审慎包容。智能船舶发展不仅需要技术的创新突破，更需要海事监管的支持和保障，尤其是海事监管法律法规研究要与智能船舶相伴相生，而不能滞后式制约或者冒进式跨越。智能船舶技术研发不可能一蹴而就，海事监管法律法规建设也不可能一步到位，需要随着智能船舶发展不断调整，以适应和促进智能船舶乃至智能航运的发展。海事监管要对船舶设备、试航以及现场监管等采取审慎包容措施，为船舶设备配备、试航等提供合理和基本的支持，为航线的试运营提供良好的试验水域，以便促进智能船舶发展和应用。

（2）对智能船舶海事监管要适度引导。智能船舶商业应用涉及多方面因素，需要政策、科技、法律的深度融合。政策为引领，为规范标准制订、示范应用区、实船测试场建设、智能船舶发展规划以及智能船舶相关的制造、检验、测试等领域进行政策性引导；科技是基础，助力智能船舶自主航行、安全感知、安全保障等功能的实现；法律是保障，可以解决智能船舶商业运营涉及的市场准入和规范运营问题。海事管理机构通过适度宽松政策，引领智能船舶进行相关实验，并以此为基础为相关的标准、规范、法律法规完善提供数据支持和理论支撑，从而实现智能船舶发展的“正激励”，从而可以实现在智能船舶后期详尽的标准体系框架中融入海事元素，为标准化工作的开展贡献海事智慧。

（3）对智能船舶海事监管要强化引领。海事管理机构要积极开展国外智能船舶政策与科研项目信息的收集与研究，密切跟踪发展动态，在国际海事组织层面发出中国声音。2021 年 8 月 11 日，国际海事组织官方网站正式发布广东海事局研究完成的无人船试航报告提案（Report on MASS trials），这是我国首份获得国际海事组织采纳的无人船试航报告提案。海事管理机构要结合我国智能船舶技术优势开展法规梳理，不断总结实验成果，提高提案的成功率，不断增强国际影响力，发挥标准的前瞻性和引领性作用，为智能船舶发展贡献中国智慧、中国经验。

（4）对智能船舶海事监管要依靠科技。前已述及，智能船舶将会对传统海事监管带来深远影响和重要变革，海事管理机构必须强化智慧海事建设以适应智能船舶监管要求。智慧海事监管是用信息化的手段全面打造海事监管的新格局，在海事监管领域全面深入地利用信息技术，开发利用监管资源，促进安全信息的整合和共享，提高海事监管的质量和效能。海事管理机构要通过智能船舶总体布局规划方案，提出智慧建设系统组织架构、智能决策等方面的解决方案。

10.2.2　技术环境分析

智能航运和智能航运监管离不开人工智能技术的发展。人工智能最早源于 1936 年，英国数学家图灵在论文《论数学计算在决断难题中的应用》中提出了图灵机模型，然后1956年在《计算机能思考吗》一文中提出机器能够思考的论述（图灵实验）。

1956 年，美国数学博士、计算机科学家约翰·麦卡锡等科学家在达特茅斯会议上围绕“机器模仿人类的学习以及其他方面变得智能”展开讨论，并首次提出了“人工智能”这个概念，约翰·麦卡锡因此被称为“人工智能之父”，他因在人工智能领域的贡献而在 1971 年获得图灵奖。

最先提出“人工智能”这个术语的约翰·麦卡锡对这门学科的定义是:“人工智能就是要让机器的行为看起来就像是人所表现出的智能行为一样。”后来的人工智能学者大多盯住了“像人”这个“原则”，以“像不像人”作为目标。

人工智能领域的开创者之一，斯坦福大学的尼尔斯·尼尔森教授对人工智能下了这样一个定义:“人工智能是关于知识的学科，即怎样表示知识以及怎样获得知识并使用知识的科学。”

而美国麻省理工学院人工智能实验室前主任帕特里克·温斯顿教授认为，人工智能就是研究如何使计算机去做过去只有人才能做的智能工作。

中国工程院李国杰院士认为，目前的人工智能本质上还是计算机科学的一个分支，现在国际上将人工智能的论文都统计在计算机科学名下。从基础研究来看，人工智能是计算机科学的前沿研究；从应用来看，人工智能是计算机技术的非平凡应用。所谓智能化的前提是计算机化，目前还不存在脱离计算机的人工智能。

电气与电子工程师协会（IEEE）会士，国际欧亚科学院院士李世鹏定义人工智能是在机器（计算机、机器人等）上实现超越人类的感知、认知、决策、行动等智能行为，简单来说，就是机器能做人类智能可以做的事情。

目前，网络上比较普遍的定义，即人工智能是计算机科学的一个分支，它企图了解智能的本质，并生产出一种新的能以人类智能相似的方式做出反应的智能机器，是研究、开发用于模拟、延伸和扩展人的智能的理论、方法、技术及应用系统的一门新的技术科学。

人类社会至今只经历了渔猎、农业、工业和信息 4 个时代，每个时代长则上万年，短则数百年。信息时代与工业时代一样，应该延续较长的时间。信息时代将走过数字化、网络化、智能化等几个阶段。人工智能的复兴标志着信息时代进入智能化新阶段。

2006 年至今，大数据时代的到来和深度学习的发展象征着人工智能迎来了第三次发展热潮，人工智能进入大数据驱动的深度神经网络阶段。这个时候是由算法、算力、算料（大数据）共同发力，推动人工智能在语音识别、图像识别、语言处理等感知智能的巨大进步。

党中央、国务院高度重视并大力支持发展人工智能。

2017 年 7 月，国务院发布《新一代人工智能发展规划》，将新一代人工智能放在国家战略层面进行部署，描绘了面向 2030 年的我国人工智能发展路线图。

根据清华大学发布的《中国人工智能发展报告 2018》，我国人工智能企业在人脸识别、语音识别、安防监控、智能音箱、智能家居等人工智能应用领域处于国际前列。

10.3 关键技术分析

任何行业的进步都是技术进步所引领的，技术的研发和新系统的维护会加大对相关人才培养的需求，技术的应用和推广会催生新的标准规范，而新技术带来的新业态极有可能对现有的法律法规、监管制度机制甚至行业政策产生冲击，从而生成新的监管模式，所以只有技术进步才能带动行业整体进步。

现阶段，航运监管智能化的相关技术课题并不会着眼于基础性的智能技术研发，而是对已有智能技术加以利用，进行二次开发。例如在大数据开发、智能感知、机器学习、人机交互等领域已有较为先进的技术，智能航运监管正是在充分利用这些技术的基础上，研发一批应用型的关键技术，形成一定量的智能监管范式，以此作为智能航运监管体系理论和技术基础。

从应用层面来看，目前智能航运监管技术课题面向的目标主要是安全、环保、高效 3 个方面，由目标导向得出的航运智能化关键技术结合智能技术发展现状及专家意见，经梳理汇总如下。

10.3.1　共性技术

1. 信息融合技术

信息融合技术又称监管数据融合，也可以称为传感器信息融合或多传感器信息融合，是一个对从单个和多个信息源获取的数据和信息进行关联、相关和综合，以获得精确的位置和身份估计，以及对态势和威胁及其重要程度进行全面及时评估的信息处理过程。该过程是对其估计、评估和额外信息源需求评价的一个持续精练过程，同时也是信息处理过程不断自我修正的过程，以获得结果的改善。

2. 人机交互技术

人机交互技术又称人机对话，是指通过计算机输入、输出设备，以有效的方式实现人与计算机对话的技术。人机交互技术包括机器通过输出或显示设备给人提供大量有关信息及提示请示等，人通过输入设备给机器输入有关信息，回答问题及提示请示等。在智能航运监管领域，人机交互技术主要体现在实施船舶交通管理的人与智能船舶或其他智能系统的交互。

3. 智能感知技术

让机器做到在不同环境中，模仿人的大脑对外部的信息进行采集、分析、筛选并进行推理，使机器能够理解现实世界，这就是智能感知技术，比如智能设备的语音、人脸识别等。

开发基于视觉的船员状态监测系统，基于非接触式的船舶设备健康监测系统；突破机器学习、深度学习等算法在船基环境感知领域的优化集成；研制产业化导航、探测器件。突破多传感器的时空融合技术并实现产业化，突破复杂海况下的航行环境、船舶状态、设备状态、货物状态等数据采集与融合技术。

4. 信息安全技术

为监管数据处理系统建立和采用的技术、管理上的安全保护，目的是保护计算机硬件、软件、数据不因偶然和恶意的原因而遭到破坏、更改和泄露。随着人工智能产业的快速发展，信息安全的内涵在不断地延伸，从最初的信息保密性发展到信息的完整性、可用性、可控性和不可否认性等多方面的基础理论和实施技术。

基于“云–边–端”架构，开展船基网络异常状态识别、船基无线通信漏洞探测、船基传感器网络可信构造、船基信息伪装与泄露等关键技术研究；针对智能船舶的不同等级，设计信息安全保护框架和防护机制。基于智能船舶信息安全模型、检测机制和防护体系，研发不同防护等级的安全网关；通过不同典型应用场景进行安全网关的示范营运并最终实现产业化。

5. 测试评价技术

对智能航运新技术应用进行测试评价。按照测试技术手段进行分类，可分为仿真测试和实船测试。仿真测试包括软件、硬件和整车仿真测试；实船测试包括封闭区域测试、有限开放环境测试和开放环境测试。按照强制性要求进行分类，可分为法规性检测和自愿性检测。法规性检测是智能船舶进入水路运输市场前，必须按照标准法规进行整车性能测试；自愿性检测是智能船舶建造方自主进行的产品研发测试，涉及产品从设计到定型的各个阶段。按照测试内容和目的进行分类，可分为安全性测试、可靠性测试和适用性测试。

6. 制定标准规范

为适应智能航运发展需要，确保产业链条各环节安全、有序、健康发展，对现有规范、强制性标准等进行梳理，对一批关键性规范标准提出新建、修订、废止的阶段性工作建议，为智能技术、智能设备、智能产品的研发与推广打牢基础。

10.3.2 关键技术

1. 船舶智能航行安全风险监测技术

通过一系列传感器和监控设备对海上船舶航行要素和状态的全面感知，利用先进的数据传输技术进行船–船、船–岸双向交互协同，运用智能化的数据分析系统对风险进行识别、评估、分级并给出管控建议，通过监管指挥系统实现对海上船舶的安全信息推送、交通管理和应急处置，对航行安全风险智能防控，实现智能航运海上交通安全的智能监管。

2. 船舶智能航行数据交互技术

数据交互的信息、指令可被智能船舶自动接收和处理、执行。对于智能船舶而言，可接收和处理的信息和指令除来自岸基，也来自船舶自身为实现自主航行而设置的各种监控、监测设备，导助航设施设备的信息，以及其他常规船舶或智能船舶基于航行安全发出的各种信息。因而，智能交互技术应具备将各种不同来源的信息、指令转换为智能船舶可接收和处理的功能，同时具备将智能船舶发出的信息转换为不同对象能够接收和处理的信息的功能。在将来，智能船舶甚至完全自主航行无人船舶与有人船舶、渔船、小型船舶等共存的情况下，数据交互技术是实现无人自主船舶能够“听懂”有人船舶的相关视频、语音等信息，并分析处理给出指令的关键技术。

通过数据交互技术，将各类信号、指令精确转换为符合无人智能船舶、有人船舶和监管指挥中心操作的标准统一的数据信号。这样无人智能船舶才能接收到指挥中心、其他船舶的各类信号，结合感知到的气象海况、水深、碍航物等通航条件，根据智能航行规则或者指挥中心的交通组织指令去采取航行、锚泊、避碰等行动，智能航行才能得以实施，从智能航行初期的“有人让无人”模式转变为真正的智能航行，智能航运才能真正实现“智能”。

3. 水上智能交通管理技术

智能交通管理是智能化技术在船舶交通管理领域的具体应用，也可定义为对特定区域内船舶的交通进行智能化干预和协调。特定区域一般为船舶交通管理系统可以有效监控的区域，主要为交通密集区或事故多发区，如港口、狭水道、定线制区域等。智能交通管理模型，是数据处理中心对所汇集终端数据的算法应用，利用人工智能和模型建立，统筹管理区域内所有船舶航行状态，以及气象海况、通航要素等各类信息，结合国际公约、各国法律法规、港口航行规则等，对所有数据进行智能的分析，得出最优航行规划和方案，进而给出船舶交通组织的建议和指令，实现区域内船舶的智能交通管理。

智能交通管理可以根据实际需求对船舶分区域、分层级、分种类、分国籍、分属性等精细分类后进行管理。针对不同区域的船舶施行分级管理，执行不同的管理模型，比如全球航行区域、远海航行区域、近岸航行区域；针对不同的船舶行为执行不同的管理模型，比如避碰行为、锚泊行为、靠离泊行为；针对不同港口的本地管理要求，不同种类的船舶执行对应的管理模型；针对船舶动态、通航环境、气象海况的变化执行临时动态管理模型。

4. 船舶异常状态监测技术

利用大数据和人工智能技术，分析船舶在不同条件下的正常航行、停泊、作业等规律，以及船上人员、货物、设备器械等活动和运行状态，同时使用人工智能学习技术，利用历史累积的海量数据来对模型进行训练，自动甄别监测船舶、货物、人员、设备的异常状态，达到判断智能船舶是否发生事故、是否处于安全状态、是否被网络或海盗劫持的目的。最终打造智能监管数据“智库”，实施基于大数据分析的涉水动态管理政策制定及反馈修正机制，掌控海上各类人员、船舶、物资的全生命周期状态，实现管理对象不安全态势的预判和预警。

5. 智能航行重大突发事件应对策略与技术

当异常状态监测模型监测到船舶发生重大突发事件时，智能应急辅助决策系统利用大数据和智能分析技术，启动智能应急预案。一方面，对船舶发出自救建议和指令；另一方面，对周围搜救力量分布、机动性能、搜救应急效能等资源精准掌握，确保针对不同类别的应急事件通过智能的算法和分析为人为决策提供关键支持。

为达到异常状态综合掌握、险情趋势智能分析、搜救决策智能辅助、救助力量快速反应的智能应急辅助决策的目标，要求技术或系统能够对异常状态目标迅速感知，根据收集到的异常信息进行险情事故趋势智能推演，综合各方面救助资源，给出搜救决策辅助建议。

6. 智能网络安全风险防控技术

重点开发事前感知、事中防御、事后分析的网络安全技术，推动智能船舶普遍应用安全防护、漏洞挖掘、入侵检测和态势感知等产品应用。开展船舶智能航行安全风险管控基本对策与方法研究，实现航运网络安全风险智能分析，生成智能航运网络和信息安全策略，形成智能航运网络与信息安全管理服务体系。针对船舶智能航行，开展功能安全、网络安全和信息安全的核心技术研究，支持安全防护、漏洞挖掘、入侵检测和态势感知等系列安全产品的研发与应用。研究智能船舶、通信网络、岸基平台的全要素安全检测评估体系，提出安全风险等级划分标准方案；研究网络与信息安全应急策略，提出网络与信息安全技术要求。创新智能航运网络与信息管理服务体系，从制度上降低网络安全风险。

7. 智能船舶测试与验证技术

将虚拟现实技术用于智能船舶航行系统技术测试，基于数字孪生等技术，开发虚实结合的智能船舶技术测试平台，研究制定智能船舶相关技术标准、实验导则和试验场导则，用于智能船舶测试评估和认证，将智能船舶实验测试过程中对交通环境的影响及相关风险降低至可接受程度。建立应用测试技术—出台测试标准—制定检验规则—推动商业运营全链条测试应用场景，加强船舶智能航行系统测试认证管理，把好智能船舶安全准入关。将智能船舶的测试和评估作为其投入实际运营前提条件，把好智能船舶航行风险预控关，保障智能船舶可持续发展。在青岛等沿海水域选定若干环境条件适宜区域，建设沿海智能船舶测试场；在长江干线等内河水域选择条件适宜航段，建设内河智能船舶测试航段。研究推进测试场和测试航段空间布局优化以及相关配套设施建设，包括岸基船舶监控设施、船舶导助航设施、船岸通信设施等；推进相关测试水域扫测及底质勘测等工作。

8. 构建智能航运技术标准体系

梳理现有相关标准并评估与智能航运发展的适应性，按照基础优先、重点突出和系统协调的原则，构建涵盖智能船舶、智能航保、智能港口、智能航运服务和智能航运监管等关键要素，贯穿设计建（制）造、运行管理、安全保障等重点环节的智能航运技术标准体系，重点建立强制性标准。制定智能航运技术标准体系表，制定数据交互、测试验证等智能航运发展迫切需要的技术标准。提出智能航运标准体系方案，完成智能航运基础性标准编制。

9. 统一标准的综合数据服务技术

运用物联网、区块链、云计算、大数据等成熟技术，融合电子海图、卫星图、地图等资源，采集港口、码头、桥梁、水文等数据，开发建设广泛互联、深度融合、标准统一的综合数据服务平台，推进公共信息资源开放共享，实现对船员、船舶和船－岸的协同管理和数据深度融合。

10. 混合船舶交通模式下的智能管控技术

在研发船舶航行态势与环境智能感知、船舶遥控驾驶、船舶智能航线规划、智能网络信息安全、远程船舶通信等技术的同时，同步开发智能船舶交通管理及风险管控技术，从更高的权限层级，更宏观的感知领域，对混合船舶交通进行调度管理，对船舶航行风险进行有效管控，积极应对有人船与无人船共存局面。

10.3.3　关键技术应用

1. 建设智能船舶远程监控系统

可实现船舶智能航行安全风险评估、船舶智能航行安全风险监测预警、船舶智能航行安全风险分类分级管控，船舶智能航行监控中心实验工程建设，围绕船舶智能航行安全风险管控基本对策与方法，加强对船舶智能航行安全风险防控的指导。研究智能船舶远程监控技术，推动智能船舶远程监控中心建设，研究监控技术衍生服务创新，促进智能航运监管模式优化。加强卫星遥感等智能监测技术应用，建设船舶污染智能监视监测体系。

2. 建设全球海域内船舶全面感知系统

重点推进超远程、高精度雷达及船舶交通管理系统国产化、滞空平台智能控制与长航时驻留、水面－空中－水下无人装备动态部署与集群协作技术、陆基－海基－空基－天基水面目标主动感知、定位、信息融合与特征增强等技术。研发可搭载多种传感器的水面、水下及空中移动有人/无人工作平台。研究气象海况精细感知、水面溢油立体感知、电磁环境特种感知的环境要素精细感知技术。

3. 建设全球船舶通信保障系统

推进在全球海事管理、交通组织、油污监测、海洋测绘、应急救援等领域通信保障技术研究，重点推进陆基、海基、空基和天基网络协同组网技术研究，实现全球随遇接入与信息有效回传。研究近海宽带与窄带、公网与专网融合的异构补盲组网技术，远海、空海协同的中继传输技术和自组网技术，具备用户终端多网接入和自组网能力。研究利用5G通信技术，实现5G通信与探测功能融合。推进北斗三号短报文服务能力试点成效评估，加快北斗在安全监管和航海保障中应用的可靠性、稳定性研究。推进建立由通信卫星、北斗系统、5G融合的全球一体化定位导航网络，以多种空间技术的融合应用，提升感知和通信能力。

4. 建设全要素水上“大交管”

以海事监管指挥系统为基础拓展完善，实现远程精准执法，打造远程稽查、现场联动、精准处置、无纸处罚的动态监管模式。通过长距离精准管控，实现全域覆盖、全程管理的跨港区船舶交通组织，将水上交通动态管控由“点”状的港区范围延伸拓展至全航次全水域的“面”。

5. 建设船舶智能航行安全风险监测系统

该技术由终端感知、信息传输和算法应用（监管指挥系统）三部分构成，达到船舶智能航行安全风险监测预警和防控的效果（图10–8）。

智能感知是指通过船载、岸基或空、天雷达、船舶自动识别系统、视频监视系统、气象海况传感设备对船舶信息、载货、设备运行、航行数据、航行动态、安全状态及气象海况、音视频等船舶航行要素信息和状态的全面感知。智能感知是智能航运监管的基础，它的实现依赖于高精度、高可靠性、广覆盖的传感器和设备。交通运输部提出的构建“陆海空天”一体化水上交通运输安全保障体系的首要任务就是从陆海空天四个维度提升动态感知能力。

信息传输，主要是依托现代通信技术，通过智能数据交互，完成智能船舶与其他船舶、岸基监管指挥中心的语音、视频、指令等信号的转换，实现智能船舶与普通船舶、船舶与监管指挥端数据、信息及指令的双向智能交互。如何实现智能船舶和监管指挥系统之间可执行数据、信息、指令安全、可靠、及时地传输，智能数据交互技术起到了“信息转换器”的作用，是智能航运最重要的关键技术之一。

监管指挥应用终端，对感知的海量数据进行分析建模处理，是智能监管的“大脑”。该系统主要通过船舶异常状态模型和智能交通管理模型的建立，对船舶航行、载货、安全等各类信息精准跟踪、识别和分析，对当下交通态势的不安全局面进行智能预警，然后通过交通管理模型分析快速得到最优的交通管理方案，发出特定建议和指令，实施智能交通管理，防止不安全局面进一步发展导致险情事故的发生。

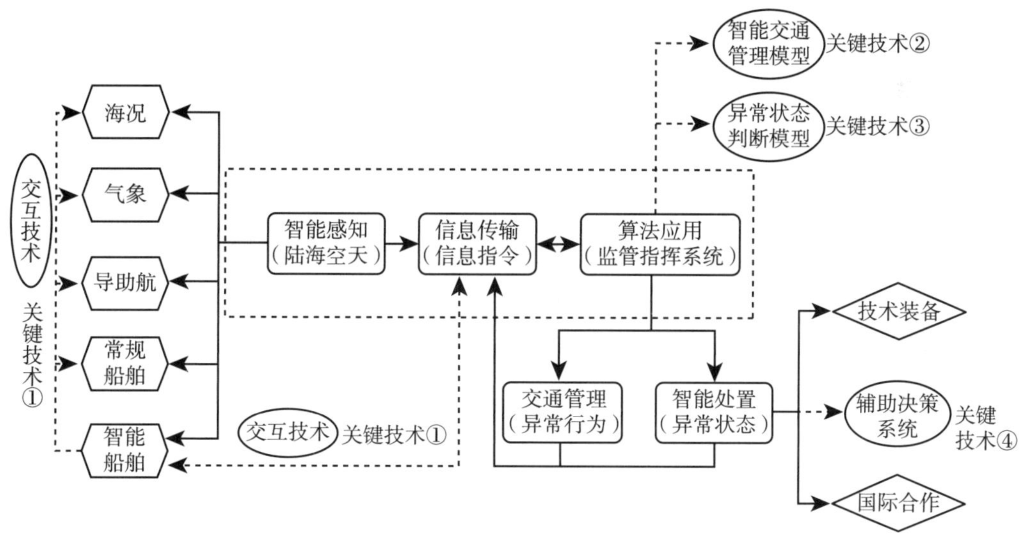

图 10-8 船舶智能航行安全监测体系

6. 建设智能船舶测试场

在青岛等沿海水域选定若干环境条件适宜区域，建设沿海智能船舶测试场；在长江干线等内河水域选择条件适宜航段，建设内河智能船舶测试航段。研究推进测试场和测试航段空间布局优化，以及相关配套设施建设，包括岸基船舶监控设施、船舶导助航设施、船岸通信设施等；推进相关测试水域扫测及底质勘测等工作。

10.4 总体路线图制定

10.4.1 总体思路

智能航运是由智能船舶、智能港口、智能航保、智能服务和智能监管五要素构成的复杂系统，要素之间相互联系、相互作用，物流、交通流和信息流贯穿其中。发展智能航运本质上是对传统航运业的数字化转型，是传统航运业逐步实现自动化、信息化和智能化的过程；发展智能航运不仅是一个技术问题，它更是一个涉及国家法律、产业政策、标准规范、相关群体再就业和航运监管等方面的系统性问题，不仅需要船舶、港口、航保、服务和监管各相关方协同推进，更需要政府和市场协同发力。各级政府及相关职能部门不能被动地适应产业的发展变化，而应主动地发挥职能作用，通过规划引导、政策扶持、法律规范、有效监管、基础保障等手段为传统航运业转型发展创造良好的环境，充分发挥市场在资源配置中的决定性作用、激发企业在技术研发、推广应用等方面的市场主体作用；同时，在推进智能航运发展的过程中实现自身的发展。

智能航运的发展总体上可以划分为前期、中期和后期 3 个发展阶段。在不同的阶段，各级政府应遵循智能航运发展规律，根据各阶段不同特点和船舶、港口、航保、服务和监管等要素的不同需求提供相应的公共产品和服务。

在前期，通过完善推进机制、加强统筹协调、注重规划引导和改善政策环境等，为技术创新、产业融资、业态更新创造有利条件；制定智能航运中长期发展规划和阶段性行动计划，为统筹协调智能航运各领域的相关工作和部门、行业、地方发展规划提供宏观指导；集中优势资源，组织开展核心技术研发与系统集成攻关，抢抓国际智能航运发展先机；鼓励跨行业跨领域产学研用合作，面向智能航运理论方法、工艺技术、装备系统和标准规范开展研究与应用，支持建立创新联盟等多种合作形式；以重点项目为牵引，加强关键共性技术和重点系统装备研发，提前布局前瞻性技术攻关；出台产业扶持政策，提供资金支持，为航运业转型升级营造良好的发展环境等。建立政府、企业、行业组织和专业机构等方面的协调推进平台，强化部际间、地区间协同和上下联动等。

在中期，政府和相关职能部门应结合智能航运发展实践过程中遇到的困难和实际需求研究国内法律法规和规则对于船舶智能航行的适用性并组织修改完善；评估现有标准与智能航运发展的适用性，构建智能航运标准体系；加快推进成熟智能技术工程化应用；建立促进和保障智能航运安全有序发展的监管制度机制；调整优化相关院校专业教育结构，增加复合型、应用型人才培养，加快智能航运新业态所需的多方面多层次人才培养，为加速智能航运发展提供人才保障；积极开展政府间合作，积极参与国际组织事务，提供中国方案，推动智能航运相关国际公约与规则标准的制定等。依靠自身研发设计，全面掌握产品关键核心技术，实现各种智能系统从硬件到软件的自主研发、生产、升级、维护的全程可控，促进关键核心技术、关键零部件、各类软件全部实现国产化。在较为全面地掌握智能航运核心技术，智能航运技术标准体系比较完善的基础上，形成以充分智能化为特征的航运新业态，促进航运服务、安全、环保水平与经济性进一步提升。同时，加快推进传统关键机电设备进行国产化升级改造。瞄准世界智能航运科技前沿，强化基础研究，努力实现前瞻性、引领性原创成果重大突破。打造政、产、研、学、用协同创新，科研、设计、建造、配套、营运、检验等相关领域环节协同研发，创新链、产业链、资本链相互融合和协同发展的市场和产业生态系统，依靠生态系统，促进广泛合作，协力加快我国智能船舶和智能航运技术高质量发展。

公共基础设施是保障智能航运发展的基础和必要条件，特别是保障智能船舶航行的关键。政府及相关职能部门在制定及实施基础设施建设规划的过程中，应该充分考虑智能航运发展的需求，配套建设与智能航运特别是智能船舶发展适用的基础设施，创建集感知、通信、计算等能力于一体的航海保障和监管基础设施环境。

法规标准和公约是智能船舶建造、测试和国际国内航行的前提，也是促进智能航运技术发展和保障船舶航行安全的根本手段。智能航运法规、标准建设既要先行，也要随着技术不断提升而同步修订完善。智能航运技术的本质是以人工智能等多种高新技术的应用部分或全部取代船员或岸基管理人员，特别是智能航行技术是以现代感知、人工智能等技术取代船舶驾驶人员的眼、耳、脑、手、口来实现船舶航行，涉及现行法规、技术标准和国际海事公约的调整。我国是发展智能船舶的先行国家之一，有必要尽快形成覆盖设计、建造、测试与验证、运营等多方面的智能船舶法规规范标准体系。

在后期，政府及相关职能部门的主要职能是适应智能航运的发展并充分利用智能航运所带来的科技成果和数据资源实施有效的监管。同时，随着航运产业智能化程度的加深，企业内部的安全与环保管理水平不断提升，政府应逐步弱化行政监管职能而强化服务和保障职能。

10.4.2 具体目标

为保障智能航运安全有序发展，应聚焦智能航运安全监管、公共服务保障中的技术特点和重点难点，组织开展监管模式、服务模式、监管系统与平台等区域性体制机制或项目试点示范，重点解决技术限制、法规标准限制、体制机制不适应等方面的问题。

1. 到 2025 年

突破一批制约智能航运发展的安全监管和服务保障关键技术：初步构建促进智能航运发展的安全监管和服务保障法律法规与技术标准体系，完成基础性、先导性法律法规和技术标准；完成智能航运安全监管和服务保障基础设施装备先行工程建设。

基本实现对近岸通航密集水域（重点是港口水域）的多维感知、全域抵达、高效协同、智能处置（智能监控、初级智能交通管理），实现对远海船舶及全球航行中国籍船舶信息的有效感知。

在信息感知方面，根据“陆海空天”一体化水上交通运输安全保障能力要求，实现感知监测和数据传输能力的外延，确保在港口航道等通航密集水域的动态掌控基础上，对远海船舶和全球航行中国籍船舶信息的有效感知。

在智能交通管理和异常动态监测方面，建设完成监管指挥系统，推进船舶交通管理系统信息与智能信息监管指挥系统融合，基本实现对船舶交通管理系统覆盖区域内的船舶信息化交通管理，对覆盖区域内船舶异常行为实施初步智能化监测和预警。

在智能应急辅助方面，依据“陆海空天”一体化能力建设和监管指挥平台应急辅助决策系统建设情况，实现搜救应急能力高度信息化整合和管理，在搜救方案、决策等方面提供一定的辅助建议，对于船舶交通管理系统覆盖区和近海水域实现初步智能化快速反应、协同处置。

2. 到 2030 年

基本建成全方位覆盖、全天候运行、快速反应、智能高效的水上交通运输安全保障设施装备系列。锻造一支素质优良、业务精湛、结构合理的人才队伍。研发一批集远程感知、通信和监控于一体的新技术新设备。打造集海上交通监控、综合执法、应急处置、信息流转、分析研判和辅助决策于一体的指挥中枢，实现对我国管辖水域的有效管控。

3. 到 2035 年

全面掌握智能航运安全监管和服务保障技术，智能航运法律法规体系和技术标准体系比较完善，基本完成智能航运安全监管和服务保障基础设施装备建设。

在传统航运船舶和一定数量智能船舶并存的时期，通过船上智能设备的更新以及陆海空天设备的智能化升级实现对全球船舶的智能感知，实现对我国管辖海域航行船舶的智能化管理，实现对沿海通航密集区等重要水域的船舶行为及中国籍船舶全球航行行为和状态的全要素智能化管理。

在信息感知方面，“陆海空天”设备的逐步智能化升级，实现对全球船舶的智能感知，对所有中国籍船舶航行动态、人员、货物等各类信息精准实时跟踪掌握和信息智能化管理。

在智能交通管理和异常动态监测方面，构建融合船舶交通管理系统、船舶自动识别系统、卫星、人工智能等一体的智能航行安全风险监测体系，实现对我国沿海主要航路、水上通道等水域的智能交通管理，以及对船舶异常行为进行有效监测和预警，实现对全球中国籍船舶的智能化监测和管理。

在智能应急辅助方面，实现船舶异常状态智能监测，搜救应急设备普遍智能化水平较高，应急辅助决策系统智能化运行，针对船舶异常状态能快速反应，给出交通管理和搜救应急决策建议。

4. 到 2050 年

形成高质量智能航运监管体系，为建设交通强国发挥关键作用。以智能船舶和无人自主船舶为主，传统航运船舶为辅的航运模式，实现全球航行船舶的智能化全域管理。实现所有船舶智能监管统一化，使我国船舶智能监管指挥体系达到标准统一、信息互通、高效协同、智能运行的高度智能化状态，全域实时掌握所有船舶信息，对我国管辖海域船舶交通进行智能化组织，船舶异常动态监测稳定可靠，有效管控智能船舶运输各类风险，确保船舶智能航行安全。

10.4.3 智能航运监管产业与技术发展的总体路线图

智能航运监管关键技术发展路线图见图 10–9。

	2025年	2030年	2035年	2050年
船舶智能航行安全风险监测技术	（1）利用大数据、人工智能技术建立船舶智能航行风险数据库 （2）实现对内河、沿海船舶交通密集水域整体风险监测及预警 （3）开展智能风险分析评估技术研究	（1）实现对遥控智能航行船舶风险的实时监测与评估 （2）实现由单船风险到整体风险的有效管控 （3）能够精准分析、评估气象、外部环境、人为因素等风险变化并及时预警		满足自主船舶航行安全风险自评估、自管控要求
船舶智能航行数据交互技术	（1）实现内河、沿海水域5G低延时数据传输 （2）出台船舶智能航行数据交互技术相关推荐标准 （3）积极向国际海事组织、国际标准化组织等国际组织提交船舶智能航行数据交互标准建议案或提案	（1）船用物联网技术基本成型，船岸、船船数据交互能够满足沿岸、近海智能航行船舶发展需求 （2）国内航行船舶数据交互技术标准基本统一，推荐标准上升为行业标准	（1）船舶智能航行数据交互技术能够满足所有海区岸基遥控及岸基监管需求 （2）船舶智能航行数据交互技术标准上升为强制性国家标准	船舶智能航行数据交互技术能够满足自主航行船舶发展需求
水上智能交通管理技术	（1）利用异常状态监测、航行风险监测、实时数据交互技术实现船舶交通管理覆盖区内船舶智能航行的有序管理 （2）启动船舶交通管理智能化技术融合研究 （3）实现船舶交通管理与智能船舶测试技术的有效融合 （4）积极向国际海事组织、国际标准化组织提交船舶交通管理应对智能船舶发展类提案	（1）实现船舶交通管理系统与智能船舶控制系统有效对接 （2）船舶交通管理系统可对内河、近海航行的智能船舶实施交通管理 （3）出台船舶交通管理智能船舶交通管理行业推荐标准	（1）船舶交通管理系统可对岸基遥控站及其遥控指挥的智能船舶进行有效监控 （2）船舶交通管理系统智能化程度显著提升，能够实现船舶动态智能监测与信息提醒 （3）出台船舶交通管理智能船舶交通管理相关法规标准 （4）加快船舶交通管理相关技术标准与国际标准对接	（1）船舶交通管理系统实现无人运行，能够与无人自主航行船舶进行有效对接 （2）船舶交通管理系统功能进一步丰富，集港口生产调度、船舶计划调度、船舶安全管理等多功能于一身

续图

	2025年	2030年	2035年	2050年
船舶异常状态监测技术	（1）能够利用大数据等技术从外部甄别监测船舶、货物、人员、设备等的异常状态 （2）能够实现近岸、沿海水域单船或部分船舶的异常状态监测	（1）能够通过实时的数据传输实现对船舶、货物、人员、设备等的异常状态进行监测 （2）岸基指挥中心能够实现对近岸、沿海通航密集水域所有智能船舶异常状态的监测	（1）船舶智能辅助决策技术可以根据船舶异常状态预案开展异常状态处置，必要时由在船人员接管处置 （2）能够实现对中远海智能航行船舶异常状态的自动监测及岸基指挥中心的快速感知与反应	自主航行船舶能够实现异常状态的自我感知及快速处置，并及时反馈给岸上指挥中心
智能航行重大突发事件应对策略与技术	能够运用大数据分析技术，按照应急预案，提供应急决策建议	（1）实现异常状态目标的迅速感知，进行险情事故趋势智能推演，综合各方面救助资源，给出搜救决策辅助建议 （2）能够根据应急处置过程中的事态演变调整应急策略 （3）部分替代专家意见		自主航行船舶能够实现自主应急决策，必要时可进行人工干预
智能网络安全风险防控技术	（1）开发事前感知、事中防御、事后分析的网络安全技术，推动智能船舶普遍应用安全防护、漏洞挖掘、入侵检测和态势感知等产品应用 （2）开展船舶智能航行安全风险管控基本对策与方法研究，实现航运网络安全风险智能分析，生成智能航运网络和信息安全策略，形成智能航运网络与信息安全管理服务体系	（1）针对船舶智能航行，开展功能安全、网络安全和信息安全的核心技术研究，支持安全防护、漏洞挖掘、入侵检测和态势感知等系列安全产品的研发与应用 （2）研究智能船舶、通信网络、岸基平台的全要素的安全检测评估体系，提出安全风险等级划分标准方案。研究网络与信息安全应急策略，提出网络与信息安全技术要求		网络安全环境达到智能航运发展需求
智能船舶测试与验证技术	（1）在我国内河、沿海水域建立数个满足要求的智能船舶测试场 （2）根据船舶智能化程度制定测试验证手段、出台作业规程 （3）根据需要设定测试场景，研发测试技术，满足近岸沿海水域智能航行需要 （4）出台行业推荐的测试标准 （5）积极向国际海事组织、国际标准化组织等国际组织递交测试标准类提案	（1）智能船舶测试技术可满足中、远海船舶智能航行需求，满足有人船与无人船共存测试需求 （2）根据国际海事组织、国际标准化组织标准及国内行业标准，制定出台法定智能船舶测试标准，能够与国际标准进行有效对接 （3）测试场实现对公共领域开放，满足产、学、研各领域需求		（1）智能船舶测试可通过虚拟现实或增强现实技术实现，并满足相关法律法规要求 （2）智能船舶测试技术能够满足所有水域智能船舶航行需求 （3）智能船舶测试技术能够满足完全自主航行船舶测试需求

续图

	2025年	2030年 2035年	2050年
智能航运技术标准体系构建	（1）建立详尽的标准需求体系框架，为后续标准化工作的开展提供方向 （2）制定智能航运技术标准体系表，制定数据交互、测试验证等智能航运发展迫切需要的技术标准 （3）提出智能航运标准体系方案，完成智能航运基础性标准编制	按照基础优先、重点突出和系统协调的原则，构建涵盖智能船舶、智能航保、智能港口、智能航运服务和智能航运监管等关键要素，贯穿设计建（制）造、运行管理、安全保障等重点环节的智能航运技术标准体系，重点建立强制性标准	形成一套完整的、国际通用的智能航运技术标准体系
统一标准的综合数据服务技术	运用物联网、区块链、云计算、大数据等成熟技术，融合电子海图、卫星图、地图等资源，采集港口、码头、桥梁、水文等数据，开发建设广泛互联、深度融合、标准统一的综合数据服务平台	推进公共信息资源开放共享，实现对船员、船舶和船—岸的协同管理和数据深度融合	充分发挥数据对智能航运各领域的基础支撑及保障作用
混合船舶交通模式下的智能管控技术	与船舶航行态势与环境智能感知、船舶遥控驾驶、船舶智能航线规划、智能网络信息安全、远程船舶通信等技术研发保持同步，研究开发混合模式下的智能船舶交通管理及风险管控技术，从更高的权限层级，更宏观的感知领域，对混合船舶交通进行调度管理，对船舶航行风险进行有效管控		能够满足有人船与无人船共存局面的风险管控要求，实现对智能航行与人控航行混合的交通模式的有效管控

图 10-9　智能航运监管关键技术发展路线图

智能航运监管产业与技术发展路线图见图 10–10。

10.5　促进发展的政策建议

10.5.1　制定智能航运监管体系建设方案

尽快开展智能航运新业态下的航运市场关系与宏观监管对策研究，分析智能航运新业态下航运监管面临的挑战与需求，建立部际间智能航运发展工作协调员制度，成立国家智能航运专家咨询委员会，支持建立中国智能航运技术创新产业联盟，加强国家对智能航运发展的资金、技术、人才及政策支持。

		2025年	2030年	2035年	2050年
发展愿景	总体达到国际先进水平		达到国际先进水平	总体接近国际领先水平	达到国际领先水平
总体思路	发挥职能作用：各级政府主动通过规划引导、政策扶持、法律规范、有效监管、基础保障等手段为航运业转型创造良好的发展				
	注重两个阶段：政府工作的重心要放在行业发展的前期及中期，前期侧重为行业发展创造有利条件，中期侧重于解决实际				
	坚持三项原则：突出智能船舶这个核心和船舶智能航行这条主线；关键技术开发注重迭代创新；行业发展要求各领域开放				
	聚力四个重点：一是确保航运安全运行；二是配套公共基础设施；三是升级法规标准规范；四是打造产业生态系统				
关键技术	船舶智能航行安全风险监测技术	实现对内河、沿海船舶交通密集水域整体风险监测及预警	实现对遥控智能航行船舶风险的实时监测与评估，实现由单船风险到整体风险的有效管理		满足自主船舶航行安全风险自评估、自管控要求
	船舶智能航行数据交互技术	实现内河、沿海水域实时数据传输	船岸、船船数据交互能够满足沿岸、近海智能航行船舶发展需求	船舶智能航行数据交互技术能够满足所有海区岸基遥控及岸基监管需求	船舶智能航行数据交互技术能够满足自主航行船舶发展需求
	水上智能交通管理技术	实现VTS覆盖区内船舶智能航行的有序管理，实现VTS与智能船舶测试技术的有效融合	实现VTS与智能船舶有效对接，VTS可对内河、近海航行的智能船舶实施交通管理	VTS可对岸基遥控站机器遥控指挥的智能船舶进行有效监控，实现船舶动态智能监控	VTS实现无人运行，实现对船舶动态的智能化监控
	船舶异常状态监测技术	利用大数据等技术监测船舶的异常状态，实现近岸、沿海水域单船或部分船舶的异常状态监测	通过实时的数据传输实现对近岸、沿海通航密集水域所有船舶异常状态的监测	根据应急预案开展异常状态处置，实现对中远海智能航行船舶异常状态的自动监测	自主航行船舶能够实现异常状态的自我感知及快速处置，并及时反馈给岸上指挥中心
	智能航行重大突发事件应对策略与技术	能够运用大数据分析技术，按照应急预案，提供应急决策建议	实现异常状态目标的迅速感知，进行险情事故趋势智能推演，综合各方面救助资源，给出搜救决策辅助建议		自主航行船舶能够实现自主应急决策，必要时可进行人工干预
	智能网络安全风险防控技术	实现网络安全风险智能分析，生成网络和信息安全策略，形成智能航运网络与信息安全管理服务体系	针对船舶智能航行，开展功能安全，网络安全和信息安全的核心研究，研究智能船舶、通信网络、岸基平台的全要素的安全检测评估体系，提出安全风险等级划分标准方案		网络安全环境完全满足智能航运发展需求
	智能船舶测试与验证技术	根据需要设定测试场景，研发测试技术，满足近岸沿海水域智能航行需要	智能船舶测试技术可满足中、远海船舶智能航行需求，满足有人船与无人船共存测试需求		船舶测试可通过虚拟现实或增强现实技术实现，并满足相关法律法规要求

续图

		2025年	2030年	2035年	2050年
关键技术	构建智能航运技术标准体系	建立标准体系框架，制定智能航运技术标准体系表，出台数据交互、测试验证等技术标准		构建涵盖智能船舶、智能航保、智能港口、智能航运服务和智能航运监管等关键要素，贯穿设计建（制）造、运行管理、安全保障等重点环节的智能航运技术标准体系，重点建立强制性标准	形成一套完整的、国际通用的智能航运技术标准体系
	统一标准的综合数据服务技术	开发建设广泛互联、深度融合、标准统一的综合数据服务平台		推进公共信息资源开放共享，实现对船员、船舶和船-岸的协同管理和数据深度融合	充分发挥数据对智能航运各领域的基础支撑及保障作用
	混合船舶交通模式下的智能管控技术			与船舶航行态势与环境智能感知、船舶遥控驾驶、船舶智能航线规划、智能网络信息安全、远程船舶通信等技术研发保持同步，研究开发混合模式下的智能船舶交通管理及风险管控技术，从更高的权限层级，更宏观的感知领域，对混合船舶交通进行调度管理，对船舶航行风险进行有效管控	能够满足有人船与无人船共存局面的风险管控要求，实现对智能航行与人控航行混合的交通模式的有效管控
主要任务		建设全要素水上“大交管”			
		建设智能船舶测试场			
			构建促进智能航运发展的法律法规与技术标准体系		
			建设智能船舶远程监控系统		
			建设全球船舶通信保障系统		
			完成智能航运监管基础设施装备先行工程建设		
				建设船舶智能航行安全风险监测系统	
				建设全球海域内船舶全面感知系统	

图 10-10　智能航运监管产业与技术发展路线图

10.5.2　出台智能航运人才教育培训总体方案

分析智能航运新业态下人才需求变化，以专业院校培养、国际联合培养、企业合作培养及人才再教育等方式加快智能航运核心人才培养。支持航运院校等相关机构面向职能航运发展需求调整课程设置与教材体系。适应智能航运发展趋势与需求，调整优化相关院校专业教育结构，增加复合型、应用型人才培养，加快智能航运新业态所需的多方面多层次人才培养，为加速智能航运发展提供人才保障。探索智能航运人才教育培训模式。深入分析智能航运技术研发和智能航运业态下船舶、港口、航道和航行保障、航运监管及航运服务与经营管理等方面智能系统操作运行管理人才需求，提出面向未来的航运教育、人才培养方向与政策建议，以及专业设置、调整和教材改革方案。

10.5.3　促进政产学研用一体化发展和运行管理

聚焦基础设施和重点数字化装备的关键环节与核心技术，在海域感知、一体化通信、海事智慧管理、海上应急处置等方向建设国家重点实验室、国家技术创新中心、国家科技资源共享服务平台等科技创新平台。支持科研院所、高等院校与企业联合组建交通运输领域侧重安全保障的国家产业技术创新战略联盟，推动设立若干国家海事技术创新示范区，构建强强联合、优势互补、高效适配的一体化协同创新体系。通过以政府部门为主，吸纳社会力量参与，充分营造市场发展的良好氛围，强化各类设施装备和系统建成后的有效运行及科学管理，完善运维支出标准，稳定运维资金来源，提升“陆海空天”一体化水上交通运输安全保障体系发展质量和运行效率，为行业高质量发展提供有力支撑。

10.5.4　加强国际合作交流

搭建智能航运技术与发展国际交流平台，积极参与国际组织事务，促进发展智能航运的国际共识形成，积极开展我国与相关国家的双边与多边智能航运技术交流与合作。加强与全球航运大通道、海上丝绸之路沿线相关国家合作，建立完善与相关船旗国、港口国、沿岸国的海事协调机制，为我国重要物资运输船队航行安全提供保障，共同维护双方船舶、船员权益。建立国际海事高端智库与国际化高层次人才培养机制，深度参与海事领域全球治理，引领国际海事创新技术发展，积极主导国际规则、标准制修订，推动智能航运领域技术标准国际化，形成水上交通运输安全保障体系的“中国方案”。